读天下
Glamour Press
www.glamourpress.com

Competitive Advantage Series

更有趣、更富启发性、更多地让学生受益的新型教材

创业管理

创业者视角下的机会、能力与选择

Entrepreneurship

吴何　主编

本教材遵循美国AACSB（国际商学院促进学会）
2017版认证标准中的课程指导原则

中国市场出版社

图书在版编目（CIP）数据

创业管理：创业者视角下的机会、能力与选择 / 吴何编著．—北京：中国市场出版社，2017.10

ISBN 978-7-5092-1578-4

Ⅰ. ①创⋯ Ⅱ. ①吴⋯ Ⅲ. ①创业－教材 Ⅳ. ① F241.4

中国版本图书馆 CIP 数据核字（2017）第 227311 号

创业管理：创业者视角下的机会、能力与选择

吴何　主编

责任编辑： 孙　忠（szbook@sina.com）

出版发行： 中国市场出版社 China Market Press

地　　址： 北京市西城区月坛北小街 2 号院 3 号楼（100837）

电　　话： 编 辑 部（010）68032104　读者服务部（010）68022950

总 编 室（010）68020336　盗版举报（010）68020336

发 行 部（010）68021338　68020340　68053489

68024335　68033577　68033539

经　　销： 新华书店

印　　刷： 河北鑫兆源印刷有限公司

规　　格： 185 毫米 ×260 毫米　1/16　22 印张　455 千字

版　　本： 2017 年 10 月第 1 版

印　　次： 2017 年 10 月第 1 次印刷

书　　号： ISBN 978-7-5092-1578-4

定　　价： 50.00元

提高学习效果的结构设计

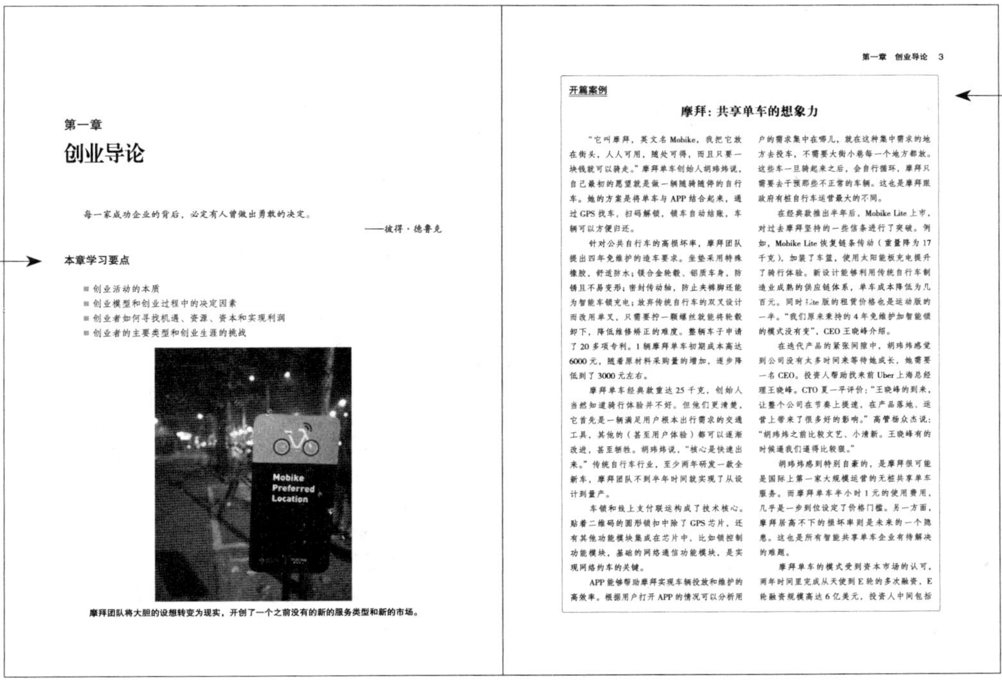

本章学习要点

对本章学习目标的提示，鼓励主动学习。

开篇案例

学生熟悉的真实企业所面对的挑战，紧扣本章主题，启发相关管理问题的思考。

专题

多样化、饶有趣味的专题，提供对特别主题的深入分析和启示。

图表

丰富的图表，将抽象概念视觉化，动员多元认知，提高学习效能。

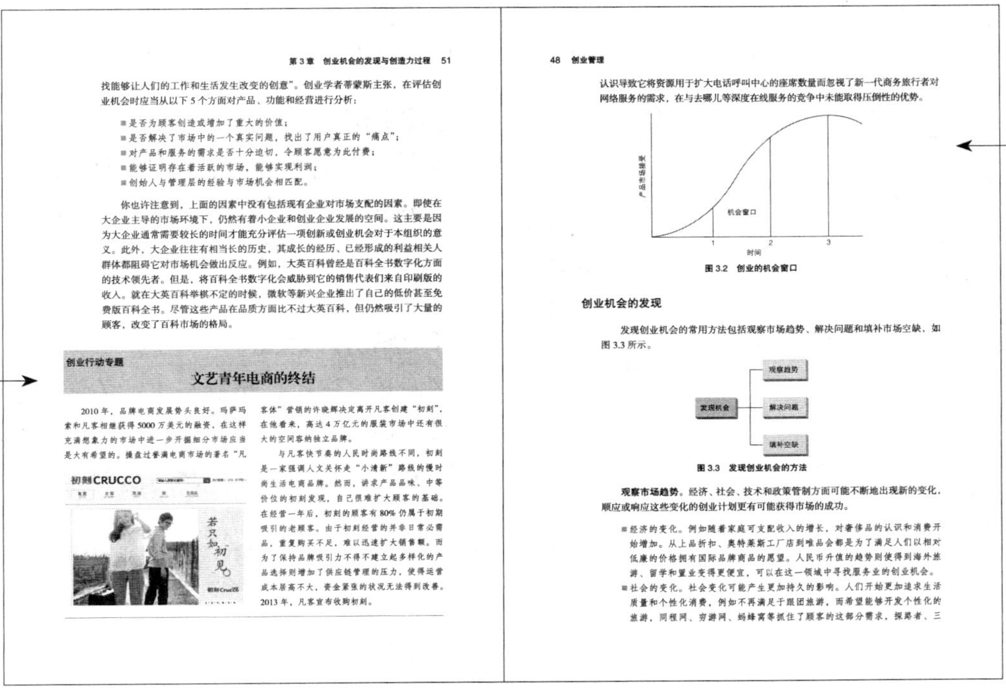

多样和丰富的练习，巩固学习成果，提高成绩

20　创业管理

续表

3. 销售 / 营销	销售额太低 依赖一家或少数几家顾客 营销或分销渠道弱 促销 / 公共关系 / 广告问题 其他营销问题	7. 人力资源管理	招募选拔问题 员工流失或保留问题 员工工作满意度和士气 员工发展
4. 产品开发	产品 / 服务开发问题	8. 经济环境	经济形势不佳或衰退
5. 生产 / 运营管理	建立和保持质量控制 原材料供应	9. 管制环境	保险问题
6. 一般管理	缺乏管理经验 管理者人数太少、时间不足 不会管理和控制成长 行政管理不良		

本章小结

1. 创业是专注于机会、创新和成长的企业活动。创业者是发现机会、利用资源和推动创业活动的个人或群体。

2. 作为一种思维方式，创业表现为对机会和创新的高度关注，创业的另一个特点是在思考时突破现有资源的限制。

3. 经济学家发现，响应市场需求的技术变革是经济增长中的一个关键变量，这样的技术变革是企业家创业活动的结果。

4. 绝大多数创业企业是小企业，得益于技术创新，小企业比过去获得了更有利的发展条件。

5. 在创业过程中，个性因素、环境因素和其他社会因素起到重大的影响作用。

6. 机会的识别、顾客的确认和时机的把握是创业者能否成功利用创业机会的关键。

7. 创业者必须把握不同资源的战略重要性，掌握能够创造最大价值的核心资源。

8. 债务和权益是创业者筹资的两种主要方法。除了利润潜力之外，创业者还要关注企业的现金流。

9. 居家创业、连续创业、非营利创业和公司创业是创业的四种主要类型。

10. 创业生涯可能带来巨大的挑战，创业者应当拥抱变化、在混乱中把握机会。

关键概念

创业　机会　创业过程　创业的个人因素　创业的环境因素　创业资源　创业资本　创业类型

第一章　创业导论　21

批判性思考与讨论题

1. 什么是创业？如何理解创业与其他商业活动的区别？

2. 创业者与管理者有何区别？

3. 许多极为成功的创业者仍然保持每周工作 60 ～ 80 小时的习惯。你如何看待这一现象？

4. 如何看待创业者对风险的态度？

5. 年纪大的创业者与年轻的创业者相比是否处于不利的地位？

6. 创业者的创业动机可能有哪些？创业动机受到哪些因素的影响？

7. 企业家在创业过程中可以运用哪些技术变革？

8. 描述当前的创业环境与书中所提到的创业环境之间有何变化？

9. 如何分析创业者所发现的是否真实的市场机遇？

10. 分析债务和权益两种筹资方式的利弊。

11. 公司创业与其他创业类型有何区别？

12. 为什么当前对社会创业的兴趣开始提高？

13. 在你看来，当前全球性的创业热潮是可持续的吗？为什么？

报告与分享练习：学习创业的经验

以小组为单位，找出一个感兴趣的创业领域中的创业者，从公司公开信息（如网站、年报）和媒体报道中查找资料，回答以下问题并向全班报告你们的发现。

1. 创业者的背景（家庭、教育和工作经历）如何影响创业机会的发现？

2. 创业者如何评估创业机会？

3. 创业者面临哪些风险？他是如何管理这些风险的？

4. 创业者如何将机会转化为可持续的商业经营？

5. 创业经历了几个主要阶段（具体的时间点）？每个阶段的挑战是什么？创业者是如何回应这些挑战的？

6. 创业者采用了哪些筹资方法？创业过程中获得的[illegible]

7. 根据以上信息，总结成功创业需要把握哪些原则。

结尾案例

豌豆荚：情怀的代价

豌豆荚是一款应用分发工具，由创新工场内部孵化，2010 年 4 月独立。项目原本叫豌豆，可是豌豆的域名已经被抢注，需要花费 10 万元购买。创新工场为要不要花这笔钱产生了争论，最终还是决定放弃，改名“豌豆荚”，只花 5 美元就买到了新域名。创新工场创始人之一王肇辉感慨：“这跟他们此前在大公司衣食无忧的状态大不一样了。”

85 后王俊煜是豌豆荚产品经理，豌豆荚独立后的 CEO。记者问他什么是领导力？他说：

本章小结

与学习要点相呼应，回顾本章学习目标。

关键概念

以点代面，帮助学生整理本章所学。

批判性思考与讨论

多层次、多维度的练习，检查学习效果，提高成绩。

报告与分享练习

任务式学习，学生自行收集信息，运用本章概念和分析工具探究决策背景。

结尾案例

与开篇案例相呼应，从不同角度揭示真实世界中的商业决策。全书共计 28 个较大型的案例。

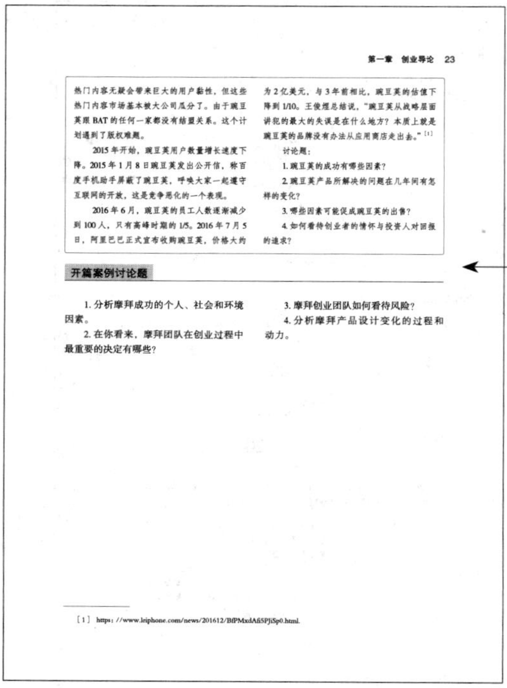

第一章　创业导论　23

热门内容无疑会带来巨大的用户黏性，但这些热门内容市场基本被大公司瓜分了。由于豌豆荚跟 BAT 的任何一家都没有结盟关系。这个计划遇到了版权难题。

2015 年开始，豌豆荚用户数量增长速度下降。2015 年 1 月 8 日豌豆荚发出公开信，称百度手机助手屏蔽了豌豆荚，呼唤大家一起遵守互联网的开放，这是竞争恶化的一个表现。

2016 年 6 月，豌豆荚的员工人数逐渐减少到 100 人，只有高峰时期的 1/5。2016 年 7 月 5 日，阿里巴巴正式宣布收购豌豆荚，价格大约为 2 亿美元，与 3 年前相比，豌豆荚的估值下降到 1/10。王俊煜总结说，“豌豆荚从战略层面讲犯的最大的失误是在什么地方？本质上就是豌豆荚的品牌没有办法从应用商店走出去。”[1]

讨论题：

1. 豌豆荚的成功有哪些因素？

2. 豌豆荚产品所解决的问题在几年间有怎样的变化？

3. 哪些因素可能促成豌豆荚的出售？

4. 如何看待创业者的情怀与投资人对回报的追求？

开篇案例讨论题

1. 分析摩拜成功的个人、社会和环境因素。

2. 在你看来，摩拜团队在创业过程中最重要的决定有哪些？

3. 摩拜创业团队如何看待风险？

4. 分析摩拜产品设计变化的过程和动力。

［1］ https：//www.leiphone.com/news/201612/BfPMxdAfi5PJiSp0.html.

开篇案例讨论题

回顾开篇案例，辨析与本章关键概念相关的内容，通过课堂讨论从其他同学的分析中受益。

创业管理

目　　录

第三部分 创业的实现

第四部分 创业成长

案 例 目 录

专 题 目 录

续表

前　言

创业教育课程往往结合学校的特点而有不同的侧重，有些注重创造力和创新激发，有些帮助学生发展技术市场化的策略，有些则为创业的学生提供创业管理的过程支持。本教材试图从一个较为平衡的角度处理创业教育的不同主题以及理论和实务之间的关系，使之能够适用于绝大多数对创业有兴趣、希望通过课程对创业有一个相对系统理解的学生。在这个意义上，本书定位于创业准备教育而不是创业辅导或创业理论。

在结构上，本书遵循传统的创业过程模式。而在创业过程模式的展开讨论中，则贯穿着一个基本原则，那就是坚持从创业者的角度看待问题。在注重基本概念和基本技能的同时，所有的分析和解决方案的思考都围绕着现实中创业者们面临的困境和机会来展开。之所以这样安排，是因为创业是一个主体性的活动。创业团队的心态和主动性与日常的经营者完全不同。创业者在整个过程中的角色涵盖发起、领导、决策和问题解决的所有方面。在很多情况下，多数人的选择或基于教科书的选择往往并不能引导创业者通向成功。创业教育应当培养学生适应这种环境，鼓励承担风险和超越传统。

在斯坦福、麻省理工学院和百森等国际领先的商学院里，大约1/3的MBA学生毕业后会发起自己的创业项目。尽管多数学生在学完课程后并不会直接走上创业的道路，但我们仍然期望他们同创业者一样，通过课程的学习建立对未来职业发展极为重要的创业心智。本书强调了创业课程学习中学生在以下三个方面的收益：

- 对机会的态度。创业者对社会问题有更加敏锐的认识，对商业和技术抱有乐观的态度，能够以愿景来引导行动，实现价值创造。
- 对解决问题能力的敏感。创业意味着在资源匮乏的情况下解决问题，而多数情况下没有最优的方案。创业者不能寄希望于常规的、例行的流程，而必须找到最富于想象力、最适合企业情境的解决方案和路径并且坚持下来。
- 对关键选择与风险控制的认识。与决策系统相对成熟的大企业不同，创业企业必须在相当短的时间内密集做出大量的关键决策。在多数情况下，这些决策不得不在缺少信息和经验的情况下完成，而决策的影响则是高度不确定的。创业课程可以帮助学生理解不确定条件下关键决策的影响要素以及创业者如何进行风险控制。

与其他课程不同，在创业的课堂中，学生更多接触的不是标准的流程和正确的答案，而是处理复杂问题和不确定性的经验与分析，以及由此形成的新的、积极的态度。无论未来学生如何选择职业生涯，培养创业的心智，理解面对问题发现机会、运用能力和评估选择的机制与复杂性将是一个非常有用的准备。

学生友好是本教材的另一项中心原则。以平实、清楚的语言和生动的例子解释概念和理论，辅以精心设计的图表引导学习过程。排版、段落分隔、项目符号和照片的安排力求让阅读变得轻松、流畅。所有的概念在首次出现时都提供了适合情境的解释和适当的例子。例子的选取注意与概念的分析之间的切合性，举例的范围涵盖制造业、服务业、新型产业、沿海企业、内地企业和国际企业，同时注意不因通俗而牺牲概念的准确。开篇案例和结尾案例从不同角度提出与本章关键概念联系密切的现实决策问题，帮助学生理解真实世界中的创业者所面临的挑战。所有案例均选自当前中国和国际创业领域中有代表性的企业。

本书适用于36课时的课程，各章的课时建议如附表所示。课时紧张在学校里是一个普遍的情况，尽管如此，作者还是希望在创业管理的课堂上教师能够将更多的时间留给学生。鼓励学生以团队的形式完成任务并进行演示，在这样的过程中，学生可以了解到任务情境的形成、协作中需要解决的问题，特别是如何做出困难的决定，承受风险、压力以及从错误中学习。与单向沟通的讲授相比，由此获得的经验在未来会更有价值。

2017年，国际商学院促进协会（AACSB）发布了新版认证标准，在修订中特别强调在教学内容中应当涵盖整合商业统计数据的“基于证据的决策”、“现实世界的企业战略”和“决策的复杂性”。这些原则当然也适用于创业管理的课程。本教材在编写中力求在内容上体现这些新的要求，在教学设计上努力激发学生运用理论和经验数据分析现实中的问题和决策。

采用本书作为教材的高校教师可以向读天下公司申请教学辅助材料，1291259423@qq.com。欢迎创业管理课程的各位老师对本教材内容批评指正，有关的意见和反馈也请发给上面的邮箱。

附表:《创业管理》课时建议

章　节	要　点	课　时
第1章　创业导论	● 创业活动的本质 ● 创业模型和创业过程中的决定因素 ● 创业者如何寻找机遇、资源、资本和实现利润 ● 创业者的主要类型和创业生涯的挑战	4
第2章　创业团队	● 团队创业与创业领导者 ● 创业团队的组建和管理 ● 创业团队的报酬解决方案 ● 创业团队顾问的价值	2

续表

章 节	要 点	课 时
第 3 章 创业机会的发现与创造力过程	● 如何分析和识别创业机会 ● 影响创造力激发的因素 ● 激发创意的主要技术 ● 创造性问题解决的流程	4
第 4 章 可行性分析	● 什么是可行性分析 ● 产品 / 服务分析的要点 ● 产业与市场分析的要点 ● 组织可行性分析的要点 ● 财务分析的要求 ● 可行性报告的主要内容	2
第 5 章 产业与竞争分析	● 如何理解产业和产业边界 ● 波特五种竞争力量模型 ● 产业生命周期模型 ● 什么是战略群组 ● 竞争对手分析的方法和步骤	2
第 6 章 商业模式开发与检验	● 商业模式及其要素 ● 商业模式失败的主要原因 ● 业务概念的四项要素 ● 企业的基本决策 ● 商业模式开发的步骤	4
第 7 章 商业计划书	● 有效的商业计划 ● 商业计划必须通过的三项测验 ● 可靠的商业计划基本要素 ● 投资人或贷款人重视的五个“C” ● 如何成功进行商业计划演示	4
第 8 章 新企业的开办	● 创业企业的法律形式及其特点 ● 初始协议的主要类型和注意事项 ● 创业企业的商业伦理和社会责任 ● 知识产权和商业秘密保护	2
第 9 章 新企业的财务管理	● 会计与基本的财务报表 ● 预计财务报表工具与使用 ● 重要的财务比率及其含义 ● 现金管理的工具与方法	2
第 10 章 创业企业的财务资源	● 创业企业的资金需求计划 ● 股权资金的主要来源与特点 ● 企业上市的选择 ● 债权资金的来源与特点	2

续表

章　节	要　点	课　时
第 11 章 组织与领导	● 什么是领导，领导与管理的区别 ● 公司文化对于企业的重要性 ● 如何运用基于团队的管理 ● 人才招募对于企业的重要性以及有效招募的步骤 ● 员工激励的主要方法 ● 绩效评估的主要步骤	2
第 12 章 营销战略	● 市场的选择 ● 营销的 4P ● 品牌要素和品牌的建立 ● 人员销售的管理	4
第 13 章 成长战略	● 企业通过成长创造价值的原理 ● 在成长过程中如何做好控制和发现机会 ● 从内部成长的主要方法 ● 从外部成长的主要方法 ● 国际成长为企业带来的特殊挑战	2
附录 特许经营	● 特许经营的主要特点 ● 特许经营作为一种成长战略 ● 购买特许经营的利弊 ● 购买特许经营需要注意的问题	

1

第一部分

创业的决定

第一章

创业导论

每一家成功企业的背后，必定有人曾做出勇敢的决定。

——彼得·德鲁克

本章学习要点

- 创业活动的本质
- 创业模型和创业过程中的决定因素
- 创业者如何寻找机遇、资源、资本和实现利润
- 创业者的主要类型和创业生涯的挑战

摩拜团队将大胆的设想转变为现实，开创了一个之前没有的新的服务类型和新的市场。

开篇案例

摩拜：共享单车的想象力

“它叫摩拜，英文名Mobike，我把它放在街头，人人可用，随处可得，而且只要一块钱就可以骑走。”摩拜单车创始人胡玮炜说，自己最初的愿望就是做一辆随骑随停的自行车。她的方案是将单车与APP结合起来，通过GPS找车，扫码解锁，锁车自动结账，车辆可以方便归还。

针对公共自行车的高损坏率，摩拜团队提出四年免维护的造车要求。坐垫采用特殊橡胶，舒适防水；镁合金轮毂、铝质车身，防锈且不易变形；密封传动轴，防止夹裤脚还能为智能车锁充电；放弃传统自行车的双叉设计而改用单叉，只需要拧一颗螺丝就能将轮毂卸下，降低维修矫正的难度。整辆车子申请了20多项专利。1辆摩拜单车初期成本高达6000元，随着原材料采购量的增加，逐步降低到了3000元左右。

摩拜单车经典款重达25千克，创始人当然知道骑行体验并不好。但他们更清楚，它首先是一辆满足用户根本出行需求的交通工具，其他的（甚至用户体验）都可以逐渐改进，甚至牺牲。胡玮炜说，“核心是快速出来。”传统自行车行业，至少两年研发一款全新车，摩拜团队不到半年时间就实现了从设计到量产。

车锁和线上支付联运构成了技术核心。贴着二维码的圆形锁扣中除了GPS芯片，还有其他功能模块集成在芯片中，比如锁控制功能模块，基础的网络通信功能模块，是实现网络约车的关键。

APP能够帮助摩拜实现车辆投放和维护的高效率。根据用户打开APP的情况可以分析用户的需求集中在哪儿，就在这种集中需求的地方去投车，不需要大街小巷每一个地方都放。这些车一旦骑起来之后，会自行循环，摩拜只需要去干预那些不正常的车辆。这也是摩拜跟政府有桩自行车运营最大的不同。

在经典款推出半年后，Mobike Lite上市，对过去摩拜坚持的一些信条进行了突破。例如，Mobike Lite恢复链条传动（重量降为17千克），加装了车篮，使用太阳能板充电提升了骑行体验。新设计能够利用传统自行车制造业成熟的供应链体系，单车成本降低为几百元。同时Lite版的租赁价格也是运动版的一半。“我们原来秉持的4年免维护加智能锁的模式没有变”，CEO王晓峰介绍。

在迭代产品的紧张间隙中，胡玮炜感觉到公司没有太多时间来等待她成长，她需要一名CEO。投资人帮助找来前Uber上海总经理王晓峰。CTO夏一平评价：“王晓峰的到来，让整个公司在节奏上提速，在产品落地、运营上带来了很多好的影响。”高管杨众杰说：“胡玮炜之前比较文艺、小清新。王晓峰有的时候逼我们逼得比较狠。”

胡玮炜感到特别自豪的，是摩拜很可能是国际上第一家大规模运营的无桩共享单车服务。而摩拜单车半小时1元的使用费用，几乎是一步到位设定了价格门槛。另一方面，摩拜居高不下的损坏率则是未来的一个隐患。这也是所有智能共享单车企业有待解决的难题。

摩拜单车的模式受到资本市场的认可，两年时间里完成从天使到E轮的多次融资，E轮融资规模高达6亿美元，投资人中间包括像腾讯这样的著名企业。摩拜的成功吸引了大量的资本涌入这一市场。胡玮炜认为，任何技术都是很容易复制的，但是基因、管理理念，创业团队复制不了，这些就是摩拜的核心竞争力。摩拜单车定义的用户人群是休闲运动的生活态度。“我们并没有设定客户一定要使用摩拜单车完成早晚高峰的换乘。有的时候在地铁口找不到车，这是我们需要考虑的问题，但并不是一个紧急的问题。”

对于赢利能力的质疑，王晓峰说，“我也不知道什么时间会达到收支平衡，但我相信，在互联网行业只要有了用户基数就有了商业意义。”

共享单车带动了自行车的制造生产。美国彭博新闻社网站评价说“中国正重新成为自行车大国”。摩拜在国内扩张到100多个城市，也试图走出国门，选择新加坡、美国、英国等海外市场。

作为一种受到高度重视的经济活动，创业离不开整体的社会资源和环境。本章首先分析了创业和创业者的特点以及创业对社会的贡献，接下来讨论了创业过程中的主要影响因素和人们对创业的常见误解。与企业一样，创业者必须有效利用资源来创造价值，机遇、资源、资本和利润是四个需要重点考虑的资源管理要素。最后，我们介绍了创业的主要类型以及创业者生涯的挑战和机会。

1.1 什么是创业?

理解创业

创业（entrepreneurship）是专注于机会、创新和成长的企业活动。作为一种精神状态或思维方式，创业表现为对机会和创新的高度关注，像如家和7天为代表的经济型酒店的兴起就是因为发现了经济型商务旅行的巨大市场空间以及对新型住宿服务的需求，并以创新的服务满足了这种需求。创业的另一个特点是在思考时突破现有资源的限制。如在苏宁创业初期，当时热销的消费电器彩电、冰箱和洗衣机的销售掌握在百货公司和五交化公司手中，苏宁没有任何进货优势。苏宁决定避开这些热门产品，而从市场竞争不强但对服务十分敏感的空调入手，以专业化服务建立起自己的市场份额。

创业往往和新企业的创建联系在一起，但创业同样可以发生在现有的企业内部、政府机构与非营利组织中。创业是由创业者发起和组织的，**创业者**（entrepreneur）是发现机会、利用资源和推动创业活动的个人或群体。

创业行动专题

创业意味着突破资源的限制

由于资金缺乏和技术上的约束，中国企业家特别善于流程创新。这种创新在企业成本节约中的潜力，常常令跨国公司觉得很不可思议。下面是长江商学院曾鸣教授在《龙行天下》一书中讲的故事：

饮料企业装箱时很难避免出现空箱的疏漏。一家跨国公司出现这样的问题时马上从美国请来质量专家研究，最后的解决方案是在流水线边上装一台X光机，用X光机检查每个箱子是不是空的；又设了一个机械手，空的箱子用机械手拿掉。中国企业没有这样奢侈的条件，他们想出了一个土方法：在流水线边上装一个大功率的风扇，不停地吹，空箱子一旦出现就被会吹掉。同样的效果，不同的成本。[1]

创业促进经济增长

早期的经济学理论认为，经济增长主要依赖资本和劳动的投入。20世纪80年代，以罗默为代表的经济学家发现，响应市场需求的技术变革是经济增长中的一个关键变量，这样的技术变革是企业家创业活动的结果。罗默所称的技术变革（图1.1）指的是企业家在创业过程中找出：

- 正在出现的、新的顾客群体；
- 新的顾客需求；
- 现有的但尚未得到满足的顾客需求；
- 生产和分销的新方法。[2]

IT技术的突破和变革推动了生产力的迅速提高，在网络时代创造出像微软、苹果、亚马逊、Google、Facebook这样的能够在很短时间内成长为产业主导力量的新兴企业。需要注意的是，技术变革不一定是技术上的突破，在已有技术的基础上做出改进或重新定位同样是创业活动。这方面的例子包括集装箱的使用、电子商务对超市和百货公司的挑战，以及连锁店的兴起将之前的零散产业转化为集中经营的产业等。创业活动对新产业的形成有重要的意义。新产业的出现往往是新的技术变革提供的就业机会被企业家所把握的结果。一些重大技术变革带来了完整的新产业的兴起，例如汽车发动机、飞机发动机、电子管、半导体、个人计算机、互联网、激光技术、基因技术和人工智能。

[1] 曾鸣，威廉姆斯. 龙行天下［M］. 北京：机械工业出版社，2008：p67.

[2] Romer P M. Increasing returns and long term growth［J］.Journal of Political Economy.1986.94（5）.1002–1037.

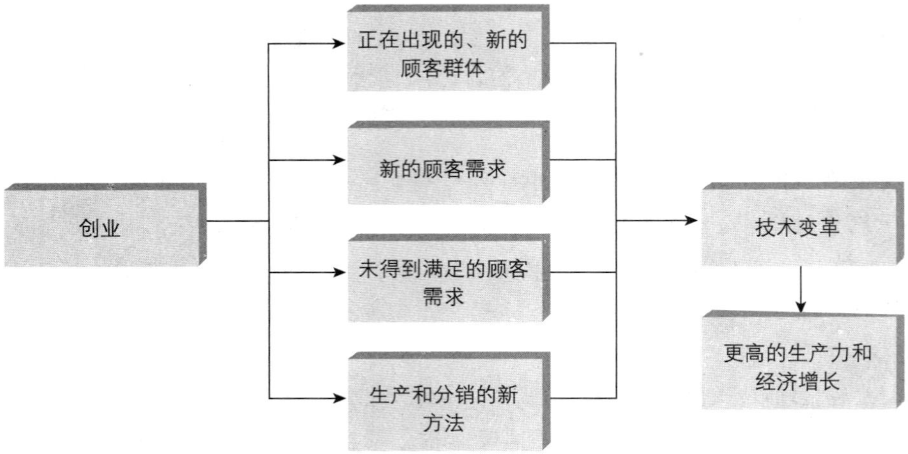

图 1.1 创业与技术变革

创业与小企业的社会价值

绝大多数创业企业是小企业。**小企业**（small business）是由一位或少数几位个人独立持有的，其销售和资产不足以影响企业经营环境的企业。小企业必须是独立的，大企业集团下设的企业，即使规模很小，也不算是小企业。小企业的另一个特点是对所在产业影响很小，不会改变产业的商业模式、定价和服务标准。例如，一家小型电影制作公司不会像中影、华谊兄弟、光线传媒这样的大型企业那样对电影票房分配产生影响。

在中国经济中，小企业有着特别的贡献。回顾改革开放的历史，可以说小企业改变了中国经济的面貌，从早期沸腾的乡镇企业，到苏南、温州和广东沿海民营企业遍地开花。今天，小企业在许多地区已经形成了具有世界竞争力的产业集群。当大型国有企业和集体企业遭遇改革瓶颈时，是大量的地方中小企业的活力推动着中国经济的成长。具体来说，小企业对社会的重要意义包括：

- 小企业对就业的贡献。根据学者蔡昉的统计，2006 年农村外出的劳动力达到 1.3 亿（第三届中国经济 50 人田横岛论坛）。他们的就业方向往往是小企业，沿海地区的劳动密集型小企业（包括乡镇企业、民营企业和小型的外资企业）。据淘宝网发布的数据，2016 年全国淘宝村活跃网店超过 30 万个，平均每个网店可以创造 2.8 个直接就业。仅 14 个大型淘宝村就有 1 万家淘宝店，就业人口 4 万，2012 年销售总额超过 50 亿元。
- 小企业是满足社会需要的重要力量。许多社会需要表现出地方性、个人化和零散化的特点，大企业由于成本的关系无法满足这些需要。小企业往往为大企业提供销售和分销、分包、配件生产、发送方面的服务。例如，由于项目的规模和特点变化多端，大型承包商不可能提供所有必要的专业人员，这就为小承包商和分包商提供了生存的机会。

- 创新。创新不仅来自大企业，也来自小企业和个人。美国中小企业管理局认为，小企业提供了投入市场的所有“创新”中的55%。像个人电脑、晶体管收音机、复印机、飞机发动机、网络路由器、社交网络都是小企业发明的。在网络经济时代，这一点表现得尤其突出，许多最具创新性的软件、平台和服务都是由小企业开发的。

总体来看，产业环境的变革出现了对小企业有利的局面。过去，社会资源往往为大型企业所垄断。今天，大企业与小企业的关系变得更加平等。从政策上讲，小企业获得了更多的准入机会。从基础设施上，互联网帮助小企业获得更多进入市场、与顾客进行接触和获得财务资源的渠道。而小企业所固有的经营灵活、决策迅速的优势则得以继续保持。此外，与制造业相比，近年来服务业的增长更加显著，信息技术价格的不断下降也为小企业提供了更多的机会。

创业行动专题

“啃”苹果的年轻人

2008年7月，苹果App Store上线时应用程序只有500个。到2017年1月，这个数字已经突破220万，下载量超过100亿次，为开发者带来700亿美元的收入。无论用什么尺度衡量，这都是一个惊人的数字。它告诉我们，在一个适当的商业土壤，创业的热情可以达到什么程度。

1999年毕业于河北大学计算机专业的朱连兴曾在ACM（国际大学生程序设计大赛）获过奖。2006年11月，朱连兴找来同样在ACM获过奖的师弟谷更新、吴一凡组成了139.ME，专门开发网络游戏。开始，他们只能做一些外包的软件产品，赚点外快。

2008年，一次偶然的机会，朱连兴参加了苹果公司在北京举行的iPhone开发者培训，由此发现了App Store的巨大商机。同年10月，139.ME的第一款应用软件通过了苹果的审核，在App Store上线。一个月后获得了第一笔2000元人民币的收入，“钱虽然不多，但让我们肯定，这个路子是行得通的，”不需要去运营、推广、做市场，“只要把心思花在做好产品就可以了。”

朱连兴看中了一个水族箱的项目，“非常炫”，适合移植到iPhone上做休闲游戏。最终，“Colorful Aquarium”这款带有《海底总动员》风格的热带鱼水族箱程序，成为139.ME销售得最好的一款软件，游戏上线当天就有来自全球22个国家的用户下了订单，收入接近300美元。上线6个月，多彩水族箱的下载量已经超过120万次，下载用户遍布80多个国家。仅靠这款游戏，139.ME每天的收入最多时超过1000美元，它甚至还出现在苹果发布的iPad官方视频中。

从苹果提供的数据来看，139.ME各款产品的用户下载数量超过60%来自北美，20%来自欧洲，余下的20%来自其他国家和地区，中国的下载用户几乎可以忽略不计。恐怕没有比App Store更容易把游戏“卖”到全球各地的商店了——苹果用户们也许并没有意识到，这些好玩的东西最初出自中国河北省的一个开发团队。

全球性的创业热潮

近年来，也许没有一项经济活动像创业这样在全球范围内得到了政府和社会持续的高度关注和支持。受到创业激励的学生希望能够拥有自己的企业实现独立的人生，发明家们渴望通过创业让自己的技术实现商业价值，大型企业的高管们通过鼓励创业来提升竞争优势。政府官员也加入到创业活动，努力为所服务的地区或领域带来新的经济增长。

在中国，随着传统的投资拉动的经济增长方式的效力受到越来越多的质疑，从政府到社会显著增加了对创业活动的支持。以下列举了这一转变过程中所出现的变化：

- 2012 年，教育部规定大学生在校期间修习不低于 32 小时 2 学分的《创业基础》。一些中学也开设了创业教育内容的课程。
- 2013 年，国务院宣布简化工商注册手续，不再要求实缴最低注册资本。
- 在社会支援上，媒体定期发表创业英雄的报道。多项调查发现，在中国青少年中，认同创业群体得到足够社会关注的比例超过了 60%。
- 政府和学校设立了大量的孵化器用于扶持创业企业。
- 社会企业创业的热情开始萌发，将创业的理念和方法用于解决社会问题。

GEM（全球创业观察）每年发布关于创业态度和感受的国际统计数据，表 1.1 给出了中国和美国近年数据的对比。美国数据显示对创业机会的态度和创业的意愿呈现稳定的提高。中国的调查则发现在创业意愿方面显著高于美国，而在创业能力方面的信心不如美国。在职业选择、成功创业家的地位和媒体支持方面，中国社会的分数都很高。同一份报告还发现，中国的创业群体具有特别年轻的特点，年龄段在 18 ～ 34 的人群在创业群体中占 57%。

表 1.1

中国和美国创业态度和感受调查（%）*

	创业机会		创业能力		恐惧失败		创业意愿		创业作为职业选择		成功创业家的地位		媒体对创业的支持	
	中国	美国	中国	美国	中国	美国	中国	美国	中国	美国	中国	美国	中国	美国
2016	37	57	30	55	49	33	21	12	70	63	78	74	79	72
2015	31	47	27	56	40	29	20	12	66	—	78	—	77	—
2014	32	51	33	53	40	30	19	12	66	65	73	77	69	76
2013	33	47	36	56	34	31	14	12	70	—	74	—	71	—
2012	32	43	38	56	36	32	20	13	72	—	76	—	80	—

* 后面三个选项在美国调查时为可选项，有些年份无数据。

资料来源：http://www.gemconsortium.org/report。

1.2　创业过程

从前一节对创业的定义中可以看出，创业活动与机会发现和风险承担联系在一起。创业不仅是一种实际的企业活动，也是一种重要的思维方式。有关创业的研究发现，创业并不是一种偶然。那么，影响创业活动从起步到成长的因素有哪些呢？图 1.2 给出了一个基本的创业过程模型，其中的影响因素包括个人因素、环境因素和其他社会因素。

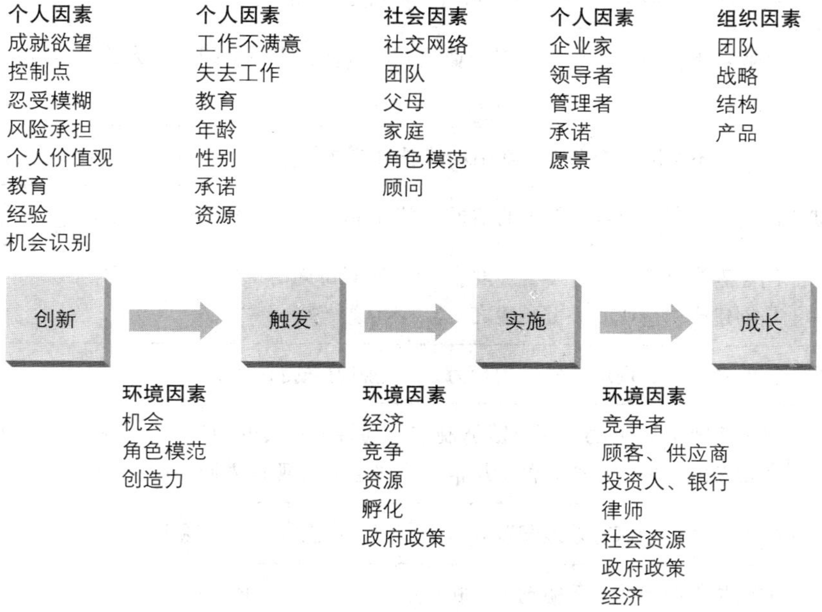

图 1.2　创业过程模型

个人因素

哪些个人因素与创业成功有联系？大致而言，与成功有关的个人因素几乎都与创业成功有关。许多媒体都曾经发布过一些创业人格测试问卷，帮助创业者理解自己的创业潜质。这些问卷的基础往往是对创业者和非创业者差异的行为研究，表 1.2 列举了从研究中总结出来的一些创业者的性格特征。学术界对于这些研究尚未达成一致的意见，因为总是会有例外的情形是这些“特质”所无法解释的。一般认为，高度内在控制点是成功创业者的一个必要特质，这是指创业者拥有强烈的控制自己生活的愿望。

表 1.2

创业者的常见性格特征

行动的欲望和意愿	创业者愿意采取行动将创意转化为企业，对自己所创立企业的成就感到负有个人责任。创业者希望控制资源并将资源用于实现自己所确定的目标。
承担适度的风险	创业者不是冒险家，而是精心算计的风险承担者。创业者有可能提出在别人看来非常高甚至无法实现的目标，但创业者自己往往已经做了透彻的思考，相信这些目标是合理、可实现的。
对成功有自信	创业者通常对自己的能力充满自信，对取得成功非常乐观。由于在创业过程中不可避免会遇到各种难以克服的困难，这种自信是非常重要的。
自我肯定	创业者不会羞于承认自己对企业成功的责任，也不会因为别人认为自己想法荒谬而怯于行动。
韧性	创业者不会因为遭遇未预期困难就退缩或放弃，他们会不断尝试新的方法。
期望即时反馈	创业者希望知道自己努力的结果，竭力寻求积极的强化。
精力充沛	创业者身上表现出超越常人的精力，他们每周的工作时间经常达到 60 ～ 80 小时。这是创建成功企业的关键要素之一。
富于竞争性	创业者往往表现出竞争性的行为，总是想着赢得比赛。
面向未来	创业者拥有远大的梦想，能够制定计划将梦想转变为现实。他们总是不断寻找机会，发现新的目标。创业者善于从常见的现象中发现不寻常的机遇。
组织能力	创业者知道如何有效地配置人员和资源，将愿景转变为现实。
成就驱动	成就是创业者的主要驱动力。相比而言，金钱只是成就的一个副产品。

环境因素

有些地方表现出更加活跃和更加有效的创业活动，例如世界最著名的创新活动中心美国硅谷。这说明，除了个人因素之外，我们还需要了解环境因素对于创业活动的影响。硅谷在创新方面的成功得益于网络的作用，在硅谷几乎人人身边都有成功的创业者，他们起到鼓励和支持创业的榜样作用。在这样的环境中，人们似乎总会有机会自己实践一次创业。也就是说，在硅谷，创业者拥有理想的外部支持环境：

- 高密度的高技术企业提供了富于创业精神的技术人才和创业企业所需要的技术员工；
- 风险资本家聚焦于此，他们善于识别和培养有希望的初创企业；

- 熟悉初创企业融资需要的投资银行家；
- 有大量精通知识产权保护的律师为新企业提供服务；
- 愿意为没有信用历史的初创企业提供信用购买条件的供应商和写字楼出租者；
- 政府支持创业的配套政策。

同样，在北京中关村地区，创业者有很多机会见到初期投资人，向他们做商业计划的陈述。也有像创业咖啡这样的场所帮助创业者相互交流。由于这一地区拥有许多高校，创业所需要的智力支持也非常充分。

角色示范对于创业者有重要影响。如果你的家族中已有创业者，你也许更有可能走上创业的道路，不论这些创业者是否成功。同族企业也可能是影响创业的因素，据说在纽约市由韩国人经营的小型杂货店占据70%的市场份额，这些店主构成了韩国人“移民创业者”族群，与黄色出租车和椒盐卷饼共同成为纽约市的标志。

学校也是激励创业的重要因素，美国麻省理工学院是培养高技术企业的温床，它所推动的创业活动甚至改变了当地的经济生态。美国考夫曼（Kauffman）基金会资助的一项研究报告，如果将MIT毕业生在全球各地创办的所有企业组成一家独立的经济体，其规模在全球经济体中将排在11～17名之间。[1]

其他社会因素

除了上面提到的角色示范之外，更多的社会因素会对创业者发生影响。对于年轻、没有家庭负担的单身青年，创业可能是相对容易的决策。而对于承担着家庭责任，并且当前工作收入不错的中年人，创业可能会影响家庭成员的生活。此外，如果创业失败，你想再找到一份工作也将是比较困难的。年龄对创业的另一个重要影响是，中年人经验会多一些，但创业的热情和精力则不如年轻人。当你在一个行业中工作很长时间之后，你会获得大量的经验，但你对行业消极因素的认识也可能会妨碍你发现其中所蕴藏的机会。例如，推动经济型酒店在中国兴起的几家著名企业如家、汉庭、七天的创始人都是技术出身的年轻人，几乎没有酒店管理的经验。但他们发现了新的商务旅行市场需求，设计出支持服务于这一市场需求的技术框架。

[1] http://news.mit.edu/2009/kauffman-study-0217.

创业行动专题

关于创业的常见误解

媒体对创业活动和创业者进行了大量的报道，但同时也导致人们形成了对创业的刻板印象，其中有许多是错误的。下面整理了一些常见的错误认识。

误解一：创业者是为了钱而创业的。

正如前面已经提到过的，创业者的动机可能是多样的，但第一位的动机则是满足创业者追求独立和创造新事物的需求。创业者通常不愿意为别人工作，希望通过努力创造出自己所独有的东西。创业者的内在动机包括独立、控制自身命运以及对企业的成功完全负责所带来的满足感。这当然不是说创业者不想赚钱，他们当然希望能够赚钱。然而，相对于内在动机，赚钱这样的外在动机对于创业者属于第二位的。第一批阿里巴巴成员与马云一起从北京回到杭州时，其中有许多人在北京有很好的工作机会，他们也并不知道未来这家企业将成为全球最大的电子商务公司。

误解二：创业是有钱人的事情。

这是十分常见的误解，也是很多人拒绝采取创业行动的理由。正如美国考夫曼基金会的发现，由于技术的发展，创业的成本已经显著降低了，这也包括商业运营的成本如房屋租金等。“任何有想法的人，都可以更方便地进入市场。”[1] 专注于中小企业成长的商业期刊 Inc. 每年都会公布创业资金低于 1000 美元的成功企业。在 2012 年“Inc. 创业 500 强企业中”，起步资金低于 1 万美元的创业企业占 61%。[2] 事实上，与创业资金相比，管理团队、市场、社会网络和价值链上的关联等可能是更加重要的因素。

误解三：创业必须先有了不起的想法。

许多伟大的企业都是从不那么了不起的想法起步的，这个名单上包括三星、迪斯尼、索尼、丰田、诺基亚，也包括中国的华为和联想。三星早期是卖鱼干、蔬菜和水果的企业。华为和联想在早期都是从事贸易，没有强大的技术能力。据联想创始人柳传志回忆，当年做外国品牌代理时，联想因为规模小而在经销商会议上总是坐在最后一排。他们的共同点是拥有一支伟大的团队，想要创建一家持续百年的企业。风险投资人在决定投资之前首先考虑的不是商业思想，而是创业团队是否有执行能力。

误解四：风险越高，回报越大。

人们经常听到有关风险与回报关系的议论，大意是只有敢于承担高风险才能获得高回报。然而，风险实际上是一个相对的概念，创业者总是千方百计降低风险。他们采取的方法包括市场测试、先有顾客再投入、用自己的钱来投资。无论如何，减少风险并不会损害企业的价值。相反，降低创业项目的风险有助于创业者在融资谈判时争取更大的权益。

误解五：商业计划书是成功的先决条件。

贷款方、投资人还有其他一些人在投入资本或提供信贷之前的确要查看创业者的商业计划，这是为了保证创业者了解自己想要做的是什么，将会承担怎样的风险。但也有许多企业在创办时并没有成熟的商业计划，中国第一代民营企业家通常是出于改善个人和家庭生活的目标而创业的，商业计划在当时还是奢侈品。还有许多创业者是从兴趣起步建立社区的，也就是说，许多创业者是在行动中发现商业机会

[1] http://online.wsj.com/news/articles/SB10001424052748703720504575376664285510930.

[2] http://www.inc.com/magazine/201309/numbers-from-inc.500-companies-first-year.html.

的。学术研究也没有发现优秀的商业计划与创业成功之间可证实的关联。

误解六：创业只适合年轻人和大胆的人。

许多人觉得30岁之后就不再适合创业了。因为人到中年往往会失去动力，精力不足，冒险精神萎缩等。但在现实中。各个年龄段的创业者都有成功的机会。微软的比尔·盖茨、苹果的乔布斯固然是年轻人创业的典型。但也有许多中年创业成功的例子。麦当劳创始人克罗克52岁创业；阿里安娜·赫芬顿（Arianna Huffington）在54岁的时候，开创了自己的《赫芬顿邮报》；肯德基创始人山德士65岁创业。根据考夫曼基金会对1995-2005年期间创业活动的调查，创业活动最活跃的年龄段是55～64岁，而在年轻人拥有优势的高技术创业领域中，创业者的年龄平均39岁。[1]

1.3　创业资源管理

与传统企业一样，创业者的成功取决于他们通过资源的优化组合创造出顾客价值的能力。理解创业过程的另一个角度是创业者从发现机会到实施的各个资源组合的关键阶段，如图1.3所示。本节的重点是从机会、资源、资本和利润几个方面来展开讨论。

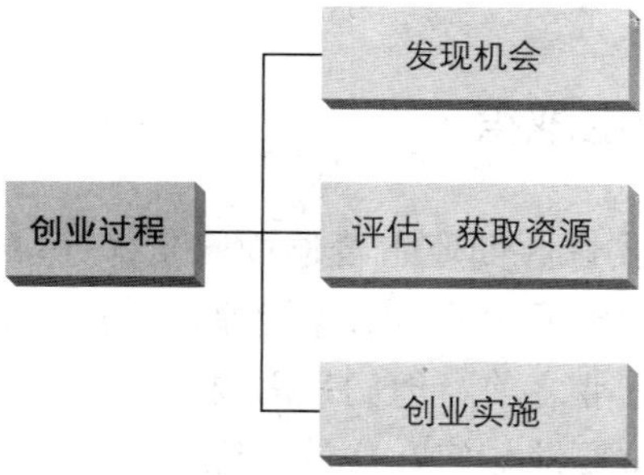

图1.3　创业过程中资源组合的各个阶段

创业机会

创业机会（opportunity）的识别。很多时候，人们乐意相信创业需要基于一个独一无二的想法，为寻找这样的想法花费许多心思。同时，当他们真的认为自己有了一个这样的想法之后，他们唯恐别人偷走自己的想法。这会阻碍他们在与别人的讨论中客观地评估这些想法，除非对方愿意不怕麻烦地签署保密协议。有些时候，创业者的确发现自己的想法已经由他人变成了现实。从历史上看，许多

[1] http://www.kauffman.org/what-we-do/research/2009/07/the-coming-entrepreneurship-boom.

新的想法往往同时由不同的人提出并实施。此外，许多最早开发某一产品的人后来未必成为市场的主导者。例如施乐是电脑图形界面的发明者，但真正从这项技术中获利的却是微软和苹果等企业。因此，想法本身并不是最重要的。让想法成熟、进行商业运营并形成独特、有效的商业模式才是最重要的。青霉素是由弗莱明偶然发明的，但他从未想到将它用作药物。直到 10 年后柴恩、弗洛里重新发现弗莱明研究的医用价值和提炼方法，拯救了无数人的生命。当斯坦福大学博士生布林和佩吉决定创业时，市场上已经有了 37 种搜索引擎，但他们让自己所创建的 Google 最终成为市场上份额最高的搜索引擎。

关注你的顾客。潜在的创业者们常犯的错误之一是沉迷于对自己产品的虚幻需求。一个好的检验方法是让他们回答一个问题，"你能告诉我你的顾客名单吗？"假如他们发明了某项产品，例如新型剃须刀，那么请他们给出几位会购买这种剃须刀的现实顾客的名字。假如他们回答不出，就说明产品在他们那里还只是一个概念，而不是一个市场。创业者至少应当分清对自己的产品是否存在着一个真实的市场需求。当然，有些革命性的产品可能无法看清市场将会在哪里。但是，在绝大多数情况下，创业产品只是对现有产品的功能、销售渠道、顾客群体、品质和服务的改进。在投放市场前，创业者应当明确它们将为顾客创造怎样的价值。当布林和佩吉决定创业时，他们的搜索引擎已经是斯坦福大学内部最有竞争优势的产品。我们会在第 3 章专门讨论创业机会的识别。

创业资源需求与资源的取得

资源的相对重要性。创业者普遍面临资源（resource）稀缺，甚至严重稀缺的情况。他们需要做出极大的努力才能保持运营，这包括控制费用、提高生产力、减少资本消耗。在创业之前，他们就需要确定自己将会需要哪些资源，这些资源对于新企业的战略重要性如何？这就是说，创业者必须认识到，对他而言有些资源可能比另一些资源更加重要，由此可以决定自己应当如何分配稀缺资源。对于高技术企业，技术是最重要的资源，因此要在专业人员招募和保留以及知识产权保护上投放资源。如果业务是零售或餐饮，则地点就是最重要的资源，不能简单地以价格来作为取舍的依据。春秋航空模仿美国西南航空为代表的廉价航空公司的运营模式，以低价格吸引顾客。为了降低成本，春秋航空只使用空客 A320 一种机型（减少培训和管理费用），免费行李只有 15 千克，也不提供免费餐饮，保证了资源能够支持公司的低价战略。

外包的选择。创业企业需要运用各种资源，但并不意味着一切都要自己做。**外包**（outsourcing）是指将一项或多项职能委托其他企业或组织完成的运营方式。许多创业公司选择将部分业务外包，最常见的是将财务和人事服务外包。此外，生产环节和售后服务外包也是极为常见的。即使像云南白药这样的较大型企业在推出牙膏产品时也是委托其他牙膏生产企业代为加工的，这样可以避免对生产设备的投入和维持员工队伍的成本。而当云南白药牙膏的市场需求扩大到一定程度，云南白药则可以改而采用自建工厂的方式来实现规模效应。

创业资本

有了好的想法，也知道了在运营中应当如何配置资源，你已经有了基本的商业计划的元素，接下来的任务就是筹集创业资本。筹资的基本选择有两项：债务（debt）和权益（equity）。**债务筹资**的意思是通过举债的方式来获得资金，承诺在一定期间后向债权人归还债款并支付利息。**权益筹资**的意思是通过出让所有权来获得资金，投资人向企业提供资金，以此换取在创业企业中占据一定的股权份额。总的来看，创业者筹资方式的选择无非是在承担利息和放弃股份之间做出取舍。

在现实中，创业者通常没有多少选择的余地。即使乐于采用所有的方式，也未必能够筹集到足够的资本。由于创业企业没有信用历史，通常也没有可供抵押的设备和不动产，它们将很难获得银行贷款。许多时候，创业者用自己的储蓄、不动产和自己的劳动作为企业开办的资本投入。我们来看看苹果公司两位创始人是如何解决创业资本问题的。

乔布斯和沃兹尼亚克是学生时代的好友，尽管上了大学，但他们都没有大学毕业。当他们计划创业制造电脑时，乔布斯在一家名为 Antari 的录像游戏企业工作，而沃兹尼亚克任职于惠普公司，他是一位电脑设计天才。在创业生产苹果Ⅱ初期，他们的车间是乔布斯父母的车库，启动资金一共 1300 美元，这是乔布斯卖掉自己的大众汽车、沃兹尼亚克卖掉科学计算器之后得来的。他们曾经向自己的雇主求助，沃兹尼亚克向上级建议惠普生产苹果Ⅱ，结果遭到拒绝。乔布斯也在 Antari 创始人 Nolan Bushnell 那里碰了壁。但是，他们的努力没有白费。1976 年秋天，Nolan Bushnell 和一位营销专家建议两位创业者联系风险资本家 Don Valentine。Valentine 没有投资，但他又将他们介绍给新近从英特尔退休的马库拉（Armas Makkula），一位有钱人。

擅长融资的马库拉发现了其中的商机，他个人投资 91000 美元，帮助两位企业者从美国银行获得了信用额度，制定了商业计划，又筹集了 60 万美元的风险投资。1977 年，苹果Ⅱ一上市就取得了销售成功。1980 年，苹果公司上市。1982 年，成立仅 5 年的苹果公司进入了“财富 500 强”。

苹果的成功是个奇迹，是不可复制的。但他们的筹资过程却是比较典型的，也是可以学习的。首先，创业者靠自己的储蓄或劳动打造出原型，然后争取一位有钱的投资人（天使投资人）的支持。后者往往富于行业经验，通过初期的资金支持来换取股份。当企业开始生产产品之后，有了库存和应收账款，就可以向银行争取信贷额度。为了筹集资金扩大生产，企业可以引入风险资本，以股份换取更多的资金。最后，通过公开上市，企业可以筹集更多的资金。

绝大多数企业者可能根本没有走到引进风险资本的步骤。在耗尽个人财产后，他们会向家庭成员、朋友、过去的同事，甚至任何愿意参加冒险的陌生人筹资。表 1.3 根据 2012 年 Inc. 对创业 500 强企业 CEO 的调查结果列出了初期资金的来源。

表 1.3

Inc. 创业 500 强企业创业资金的来源[1]

来　源	回答比例
个人储蓄	71%
朋友和家庭成员贷款	21%
个人银行贷款	13%
房产抵押贷款或个人信用额度	12%
天使投资	9%
风险资本	6%
政府小企业局担保贷款	3%
众　筹	0

利润潜力

不同产业的平均利润率是不一样的，同一产业在经济周期不同阶段的利润率也是不一样的，创业者需要掌握本行业平均利润率的数据。据工信部 2017 年发布的调查结果，全国规模以上工业企业平均利润率为 5.97%。任何企业都必须实现充分的利润才能补偿投资者（通常就是创业者本人）的资本成本。创业者在计划企业利润时往往对自己的工资估计不足。一位月收入 1 万元的经理，雇主承担的福利可能高达工资的 60%。而在自己创业时，这些都是要在计算利润之前扣除的费用。为了降低成本，有些创业者在初期自愿接受低工资和低福利，只能等待公司财务状况好转后再来补偿。即使引入了外部投资人，创业者的负担并未减轻，因为冒险投资于创业企业的投资人通常会期望比市场平均值高得多的回报率。

在利润之外，创业者还要考虑企业的现金流问题。在创业初期，企业即使可以实现盈利，也往往不得不面对现金流的问题。这是因为在快速成长的过程中，企业在经营活动中无法产生足够的收入来支付资本开支。例如，像亚马逊和京东这样的电子商务公司需要在仓储物流上投入大量的资金，可能需要很多年才能实现正的现金流用于给股东分红。创业者必须仔细计算企业未来的现金流水平，准备好解决现金流问题的方案。通过出让股份来换取资本注入是常见的方法，但这会导致创业者股权份额的稀释。如果反复引入投资者，那么最后创业者可能失去对企业的控制。

[1] http://www.inc.com/magazine/201309/numbers-from-inc.500-companies-first-year.html.

1.4　创业与职业发展

除了前面所提到的环境和社会因素之外，今天的创业者还要考虑特殊的环境因素。例如，跨国企业在经济陷入衰退时的全球大裁员通常不会涉及中国区。但在最近几年，情况显然有了很大的改变。2012 年 Google 收购摩托罗拉之后在中国大量裁减软件研发技术人员。诺基亚公司在中国的市场份额曾经高达 40%，但在业绩下滑之后也不得不在中国区进行裁员。许多资深的管理者和专业人员发现，由于经济前景不明朗，他们不再像过去那样容易找到工作。

在美国，这样的创业群体被称为“castoffs”（不再被需要）。他们本来以为可以在一家大型企业中沿着职业阶梯自然上升，直至退休，对职业路径的意外变化没有思想准备。有些人选择与民企或国企工作，还有一些人则选择了创业或加入创业企业。这一创业群体有其特殊的优势，他们通常拥有丰富的工作经验，熟悉本行业的现状，对商业发展过程和未来趋势有洞察力，并且年富力强。

创业者的类型

创业者可能有不同的创业动机，有些是需求驱动的，如为了改善生活，有些则是机会驱动的，如发现了别人未发现的商机。我们在这里讨论四种类型的创业者：居家创业、连续创业、非营利创业和公司创业。

居家创业者。居家创业者（home-based entrepreneur）是指不租赁办公室，而利用自己的房产或住处开展经营活动的创业者。居家创业的一个主要优势是成本较低，因此毛利较高。此外，工作时间灵活和保持独特生活方式也是优点（例如可以不必考虑组织的着装规定）。在美国，12% 的创业者采用居家创业，销售额 4270 亿美元。居家创业的年平均收入为 6.3 万美元，年平均利润 2.3 万美元。在全美小型企业中，53% 属于居家创业，其中绝大多数是无雇员的。

有些居家企业从事特殊的业务如个人兴趣、咨询和自由职业，但大多数企业的业务与其他大型企业直接竞争。得益于互联网提供的基础设施，居家创业同样有可能从事高技术的或服务性的业务。整体商业环境也变得更加支持居家创业，只要拥有电脑或智能手机，居家创业者可以随时获得各种商务支持，从合同格式、法律咨询、物流服务都可以方便地获得。有些国家对居家创业提供了税务上的优惠，例如美国法律规定居家创业者可以在税前抵扣办公室和其他必要的商务费用。

许多创业者从居家创业开始，这样可以节省费用，也有助于控制风险。如果通过了初期运营的考验，创业者就可以开始增加雇员、采购设备和其他资源，支持公司的成长。当然，也有一些创业者选择没有办公室的生活，他们可能在家里、汽车上或度假地随时办公。在今天的技术条件下，你的确可以选择在世界上任何地方办公。

连续创业者。有些创业者喜欢不断地开创新的企业，当亲手创建的企业走上正轨，主要工作从创业转化为日常运营之后，他们往往会失去兴趣，而将热情转向开创下一个企业。他们更喜欢享受创业的激情，而不耐烦做管理工作。完成创业后转向新的创业活动的创业者称为连续创业者（serial or portfolio entrepreneur）。他们持续不断地关注新的机会，往往从之前创业的过程中获得经验或专业能力。电动汽车公司特斯拉 CEO 马斯克是一位连续创业者，他曾经成功创办过在线内容出版公司 Zip2，还是著名的 Paypal 公司和民用太空火箭发射公司 SpaceX 的创建者。雷军则是中国连续创业者的代表，他参与创建的著名企业包括金山软件、卓越网和小米科技。

非营利创业者。许多创业者通过创建非营利组织以实现自己的创业梦想，这就是非营利创业者（nonprofit entrepreneur）。非营利组织的主要业务活动包括教育、慈善和环保等，通常它们需要在市场上竞争才能吸引到足够多的认同其使命的企业或捐助人的赞助，以获得运营所需要的资金。非营利组织通常会获得一些税收上的扶持政策。与人们通常的认识不同，非营利组织可以获得利润，只不过这些利润必须保留在组织内用于发展，而不能分配给组织所有者。近年来著名的非营利创业案例包括"多背一公斤"助学、"一个鸡蛋的暴走"将健身与儿童公益相结合、Tom's Shoes "买一送一"为贫困地区儿童送鞋子、创思客等。著名演员李连杰创立的"壹基金"则是最受信任的中国民间公益基金会之一。

公司创业者。创业不是小企业或新企业所独有的活动，它也可能发生在现有的组织，包括大型组织中。公司创业者（corporate entrepreneur）是在现有的组织内部发起或组织创业活动的创业者。公司创业是当前管理研究的热点问题之一，这是因为，越来越多的大企业发现，只有在组织内部鼓励创业活动才能保持企业的竞争优势。公司创业与企业当前的业务活动有着显著的区别，它们通常包含企业之前没有做过的业务或完全不同的作业流程。公司创业风险相对很高，因此通常会与原有的核心业务进行隔离。很多组织认识到，它们不可能完全建立一套新的做法或彻底重新设计组织。这样的组织常常会安排独立的自治团队进行创新，像洛克希德马丁公司曾经为完成创新任务而组建了"臭鼬工厂"，抽调专门的人员，拥有高度自主权。

创业生涯的挑战

与普通企业人员不同，创业者的主要活动是创建新企业，识别机会，整合资源，将机会转化为成功的企业。创业并不适合所有人，表 1.4 总结了创业对创业者生涯的挑战和机会。尽管在生活中可能会出现比表中所描述的更加困难的情况，但这里所列出的是最常见的。如果你想成为创业者，可以参考这张表了解自己能否承受创业的挑战，创业与你的生活目标是否一致。

表 1.4

创业生涯的挑战和机会

挑　战	机　会
找出正确的商业机会	拥有独立性
不得不在没有额外报酬的情况下加班，这种情况可能持续很长时间	创造财富
面对不确定性和高风险	在赚钱的同时行善，有机会实现社会企业创业
承担起做出重大决定的责任，这些决定会影响到其他人的生活	在创业者所创造的企业环境下工作
依靠其他人的专业能力和资源	可以做最能够唤起自己激情的工作
没有过去的经验可以依赖	能够真正有所创造
在某一时刻可能产生失败感	创造了新的就业
找到合适的人来帮助发展事业	支持社区发展
筹集资本和其他资源	
忍受孤独感和幻灭感	

通常情况下，在正式创业之前会有一段非常兴奋的时间。除了创业者本人，其他人也会期待看到创业成功，创业者经常可以听到鼓励的话语。但是，当创业活动真的开始之后，创业者往往会遭遇意想不到的困难，这些困难源源不断，似乎永远没有尽头，表 1.5 列出了创业第一年中经常遇到的困难。也是因为这个原因，团队创业可能是一种更好的选择，工作和压力都可以有人分担。成功的创业者表现出自律和坚韧，他们不会轻易放弃。据著名投资人王功权回忆，1999 年风险投资公司 IDG 在考察腾讯准备投资时，以马化腾为首的创业团队始终无法向投资人合理地解释自己的商业模式和未来收入的来源，但这并没有令团队放弃自己的信念。[1]同样的故事也发生在许多今天极为成功的企业身上。现实的情况是，机会很少是在稳定、可预测的环境下出现的，绝大多数创新理念来自混乱的边缘，这种混乱创造出条件，让人们将过去认为不相关的因素联系起来创造价值。作为创业者，拥抱变化、能够在混乱的环境中把握机会是成功的前提。

表 1.5

创业企业在第一年中经常遇到的困难[2]

1. 获取外部资金	用于成长的资金	2. 内部财务管理	营运资金不足 现金管理 其他财务管理问题

[1] http://www.21cbh.com/2013/7-29/yOMDQyXzczMjMyOQ.html.

[2] Terpstra, David E., and Philip D. Olson. "Entrepreneurial start-up and growth: a classification of problems." Entrepreneurship: Theory and Practice, Spring 1993, p.5-21.

续表

3. 销售 / 营销	销售额太低 依赖一家或少数几家顾客 营销或分销渠道弱 促销 / 公共关系 / 广告问题 其他营销问题	7. 人力资源管理	招募选拔问题 员工流失或保留问题 员工工作满意度和士气 员工发展
4. 产品开发	产品 / 服务开发问题	8. 经济环境	经济形势不佳或衰退
5. 生产 / 运营管理	建立和保持质量控制 原材料供应	9. 管制环境	保险问题
6. 一般管理	缺乏管理经验 管理者人数太少、时间不足 不会管理和控制成长 行政管理不良		

本章小结

1. 创业是专注于机会、创新和成长的企业活动。创业者是发现机会、利用资源和推动创业活动的个人或群体。

2. 作为一种思维方式，创业表现为对机会和创新的高度关注，创业的另一个特点是在思考时突破现有资源的限制。

3. 经济学家发现，响应市场需求的技术变革是经济增长中的一个关键变量，这样的技术变革是企业家创业活动的结果。

4. 绝大多数创业企业是小企业，得益于技术创新，小企业比过去获得了更有利的发展条件。

5. 在创业过程中，个性因素、环境因素和其他社会因素起到重大的影响作用。

6. 机会的识别、顾客的确认和时机的把握是创业者能否成功利用创业机会的关键。

7. 创业者必须把握不同资源的战略重要性，掌握能够创造最大价值的核心资源。

8. 债务和权益是创业者筹资的两种主要方法。除了利润潜力之外，创业者还要关注企业的现金流。

9. 居家创业、连续创业、非营利创业和公司创业是创业的四种主要类型。

10. 创业生涯可能带来巨大的挑战，创业者应当拥抱变化、在混乱中把握机会。

关键概念

创业　机会　创业过程　创业的个人因素　创业的环境因素　创业资源　创业资本　创业类型

批判性思考与讨论题

1. 什么是创业？如何理解创业与其他商业活动的区别？

2. 创业者与管理者有何区别？

3. 许多极为成功的创业者仍然保持每周工作 60 ～ 80 小时的习惯。你如何看待这一现象？

4. 如何看待创业者对风险的态度？

5. 年纪大的创业者与年轻的创业者相比是否处于不利的地位？

6. 创业者的创业动机可能有哪些？创业动机受到哪些因素的影响？

7. 企业家在创业过程中可以运用哪些技术变革？

8. 描述当前的创业环境与书中所提到的创业环境之间有何变化？

9. 如何分析创业者所发现的是否真实的市场机遇？

10. 分析债务和权益两种筹资方式的利弊。

11. 公司创业与其他创业类型有何区别？

12. 为什么当前对社会创业的兴趣开始提高？

13. 在你看来，当前全球性的创业热潮是可持续的吗？为什么？

报告与分享练习：学习创业的经验

以小组为单位，找出一个感兴趣的创业领域中的创业者，从公司公开信息（如网站、年报）和媒体报道中查找资料，回答以下问题并向全班报告你们的发现。

1. 创业者的背景（家庭、教育和工作经历）如何影响创业机会的发现？

2. 创业者如何评估创业机会？

3. 创业者面临哪些风险？他是如何管理这些风险的？

4. 创业者如何将机会转化为可持续的商业经营？

5. 创业经历了几个主要阶段（具体的时间点）？每个阶段的挑战是什么？创业者是如何回应这些挑战的？

6. 创业者采用了哪些筹资方法？创业过程中获得的主要帮助有哪些？

7. 根据以上信息，总结成功创业需要把握哪些原则。

结尾案例

豌豆荚：情怀的代价

豌豆荚是一款应用分发工具，由创新工场内部孵化，2010 年 4 月独立。项目原本叫豌豆，可是豌豆的域名已经被抢注，需要花费 10 万元购买。创新工场为要不要花这笔钱产生了争论，最终还是决定放弃，改名“豌豆荚”，只花 5 美元就买到了新域名。创新工场创始人之一王肇辉感慨：“这跟他们此前在大公司衣食无忧的状态太不一样了。”

85 后王俊煜是豌豆荚产品经理，豌豆荚独立后的 CEO。记者问他什么是领导力？他说：

“创造出用户喜爱的产品是最重要的。让团队明白我们的目标是什么，把方向定好，确保产品赢得用户的喜爱。”

刚独立的豌豆荚每天在线用户只有100人左右。王俊煜加了一大堆用户的QQ，收集反馈。最集中的问题是电脑上的软件连不到手机上。当时的手机管理软件要求用户连接电脑后，自己按照手机型号，搜索、下载、安装驱动，再调试连接。豌豆荚调拨了1/3的工程师来做这个“脏活儿”，让豌豆荚能自动判断手机型号、寻找驱动做安装。这个简单的功能避免了豌豆荚的夭折，用户量很快就打破了平台期。

2010年9月，用户到了5万人级别。10月，拿到创新工场100万美元的投资。2011年年初，豌豆荚有了一个20人左右的小团队，到2012年年初，公司规模扩大到了50人左右，一年后，豌豆荚已经拥有了近180位员工。豌豆荚选择了一个外观很破的地方做办公室，创始人崔瑾说，“希望员工每天上班时都有一个心态，意识到豌豆荚是一个创业公司。”“我们一直处在战争状态。”另一位创始人冯锋说，豌豆荚一直保持着每周六天工作制。

2011年2月，前百度首席架构师周利民出任CEO。周利民下决心用C语言和C++语言重构豌豆荚PC客户端。这个想法王俊煜等人纠结了一个多季度，都没敢下决定。重构后的豌豆荚2.0速度更快，架构好，可拓展性高，竞争越往后，优势越大。2012年12月，周利民离职，王俊煜继任CEO。2011年开始，应用市场的发展进入快车道，这也是豌豆荚的“黄金时代”。在2010年至2012年年初，它占据国内手机助手市场的半壁江山。

不同于360手机助手、应用宝、百度手机助手等浓厚的营销风格，豌豆荚给外界的感觉一直是保持着照顾用户感受的“小清新”风格。一位豌豆荚用户卸载豌豆荚PC客户端，跳出提示框，建议他卸载手机里的豌豆荚应用，因为这两个是配套的。用户感叹：“什么样的公司才有这样的气度，建议用户主动删掉自己的产品？”他重装了豌豆荚。

2011年9月，豌豆荚对推广应用进行收费，实行竞价排名。他们严格区分自然流量和广告流量，用户自己通过搜索下载的，就是自然流量。豌豆荚认为，如果自然流量变现的话，公司会越走越远，所有推荐都会变成隐性广告，谁给公司钱多，就推荐谁。一位前辈告诉王俊煜，“在中国互联网要做成事情，像你们这些‘书生’是不行的。你们做的事情太过于阳春白雪，是打不了仗，生存不下去的[1]。”

2012年起，应用分发市场格局巨变。360手机助手和腾讯的应用宝进入应用分发市场。功能和UI上的模仿则更快。豌豆荚的前工程师说，“对手都盯着我们抄。”小米、华为等手机厂商，也在抢去豌豆荚的市场份额。小米引领了手机厂商自己做系统做应用、靠软件盈利的潮流。手机厂商会将豌豆荚这样的第三方应用商店排除在外。

2013年7月，百度以19亿美元收购91无线，市场上也传出豌豆荚被收购的传闻。王俊煜回应公司将保持独立，“我们现在的流量是靠用户的口碑起来的……独立会更好。”他还提出，豌豆荚从来不把自己定义成应用商店。整个豌豆荚，在应用分发上的研发队伍仅占15%左右。

王俊煜希望借助搜索技术，把小说、音乐、视频、游戏都抓取到豌豆荚的平台上。2014年1月，豌豆荚发布“移动内容搜索”战略，先后推出了主打视频搜索的资源搜索功能，以及主打应用内容聚合的客户端“豌豆荚一览”。抓取

[1] http://www.geekpark.net/topics/168365.

热门内容无疑会带来巨大的用户黏性，但这些热门内容市场基本被大公司瓜分了。由于豌豆荚跟 BAT 的任何一家都没有结盟关系。这个计划遇到了版权难题。

2015 年开始，豌豆荚用户数量增长速度下降。2015 年 1 月 8 日豌豆荚发出公开信，称百度手机助手屏蔽了豌豆荚，呼唤大家一起遵守互联网的开放，这是竞争恶化的一个表现。

2016 年 6 月，豌豆荚的员工人数逐渐减少到 100 人，只有高峰时期的 1/5。2016 年 7 月 5 日，阿里巴巴正式宣布收购豌豆荚，价格大约为 2 亿美元，与 3 年前相比，豌豆荚的估值下降到 1/10。王俊煜总结说，“豌豆荚从战略层面讲犯的最大的失误是在什么地方？本质上就是豌豆荚的品牌没有办法从应用商店走出去。”[1]

讨论题：

1. 豌豆荚的成功有哪些因素？

2. 豌豆荚产品所解决的问题在几年间有怎样的变化？

3. 哪些因素可能促成豌豆荚的出售？

4. 如何看待创业者的情怀与投资人对回报的追求？

开篇案例讨论题

1. 分析摩拜成功的个人、社会和环境因素。

2. 在你看来，摩拜团队在创业过程中最重要的决定有哪些？

3. 摩拜创业团队如何看待风险？

4. 分析摩拜产品设计变化的过程和动力。

[1] https://www.leiphone.com/news/201612/BfPMxdAfi5PJiSp0.html.

第二章

创业团队

走到一起只是开始，一起走下去就是进步，共同工作才是成功。

——亨利·福特

本章学习要点

- 团队创业与创业领导者
- 创业团队的组建和管理
- 创业团队的报酬解决方案
- 创业团队顾问的价值

大疆无人机是少有的以原创技术在国际市场中取得主导性份额的中国企业。

开篇案例

汪滔的创业团队

在香港科技大学读书的时候，汪涵参加了机器人比赛。尽管技术强大，但由于内部矛盾而名落孙山。第二年，团队合作有了大大提高，最终获得香港冠军和亚太区第三。汪滔回忆，“这对我有深远影响，不光在技术上有锻炼，特别是对团队的组织协调能力，以及有多强的欲望把事情做成”。

2006年，还在读研究生的汪滔在仓库中创建了大疆创新，将其参赛的无人直升机商业化。今天，大疆已成为世界最大的消费级无人机制造商，但汪滔创业伊始所追求的只是做一家可以养活20多人团队的公司。一起参赛的团队成员并不看好这次创业，一个参加工作，一个出国留学。“以我的经验，公司如果没有特别大的起色，两年是一个人耐心的极限。”

汪滔的首位支持者是他在香港科技大学的老师李泽湘，他是大疆创新的早期顾问及投资者，现任公司董事会主席。为了活下来，李泽湘和学生们把产品提供给学校作教学设备，换回一些经费。卢致辉、陈金颖与陈楚强是大疆最早的员工，他们都是放弃现有的工作投入到一无所有的大疆，大疆在做的东西让他们都找到了兴奋的感觉。“汪韬他是那种为了搞清楚一个东西，从来不放弃的人，不管是多麻烦。”卢致辉说。汪滔在细节上的追求让其他人都印象深刻。比如细到一颗螺丝拧的松紧程度，都有严格的要求。

从产品设计到内部管理，都依靠汪滔拍板决定，其独断的个性让大疆能够快速决策，但也让大疆在初创阶段就遭遇了团队流失，首批员工在公司创立两年后纷纷离开。卢致辉说，汪滔曾承诺其他团队成员一共能拿到40%的股份，他们对此都很满意，之后变成了20%。最后变成5%的时候，他们开始动摇了。卢致辉说，汪滔也是初次创业，对于股权问题看得不是很清楚，有些调整也正常。那个时候他们自己对股权也没什么太大概念。

汪滔坦言自己坚持股权分配应与员工贡献对等方式使团队成员感到不满。最后我把大家都得罪了。拿股份最少的人很不爽……但拿股份最多的人也生气了，因为他问能不能把他的股份转赠给其他人。我说：“不行，你必须拿更多的股票。”我们有一些争论，我的语气不是很好，我说，“在这家公司，我负责。”

两年一过，第一款较为成熟的直升机飞行控制系统XP3.1面市，大疆迎来了曙光。香港科技大学的导师又给他介绍了几位哈尔滨工业大学的优秀学生，公司技术实力重新得到加强。最拮据的时候，公司账户上只有2万元。亲属和朋友的持续投资帮助大疆渡过难关，其中包括汪滔家族的世交陆迪和中学同学谢加。

2011年，美国人科林·奎恩毛遂自荐加入大疆，成立了大疆北美分公司。奎恩是一个天才销售员，在美国演艺圈有人脉。他很快便为该公司提出了新的口号：“未来无所不能”（The Future of Possible）。奎恩将大疆的产品赠送给好莱坞里的知名人士，通过这类渠道迅速传播大疆品牌，让更多对无人机一无所知的人了解了这个产业。

2012年年末，大疆推出了一款包含飞行控制系统、四旋翼机体以及遥控装备的微型一体机“精灵”（Phantom），让航拍成了一件简单的事情，也让更多普通消费者接触到了无人机。凭借这款产品，大疆正式奠定了自己的行业地位。

公司变大，首先考验的就是汪滔。身兼CEO和CTO两职，让汪滔有些左右为难。“你做了具体事情就不能做管理，公司可能就没办法发展很快”。汪滔是一个极为强势的管理者，他给大疆上下贴上了自己的标签。或许是出于强势，汪滔一直没有树立“共赢者”的形象。不仅初始团队出走，为大疆开拓北美市场立下战功的奎恩，也在和大疆对簿公堂后离开，加入竞争对手的公司。

汪滔习惯于晚上十一二点来到办公室开始工作。一有灵感，他就会拿起电话和员工交流。这个习惯保留了下来，大疆不少高管现在还经常会接到老板的午夜电话。一位名叫侯志刚的前大疆员工声称，汪滔要求员工写“时报”，汇报自己每小时都干了什么。而汪滔也承认，“我是一个完美主义者，所以与其他人交流时会造成很多摩擦。”大疆内部坚持一种快速淘汰的工作模式，公司提倡员工加班，对于业绩较差的员工直接辞退。一位2010年开始合作的猎头表示，2013年之前大疆人员流动比较频繁，2013年之后，随着汪滔以华为为师，人员就比较稳定了。

大疆在研发团队建立了产品经理竞聘制度。不管来自哪个岗位或是来到公司多久，只要计划书能经受住研发团队主管们的拷问和质疑，就能带队开发产品。2012年时，公司为如何解决“精灵”系列空中悬停、画面平稳以及360度无遮挡拍摄等问题苦恼，一位大学还没毕业的实习生陈逸奇大胆地提出了自己的解决方案，汪滔慨然赋予重任，交给陈逸奇一个上百人的技术团队和数千万元研发资金，两年之后，第一架具有360度全视角高清摄像功能的变形无人机问世。

汪滔说，“中国一直缺乏能打动世界的产品，……这个时代企业的成功应该有不一样的思想和价值观……”。

本章首先分析了团队创业的优点和创业团队领导者的作用，介绍了创业团队的社会网络。接下来讨论了如何创建创业团队以及有效的创业团队的特点，如何保留创业团队也是创业者的重要挑战。在创业团队的报酬方面，本章重点讨论了股份的分配和期权池的作用。最后，创业团队的顾问对于企业的成功也是非常重要的。

2.1 创业与创业团队

创业团队（founding team）是将新企业从理念转化为能够在现实中运转的组织的创建者、核心员工和顾问。个人创业有许多吸引人的优点，例如可以对企业拥有完全的控制，不需要同其他人一起分享利润。一些小型的生活方式服务企业、艺术家工作室往往采用个人创业的形式。然而，考虑到当今商业的复杂性、全球化的影响和环境的快速改变，团队创业是更多创业者的选择。与个人相比，团队创业有一些显著的优点：

- 分担创业初期巨大的工作量
- 如果有人退出，创业不至于半途而废
- 创业团队可能拥有多样化的技能和专长，减少对雇员的依赖
- 称职的创业团队更有可能吸引投资人、贷款人和其他利益相关方
- 团队的多样化专长有助于提高决策的质量

通过团队的共同努力，新创建的企业将更有可能采取创造性的行动、找出自己独特的利基市场（也就是竞争对手尚未占据的或无法充分满足的市场需求）。团队的**异质性**（heterogeneous）是指团队成员在经验和专长方面差别很大，而团队的**同质性**（homogeneous）是指团队成员在经验和专长方面非常相似。一般认为，异质性的团队在技术、关键招聘、竞争战术等重要决策方面往往有不同的看法，可以避免团队同质性所带来的思维误区，有助于提高决策质量。

当然，团队创业的成功也离不开领导者。创业团队领导者应当拥有远见并抱有比其他成员更高的成功信念。领导者应当带领新企业发展起来，负责守护企业的愿景。领导者还能够见人所未见，找出改变市场的方法，而不仅仅是发现一个机会。在百度创业的初期阶段，业务收入主要来自向门户网站提供搜索服务。2000 年，当互联网泡沫破裂后，来自搜索服务的收入前景变得不确定。李彦宏提出将业务模式转换为竞价排名，这意味着可能与原来的客户产生冲突，增加公司收入的不确定性。董事会的成员几乎都不赞同这一计划，李彦宏采取了少有的激烈方式说服董事会同意试运行。由此奠定了百度的新商业模式和在中国搜索市场的主导地位。

严格来说，几乎不会有人是完全独自创业的。创业者总是在一个特定的社会情境中展开活动的，他们受到社会网络的支持和限制。成功的创业者利用社会网络来发展和保持忠诚的顾客、寻找和获取资源，在最终出售企业时往往也会借助社会网络的力量。例如，突破地域限制、建立网上交易社区是淘宝网的初衷，成功建立起巨大的社会网络则是淘宝网壮大并赢利的关键因素。在淘宝网上，买卖双方自发地为网络社区提供内容，包括产品质量与服务评分、举报与投诉、提供购买行为和企业经营信用的数据。

在创业企业运营的过程中，还会形成自己特有社会网络，包括与产业中其他企业之间的关系、与供应商和经销商的关系。所有的网络以创业团队为核心，创业者则在愿景指导下动员所有团队成员努力实现目标，图 2.1 描绘了创业组织的社会网络。

在建立和发展社会网络的过程中，有的创业团队似乎比其他创业团队获取资源的能力更强，就算他们并没有这方面的经验时也是一样。例如，在专业领域中知名的科学家在创办企业时有可能得到更大的支持。人们会认为他们有能力将自己的成功经验转移到另一个领域中，成功的机会相对更大。由于创业者的经验或教育背景而产生的地位或状态称为**成就地位**（achieve status）。创业者可以利用

的其他地位还包括联系地位（与某一受尊敬的组织相联系而获得的地位）和归因地位（某些不变的特性如性别、种族）。通常情况下，地位较高的创业团队会得到优待，从而为后续资源的获取创造有利的条件。例如，在百度首次融资时，李彦宏本来只想融 100 万美元。然而当 Peninsula Capital（半岛基金）和 Integrity Partners 了解到李彦宏是当时国际上搜索技术领域中排名前三位的专家后，他们主动将投资增加到 120 万美元，同意只占百度 25% 股份。[1]

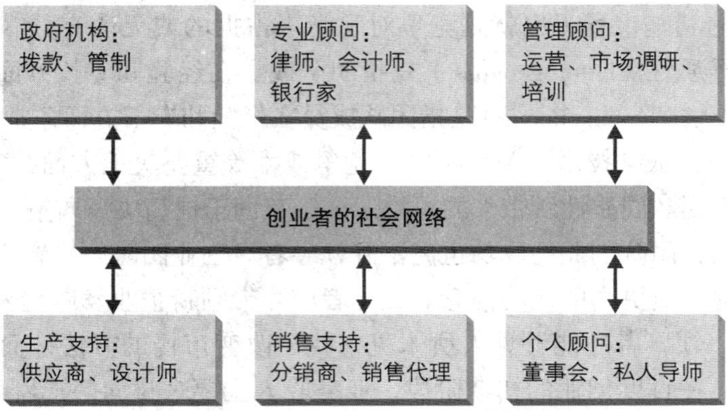

图 2.1　创业组织的社会网络

2.2　组建创业团队

组建创业团队时的考虑

选择创业合作伙伴是创业者必须完成的最重要的任务。在有些情况下，这项任务是相当困难的。如果不花许多时间一起工作，你就无法了解某人的个性。即使你对合作伙伴有所了解或曾经共同工作过，但面临创业期间可能会遇到的巨大压力，他们仍有可能表现出一些之前没有向朋友和同事展示过的不利的性格特性。投资人、银行、供应商都在关注着创业团队，看他们是否有能力实施创业方案。因此，在挑选创业伙伴时要特别注意背景和专业技能上的互补，避免可能对企业不利的伙伴。

寻找拥有互补技能的团队成员可以避免创业团队的背景过于单一。例如，完全由工程师或完全由金融专家组成的团队可能不如多元化的团队更吸引人。多元化的创业团队有可能做出更高明的战略决策，获得更高的绩效。表 2.1 列出了创业团体的五项重要因素，分别从同质性、功能性、地位期望、网络限定和生态限定几个方面进行了分析。

[1]　林军. 沸腾 15 年 [M]. 北京：中信出版社，2009：145.

表 2.1

创业团队构成的五项重要因素[1]

创业团队构成因素	解　释
同质性（相似程度）	创业团队成员在性别、年龄、价值观方面的相似程度。相似程度高意味着团队内人际吸引、相互信任和理解程度较高。
功能性（技能多样）	团队成员间领导能力和专业技能方面的多样化程度。一般认为，专业技能和背景的多样化有助于企业的绩效和创新。
地位期望（文化偏差）	常见的关于社会地位的偏见会影响任务团队的构成。社会地位高的成员会选择与自己社会地位相当的成员，而社会地位低的创业者可能采取个人创业的形式。
网络限定（社会接触）	选择创业团队成员的能力取决于创业者社会接触的结构性机会。例如，单纯的家庭创业往往无法吸引到多样化的创业团队成员。因为创业团队成员间是极强的关联系组合，通常表现为高度同质性。
社会限定（地理分布）	创业团队的人口分布和地理接近性决定了多样化团队成员之间组合的可能性。

需要注意的是，在创业初期往往不可能实现最合适的团队组合。例如很难确定某一角色需要怎样的人选，或者理想的人选成本太高。对于后者，创业团队应当保持接触，并随时向其通报团队的进展。许多创业团队在经过一段时间的发展后成功地聘请到了初期无法聘用的人才。

有效的创业团队

关于有效的创业团队的组建，没有完美的方案。以下列出了成功创业团队的一些常见特征：

- 创业团队领导与成员对新企业拥有相同的愿景。
- 团队成员对企业理念持有热情，愿意与领导者一起努力工作实现目标。
- 团队中有一位或多位成员拥有行业经验。
- 团队在产业内有一定有关系，能够获得资本资源。
- 团队成员的专长包含了企业的主要职能，如财务、营销和运营。
- 团队成员拥有良好的专业信用。
- 团队成员愿意投入时间和精力，也能够忍受创业期间的财务困难。[2]

在起步之前，创业团队应当对许多重要问题达成一致。考察团队成员思想一致性的方法之一是了解成员的价值观、目标和期望。表 2.2 提供了一份问题列表，团队成员可以分别独立完成，然后对各人的回答进行评议，从中了解大家是否有

[1] Martin Ruef, Howard Aldrich and Nancy Carter. “The Structure of Founding Teams: Homophily, Strong Ties, and Isolation among U.S. Entrepreneurs,” American Sociological Review, 68 (2): 195–222.

[2] Birley, S. and Muzyka, D. (2000) Mastering Entrepreneurship, London, Prentice Hall.

相同的目标和创建企业的共同意愿。通常情况下，表面看来具有高度凝聚力的团队成员实际上往往对企业的成果和个人在企业中的角色有着不同的期望。对这些差别必须进行讨论并在共同创业前达成一致的意见。如果为了维持表面的和谐而假装对这些差别视而不见，那么到了企业业务发展起来之后，团队将不得不为此在时间和金钱上付出大得多的代价，甚至牺牲相互间的友谊。

表 2.2

创业团队成员共识调查表

1. 你的核心价值观是什么？
2. 你在这家企业中的个人目标是什么？
3. 你在这家企业中的角色是什么？为什么？
4. 其他成员在这家企业中的角色是什么？为什么？
5. 企业应当如何划分所有权？
6. 企业应当怎样做出决策？
7. 你喜欢商务旅行吗？
8. 你的作息时间是怎样的？
9. 你最喜欢的沟通方式是什么？
10. 你的个人信用记录如何？
11. 你的花钱习惯是怎样的？
12. 你的生活方式目标是怎样的？

创业团队对企业的一项重要贡献是提供了现成的社交和专业交际网络。创业团队成员可以将自己的社会网络和人际网络作为资源带入新企业，帮助企业筹集资本或其他经营所需要的资源。**网络活动**（networking）是指与兴趣相近的人建立和保持关系或通过这种关系惠及企业的行为。例如，创业者可能打电话给过去的熟人请求帮忙介绍业务、投资人或招募人员。有些创业者本来就很擅长网络活动，还有一些创业者则是基于对企业的责任来展开网络活动。

保留创业团队

在长期运行的组织中，团队的功能相对稳定。创业企业面临着动态环境，对于团队机能的发挥产生了很大的压力。

企业文化。团队的效能在很大程度上取决于创业企业能否建立起一个与战略匹配的企业文化。**企业文化**（culture）是一组成员共享的价值观，它帮助组织成员理解什么可接受的、什么是不可接受的行为。同一行业中经营相似产品或服务的企业可以拥有完全不同的文化，例如，房地产业内有一句话叫“文科万科，理科金地，工科中海”，反映着三家企业各具特色的企业文化。企业文化可以是明示的，以文字规定、故事或仪式来表达；也可以是组织成员心中的准则或行为的自然体现，能够让外来人员或新员工很快认识到它的存在。

文化从创业第一天就开始形成，在创业团队之间以及核心员工互动的过程中得到发展。文化在很大程度上反映了创始人和领导层的价值观。一般认为，成功的文化所代表的价值观应当与企业的使命和愿景相一致。

创业者应当认识到，并不是所有的人都会喜欢甚至能够适应你的企业文化。有的员工喜欢“专业主义”、保守的企业文化，而另一些则喜欢自由奔放的企业文化。当新员工加入时，他会很快地意识到团队的文化，并且决定自己适应它或是离开这家企业。

随着企业的成长，企业文化可能会发生改变。最典型的变化是从创业初期的随意性转变为大企业所特有的制度化。几乎所有的创业企业在发展过程中都会发现自己失去了创业初期的一些文化要素，但也有一些要素则保留了下来。文化的改变可能会付出一些代价，创业者应当认识到主动发起变革对企业成长的必要性，从而将推动文化变革的过程置于主动和可控的范围内。

职业倦怠（burn out）。对于创业团队，特别是初期，吃住都在办公室，工作起来没日没夜是常见的情景。组织内部的气氛随意而富于热情，人们受到业务环境快速变化的激励，也因为自己所掌握的新技术、新市场而振奋不已。然而，这种创业的氛围也有其局限。不论上市后产品顺利还是不顺利，都可能意味着需要更多的工作时间投入。长此以往，创业团队成员将会面临工作和生活间失去平衡的困境，他们也可能质疑这样持续的投入是否值得。随着压力的增加，将很难避免团队成员的退出。

创业团队的领导者应当在处理日常紧张事务的同时提醒团队成员他们的最终目标是什么。在初期，这意味着需要大量的面对面的沟通，倾听他们的抱怨，了解他们的压力，从而及时做出反应。此外，应当尽量保持运营信息的透明，让员工理解自己工作的成果和企业目前的状态。不要试图隐藏负面信息，团队成员早晚会知道，而因此损失的信任则是无价的。让员工知道现实的情况，例如产品的缺陷或落后于时限，也可能激励员工做出更大的努力。还可以在创业企业中设计一些减压活动，如“快乐星期五”，让员工有机会多交流，增加相互间的理解和支持。公司还可以在小会议室中提供免费的饮料和小吃。这些福利成本很低，但能够有效地创造出好的声誉和提高团队内聚，帮助员工适应压力。

家庭压力（family pressure）。长时间的工作不仅给员工带来压力，也会给员工的家庭带来压力。家庭成员或伙伴很可能抱怨员工们经常不在家或特别晚才回家，没有足够的时间与家人在一起，影响家庭关系。例如，未能参加孩子的比赛或学校活动可能导致不良后果。家庭压力的上升会损害员工的绩效，导致离职增加。企业应当采取公开沟通的方式回应家庭成员们的疑问。在员工加入企业之前要求他们向家庭成员解释自己这一决定的意义以及对家庭生活的可能影响。举办员工家庭之间的交流也有助于缓解家庭压力，例如公司全体员工家庭的外出野餐，这些活动有助于在面临相似问题的家庭间形成非正式的支持性群体。有些企业甚至专门为家属组织活动，解释企业当前的状态并给予鼓励。

人际冲突（interpersonal conflicts）。人际冲突在任何组织中都可能发生。在创业企业中，由于工作压力较大，人际冲突可能表现得更为明显，影响组织的绩效。在解决冲突时，企业不可能完全依靠开除来解决问题（尽管开除是有必要的，有些员工留在企业的危害可能更大）。开除可能意味着股份的重新调整或复杂的变更合同条款的履行，还要考虑开除可能带来士气上的损失。领导者应当努力在冲突各方间进行调解，同时避免偏袒任何一方。尽量不要采用外部中立的第三方专家来解决组织内部的人际冲突，这会损害员工对组织的信心。这并不意味着团队领导者应当尽一切努力避免团队成员间的冲突，事实上，适度的冲突有助于激发创造性，对于创业初期的企业也是特别有价值的。

创业行动专题

英特尔公司的建设性对抗

“处理器的缺货问题，要到何时才能解决？原因到底是什么？您认为这可以说服客户吗？”这是一次典型的英特尔会议的情景，发问的是一位刚进公司才3个月的基层工程师，而被问的，是CEO保罗·欧德宁。这种带有火药味的会议就是英特尔公司所倡导的独特的“建设性对抗”问题解决机制，它要求团队成员打破职位等级限制，在讨论中采取相对激烈的对抗方式。前CEO安迪·格鲁夫主持会议时经常以相当粗暴的方式向部属提问，刺激下属对抗。

“有对抗，才有沟通，”英特尔高管黄逸松说。“我们反而担心组织意见太一致，容易僵化，没有创新能力。”英特尔曾经专门请过一些咨询公司来评估这种团队决策机制，结论是虽然交流中出现很多冲突，但英特尔公司解决问题的速度反而比其他公司都快。英特尔意识到，在快速变化的竞争环境下，这种不顾情面、直来直去的对抗有助于提高团队决策质量，建立竞争的优势，于是将“建设性对抗”作为一种模式在公司内部推广开来。

针对这种机制可能对员工关系和管理控制的冲击，英特尔建立了一套规则，让对抗具有建设性，包括界定对抗本质、有效针对对抗进行沟通、明确达成协议并执行，避免员工无止境、无目标的对抗。英特尔中国区总裁陈伟锭介绍说，在英特尔，人力资源部门有责任确保每个员工都知道如何去实践这种对抗。例如准备充分的相关数据来支持自己的反面观点，要以最及时的方式来行动，而不是等到事情失败之后。同时，英特尔还为“建设性对抗”提供了“不同意但可执行”的补充机制。一旦做出决定，那么持反对意见的员工可以保留意见，但是必须高效执行。

尽管听上去合理，但极少有团队敢于尝试这种决策机制，特别是在注重人际和谐的中国企业中。你能设想出其他同样能够实现快速、创新团队决策，而又不必产生人际对抗的方案吗？

资料来源：

1. 何宝荣．建设性对抗、冲突管理，沟通，员工参与［N］.21世纪经济报道，2010-09-14.

2. 旷文琪．建设性的吵架，激出创意火花［J］．商业周刊，2006（6）.

2.3 创业团队的报酬

创业企业往往资源不足，但你仍然需要给自己和团队成员提供合理的报酬。团队成员的能力越强，他们对报酬的要求可能越高。创业企业需要决定如何支付报酬，如何安排工资、奖金和股份的组合。在决定创业团队报酬时，需要考虑企业和团队的性质。创业企业的领导者可能要将一半的时间花在团队建设和管理上，这样的投入是值得的，激励团队共同工作远比一个人奋斗更有效。

创业团队股份

股份是创业团队常见的报酬形式，这里面有几个原因。首先，新企业通常无法支付市场上有竞争力的工资。股份可以吸引员工接受低于市场水平的工资，期望在将来获得很大的财富。其次，将股份分配给员工有助于让员工的利益与公司的利益结合起来。与大企业相比，新企业或小企业的股份价值与员工绩效之间的关联更加直接。最后，团队共同持股有助于创造出一种同舟共济的氛围。股份也有缺点，创业者可能因此减少自己在公司中的股份比例，股份分配不当可能损害团队的士气。

股份分配的方法主要是两种，创业团队股份和期权。**创业团队股份**（founder shares）是创业团队在公司成立时分配的股份比例。这些股份的取得是以创业者的“血汗”为基础的，通常不计成本，也就是创业团队成员不需要花钱购买股份。哪些人应当获得创业团队股份？掌握创业成功所需要的最关键资源的成员应当得到股份，例如餐厅的大厨、软件核心代码的开发者等。通常情况下，分配创业团队股份的人数应当尽量少一些，例如不超过三人。这主要是考虑到，如果创业团队的股份过于稀释，则对创业者团队未来收益将会产生不利影响（实际上失去了股份的意义），特别是在预期还将引进外部投资的时候。从投资人的角度来看，他们往往也希望创业团队持有相对较高的股份，这样更能体现股份的激励效果。如果经过几轮融资后，创业团队的股份下降到只有个位数，创业团队将失去拥有企业的激励，减少对本企业的忠诚，甚至可能更加关心工资报酬而不是股份的价值。总之，创业团队的股份分配目标应当是吸引团队成员保持长期的承诺，避免在企业成功之前放弃退出。

创业团队股份应当如何在团队成员间进行分配？平均分配是创业团队常用的方法。例如由四名成员构成的创业团队每人持有 25% 的股份。这种方法的优点主要是在初期避免股份比例的差异影响某些成员的激励。但这种方法的缺点很明显。首先，平均分配股份会导致决策中的困难。因为股份（投票权）的制约，必须达成共识之后才能形成决策。即使企业已经任命了 CEO，但创业团队中持有平均股份的股东们仍然会认为自己有权介入决策。这会导致决策效率下降，或在需要决断时迟迟不能行动，给企业带来损害。在这样的股份结构下，比同事承担更多压力和任务的 CEO 也可能会发生缺乏激励的情形，对于创业企业可能不利。

在创业团队间分配股份时主要的依据是过去的贡献和期望的未来贡献。首先应当承认过去贡献的时间和价值。提出创业理念并做了大量前期准备、动员其他成员加入的成员应当获得较高的比例，如果这名成员在新企业中担任 CEO，则 50% 的比例也许是适当的。其次，关键知识产权，例如专利或发明的持有者通常会分配到 20% ～ 30% 的创业股份。当然，有时企业团队成员会身兼各种角色，这会增加问题的复杂性。在决定股份分配时，最好请一位专业的律师作为咨询，律师可以向团队成员介绍其他公司的做法供参考。

创业行动专题

腾讯公司初期的股权分配

1999 年，马化腾与同学张志东共同出资注册了深圳腾讯计算机系统有限公司，后来又吸收了三名股东曾李青、许晨晔、陈一丹。马化腾、张志东、陈一丹和许晨晔是大学同学，前三人还是中学同学，而曾李青是马化腾姐姐的同事。马化腾认为这样的关系“心态上会好很多，吵架会吵架，相对如果在外面萍水相逢的，为了做东西而做，如果遇到争执的话很容易出问题”。

一般认为，腾讯在快速成长下能够做到团队稳定，主要得益于马化腾早期的机制设计。从股份构成上来看，5 个人一共凑了 50 万元，其中马化腾出了 23.75 万元，占了 47.5% 的股份；张志东出了 10 万元，占 20%；曾李青出了 6.25 万元，占 12.5% 的股份；其他两人各出 5 万元，各占 10% 的股份。虽然主要资金都由马化腾所出，他却自愿把所占的股份降到一半以下，47.5%。“要他们的总和比我多一点点，不要形成一种垄断、独裁的局面。”而同时，他自己又一定要出主要的资金，占大股。“如果没有一个主心骨，股份大家平分，到时候也肯定会出问题，同样完蛋。”

保持稳定的另一个关键因素，就在于搭档之间的“合理组合”。马化腾是 CEO（首席执行官），张志东是 CTO（首席技术官），曾李青是 COO（首席运营官），许晨晔是 CIO（首席信息官），陈一丹是 CAO（首席行政官）。马化腾回忆说，“股权分配也是根据个人能力和特长分配，这样可以保证以后稳定一点。我也见过一个公司，一开始几个人全部平分，但没有考虑未来的可持续发展，三个人各三分之一，往往是很危险的。”事实是，直到 2005 年曾李青退出，这个格局都没有改变（2013 年陈一丹才退出）。腾讯公司创业团队在开始时就认识到，未来的潜力要和应有的股份匹配，不匹配就要出问题。如果拿大股的不干事，干事的股份又少，矛盾就会发生。

期权池

期权池是另一种基于股份的报酬，主要适用于雇员的激励。**期权池**（option pool）是专门留出来用于将来授予的股份部分。期权是指持有者在未来以低于市场的价格购买企业股份的权利。通常，期权的价格是员工入职时企业股份的市场价格，未上市公司则会参考上一轮融资时的价格或内部交易的价格。期权让员工成为公司的所有者，有助于将员工和利益与公司利益联系起来。行使期权需要支付购买价格，也是公司资本的来源之一，只是通常所占比例非常低。另一方面，期权也并不总是能够起到激励的作用。在互联网泡沫时，许多公司员工发现自己手上的期权失去了价值。当然，如果企业发展前景良好，则期权的价值和激励作用将更加明显。2013 年阿里巴巴上市，其员工持股的内部交易价一度从 2012 年的每股 60 元上涨到每股 160 元。

企业可以采用几种方法来保证期权能够促进企业的绩效。首先，应当帮助员工充分理解企业的员工持股计划。为此，企业需要让员工了解企业的真实经营绩效。其次，员工应当了解如何衡量企业的成功以及这种成功与其个人努力之间的关系。最后，实行员工持有计划的企业应当有特别的机制保证企业能够从中获得收益，例如让员工持股的目的是增加所有者的意识，然而如果企业不能吸取员工提出的意见或解决方案，则期权的作用就丧失了。

对于企业，授予期权将稀释股份，这样做必须换来股份价格上升才是合理的。以高技术企业为例，它们在吸收了一轮主要的投资之后通常会留下 15% ～ 20% 的股份作为员工期权。在授予员工期权时，需要注意不能将全部期权授予现有的员工，要考虑未来招募人员的需要。还要考虑的是，在员工长期工作期间，你可能需要继续授予期权。

创业团队常常采用期权兑现的方法来进一步支持股份分配的效果。期权兑现（vesting）是指经过一段时期之后才授予股份或期权的行为，通常时限为 4 年。例如，创业团队的成员分配到 25% 的股份，但他必须工作满四年才能兑现全部的股份。如果在第一年他决定退出，那么他将只能带走 1/4 分配的股份。而他没有兑现的股份则可以用于未来的分配。

对于员工，期权兑现可以写入聘用合同。通常入职不满一年的员工不能兑现期权，合同中还可以规定当员工离职时公司有权按员工购买期权的成本价格或一定的价格折算赎回员工手上的期权，或享有这样做的优先权。此外，还要考虑在合同中规定企业解雇员工的权利不受员工持有的期权约束，以避免未来可能需要解雇员工时引起小股东的诉讼。

表 2.3 对创业企业的股权分配提供了一个事例。这个例子包括了 6 个阶段。在第一阶段，创业领导者与团队达成股权分配为 60% 和 40%。在第二阶段成功地吸引到 20 万元投资，占 20% 的股份，这意味着此时公司总价值被认定为 100 万元。经过后面三个阶段的股份分配，公司估值不断提高，而创业领导者的股份

表 2.3

创业团队股权分配、期权池和各方的收益

创业股权变动	阶段 1	阶段 2	阶段 3	阶段 4	阶段 5	阶段 6	最终收益（千元）
创业领导者股份	60%	48%	22%	8%	5%	5%	5000
创业团队成员股份	40%	32%	14%	5%	4%	4%	3000
家庭 / 朋友股份		20%	9%	3%	2%	2%	2000
天使投资人股份			40%	15%	10%	10%	10000
期权池			15%	6%	4%	4%	4000
CEO				10%	7%	7%	7000
CFO				3%	2%	2%	2000
VP				7%	5%	5%	5000
第一轮风险投资				43%	29%	29%	29000
第二轮风险投资					32%	32%	32000
企业总价值（千元）		1000	2500	7000	30000	100000	

则稀释为 5%。假定公司稳定在这一股份结构下继续成长，最终以 1 亿元出售给一家大型企业，创业领导者的收益为 500 万元。

创业企业的工资

创业企业的股份很有吸引力，足以补偿工资低于平均水平的不利方面。但是，创业团队仍然需要基本的工资以维持生活。那么，如何决定基本工资的水平呢？有些网站提供了类似企业的工资水平，招聘广告上也会透露一些信息。当然，具体到个人还要看他的经历、企业的业务重点和其他具体因素。2017 年，深圳初级程序员的月薪为 5000 ~ 6000 元，而项目经理的工资为 10000 ~ 12000 元，技术总监为 20000 ~ 40000 元。以此为依据，根据团队成员的个人专长和他对企业的价值再做出调整。一位资深、成功员工的市场价格可能是创业企业难以支付的，因此通常创业企业会邀请年轻的新手，他们更有可能接受低于市场的工资水平。

在工资谈判时可以将当前工资与未来工资的涨幅联系起来。创业企业在决定工资水平时的一个特殊考虑是工资支出必须与企业现金流管理相匹配。例如，约定当下一轮成功融资后，创业团队成员的工资将增加多少。除此之外，任何工资增加都必须以销售增长为前提。尽可能减少对工资增长的承诺，而采用以绩效为基础的工资制度，让员工分享利润。创业企业工资制度的设计应当能够让员工为共同的目标而努力，并且愿意推迟实现当前应有的收入（工资）以换取未来更多的收入（奖金、股份和期权）。

无论采取怎样的工资设计，都要考虑工资设计对财务假定的影响。例如，有的企业约定在未来某一时刻将工资水平上涨到市场标准。然而，这一假定是基于未来某一时点的增长或利润水平的，而当实际运营发现企业并不像计划中那样能够实现增长和利润，工资承诺可能会变成企业的负担。此外，对于投资人，工资的约定属于债务，要在财务报表中做出说明。

在与其他企业竞争高技能人才时，创业企业还要考虑货币激励之外的报酬。例如灵活的上班和休假制度。报酬的设计还应当是战略性的，以最低的成本吸引企业最需要的人才。如果你主要吸引刚毕业的年轻人来企业工作，则不需要复杂的医疗保险。如果你的团队主要由有家庭负担的员工组成，则相对全面的保险应当是基本的报酬组合中的一部分。

2.4 创业团队的顾问

在创业企业运营的初期，往往没有办法聘请专职的专业服务人员如律师、会计师等。相反，创业企业会根据需求购买这些专业人员的服务。专业人员对于创业企业非常重要，他们可以提供冷静的专业判断，帮助创业者避免由于过分沉迷于自己创业理念而失去现实感。

律师与会计师

多数创业者没有法律背景或从业经验，他们需要求助于律师。律师提供的帮助包括：选择合适的企业法律形式（独资、合伙、有限公司、股份有限公司等），准备企业购买知识产权或授权知识产权的法律文件，经营合同的准备，提醒企业遵守行业管制、税务等法律规定。当企业准备引入投资人或开展并购时，所有的法律文件都要由律师来协助起草和改定。

创业者必须对会计实务有所了解才能与会计师、审计师、借贷人、投资者以及其他内部和外部的利益相关人进行沟通。企业需要会计师完成的财务工作包括建账、记账，建立财务控制系统，税务申报，发放工资等。创业初期，企业可以聘用外部会计师以减少成本。当企业经过了初期阶段之后，最好每年进行一次审计，检查记账和财务控制程序是否完备。完整、连续的财务报表和审计报告是取信于投资人、获得融资的前提。没有历史财务数据，他们将很难评估企业的信用和投资价值。如果企业计划上市，则由注册会计师提供的审计报告是不可缺少的。注册会计师（CPA，certified public accountant）是依法取得证书，接受委托开展审计和会计服务业务的专业人员。

创业企业在选择注册会计师时需要谨慎从事。2013 年，中国证监会对 IPO 在审企业的 2012 年财务报告发起专项核查，共有 622 家企业提交自查报告，268 家企业提交终止审查申请。这意味着撤回上市申请的企业数量占此前在审 IPO 企业数量的 30%。企业为上市准备需要付出很大的努力，退出上市申请意味着这些投入的损失，由此造成的声誉和信任上的损害对企业的未来会有严重的影响。

董事会

法律并不要求所有的创业企业都必须设立董事会。然而，一般认为在创业初期即建立有效的公司治理有助于企业的成长。**董事会**（board of directors）是依法或依公司章程设立的公司最高权力机构，负责领导企业的经营活动，董事会由股东选举产生。对于引进风险投资的创业企业，董事会通常是必须的，并且风险投资人一般会要求在董事会中拥有董事席位。上市公司的董事会由股东大会选举，向股东大会负责。

董事会可以向企业提供各种帮助，例如董事可能拥有创业团队成员所不具备的专长，在重要决策中起到顾问的作用。董事帮助企业制定重大战略决策，决定经营团队的领导者。董事可以分为内部董事和外部董事，内部董事（inside director）通常是公司创始人和公司高管，外部董事（outside director）是指不参与公司经营的董事。内部董事往往来自 CEO、CFO 等负责企业日常经营的高管，他们对本企业经营比较熟悉，担任企业的全职职务并有以往的成功记录。内部董事的缺点是可能将企业政治带入董事会，导致在决策中缺乏独立性和客观性。完全由内部人士组成的董事会还有可能忽视小股东的利益。外部董事可以为董事会带来独立的思考，有助于公司在制定战略计划时获得外部的意见，支持企业的成长。有社会声誉的外部董事也可以提高公司的形象，扩大公司的社会网络，对于寻求资金和认可的创业企业，这是非常有价值的资源。知名董事的这种作用称为信号（signaling），信号可以帮助顾客、投资人和员工理解创业企业的价值。因为他们知道，董事在选择企业时会仔细判断企业的前景，以免损害自己的声誉。

理想的董事会成员应当具有以下特点：

- 具备业务相关的知识；
- 本产业中的成功经验；
- 有管理比当前企业规模更大的组织的经验；
- 在产业界有重要的人脉关系；
- 在财务、寻求资本或上市方面有经验。

创业企业在不同阶段可能需要不同类型的董事，图 2.2 描述了这些具体的阶段和董事类型。创业团队在邀请董事时应当考虑本企业在不同阶段的需求。此外，要注意在邀请董事时说明董事的任职期限，以免在需要变更董事时引发人际冲突。董事通常每年需要花 10 天左右的时间履行职责，主要是参加董事会。董事会的次数取决于企业的业务性质，可以在公司现场召开，也可以采取视频会议或电话会议的形式。企业一般向董事支付薪水、参加会议的报酬以及报销会议费用。当然，董事在履行职责的过程中也要承担相应的法律责任，例如当董事会决议对公司造成重大损失时，董事承担赔偿责任。

对董事的要求	需求：可行性方面的建议	需求：资源方面的专长	需求：战略咨询	需求：进入资本市场和管理成长的专长	需求：激发创新	需求：企业转型的专家
创业企业状态	概念发展：创业可行性分析	起步资源：管理团队、获取初期客户	早期成长：建立运营和销售的能力	快速成长：对资本和控制的需求剧烈增加	成长变缓：强烈的创新需求	遭遇危机：企业关注现金流、市场份额和领导力
创业企业的发展阶段	概念阶段	起步阶段	发展早期	快速成长	成熟阶段	衰退阶段

图 2.2　创业企业在不同阶段对董事的需求

顾问团队与导师

顾问团队（advisory board）是一组帮助企业成功的非正式专家。与董事相比，顾问团队成本更低、更加灵活。在创业初期，顾问团队的作用特别重要。创业初期往往没有条件聘请外部董事，顾问团队是解决创业团队同质性弊端、获得客观意见的主要方法。

导师（mentor）是指创业团队的个人顾问和教练，他们不断提供思想和指导以振作创业团队的精神，帮助创业团队避开可能的陷阱。这些导师往往拥有自己的企业或创业者希望实现的生活方式，是创业者的角色楷模。当创业者遇到不愿意向团队或其他人承认的困惑或担心时，他们可以和导师进行私下的交流和求助。

本章小结

1. 创业团队是将新企业从理念转化为能够在现实运转中的组织的创建者、核心员工和顾问。团队创业拥有一些显著的优势。异质性的创业团队有助于提高决策质量。

2. 创建创业团队时应当考虑技能和专业的互补，并且事先了解创业团队成员对重要问题是否有一致的看法。

3. 有效的企业文化是保留员工的重要因素。创业企业还应当处理好员工倦怠、家庭压力和人际冲突对员工绩效和工作态度的影响。

4. 股份和期权是创业企业常见的报酬

形式。创业团队股份是创业团队在公司成立时分配的股份比例。在创业团队间分配股份时主要的依据是过去的贡献和期望的未来贡献。

5. 期权池是专门留出来用于将来授予的股份部分，主要适用于雇员的激励。期权让员工成为公司的所有者，有助于将员工和利益与公司利益联系起来。

6. 创业企业工资制度的设计应当能够让员工为共同的目标而努力，并且愿意推迟实现当前应有的收入以换取未来更多的收入。

7. 创业企业需要聘用专业人员提供服务，特别是律师与会计师。顾问团队和导师向创业者提供了非正式的重要支持。

8. 董事会是依法或依公司章程设立的公司最高权力机构。内部董事通常是公司创始人和公司高管，外部董事是指不参与公司经营的董事。

关键概念

创业团队　同质性　异质性　有效创业团队　期权池　期权兑现　顾问团队　导师

批判性思考与讨论题

1. 哪些企业可能适合个人创业？对于这样的企业，采用团队创业可能有何优势？

2. 什么是创业团队？创业团队可能包括哪些成员？

3. 同质性团队和异质性团队分别有何优势和劣势？

4. 请举出团队创业可能的两个缺点。

5. 解释网络活动对于创业企业的重要性。

6. 保留创业团队的主要方法有哪些？

7. 创业团队股份分配时的主要考虑有哪些？

8. 期权池对于创业团队成员的优点和缺点分别有哪些？

9. 与大企业相比，创业企业可以向员工提供哪些更灵活的报酬方式？

10. 创业企业在建立董事会方面可能遇到哪些困难？

11. 内部董事和外部董事对企业的作用有何不同？

12. 创业企业对董事能力的要求与其发展阶段之间的关系如何？

13. 解释邀请知名人士加入董事会的信号作用。创业企业在哪个阶段可能最需要信号作用。

14. 服务型企业或高技术企业在聘请律师时的要求会有哪些不同？

报告与分享练习：创业团队的成长经验

以小组为单位，找出一个感兴趣的创业企业，从公司公开信息（如网站、年报）和媒体报道中查找资料，回答以下问题并向全班报告你们的发现。

1. 创业团队成员的背景如何？有何显著的优势？

2. 团队形成的过程如何？

3. 如果你是投资人，对这样的团队组合会提出怎样的问题？

4. 这家企业获得哪些投资人的资金或支持？

5. 这家企业的董事会如何构成？董事是否发挥了信号作用。

结尾案例

千夜旅游：早期股权分配的缺陷

千夜旅游成立于2011年8月，共有三位创始人：邸烁曾任谷歌技术总监；曹宇是国内UI/UE设计界资深设计专家，中移动Ophone产品设计负责人；冯钰是在联想工作了10年的资深项目管理专家。后来加入的CTO李志是360奇虎搜索的主力工程师，玛莎玛索的技术总监。

创业团队对项目选择比较慎重，花了半年时间寻找方向，最后认为旅游行业机会很大，现金流较好。确定方向后，又花了半年的时间做产品。方向是规模化定制，即反向定制加智能规划。与传统旅游服务相反，不是先制定最优“线路”，而是根据顾客的需要进行定制并运用技术提供智能化的旅游路线规划服务，在顾客确认后再将机票、酒店、景点门票、当地导游、包车等推荐给顾客。网站2012年10月份之前上线。凭借新颖的商业概念，千夜在市场上迅速建立起口碑。2013年4月，千夜旅游获得中关村兴业1000万元投资，公司估值5000万元。

网站上线后，团队开始接触投资人进行融资。在此过程中，发现原有的模式，也就是以散客为对象的服务很难发展下去。由于由于每位用户的需求完全不一样，服务往往是一次性的，与投入相比，收入不可持续。2013年下半年，团队决定将业务重点转向B2B平台。考虑到大量的线下门店，包括一些传统厂商、传统旅游销售，其线上销售的需求还没有得到满足，千夜决定在旅游产品批发商与门店之间建立服务平台。

千夜推出神灯平台，帮助供应商、批发商在千夜平台上实时维护价格和库存。门店不用再打电话、QQ确认。跳过组团这个中间环节，门店可以通过网站和APP看到批发商的实时库存和价格，直接下单确认，极大提升交易效率。这项服务不收费，因此受到批发商和门店双方的欢迎。

免费服务的赢利模式是金融服务。千夜通过服务获得资金沉淀，从门店收钱再转给批发商，这部分资金可以带来收益。同时，千夜还可以向旅游产品批发商、门店甚至顾客提供贷款，获得金融服务收益。在接下来的几个月时间里，千夜与200多家批发商、上千家门店签约，证明确实可行。

找到了可行的产品和市场，千夜似乎应当走上发展的快车道。然而一个事先未预料到的问题出现了。公司需要资金来支持进一步的发展。但在接触了40多家风险投资人之后，尽管投资人对商业模式和经营表示认可，甚至开始进驻公司进行尽职调查，但最终没有一家能够达成协议。

管理层与股东对融资开始出现分歧。冯钰认为，问题出在公司的股权结构上。团队最早的成员是曹宇和冯钰，他们通过朋友介绍认识了邸烁，后者提供了主要投资，成为大股东。凭借几位创始人的名望，公司启动时有400多万元的资金，这笔资金占了很大的股份，但其中股权则比较分散。结果是，执行团队留的股份太少，股东多而不专一，后来加入的高管股份不能兑现。由于执行团队没有公司的实际控制权，在投资机构眼里，千夜旅游的股权架构风险非常大。他们担心创始人团队创业的决心与动力，一旦遇到风险或诱惑团队很可能放弃公司。2014年4月，由于股东间意见难以取得一致，冯钰退出公司，3个月后，曹宇也离开了。2014年9月，千夜旅游发出停止运营的公告。

从估值5000万到团队解散、公司清算不过一年多的时间。业务已经有起色，清算时账上还有100多万现金。冯钰曾经抱怨，“为什么那些老股东宁可把事情黄掉，也不愿意把股份让出来。”[1]不过他也承认，作为初次创业者经验不足。“股权其实是一个很严肃的事情，如果在开始的时候没分配好，等到公司估值五千万后，一个点就是几十万，这个时候让谁让出一个点、两个点都是很困难的事情，更别说让出几十个点。”

讨论题：

1. 分析豪华创业团队的优点和缺点。如何发挥其优势？

2. 关于早期股权结构，你可以给千夜团队怎样的建议？

开篇案例讨论题

1. 汪滔采用了哪些方法迅速建立起创业团队？

2. 大疆初期是否拥有有效的创业团队？

3. 大疆在早期股权分配问题上遇到的困难有可能解决吗？

[1] http://tech.ifeng.com/a/20141105/40858225_0.shtml

2

第二部分

创业的论证

第 3 章

创业机会的发现与创造力过程

顾客想要的不是四分之一英寸的钻头，而是四分之一英寸的洞。

——西奥多·列维特（Theodore Levitt）

本章学习要点

- 如何分析和识别创业机会
- 影响创造力激发的因素
- 激发创意的主要技术
- 创造性问题解决的流程

闪送在高度竞争的快递市场上找到一个创业机会。

开篇案例

闪送：在拥挤的快递市场上发现新机会

到公司才发现手机落家里了，回家取成本很高，这就是催生“闪送”的市场需求。闪送是一个专人直送平台，定位于速度快安全度高，满足即时速递需求。时间是闪送的核心体验点，起价 16 元，远高于普通快递公司的价格。公司向闪送员收取 20% 的信息服务费，通过分佣的方式盈利。

闪送成立于 2013 年，原本做快递信息服务，在大公司的竞争挤压下不得不开始考虑转型。创始团队发现，在一、二线城市人们获取信息的时间变得越来越快，成本也不断攀升，而物流的配套体系这么多年基本没有发生什么大的变化。“我们认为高端的、速度更快的递送服务更具发展潜力，至少当时这种服务是缺失的。”闪送市场部经理杜尚骉说。既然已有解决方案又懂算法，他们决定进入快递市场，成立一家同城快递公司。

想从同城快递竞争中脱颖而出并不容易，团队确定了快和低价两个关键卖点。提出了“朝发夕至、夕发朝至，仅 6 元钱”的口号，上线后虽然增长很快，却一直难以做大。每做一单要赔 3 块钱，规模越大亏损越严重，不得已再次转型。首先确定的还是唯快不破的原则，因为快始终是用户最真实的诉求。新口号是“1 分钟响应、5 分钟上门取件、60 分钟送达全城”。想做快速的极致，就要以分钟来衡量配送的时效。

创始人薛鹏说，传统快递的思路是如何降低成本，而他们的思路是如何提升效率。闪送采用专人直送，外卖则是顺路并单。在外卖模式中，一次性取几单，然后一单单送。只要有一单出现问题，其他所有的都会受影响。“我们给用户提供的是时间确定性的服务，所以我们要求每一单都是专人，一次只送一单。”[1]

闪送砍掉所有的中间环节。传统的快递过程是快递员—站点—中转中心—站点—快递员—用户，几乎不可能做到以分钟来衡量。如果巨头要做极速众包物流，要去掉传统的集约模式，这本身就存在很大的困难。但那些资源丰富、资本实力雄厚的互联网大公司还是让他们倍感压力，“毕竟他们的流量太庞大了。”

专人直送发展起来后，会有更多应用场景中的衍生需求被激发出来。有人下单让闪送员帮自己的车盖一块雨布。一家牛肉火锅店每天都有很多闪送员来取牛肉火锅的外卖订单。除了在速度上秒杀传统快递，闪送还开辟了传统快递服务范围之外的项目，鲜花、蛋糕、酒、海鲜，甚至还有鸡蛋。

“我们想做的是一门用时间换时间的生意，不仅仅是单纯的配送服务。”杜尚骉认为，闪送出售的是时间，只是叠加了算法、系统功能。在北京市场，5 千米之内的订单平均送达速度为 23 分钟，10 千米之内的订单平均送达速度是 33 分钟。这个配送速度其实比亲自去送还要快，很大程度上节约了用户的时间成本。

闪送项目从筹备到上线的时间只用了一周。开始只做了一个用户下单的入口，没有软件，所有后台的流程都由人工完成。验证过整个流程的运行之后，才开发软件，然后根据用户的实际需求设计出适用于网站、微信、APP

[1] http://money.jrj.com.cn/2017/06/28092722665632.shtml.

三个平台的软件，不到一个月便全部完成。这个模式能极大提升效率，少走弯路。薛鹏说，“让服务尽快跑起来，然后让市场和用户来帮我们检验产品中的问题，再进行快速迭代”[1]。在此过程中让问题自然浮现并得到快速解决，把用户需求不断沉淀到产品流程中去。

“平台在刚起步的时候是最难的，因为可能有需求没有供应，相反有时候有供应会没有需求，平衡起来比较难。这也是闪送刚起步时没有做市场推广的原因，靠口碑的传播让订单量在动态平衡中进行自然增长，不会出现平台压力过大而产生的很多难以掌控的问题。”[2]

创业机会的发现和识别是创业过程的起点。本章首先回顾了创业机会的概念，分析如何发现和评估创业机会。接下来讨论了什么是创造力，如何鼓励创意的激发。在激发创意的技术方面，主要介绍了个人创意和以头脑风暴法为代表的小组创意方法。创造性的问题解决过程包括重新定义问题、专注于问题的定义。最后介绍了 IDEO 的创意开发过程。

3.1 创业机会识别

创业机会

创业者是发现机会并将机会转化为成功企业的人。**创业机会**（opportunity）是一组有利于创造出对新的产品、服务或企业的环境因素的组合。例如，豆浆是中国人经常消费的食品。但豆浆的制作很不方便，耗时长，工序烦琐，想吃豆浆的人通常只能到外面购买。市场上存在着家庭快速制作豆浆的需求，豆浆加工技术有改进和提高的空间，没有特别的技术障碍，小家电产品已经有现成的零售渠道。综合考虑这些因素，可以得出市场上存在着豆浆机的创业机会，以九阳为代表的一批豆浆机品牌把握这一机会实现了成功创业。创业机会可能来自新的组织，如小米手机是由一家新企业发起的创业。也可能来自原有组织内部，如微信是腾讯的内部创业。

在创业活动中，创业机会的发现与把握是一个重大的挑战，也是创业者常常犯错误的地方。创业者看到市场上出现一个新的产品或服务很受追捧，觉得这样的机会很难得。他们往往认为，市场仍然有足够的空间，只要在性能上有所改进，或者在价格上提供更多的折让，或者依托其他方面的资源如渠道等，自己同样有机会以相似的产品或服务来进行竞争，争取顾客。例如，当团购的概念出现时，由于创业的门槛相对不高，自 2010 年年初第一家团购公司创立后，到 2011 年年初已经有 2600 多家团购网站进入运营，此后这一数量还曾经上升到 6000 家。然

[1] http://36kr.com/p/217573.html.

[2] http://www.jiemian.com/article/1136343.html.

而，据统计到 2014 年仍然存活的团购网站数量不过 200 余家，这一领域中大多数的创业者以失败告终。[1]

上面的例子说明寻找创业机会的难度。在现实中，创业机会往往表现出四个重要的特点，机会应当是**有吸引力的、可持续的、时机恰当的和能够落实的**，如图 3.1 所示。以早期视频网站创业机会为例，无论是 PC 端还是移动端，人们对视频的需求还远远没有得到满足；视频的收入模式可以模仿电视广告，有可能获得较高的利润；视频网站为大量过期的影视作品创造出重新获得收入的机会，为企业与个人的创作提供传播的渠道；视频内容生产是一个社会行为，既有传统的电视传媒制作又有企业和个人的制作需求，内容的生产和需求都是可持续的；市场本身高度分散，是进入市场的好时机；最后，流媒体技术为视频连续播放创造了条件，在 3G 条件下，移动流媒体同样有出色的表现，已经解决了视频接收和播放的技术问题，表明创业是可以具体实施的。

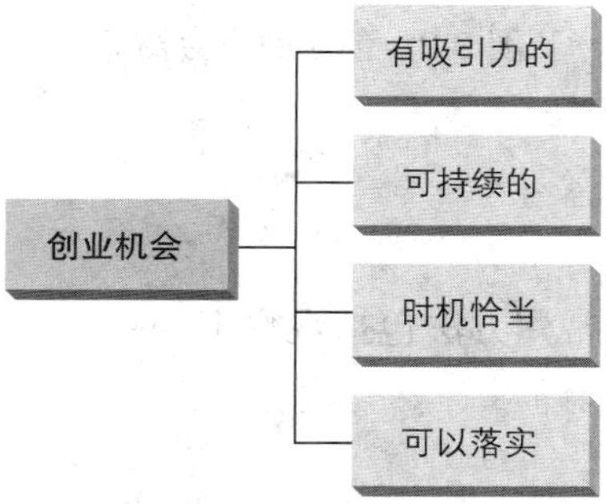

图 3.1 创业机会的四个特点

在评估创业机会时，时机的因素值得特别的重视，创业者必须分析所谓的创业机会是否处于创业窗口开放的期间。**创业的机会窗口**（window of opportunity）是指创业企业有现实的机会进入某一市场的时间期限（图 3.2）。当一个新市场形成时，创业窗口就出现了。新浪抓住了发展微博的时机，其他几大互联网巨头再也没能追赶上去。在创业机会最多的移动商务领域中，曾经在很短时间里出现了许多打车软件。今天，打车软件市场基本上由滴滴主导。当某个市场上产品已经成熟，现有企业已经站稳脚跟之后，机会窗口就关闭了。有些产业的机会窗口基本已经关闭了，例如搜索引擎市场，经过多年的竞争，已经形成了主导性的产品和企业，新的企业想要进入已经变得十分困难。在技术创新频仍的市场上，机会窗口开放的时间较长，而像团购这样的同质性市场则在很短的时间里就关闭了创业的机会窗口。

创业者面临的一个特别困难是如何判断一个趋势是长期的还是短期的。一般来说，创业者应当避免追逐过短的机会窗口。分众传媒曾经凭借楼宇广告取得了极大的成功，但当这一业务模式市场发展空间有限的弱点暴露出来之后，就不得不陷入困难的转型。另一个例子是携程网创业初期发现商务旅行人士喜欢电话服务，这一

[1] http://www.techweb.com.cn/business/2014-01-15/1381176.shtml.

认识导致它将资源用于扩大电话呼叫中心的座席数量而忽视了新一代商务旅行者对网络服务的需求，在与去哪儿等深度在线服务的竞争中未能取得压倒性的优势。

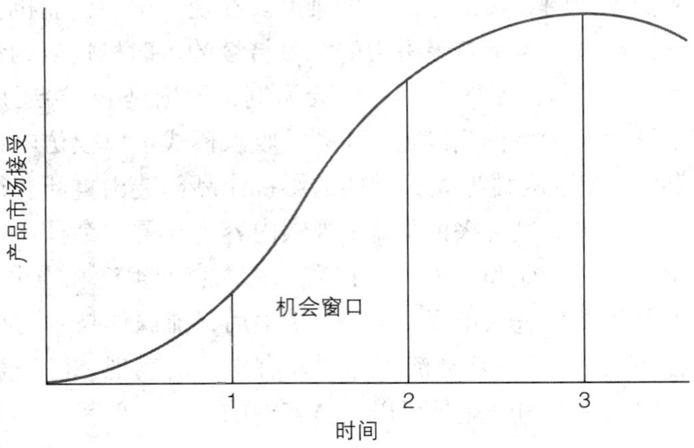

图 3.2 创业的机会窗口

创业机会的发现

发现创业机会的常用方法包括观察市场趋势、解决问题和填补市场空缺，如图 3.3 所示。

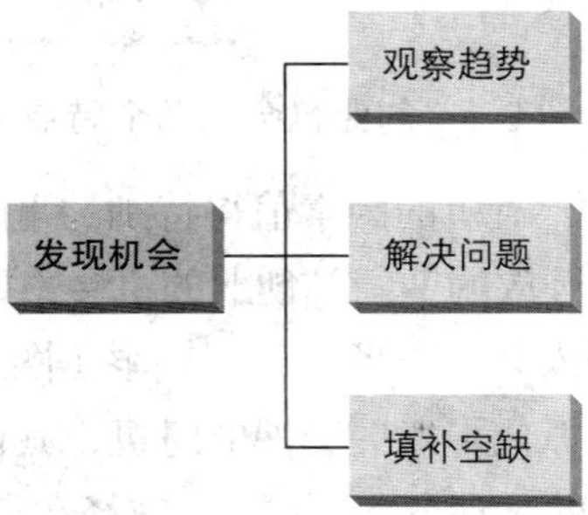

图 3.3 发现创业机会的方法

观察市场趋势。经济、社会、技术和政策管制方面可能不断地出现新的变化，顺应或响应这些变化的创业计划更有可能获得市场的成功。

- 经济的变化。例如随着家庭可支配收入的增长，对奢侈品的认识和消费开始增加。从上品折扣、奥特莱斯工厂店到唯品会都是为了满足人们以相对低廉的价格拥有国际品牌商品的愿望。人民币升值的趋势则使得到海外旅游、留学和置业变得更便宜，可以在这一领域中寻找服务业的创业机会。
- 社会的变化。社会变化可能产生更加持久的影响。人们开始更加追求生活质量和个性化消费，例如不再满足于跟团旅游，而希望能够开发个性化的旅游，同程网、穷游网、蚂蜂窝等抓住了顾客的这部分需求，探路者、三夫等户外品牌也得益于这一潮流。当前往东南亚旅游的人数达到一定水平之后，泰国餐厅的机会也出现了。同样，年轻人离开家庭独立生活的风气为宜家这类提供便宜而时尚家具的企业提供了机会。

- 技术的变化。过去，人们要进修专业课程或专门技术必须报班，时间和地点都受到限制，通常还不能自主选择教师。在线课程的技术进步，让名师可以同时向全国各地的学生进行授课并提供反馈，异地的学生同样能够听到名师的授课，像邢帅网络学院这样教授电脑应用技术学校的学生遍及全国各地。
- 政策管制的变化。民营医疗和民营教育管制的放开催生了众多的市场机会。体检曾经是医院中的一项附属业务，今天，市场上出现了众多专业的体检服务和健康管理服务机构。网上医药销售和医疗信息服务领域中也提供了大量的创业机会。未来在养老领域中势必将会出台更多的支持性政策，带来新的商机。

尽管在上面对各项因素进行了分别讨论，但许多变化是结合在一起的。例如，微信的成功结合了经济变化（智能手机的普及）、技术变革（能够低成本地使用通信企业的流量）、社会变化（人们对熟人圈子即时在线交际的需求），仅凭其中一项是不可能的。例如，手机 QQ 也是市场份额很高的移动通讯应用，并且同样可以实现微信的功能。但手机 QQ 的使用仍然没有摆脱 PC 端的影响，而微信则完全是为移动设备使用人群打造的，不需要与 PC 产生联系。

解决问题。营销学者们在谈到产品设计时经常会提到一个词："顾客的痛点"。所谓有痛点，就是顾客未能满足的需求，也就是创业者需要解决的问题。创新工场 CEO 李开复说，"大部分创业的成功，都是来自于解决了用户'痛点'。"解决问题可以是技术创新，例如 facebook 通过技术开发为大学生提供了新的社交方法和社交体验而取得成功。解决问题也可以是用一种新的方法解决原有的问题。例如大学生有巨大的订餐需求，但没有方便的办法向大学周边的餐厅订餐。由上海交通大学学生创办的"饿了么"网站为双方提供了信息交流的操作平台。当然，解决的问题也可以是当前顾客尚未意识到或难以表达的需求。长期以来，人们对等待电梯时的无聊习以为常。聚众传媒利用这一"痛点"建立起新的商业模式，在商业大厦电梯间安装液晶平板电视，播放新闻或广告帮助人们打发时间，同时通过广告费用获取收入。

填补市场的空缺。很多时候，尽管人们的需求得到了满足，但这种满足也许是不充分的或不方便的，这也给创业者留下了极大的发展空间。例如，银行提供高收益的理财产品，但往往对投资起点有要求，或者管理不方便。余额宝向广大有理财需求而达不到银行的金额要求或不愿意经常花时间打理的巨大人群提供了他们所希望的理财服务。商务旅行和廉价家庭旅行的兴起对低价、基本服务好、位置方便的酒店产生了很大的需求。这是原有的星级酒店和招待所未能很好满足的一种市场需求，如家、汉庭、七天等创业公司抓住这一机会打开了年收入达 200 亿元人民币的市场。

创业行动专题

白鹿江西主题餐厅

2006年，来自江西万载农村的游和兵从中央民族大学物理电子工程学院毕业。没有考上研究生的游和兵发现，自己的就业成了问题。此时，他在大学创办学生刊物时拉过赞助的一家餐饮企业向他伸出援手，他只好到一家云南风味餐馆上班，并很快熟悉了餐厅经营的各个环节。2007年，在做市场调查时，他发现北京高校附近仍然以传统的低价餐厅为主，缺乏适合学生消费的中档餐厅。他决定将适合学生消费的餐厅作为自己的创业选择，并将菜式确定为江西菜。

调查发现，在北京的江西菜餐厅普遍经营较好，一方面是因为相对川菜和湘菜，江西菜有自己的特色，例如在烹调中更加强调保持食材营养和乡土性（瓦罐汤），符合健康餐饮的潮流。另一方面，江西菜口味相对大众化，还可以吸收川菜和湘菜中的一些品种。

游和兵向同学和家庭募集了25万元的起步资金。2007年10月，中央财经大学的白鹿江西餐厅开业，此后中央民族大学和中国农业大学的分店相继成立。针对高校周边市场，游和兵还吸收了餐饮业时尚的主题餐厅概念。用讲故事的方法包装餐厅的缘起，从学生刊物的创办经历延伸到主题餐厅的创业，从装饰到菜单设计尽量体现出以学生为对象的书卷气，菜式价位中档但菜量很大。

白鹿餐厅在江西开发了供应链可回溯的土猪生产基地，在北京签约了无公害蔬菜生产基地，而江西特色食材则全部采购自江西本地。游还将餐厅作为大学生实践活动的基地，取得大学生消费者的认可。

游和兵说，"做餐饮是个需要勤快的行业，必须花心思去琢磨，还要定位准。"白鹿餐厅价位不高，学生能接受；许多江西特色菜品，吸引了在京的江西人专门前来，这两部分群体基本上就保证了餐馆略微盈利。白鹿在北京已经有了7家餐厅，随着开店数量的增加，如何持续创新、保持餐厅对顾客的吸引力成为游和兵未来的考验。

理念还是机会？

在寻找创业机会时，创业者还需要注意创业理念和创业机会之间的差别。所谓**创业理念**（idea）是对创业的思考、观点或想法。例如，许多人都有开花店、咖啡书吧的创业想法，也的确有一些成功的例子，但多数情况下难以取得成功。创业理念不一定合乎创业机会的标准，这往往是因为创业理念未能揭示影响创业成功的关键要素。在这种情况下，不论创业者如何努力，他都可能无法将创业理念转化为成功的企业。苹果公司最早的投资人阿瑟·罗克曾经说过，"我们要寻找能够让人们的工作和生活发生改变的创意”。创业学者蒂蒙斯主张，在评估创业机会时应当从以下 5 个方面对产品、功能和经营进行分析：

- 是否为顾客创造或增加了重大的价值；
- 是否解决了市场中的一个真实问题，找出了用户真正的“痛点”；
- 对产品和服务的需求是否十分迫切，令顾客愿意为此付费；
- 能够证明存在着活跃的市场，能够实现利润；
- 创始人与管理层的经验与市场机会相匹配。

你也许注意到，上面的因素中没有包括现有企业对市场支配的因素。即使在大企业主导的市场环境下，仍然有着小企业和创业企业发展的空间。这主要是因为大企业通常需要较长的时间才能充分评估一项创新或创业机会对于本组织的意义。此外，大企业往往有相当长的历史，其成长的经历、已经形成的利益相关人群体都阻碍它对市场机会做出反应。例如，大英百科曾经是百科全书数字化方面的技术领先者。但是，将百科全书数字化会威胁到它的销售代表们来自印刷版的收入。就在大英百科举棋不定的时候，微软等新兴企业推出了自己的低价甚至免费版百科全书。尽管这些产品在品质方面比不过大英百科，但仍然吸引了大量的顾客，改变了百科市场的格局。

创业行动专题

文艺青年电商的终结

2010 年，品牌电商发展势头良好。玛萨玛索和凡客相继获得 5000 万美元的融资，在这样充满想象力的市场中进一步开掘细分市场应当是大有希望的。操盘过誉满电商市场的著名“凡客体”营销的许晓辉决定离开凡客创建“初刻”，在他看来，高达 4 万亿元的服装市场中还有很大的空间容纳独立品牌。

与凡客快节奏的人民时尚路线不同，初刻是一家强调人文关怀走“小清新”路线的慢时尚生活电商品牌。然而，讲求产品品味、中等价位的初刻发现，自己很难扩大顾客的基础。在经营一年后，初刻的顾客有 80% 仍属于初期吸引的老顾客。由于初刻经营的并非日常必需品，重复购买不足，难以迅速扩大销售额。而为了保持品牌吸引力不得不建立起多样化的产品选择则增加了供应链管理的压力，使得运营成本居高不大，资金紧张的状况无法得到改善。2013 年，凡客宣布收购初刻。

3.2 创造力的激发

创业者的灵感可能来自外部环境的冲击，也可能来自自身的行为和反应。无论来自哪里，创业者都必须运用自己的创造力和解决问题的能力才能将理念转化为现实。我们将在下面讨论创造力与问题解决之间的联系，以及创造力如何塑造创业者的机会。

创造力与创造的过程

创造力在创业过程中扮演着关键的角色。创业者需要依靠自己的创造力设计出不同于竞争对手的产品、服务或商业模式，需要创造力来低成本地吸引顾客、投资人，需要创造力来满足其他不同利益相关人的要求。创造力表现为发明和创新，发明是发现和创造以往不存在的事物的过程，创新是找出完成任务的新方法或改进现有的产品和服务。创造力还是解决问题的核心驱动因素。今天，商业环境和技术变化的节奏变得越来越快。变化和变化所带来的不确定性为创业机会提供了丰富的来源。创造力则是从动态环境中识别和形成创业理念的关键技能，也是提出满足顾客需求的解决方案的关键技能。

我们可以将**创造力**（creativity）定义为创造出新的、有用联系的过程。管理学家 Scott Isaksen 主张从三个维度来理解创造力，即性格特征、行为和创造力得以发展的情境或环境，如图 3.4 所示。这一主张反映了对创造力研究的主要过程。首先，人们认为表现出创造力的人物具备某些性格特征或表现出特定的行为，例如语言、思考过程和智力。接下来，人们发现在某些情境或环境下人们更有可能表现出创造力，例如自由轻松的环境、奖励创造力的机制、团队间建设性的互动或协作等。

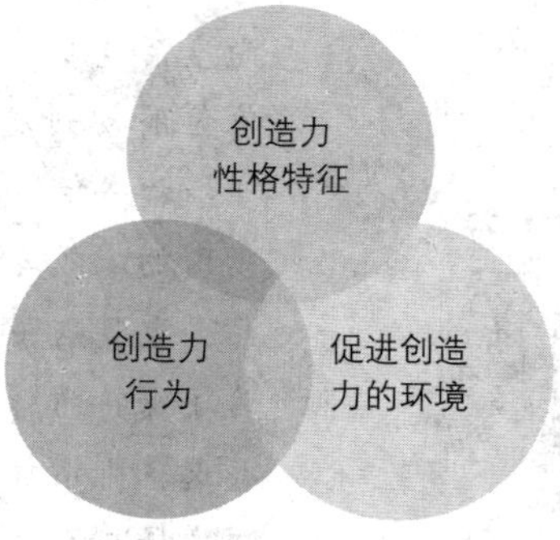

图 3.4 理解创造力的三个维度

妨碍创造力发挥的原因

在生活中，我们很容易发现，创造力的发挥似乎是一个自然的过程。然而，在创业的环境下，人们很容易为创造力的发挥设置障碍。有时，障碍来自个人原因，有时则来自环境。

缺乏充足的时间。创业者的工作极为繁重，由于将主要的精力用于日常管理，他们往往无法获得充足的时间来酝酿创意、锻炼技能。移动终端的发展让我们在生活中随时、随地都无法摆脱与工作有关的信息流入。人们常常发现，在一个忙碌的工作日之后，自己似乎没有完成多少有价值的工作。跨职能和多任务则是另一个可能吞噬时间的工作设计，它使得创业者和员工总是处在解决问题的状态中，无法退出日常事务进行客观的观察，而这却是激发创造性思考的前提。研究者建议创业者应当每天留出一定的时间摆脱日常工作，关掉邮件通知或手机，甚至从事一些与工作无关的活动，让大脑得到放松，培养有利于创造力的思考氛围。

缺乏信心。对成功充满信心的创业者更愿意投入时间、精力和金钱。哈佛大学商学院教授坎特（Rosabeth Moss Kanter）认为，信心包括三个要素：责任心、协作和主动性。**责任心**是指对于所采取的行动负有个人责任，是指与他人共同工作、信任他人的能力；**主动性**是指相信自己的行动会带来改变的自信。当创业者采取熟悉的、容易的方法或试图走捷径时，他们往往缺乏自信，害怕受到批评，这会导致他们无法发挥自己的潜能。对于许多创业者，如何向他人证明自己理念的合理性可能是一个很大的困难。然而，从历史上的发明和创新来看，合理从来都不是一个先决条件。当淘宝网在 2003 年起步时，它的模仿对象 eBay 已经是国际上最为成功的电子商务企业之一，谁会相信淘宝在中国市场上能够彻底击败强大的 eBay、占据 B2C 电子商务市场 50% 以上的份额？同样，当小米手机开始发布时，也很少有人认真看待这个既缺乏资源（技术积累、销售渠道、生产规模、财务资源），也没有值得一提的品牌历史的竞争对手。

对于信心不足的新创业者，也许更加稳妥的办法是设立一些可管理的目标，通过不断地积累起小型的胜利来鼓励自己。当然，可行性分析也有助于降低风险，提高自信。

最后，创造力并不总是起到正面的作用，创造力也可能成为实现目标的障碍。例如创业者可能不知道应当在什么情况下满足于已有的方案，而是不断地寻找更优方案，将宝贵的资源消耗在很小的改进上，反而忽略了重要的目标。也就是说，我们在运用创造力时同样要思考继续这样做的机会成本。

在组织层面激发创造力

建立追求创新的组织文化，形成鼓励创新的组织氛围，是许多企业能够不断创新的内在机制。爱迪生的伟大之处不在于发明了电灯泡，而是建立起专门的研发机构，能够持续不断地做出重大的创新。鼓励创新不能停留在口头上。在像3M、迪斯尼公司和Google这样的以创新而知名的企业中，你总是可以发现一些推动和鼓励创新的制度设计。Google设有专门的创始人奖金，对提出具有重大价值创意的员工进行奖励。

奖励创新固然重要，但同样重要的是不要惩罚未能取得成功的创新。惩罚性的奖励系统将阻止人们承担风险，从而降低组织获得竞争优势的能力。创造性的本质决定了许多新产品的理念将在市场上遭遇失败。创造力发挥的过程中充满了不确定性，努力的结果并不必然导致有价值的灵感，而基于创意开发出来的创新也可能在应用过程中陷入失败。事实上，有些组织认为，如果所有的创新都获得了成功，那么这表明它们在研发方面还不够大胆。在3M和Google公司，40%的创新产品以失败告终。

3.3　激发创意的技术

激发创意的个人技术

选择有利的工作环境。工作环境影响创造力的发挥，创业者应当设法将自己安排在更有利于激发创意的环境里：

- 避免分心：创意的过程需要专注，应当尽可能提供安静和免打扰的环境。
- 保证静思的时间：每天都应当留出一段安静的时间，练习如何尽快进入创造性思考的模式。养成创造性思考的习惯。
- 地点的选择：留意自己在哪些地方最有可能产生创意，在需要时选择这些地方展开创造性的思考。例如，有的人在户外运动时经常产生新的创意，他们可以考虑定期安排这样的活动。
- 花时间与兴趣不同的人相处，或者故意离开自己的舒适区，也是激发创造力的有用方法。

记录新思想。以创意日记的形式将自己的奇思妙想（可以是看上去荒谬的或相互之间毫无联系的念头）记录下来。许多创业者会随时将自己的想法写下来，新的电子设备为人们提供了更大的便利，可以将文字、视频、声频、照片等结合起来进行记录。有些想法在当时可能看不出什么价值，但未来仍然有可能发挥重大的作用。著名的设计创意公司IDEO的成功秘诀之一就是大量积累和记录新的想法，即使它们在当时被放弃，但在日后的头脑风暴中将成为宝贵的灵感来源。IDEO还将这些想法通过虚拟工具Tech Box传播给世界各地的员工，成为未来产品创意的刺激源。作为创业家，看到自己的创意在数量上不断增长，使得记录本身也成为一种激励。

创业行动专题

微信红包创意

微信支付前总经理吴毅回忆说，在微信支付上线后的一段时间内，团队面临的主要困难是如何启动微信支付。新用户进来如果需要绑卡，支付成功率一定很低。如果支付成功率低，商户就不愿意跟你合作了。没有了商户，就没有了支付场景。

培养用户习惯本来会有一笔促销的费用，微信支付团队考虑何不用随机红包的方式进行启动？微信红包的灵感来源于腾讯公司线下发红包的习俗。每年春节回来第一天上班，大家排队去领老板的红包。这是一个时间和金钱成本都很高的事情，为了省力，后来采取了随机红包的做法。抢到大红包的人会特别开心，口碑传播很快，发的人也有精神满足。这就是红包设计的来源。

玩红包游戏成为促进用户绑定银行卡的动力，商户也会主动鼓励用户绑卡以获得红包，微信支付就这样解决了让人伤脑筋的绑卡难题。2014年春节，微信开始与中央电视台合作春晚全民发红包。到了2015年春晚，摇一摇的次数高达100亿次。由于充分激发了微信的社交属性，在春节后，用户还自发形成了几个红包发送的峰值。就这样，微信通过一个自己创造的支付场景取得了大批绑卡用户。数据表明，绑卡用户的增长基本上与红包数增长成正比。

将寻常事物放在新的情境下考察。人们常常会误以为创业者的行动都是基于过去所不存在的概念。事实上，绝大多数创业的理念来自现有商业理念，只不过由创业者进行了改进。苹果公司并不是第一家智能手机的设计公司，微软的Windows图形界面来自施乐和苹果的启发，淘宝的基本构想则来自eBay。将原有的产品或用途放在新的情境下是催生创意的重要方法，例如马应龙软膏是治疗痔疮的名药，但很早就有人发现它的中药成分也有去除眼袋的作用。尽管将痔疮膏认真用作美妆用途看上去像是“冷幽默”，但马应龙认识到，在网络议论的支持下，这并不是玩笑，而是一个重要的商业机会，大胆推出了八宝马应龙眼霜新产品。

头脑风暴法

头脑风暴法（brainstorming）是指通过在短时间内密集提出大量概念来寻找创造性解决方案的技术。尽管个人也可以使用这一方法，但通常用于小组或团队的创意过程。当人们面对难以解决的问题或现有的方案不够理想时，就可以组织头脑风暴的会议。在头脑风暴过程中，团队领导会提出问题，由成员们轮流对问题提出自己的方案、设想或联想。成员们提出的想法写在白板纸上，让所有人可以看到，作为下一步方案或联想的基础。头脑风暴过程的气氛应当是随意和放松的，主要目的是收集尽可能多的创意。因此，对于所提出的任何荒谬的或不着边际的想法不要进行批评和阻碍，因为这些看上去不合理的要求当中可能蕴藏着未来的创意线索。头脑风暴本身并不包括分析和理性推理，将头脑风暴的成果进行筛选和判断是之后的环节。表 3.1 列出了头脑风暴中应当遵循的四个原则。

表 3.1

头脑风暴的成功法则

法　则	说　明
1. 数量优先	创意的数量是判断头脑风暴成功的第一项标准，是未来得出新奇、有效解决方案的前提。应当采用各种激励措施鼓励团队成员提出尽可能多的想法。
2. 避免批评	避免任何形式的批评，不要有任何表达怀疑或否定的面部表情、声音、动作。因为批评可能导致思维的中断，引发消极的情绪，阻碍创意产生。
3. 自由表达	不要限定人们的思维范围，想法越多越好。一些离奇的设想可能导致好的创意或解决方案。允许跳跃，可以从一个想法迅速跳跃到另一个想法。
4. 营造紧迫感	让提出设想或方案的节奏一直保持下去，避免中断。其目的是在短时间内尽可能收获最大数量的想法。不必对想法进行仔细描述，只要记录想法的基本内容就可以。

有些学者的研究发现，在小组头脑风暴会议之前，先由个人进行头脑风暴，可以提高新想法的数量和质量。[1] 这样的方法称为混合头脑风暴法，往往能够帮助团队做出更好的选择。这是因为在团队互动的过程中，有些成员难以说出自己的看法。有可能是因为别人已经说出了自己的想法，也可能是因为在听别人说的过程中他们无法思考和评估自己的想法，或者有些成员有搭便车的心态，将机会让给团队中最活跃的成员。

创业行动专题

小练习：建立概念间的联系

下面的练习旨在帮助小组成员跳出常规进行思考。请给小组中每位成员提供一张白纸，让每位成员在纸上写下一个名词，可以是任意名词。当所有的成员完成这一任务之后，请他们将纸张传递给右手边的成员。每位成员在纸上写一下形容词，形容词与名词之间没有任何关系。然后再将纸张传递给右手的成员，这次每人要写下一个动词。在最后一轮，每人写下一个副词。每一轮中要求写下的词都和纸上已经有的词没有关系。

接下来是第二阶段的任务。将纸上的词组合起来形成了一个潜在的商业机会。小组可以讨论决定用哪一张纸，但是只能用一张纸的内容，其他的予以放弃。从这张纸上列出的词出发，小组成员想出一个商业计划，包括产品/服务，顾客、利益和分销手段。

这一练习的原理是，许多商业机会来自共同思考的过程：

- 将毫无关系的概念联系起来
- 思维实验
- 通过概念联系和思维实验形成发明和创意
- 为发明和创意找出应用

[1] Girotra, Terwiesch, and Ulrich (2010): Idea Generation and the Quality of the Best Idea. 592. Management Science 56 (4), pp. 591 - 605.

3.4　创造力与问题解决

本章前面部分提到，从问题入手是最有效的发现创业机会的方法。问题解决是我们日常工作的一部分，它并不必然涉及创造性，**创造性的问题解决**（creative problem solving）是指将想象力、智力、情感和逻辑联系起来，找出最优的解决方案。市场上已经有许多复杂和精致的工具，用来分析问题、产生有效的理念、设计出过程并准备行动。但是，创业者需要的是简明和有效的方法。

寻找正确的问题

在尝试解决问题时，许多创业者常犯的错误是未能正确表述问题。有时，即使是简单地追加“如何”和“为何”也可能打开原来问题表述中狭窄的思路，争取创造性解决问题的机会。例如，人们常常说“应当如何解决这个问题”。然而，正确的问法应当是“问题的原因在哪里”。同样的问题，后面一种问法可以开启更多的方案可能性。如果在未能认识到问题的根源时急于解决问题，我们很可能会寻求捷径，求助于自己的认识（偏见）或依赖直觉给出的答案。更糟糕的是，这种走捷径的做法往往是无意识的，我们甚至意识不到。例如，创业者们总是依赖来自过去经验的模式。在面临新问题时，他们会很自然地将基于以往经验形成的偏见引入解决问题的方案中，这有可能带来严重的危害。此外，创业者往往不做分析就形成结论，或者在充分定义问题和分析之前就已经有了倾向的方案选择。未能清楚地定义问题或问题定义不当意味着形成错误方案的可能大幅度地增长。为了避免或减少错误，应当考虑采用一些专门的策略。

对问题进行重述，力求发现真正的问题。例如，问题开始可能呈现为销售下降，但真正的问题可能是客户服务的体验不佳。如果没有清楚地理解在顾客服务过程中哪些环节是真正为顾客创造价值的，而只在销售方式（折扣或促销）上提出解决方案可能于事无补。光驱曾经是 PC 的标准配置，这是从软驱发展而来的。然而，PC 为什么一定要配置光驱？顾客所需要的储存更多的资料和实现本地储存一定要以光驱的形式来满足吗？

分析潜在方案的利弊。在解决问题时，我们往往可以找出多个方案。此时，最好能够对各个方案的利弊进行分析，特别要探究如何将方案的消极面转化为积极面。对于那些无法转化的方案，则予以放弃。当苹果大胆取消 PC 上的光驱时，它向人们提供的方案是云存储。表面上看，云存储似乎不够方便，因为需要依赖苹果的服务并且必须接入网络才能实现。然而，苹果经过分析，认为完全可以相信未来网络接入水平提高和云功能发展的潜力。就这样，苹果通过将替代方案中的消极面转化为积极面，不仅让自己产品领先于整个行业，也为行业创造出了远远大于光驱的市场价值。

使用决策树模式。**决策树模式**（decision tree）采用树形图案反映所要解决的问题的各种可能及其结果。图 3.5 展示了如何使用决策树模式分析云南白药销售渠道选择。云南白药属于医药企业，在传统的药店渠道中力量较强。但牙膏属于带有药物作用的消费品，主要的购买场所是商超。云南白药对商超市场了解不多，既没有专门的销售队伍也没有有效的销售政策。在这种情况下，是努力扩大药店的销售，还是应当冒险进入商超市场？云南白药需要计算商超市场的成本和风险并与药店渠道进行对比。决策树模型可以帮助决策者直观地看到当前的问题及其各自的成本，方便进行比较计算。决策树模型有两个优点，首先可以将问题视图化，有助于理解和把握当前的问题；其次，它可以帮助我们理解问题决策的系列结果。更复杂的决策树模型则常见于定量决策分析。

表 3.2 给出了另一个例子，说明更换问题的提法如何帮助我们找出问题背后的东西。从表面来看，问题是没有足够的生产场地。面对这类问题，寻求创意解决的方法之一是从反面来进行思考，或者将问题的范围进行拓宽或收缩。例如，假如我们有了更大的生产场地，我们用它来做什么？在这个例子中，找出问题根源的方法是追问“为什么”，然后对问题进行重述，直到最终找出真正的原因。

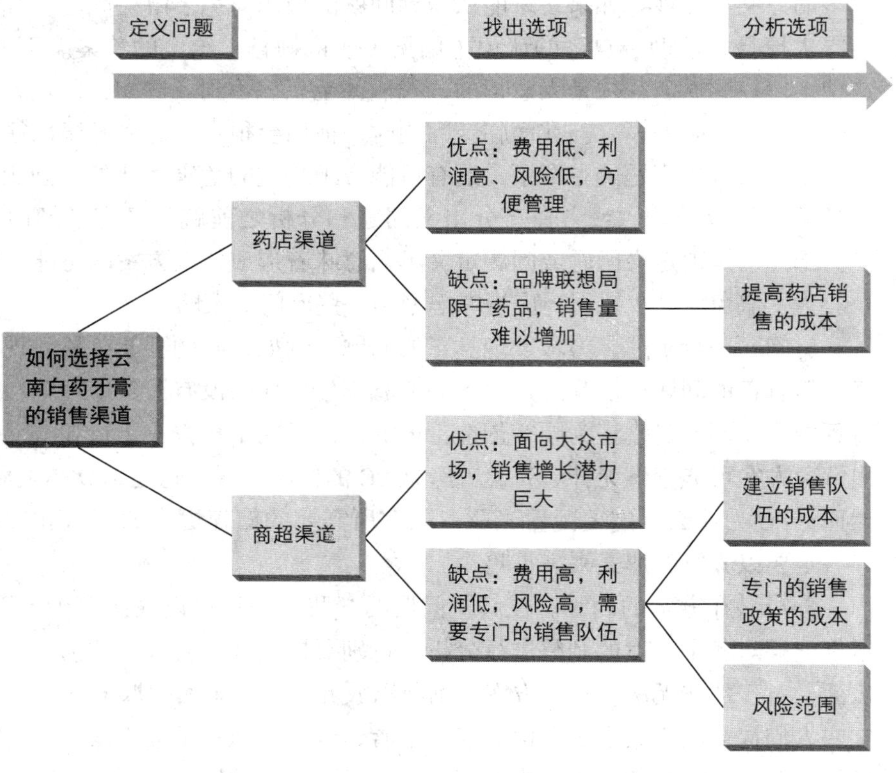

图 3.5 云南白药销售渠道的选择

表 3.2

重述问题

创意的方法	问题示例
原始问题表述	我们没有足够的生产场地
原始表述的反面	我们的生产场地过剩了
拓宽或缩小问题范围	多出来的生产场地做什么用
将问题放在更大的或更小的情境中进行思考	
追问“为什么”直到找出真正原因	**原始问题表述：**我们需要更大的生产场地 为什么？因为我们没法容纳所有的员工。 **问题重述：**有什么办法能够容纳所有的员工？ 为什么？因为我们需要聘用更多的员工才能按完成订单生产。 **问题重述：**在不增加生产场地的情况下如何容纳更多的员工？ 为什么？因为我们当前没有足够的资金扩大生产场地。 **问题重述：**我们可否将部分工作外包给其他生产商？ 为什么？因为如果不能按时完成订单我们将失去重要顾客。 **问题重述：**我们如何才能按时完成订单任务？ （至此，我们发现了问题的根源，也即某项任务的时限。）

专注于问题的定义

经过创造力发挥过程后，创业者将获得大量的创意选择。这时，一个自然的想法是先抛弃那些“疯狂”的想法，然后再挑出最佳方案。然而，这种做法可能导致辛苦得来的问题定义迷失在匆忙的决策中。管理学者 Scott Isaksen 建议采用**肯定判断法**（affirmative judgment）来避免这一问题，肯定判断法是指首先找出问题定义中的所有正面的或有力的方面。换言之，在找出所有正面描述之前，先把问题定义中的不利方面放在一边。接下来，在开始批评问题定义时，尽量从积极的角度做出表述，将问题进行重述。将遇到的困难看作是拓展定义的机会而不是放弃的理由。同样的做法也适用于从多个方案中进行选择的过程。

使用一组预定的指标也有助于建立选择最佳问题定义的标准。例如使用产品概念评估矩阵来选择开发哪个产品，在矩阵中通常会包括一些关键的评估尺度，如有效顾客的数量、原型设计的成本。

在这一阶段，问题解决过程的主要目标是达成一项精心构思的问题陈述。以表 3.2 中的例子来看，通过持续提问“为什么”，团队将获得一个清楚和明确的问题定义，并由此出发找到更好的解决方案。一个有效的问题陈述应当包含以下四项要素：

- 问题中包含“如何”

■ 明确谁对问题负责
■ 行动的动词，代表积极的行动
■ 预期的结果

请回顾表 3.2 最后的问题陈述，“我们如何才能按时完成订单任务？”包含着上面的所有要素。本章强调，找出正确的问题是问题解决流程中最具挑战性的一环。只有找出正确的问题，创业者的时间和金钱资源才不会浪费在错误的解决方案上。有经验的工程设计人员都知道，设计在整个新产品开发的预算中通常只占 8%，但由设计决定的成本在最终的成品中却占到 80%。每当因为设计上的缺陷（也就是未能识别正确的问题）而不得不返工重新设计时，都会导致成本增加，并且拖延上市的时间。

在问题定义好之后，下一步就是从问题转向行动。行动方案的选择同样可以采取之前问题定义的流程，在这一阶段指标的设计显得更为重要。这是因为在评估方案时需要综合考虑成本、技能和时间因素。指标可以是清楚的，例如明确的时间要求、预算限制等；指标也可以是隐含的，也就是尽管没有具体的数字额度，但在决策中却必须予以考虑的因素，比如直觉、团队文化、偏好、基于以往经验的偏见和理论假设。

创业行动专题

IDEO 的创造性问题解决过程

所有伟大的创意几乎都开始于一个想法，创业者发展创意的过程是从一个想法拓展到完整的解决方案。美国 IDEO 是世界上最成功的设计公司之一，多次获得“全球最具创新力公司”奖，著名产品包括苹果计算机鼠标和笔记本电脑。他们的主要设计流程称为创意倍增法（idea multiplication），分为四个步骤：收集刺激（gather stimuli）、刺激倍增（multiply stimuli）、创造顾客概念（create customer concepts）、实践最优化（optimize practicality）。

收集刺激。IDEO 认为，所有的好创意都来自顾客。然而收集顾客意见的方法很重要，如果直接问顾客某一个创意或产品是否能够帮助他们解决某个问题或是否优于当前的解决方案，你所收集到的回答往往是误导的。因为顾客很可能对于你的创意并不真的理解，他们也可能出于好意而鼓励你（没有说出真话），或者他们只是对新概念表示出兴趣（而到了真要付钱的时候却会拒绝）。IDEO 将收集创意刺激的过程称为“顾客人类学研究”，创意团队走出办公室，在自然的状态下观察顾客的行为，找到他们的“痛点”。在这一阶段，重要的是不要干预和影响顾客，要采集到足够数量的刺激，回来之后进行解释和分析。

刺激倍增。在这一阶段，团队成员以观察到的发现为基础进行头脑风暴，开始提出产品概念和方案。例如，有一种喜剧短剧的创作方法。让 3～4 名喜剧演员向观众展示一个场景，而让观众大声喊出下一个场景，或者喊出下一句台词。用这种方法，一个喜剧短剧很快就开发出来。成功的关键是不断地复述“是的，并且……”，让可笑的情境自然产生并持续下去，创作出一出连续和幽默的整体作品。与此相似，在刺激倍增阶段，团队对其成员提出的设想都要接受下来，在此基础上形成整体的创意。注意，不论观点如何荒谬，都要让它得到充分的表达。即使这些想法没有构成最终方案的一部分，但它们可能帮助你产生新的洞见，从而提高最终产品的竞争力。

请注意回顾上面所讲的“是的，并且……”句型，这意味着你接受同伴的思考。应当尽力避免出现“这想法行不通，因为……”的句型。在产品创意的后期，的确需要有人唱反调（有趣的是，真到那个时候，唱反调反而特别需要勇气。因为此时大家已经竭力将产品创意完善得差不多了，你要冒可能引起众怒的危险），但在寻找出色创意的过程中，这样做只会扼杀好的创意。另一种与此相似的句型“是的，但是……”，同样也是不利于鼓励创意的，在这一阶段，压倒性的任务是生产出数量尽可能多的创意。

生产更多创意的方法之一是头脑写作法（brain writing），它与头脑风暴法类似，只不过不采用口头沟通，而是通过书面写作获得创意。常用的工具是记事贴，由团队成员将自己的想法写在三张记事贴上，每贴一个想法。将写好的记事贴贴在墙上，然后每位成员从上面取下三个别人的记事贴，分别在上面写下自己的三个想法。持续3～4轮后，将所有的记事贴贴在白板上，寻找共同的主题或合并想法。此时

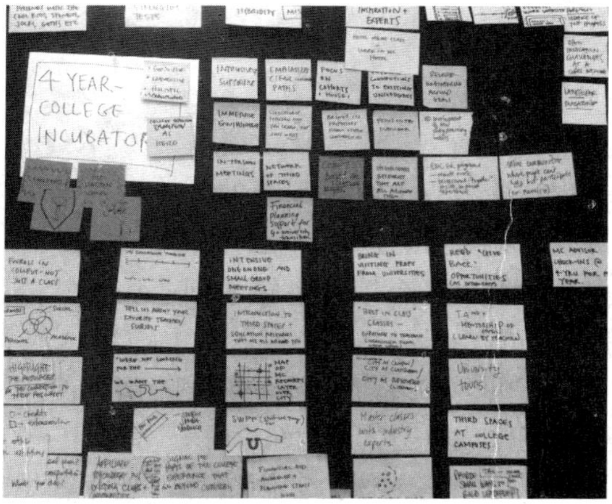

生产更多创意的方法包括大量使用记事贴

不再需要进一步的讨论，而是直接进行投票，挑出3～4个大家最喜欢的方案。头脑写作可以避免头脑风暴中常见的由乐于发表意见和擅长口头沟通的成员主导讨论的局面，而让其他成员也能够舒适地发表自己的贡献。注意，在头脑写作中，同样需要采用“是的，并且……”来鼓励接受团队成员的想法。

创造顾客概念。在从大量的创意中通过组合和缩小范围选定了少数创意和特色之后，下一步的工作就是创造顾客需求。也就是建立一个简单的模型，说明产品的样子。这有助于团队将产品方案视觉化，研究哪些特性或功能是最有吸引力的，哪些是非有不可的，哪些是可以有但并非绝对必要的。模型不需要真的能够运行，它的目的是让团队成员能够“看到”并思考如何改进。例如，如果创意是餐厅，那么模型一开始可能就只是一份菜单。接下来创业者可能会考虑用低成本的方法进行市场实测，这样做的好处是能够获得真实的反馈。许多互联网创业者认为，应当尽早将产品创意推出试用版，然后再根据顾客的反馈不断更新升级。

实践最优化。到了这一阶段，创业者经常会犯的一个错误是产品“过度开发”，试图将来自团队头脑风暴中的所有好点子都放在产品的设计中。因此，这一步骤的要点是对设计好的产品进行“挑剔”，去除那些不必要的、不现实和成本过高的部分。此时，创业者特别需要前面所提到的“唱反调”者。他们的作用是帮助团队找出究竟哪些地方是产品最能给顾客创造价值的所在，其他的都是可以舍去的。

在上面所提到的创意过程中，创业者需要在每个阶段进行学习、调整和提炼。创意团队将会逐渐深入地理解顾客在购买过程中所采用的关键指标，以及应当基于哪些顾客痛点设计自己的产品和服务。创意过程能够以非常低的成本帮助你改进自己的创业理念，避免贸然进入市场可能遭致的巨大损失。

本章小结

1. 创业机会是一组有利于创造出新的产品、服务或企业的环境因素的组合。创业机会可能来自新的组织，也可能来自原有组织内部。

2. 在现实中，创业机会往往表现出四个重要的特点，即有吸引力的、可持续的、时机恰当的和能够落实的。

3. 创业的机会窗口是指创业企业有现实的机会进入某一市场的时间期限。考察创业机会时要特别注意创业窗口是否处于开放。

4. 发现创业机会的常用方法包括观察市场趋势、解决问题和填补市场空缺。

5. 创造力是指创造出新的、有用联系的过程。创造力发挥过程一般分为四个阶段：准备、孵化、灵感、验证。缺乏充足的时间和缺乏信心可能妨碍创造力发挥。

6. 鼓励创新和不惩罚未能取得成功的创新有利于形成鼓励创新的组织氛围。

7. 激发创新的个人技术包括选择有利的环境、记录新思想、将寻常事物放在新环境下思考。头脑风暴法是指通过在短时间内密集提出大量概念来寻找创造性解决方案的技术，是激发小组或团队创意的有用技术。

8. 创造性的问题解决是指将想象力、智力、情感和逻辑联系起来，找出最优的解决方案。

9. 寻找正确问题的方法包括对问题进行重述、分析潜在方案的利弊、使用决策树模式。

10. 肯定判断法是指首先找出问题定义中的所有正面的或有利的方面，将遇到的困难看作是拓展定义的机会而不是放弃的理由。

关键概念

创业机会　机会窗口　创造力　头脑风暴法　创造性的问题解决　问题重述　肯定判断法

批判性思考与讨论题

1. 什么是创业机会？举例说明创业机会受到哪些因素的影响。

2. 以一个实际例子来说明创业机会的四个特点。

3. 什么是机会窗口？以一个具体的产品或服务的例子来说明。

4. 通过观察市场趋势发现创业机会的难点在哪里？

5. 举出一个解决问题的创业机会并分析成功的要素。

6. 举出一个填补空缺的创业机会并分析成功的要素。

7. 机会和理念的差距很大，请举出三个未能构成机会的理念的例子。

8. 什么是创造力？创造力对创业者的重要性是什么？

9. 妨碍创造力发挥的因素有哪些?

10. 组织可以采取哪些方法来促进创造力?

11. 从你个人经验来看，头脑风暴法成功需要有哪些前提?

12. 很多成功的创新来自对问题的重新定义，请举出三个教材之外的例子。

13. 找出三对解决相似问题的创业企业，分析每对企业的解决方案有何不同?

14. 一家经营 5 年的户外用品店想发展新业务，请根据当前市场趋势提出一些创业机会的建议?

报告与分享练习：发现和评估创业机会

以小组为单位，找出一个感兴趣的创业企业，从公司公开信息（如网站、年报）和媒体报道中查找资料，回答以下问题并向全班报告你们的发现。

1. 从四个维度来分析这家企业所发现的创业机会。

2. 这家企业目前处于创业机会窗口期的哪个阶段?

3. 企业所服务的市场趋势是短期的还是长期的?

4. 这家企业有哪些令人印象深刻的创意?

5. 这家企业获得创意的主要方法有哪些?

6. 这家企业在寻找创业机会时对问题是如何理解的?

7. 这家企业在问题解决方面有怎样的特点?

结尾案例

梯子网：创业机会的把握

2013 年 1 月，世纪佳缘创始人龚海燕开始了第二次创业，创办 91 外教网，提供英语口语在线培训。与第一次创业一样，选择这一方向是从自己的需求出发，希望提高英语口语能力，“还是一拍脑袋就创业了”。

2013 年 7 月，龚海燕拿到了网易资本 400 万美元的融资。很快，“龚海燕二次创业创办 91 外教”的相关报道相继出现在了多家媒体上。此时龚海燕对创业方向却产生了怀疑。真格基金投资人王强告诉龚海燕，在线口语培训市场太小。口语培训在新东方的业务里只占 2% 的比重，增长最快的是 K12（幼儿园到高中）基础教育。此前世纪佳缘的教训之一就是市场规模太小，“虽然用户量庞大，但营收盘子不大，我不想自己再创业是在一个没有成长空间的领域。”

2013 年 5 月，龚海燕下决心将业务重点转变为 K12 在线教育平台“梯子网”。她的计划是建立一个平台，提供优质内容吸引流量，再将流量转化为收入。

当时，已经有 50 ～ 60 人的团队正在运作 91 外教。龚海燕在 91 外教只留下 20 人的团队维系日常运营，主要的技术团队投入梯子网。2013 年 11 月，梯子网正式上线。在发布会上，龚海燕称将用 3 年烧掉 4.5 亿元去做梯子网。

梯子网是面向老师、学生、家长 3 个用

户群体的大平台，主要产品有8个之多，包括面向老师用户的组卷、打分、课件库，面向学生用户的爱刷题、答疑、天天外教，面向家长用户和学校的家校通等。由于各地教材版本众多，要想覆盖全国的所有教材，只好不停地增加题库内容。梯子网获取题目的成本十分高，1道题要10元钱。在梯子网上线的11月，题库里拥有了几百万的题目，梯子网也为此花费了上千万元成本。

梯子网的8个主要产品绝大多数内容还没有做好，只是先将产品推了上去。许多技术和产品部门的人员认为，应该先将某一个产品的内容做好，不要再继续增加产品和其他功能。龚海燕认为，如果市场有需求，就应该满足。龚海燕曾经亲自做过一两百人的调研，她相信自己很清楚老师、学生、家长们的痛点分别在什么地方。在龚海燕看来，创业并不是做一个就能活一个，如果多做几个的话，说不定里面有一个就能够成功。[1] 龚海燕希望到2014年年底做到500万注册用户。免费聚集到用户之后，再慢慢想办法实现收费。

梯子网的团队有180人，其中技术团队占到70人左右，每个月光人力成本就是400万至500万元。但梯子网的盈利模式却迟迟没有找到，无法产生营收。用户的数量也不尽如人意，只达到几十万。对比竞争对手一起作业网的600万用户，差距相当大。2014年4月，龚海燕花光了网易资本的全部400万美元融资。她只好垫入个人资金来支撑梯子网的运行。继续融资也遇到困难。“投资人需要看到成绩，要么是达到百万级的用户量，要么是见到营收。”

2014年9月，龚海燕关闭梯子网。2015年1月，91外教正式被51Talk收购。在媒体沟通会上，龚海燕直言自己在二次创业中犯下的两个致命错误“非常值得检讨”：不够专注，盲目追赶“风口”。[2] 一开始做的91外教，做了一段时间之后，“以为口语这个细分市场不会太大，所以没有聚焦，是一个大的失误。”就去做延伸，做了梯子网。作为一个创业公司，没有把有限的资源完全聚焦在一件事情上。进入在线教育市场时，并没有经过一定深入的研究，没有做好充分的准备，“当时只想赶风口，认为赶不上晚半年就真的晚了……”[3]

“龚总名声大，有影响力，在招人方面还舍得投入。龚总的团队很不错。但是战略上出了一些问题。”[4] 梯子网无线业务负责人肖锦博认为公司对无线端产品不够重视，错过了一些重要机会。此外，梯子网一直没有建立一个有效的推广渠道。

讨论题：

1. 龚海燕对创业机会的把握有哪些特点？

2. 龚海燕的教训对其他创业者有怎样的启发？

3. 在你看来，K12在线教育市场创业机会有哪些？

[1] http://www.yicai.com/news/4044187.html.

[2] https://www.chinaventure.com.cn/cmsmodel/news/detail/269286.shtml.

[3] http://iceo.com.cn/com2013/2015/0119/298712.shtml.

[4] http://www.duozhi.com/company/201501202708.shtml.

开篇案例讨论题

1. 用创业机会的概念来分析闪送的成长。

2. 传统快递进入闪送领域有哪些优势和局限？

3. 哪些因素在未来可能构成闪送发展的障碍？

4. 闪送为什么专注于做个人业务而不是企业服务平台？

本章附录

社会创业的机会

社会创业（social entrepreneurship）是指对现有机制导致（或未能解决）社会资源分配不均而提出解决问题新办法的创业活动。企业家在创业活动中追求的主要是经济回报，社会创业家在创业活动中则主要受到改善社会的使命激励。因此，社会创业的领域往往集中在教育、解决贫困、医疗保健、环境保护等。与企业家一样，考察社会创业家是否成功要看其创业活动在经济上是否可行，能否做到可持续发展。

社会创业的类型。社会创业可以采取非营利组织的形式，也可以采取营利组织的形式，荣获诺贝尔和平奖的格莱珉银行就是营利性的社会创业，在喀什地区帮助维吾尔族农民销售干果产品的维吉达尼也是营利性的社会创业。在非营利组织中，也分为收费和不收费两种类型。著名艺人李亚鹏创办的嫣然天使儿童医院是一家非营利组织，它提供的医疗服务是收费的，以此支付医院日常运营的费用。现在，人们开始倾向于用和营利性企业一样的标准来要求社会创业企业建立起可持续的发展模式和高效、低成本的运营。

与传统的企业创业者相比，社会创业者的创业机会更多来自对问题的重新定义。例如，贫困地区校舍缺乏导致儿童失学是一个长期的现象，以往的解决方案主要依靠民政部门，通过行政性的救济来改善。中国青少年发展基金会发现，当前的校舍问题在一定程度上是由于封闭管理的思维所造成的，单纯从行政资源和财务资源上想办法可能很难找到突破之道。过去，校舍的建设过程从决策到受益都不够透明，难以吸引社会普遍的参与。青基会将问题重新定义为“如何让普通人和企业都能够发挥作用帮助穷困地区建设新校舍？”由此开启了“希望工程”项目，帮助捐助者建立起与受益方直接联系的桥梁，通过清晰的费用（50 万元援建一所希望学校）以及点对点的资助（结对助学选择设计）让广泛的社会群体得以参与。同时，学校是相对持久的建筑，公益效果相对明显，对于追求公益投资效果的企业也很有吸引力。自 1989 年至 2016 年，希望工程项目累积建成 19400 所学校，堪称中国最长寿的公益项目。今天，政府财政能力已经得到极大的提升，基础教育设施建设属于政府的行政责任。希望工程面临新的挑战，它必须提供新的问题定义以说服企业和个人继续支持。

创业行动专题

从微软高管到社会创业家

微软大中华区业务发展总监约翰·伍德在一次到尼泊尔喜马拉雅地区的休假过程中，意外地发现当地一所小学校没有图书馆，学生们没有书读。伍德忍不住向校长发问："450名孩子没有书读，在一个物质资源如此丰富的世界，怎么会发生这样的事情？"校长告诉他，尼泊尔的文盲率高达70%以上，绝大部分学生不会来学校念书。"先生，也许有一天您会带些书回来。"

在接下来的旅程中，伍德不禁问自己，当千万儿童无书可读的时候，自己的团队每天在亚太地区销售多少套Windows软件真的那么重要吗？2000年，伍德辞去在微软的职务，创立了阅读空间（Room to Read）非营利基金会，致力于向贫困地区的儿童提供图书馆、学校和教育资助。今天，阅读空间已经在孟加拉、尼泊尔、越南、缅甸、老挝、印度、斯里兰卡以及非洲大陆建立了13000余家图书馆以及1550余所学校。

阅读空间的成就在某种程度上归功于伍德过去的企业就职背景，这使他能够像运营一家企业一样运营阅读空间，关注机构的效率与财政状况。阅读空间多年被美国最大的独立评估机构"慈善导航"（Charity Navigator）评为四星级慈善机构，这得益于其良好的财政管理。

对社会创业的要求不仅是重新定义问题，还要能够从价值创造的角度设计出在经济上可持续的解决方案。也就是说，社会创业者不能用一个新的问题作为解决社会问题的方案，社会创业本身还要能够创造商业价值。穷困是全球性的社会问题，传统的方式主要是生活救济和灾难救济。格莱珉（Grameen）银行创始人尤努斯认为，穷人的问题是缺乏获得社会资源的能力，例如金融机构不会将穷人做为贷款的对象，穷人无法获得从事经营所必要的资金，而只能等待救济。因此，他将问题重新定义为"如何向穷人提供贷款服务"。格莱珉银行从向农村妇女提供小额贷款开始，第一笔贷款是向42名妇女提供了27美元，支持她们的手工制作。尤努斯创造出前所未有的信贷模式，向穷人提供无抵押的小额贷款，这一做法违背了传统的贷款安全性要求（无抵押不贷款）和成本原则（小额贷款管理成本太高）。但是，穷人的信用并不比富人差，熟人社区中获取信用信息的成本并不高，格莱珉银行偿付率高达98%。而通过帮助穷人开展经营性活动，格莱珉得以获得稳定的利息收入以保持自己的经营（格莱珉银行的利率为单利年利率20%，当地商业银行的利率为复利15%）。今天，格莱珉所创造的小额信贷模式已经在50个国家中得到应用。正如著名非营利社会组织阿育王（Ashoka）创始人比尔·德雷顿所说，"社会创业家不满足于授人以鱼或授人以渔。在彻底改变捕鱼产业之前，他们是不会停下来的。"

批判性思考与讨论题

1. 社会创业与传统创业的主要区别有哪些?
2. 找出两家业务相似的社会企业，它们对社会问题分别做了怎样的定义?
3. 经营一家营利性的社会企业有哪些特殊的挑战?

创　业　管　理

第 4 章

可行性分析

不要等铁变热才来锻打，要通过锻打把它变热。

——威廉·巴特勒·叶芝

如果你说我是错的，最好证明你是对的。

——迈克尔·杰克逊

本章学习要点

- 什么是可行性分析
- 产品 / 服务分析的要点
- 产业与市场分析的要点
- 组织可行性分析的要点
- 财务分析的主要内容
- 可行性报告的主要内容

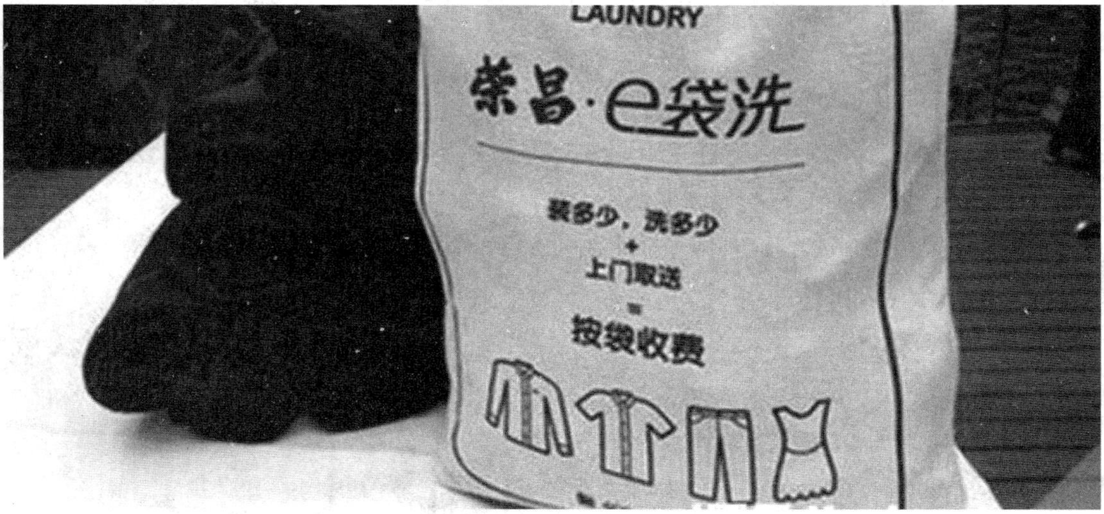

e 袋洗试图用线上服务整合零散的洗衣业。

开篇案例

O2O 的先锋 e 袋洗

e 袋洗是 O2O（线上线下结合）模式的著名代表，成立于 2013 年。创始人张荣耀是荣昌洗衣的董事长，有 20 多年行业经验。

洗衣是一个相当零散的行业，长期以来采用前店后厂的重资产模式，人力、店面租金负担很高。2000 年，荣昌开始与新浪合作网上洗衣。这一经历使张荣耀认识到网络上存在庞大的用户，但传统的门店式服务无法很好解决配送和支付问题，直到微信的出现为订单和支付提供了解决方案。

e 袋洗的基本设想是通过创新线上服务提升洗衣效率，为用户带来更好的体验。用户需要洗衣时，通过 APP/ 微信下单、预约时间地点，等待服务人员上门收取衣服。e 袋洗的名称则源自其计价是按袋而不是像传统洗衣店按件的方式。

为了测验新的模式是否可靠，2014 年春节期间，e 袋洗派出十几个人的团队到北京各个庙会去扫街，积累用户。CEO 陆文勇回忆，“庙会人多，不断告诉他们，我们是网上洗衣，可以上门服务，扫一个码送你优惠券、小礼品。”一个春节下来，e 袋洗积累了首批 1 万名用户。以此为基础，e 袋洗不断磨合、测试，根据用户投诉调整改进，模式趋于稳定，但是否可以大规模推广还是不确定。

张荣耀和团队一起选择了几个小区再次进行试验，小区筛选标准有三条：中档小区，相对封闭；住户达到 2000 户；团队熟悉环境。由于 e 袋洗有 3 名员工都住在位于东五环外朝阳区的柏林爱乐小区，那里被定为第一个试点小区。团队仔细分析了柏林爱乐的格局与地形，依据人流量在各个出入口部署不同数量的人力。为了促销 e 袋洗的洗衣卡，张荣耀想出了买卡送西瓜的主意。一周时间，e 袋洗销售了 1200 张卡，在这个小区的覆盖率约 60%，有不少复购的用户。有了数据和经验，e 袋洗获得了资本的认可，2014 年 11 月成功融资 2000 万美元。

陆文勇认为，e 袋洗整体产品服务的特点就是用户端极简，而背后则是流程的标准化。例如当场不再进行衣服检查，而是由取件人员进行铅封，到工厂后再在高清摄像机下进行录像检查，节省了用户的时间，同时又可以对衣服的质量留下记录。

配送在很长时间里是 e 袋洗的一个瓶颈。洗衣袋用体积解决了计量问题，但取送仍然需要人工。e 袋洗没有使用传统配送，而是以小区众包模式进行配送以降低成本。这样可以打破保安对取送员的刁难，因为她们是业主，还可以增加取送员与用户的信任度。CEO 陆文勇说，“e 袋洗有数十万众包取送员（以小区内的居民大妈为主）。”“整个服务目前承诺是 72 小时，但是争取做 48 小时。”

2015 年 4 月 25 日，e 袋洗成为垂直平台中首个日单量突破 10 万单的企业。但订单越多亏得越多，“烧到年中的时候，资金已经很紧张了。”陆文勇回忆。8 月初 e 袋洗完成了 1 亿美元 B 轮融资。接下来，e 袋洗加大了补贴力度。据陆文勇估计，每月的补贴规模在千万元。e 袋洗烧成了行业老大，梦想也越来越大。从洗衣延伸至洗鞋、洗奢侈品，洗空调业务，董事长与 CEO 频频在媒体上高调营销。

2016 年年初，e 袋洗内部爆发激烈的争论。到底是要纵向做深，还是做平台，横向从洗衣扩展至更多的生活服务领域？新来的

CFO黄伟波坚决反对横向扩张。黄以到家外卖为例，假设要做到前三名每天需要10万单，一单补贴10元，一天补贴100万元，一个月就是3000万元。是否有那么多钱进行补贴？e袋洗关停平台业务，回归洗衣。将洗衣价格提高约1/3，打破了以往推一单亏一单的困局。到了2016年年中，e袋洗取消了补贴。“补贴停了，反而单量上升了，客单价也上升了。”[1]

2016年7月，e袋洗以1亿元入股台湾智能洗衣工厂品牌衣贝洁，合作推出“城市合伙人”模式。此前，e袋洗主要是和小区周边的洗衣店合作。在城市合伙人模式中，地方城市的合伙人成为股东，自己出钱建立团队，e袋洗负责导流、提供品牌和工厂。此举让e袋洗实现了瘦身。

据前瞻产业研究院统计，2014年完成A轮融资的846家O2O创业公司中，到2016年底几乎已全部阵亡。[2] e袋洗在2016年通过优化供应链、洗护领域垂直整合等举措大幅降低了成本、实现了毛利为正、现金流平衡。

本章的核心是如何组织创业计划中的可行性分析。首先对创业可行性的基本内容进行了概括介绍，接下来的四个小节则对其中的每一个要素进行深入的分析，从产品和服务的可行性入手，进一步延展到产业与市场的可行性分析。组织资源和能力也是制约创业成功的关键要素，这就要求进行组织可行性和财务可行性的分析。

4.1 可行性分析

创业计划的可行性分析

在将创业由理念转变为机会的过程中，可行性分析是重要的一个环节。**可行性分析**（feasibility analysis）是评估创业者的理念能否发展为成功企业的过程。如果能够通过可行性分析，下一步创业者将制定正式的商业计划并准备实际的运营。如果未能通过，则创业者会放弃这一理念，而将自己的资源和精力配置在更有价值的活动上。

可行性分析与商业计划不同，它回答的主要问题是“我们是否应当实施这一创业理念”。也就是说，可行性分析像是一个过滤机制，在创业者进入商业计划阶段之前排除那些缺乏成功潜力的创业项目。通过可行性分析，创业者可以获得有关创业理念的市场、销售和利润潜力的总体图景。例如，过去人们买水果的地方主要是农贸市场、超市和路边流动摊贩。超市品种多，但不方便。农贸市场和路边流动摊贩方便，但品种少、质量不稳定。那么，在

[1] http://www.iceo.com.cn/com2013/2017/0206/302407.shtml.

[2] http://f.qianzhan.com/shangji/detail/161128-eba676f2.html.

比较大的社区租赁门面开设专门的水果超市是否可行？能不能吸引足够多的顾客？如何实现更高的销售额？我们也许应该在社区主要通道上观察携带水果的居民的类型，询问他们在哪里购买水果、购买的频率、购买的金额和还有哪些未满足的需求。

可行性分析适用于创业者在多个理念间选择最优，帮助创业者快速地判断将理念转化为实际创业的路径是否可行。很多时候，可行性分析的结果是否定性的，创业理念无论如何也无法转化为商业上可行的方案。也有的时候，可行性分析发现创业理念是可行的，但需要采用与之前完全不同的设想。商业计划则是具体的实施工具。商业计划以可行性分析为基础，具体设计出将理念实现所需要的步骤、资源。商业计划的主要目的是帮助创业者按照最优的方案来展开创业活动，以及帮助他们获得投资人的资金支持。我们将在第六章介绍商业计划书。

可行性分析的内容

可行性分析包括四个相互关联的部分：产品与服务可行性、产业与市场可行性、组织可行性以及财务可行性，如图 4.1 所示。

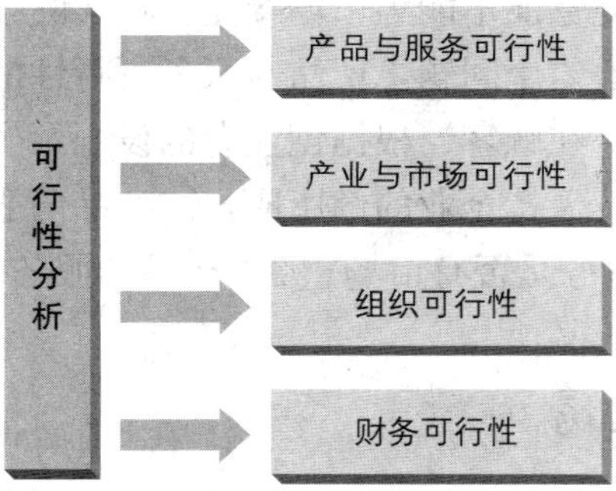

图 4.1　可行性分析的四个部分

- 产品与服务可行性：产品 / 服务是否受期待或受欢迎，产品 / 服务的实际需求水平如何？
- 产业与市场可行性：将要进入的这一产业是否有吸引力，产业中具体的目标市场是否有吸引力？
- 组织可行性：管理团队是否有足够的经验和技能？创业团队是否能够获得充足的资源？
- 财务可行性：相似企业的财务绩效水平如何？总体来看创业计划的财务前景如何？

可行性分析的效能有赖于数据的收集和整理，一手调研和二手调研都是常见的获得市场数据的方法。**一手调研**（primary research）是指亲自收集数据并做出分析，**二手调研**（secondary research）是收集市场上已经有的数据进行分析。一手调研的好处是针对性强，能够取得对创业计划项目最直接的反馈信息，缺点是成本高，受限于时间和财务资源，调研的范围有限。与一手调研相比，二手调研往往成本较低，信息来源和涉及的范围更大，缺点是数据质量高低不等，并且数据往往不具有针对性，需要重新整理或核对。不论采用一手调研还是二手调研，都要配合定量和定性的分析才能得出准确的结论。

可行性分析不能代替实际的运作，而是尽可能贴近未来运作的实际并据此收集信息，做出评估。因此，可行性分析的关键是测试，从不同角度测试原始创业理念。根据可行性分析的结果，创业者可以对自己的计划进行调整，移除不现实的假定或不合理的运作计划。创业者需要请教行业专家、调查潜在消费者和客户、研究产业趋势、考察创业团队的技能和协作性以及财务现实。事实上，可行性分析的过程也是对创业计划进行丰富和细致化的过程。

4.2 产品与服务可行性

创业者的理念究竟能不能为市场接受？在实际投入创业活动之前，创业者和他的投资人都会关心这个问题。产品与服务可行性的目的是探究计划中的产品或服务是否能够吸引潜在顾客，根据创业者的设想，生产和提供这样的产品和服务是否能够实现利润，保持企业的健康成长。产品与服务可行性分析主要包括两个步骤：（1）产品和服务是否有市场；（2）产品和服务的市场需求。

产品和服务是否有市场

评估产品和服务的第一步是评估产品和服务是否会有顾客，顾客看重的价值点在哪里。为此需要回答的问题包括：

- 这是一款有用的产品/服务吗？是否符合用户的习惯？用户会因为这样的产品而兴奋吗？
- 产品/服务是否顺应了潮流或趋势、解决了问题或填补了市场空缺？
- 现在是向市场投放这样产品/服务的好时机吗？
- 产品/服务的初始设计中是否存在重大的缺陷？

在这一阶段，评估的主要目的是对上述问题做出初步的回答，以决定是否需要进一步的分析，常用工具包括概念测试。**概念测试**（concept test）是指在产品/服务设计阶段用定量和定性方法收集专家意见和潜在顾客的反应。通常概念测试会采用**概念说明书**（concept statement）的形式，以一页纸的篇幅介绍自己的产品和服务，包括以下内容，图 4.2 给出了一个样本：

- 产品和服务是什么？
- 产品和服务有什么用？
- 与其他产品和服务相比有什么不同或优点？
- 谁会购买这些产品和服务？
- 他们为什么会购买这些产品和服务？
- 如何进行产品和服务的销售和分销？

“专属广告公司”概念说明书

专属广告公司致力于帮助顾客制作有纪念意义的、独特的企业穿戴用品和促销礼品。专属广告提供的商品类型非常广泛，包括高尔夫球衫、帽子、马克杯和奖杯。还有一些产品是市场上很难找到的，像进口切割玻璃制品和铜制办公室装饰品。这些商品都可以印上公司的标志或个性花押。我们提供快递服务。

专属广告公司目前正在承接邻近地区小型和中型企业的业务，未来计划将业务扩大到大型企业。通过在线产品目录则可以向全国市场开展业务。公司建立了专职销售队伍，还通过广告、网站、社交媒体和顾客参与的方式来推广业务。

图 4.2　概念说明书样本

在概念说明书完成后，接下来就是确定应当由哪些人来阅读并做出反馈。为了获得客观的立场，创业者该当避免让家庭成员或亲近的朋友来评论概念说明书。相反，创业者应当设法找到该领域中有经验的人士或有商业经验的人士来进行评估，人数最好在 10 人左右。在邀请专家评估时，应当提供一个简明的反馈意见采集表，可以附在概念说明书后面，其内容如表 4.1 所示。除了较为正式的反馈调查表，创业者也可以通过面对面的访谈获得对概念说明书的意见。这样做的好处是可以保证对方认真阅读，可以随时向对方做进一步的解释，同时也可以方便要求对方做进一步的说明以确定双方沟通中意思理解的一致。

表 4.1

概念说明书反馈调查表

你认为这一产品 / 服务会有市场吗？
你认为产品 / 服务中最好的地方是什么？
你认为产品 / 服务中最不好的地方是什么？
你认为产品 / 服务可以做哪些改进？
……

产品和服务的市场需求：调研

在概念测试通过后，还需要评估产品和服务的市场需求，判断需求（数量、价格等）能否支持企业的经营。为了获得上述信息，创业者需要从潜在顾客那里得到对自己的产品和服务的反馈，进行产品与服务可行性分析的一手调研工具主要有问卷调查、焦点小组、原型分析和现场测试。

问卷调查。基本的问卷包括**购买意向调查**（buying intention survey），用来了解潜在顾客购买产品或服务的兴趣，表 4.2 列出了问卷中常见的问题。购买意向调查表通常包括产品 / 服务说明和一个简短的问卷，发放给 30 名潜在顾客群体的成员。与概念说明书不同，购买意向调查的对象不是专家，而是实际可能的顾客。购买意向调查也有一些缺点，例如有的顾客填表时表示会购买，而当产品上市后却可能做出相反的选择，此外调查对象选择可能不符合统计学上所要求的随机取样标准。

表 4.2

购买意向调查问卷

如果该产品上市，你购买的可能性有多大？（1 代表“完全不会考虑购买”，5 代表“肯定会购买”）
1　2　3　4　5
如果你会购买，那么你愿意支付的价格为：
你觉得会在哪些地方找到这一产品 / 服务？

问卷调查设计要注意技巧。尽量让问卷短一些。在设计时要考虑避免使用引导性的语言。在排序时最好用 5 点排序法，例如提供数字 1 ～ 5 的选项，以 1 代表“完全不会考虑购买”，5 代表“肯定会购买”。在正式发放问卷之前要先做少量测试，找出问卷中不完善的地方。现在，在线调查成为常用的方式，在线调查的优点包括成本低，覆盖面宽，反馈便捷。专业性的问卷调查网站往往提供免费或很低费用的问卷发放、回收与分析服务。

焦点小组。焦点小组（focus group）由 8 ～ 12 名潜在顾客所组成，通过访谈获得对产品 / 服务的具体问题的反馈。访谈时通常会营造一个较为轻松的气氛，主持者仔细听取小组成员对产品满意或不满意的地方。日用品和服务特别适合焦点小组的形式，从产品的功能到包装形式都可以从焦点小组的讨论中得到启发。现在，虚拟焦点小组的做法也比较流行。通过网络安排进行焦点小组讨论成本更低，更方便、快捷，也更轻松。

原型制作。检验产品有效性的一个常用方法是制作原型。**原型**（prototype）是新产品的原始模型，已经具备了基本的功能，潜在顾客不仅可以观察，还可以实际使用和测试。原型经常能够帮助设计者发现产品设计中的问题，找出需要改进的要点。潜在顾客对原型的反馈可以帮助创业者进行改进，调整或增加新的功能，这些都是创业者仅凭自己的力量无法做到的。互联网软件开发通常采用原型的方法，也就是 Beta 版本。例如网络问答社区“知乎”在运营的前两年不开放公众注册，而采用邀请注册。邀请注册的人群以 IT 界人士和网络影响力人士为主，这特别有助于知乎创业团队发现社区的缺陷并快速改进。一些 3D 打印服务商也可以按要求进行快速原型制作，用于方案测试。

现场测试。现场测试（in-home trial）是在顾客实际使用的情景下进行产品评估。有时，研究人员会到顾客的家里，观察顾客的行为，在现实条件下考察产品的可行性，发现产品在性能和设计上需要改进的地方。对于网页产品，A/B 对照测试可以用来观察实验组与对照组网页用户在真实条件下的不同行为。

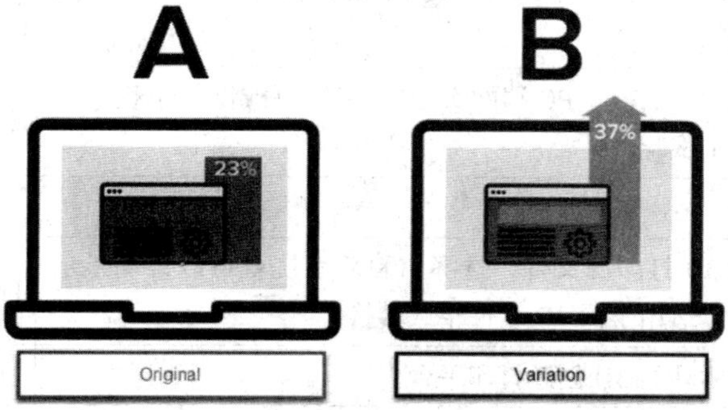

A/B 对照测试用于对用户偏好进行真实条件下的测试。

二手调研数据。创业者可以从多个渠道获得二手调研数据，包括：

- 行业协会定期公布的报告，行业专家的博客、访谈和文章；
- 商业性的企业数据库，如 Hoover's、邓白氏、IBISWorld；
- 专业市场调研公司和咨询公司的报告，如 Nelson 市场报告、艾瑞互联网研究报告；
- 政府部门包括国际机构发布的人口统计数据和消费统计数据；
- 商业报刊和专业期刊，通常在大学里可以免费阅览；
- 学术报告和学术期刊，通常在大学里可以免费阅览；
- 潜在竞争对手的年报和新闻发布。

在线工具。一些在线工具可以帮助创业者获得市场信息、迅速与潜在顾客建立接触并对可行性分析中的一些概念进行测试。有些在线工具的使用可能需要支付费用，但可以提高调研和可行性分析的效率，反而是节省成本的。当然，工具本身是中性的，你所设计的问题和方案才是可行性分析质量的决定因素。表 4.3 列出了一些常见的在线工具。

表 4.3
可行性分析在线工具

工 具	说 明	网 址
问卷调研		
Survey Monkey	全球领先的网页式问卷调查商，可以快速生成问卷并分发。	www.surveymonkey.com
问卷星	调研、测试、在线考试工具，用户数量庞大，样板丰富。	www.sojump.com
金数据	提供客户满意度调查、销售统计、报销登记、微信订单、互动问答游戏的功能。	http://www.jinshuju.net
A/B 对照测试		
Optimizely 公司	以网站 A/B 测试服务闻名的 创业公司，也提供移动应用的测试。	https://www.optimizely.com
吆喝科技	提供原生 APP、PC 端网页、H5 着陆页或微信小程序等多版本试验。	http://www.appadhoc.com
3D 打印原型服务		
魔猴网	上传 3D 打印源文件，选择材料后系统就可以自动显示报价，适用不同 3D 软件格式转换。	http://www.mohou.com
意造网	设计驱动的 3D 创意打印平台。	http://www.3deazer.com/
设计任务		
洛客	解决海量创客对设计服务高效率、高品质、低费用、缺种子用户等刚需问题。	http://www.lkker.com
缤喔	帮助设计师让优秀设计快速落地。	http://www.bingowo.com
趋势调查		
百度指数	反映关键词的网络曝光率及用户关注度，包括对比关键词、时间选项、还涉及需求图谱、人群画像、舆情洞察等。	http://index.baidu.com/
搜狗指数	同上	http://zhishu.sogou.com/

产品与服务的市场需求：购买频率与价格

根据调研的结果，结合市场数据，可以评估产品与服务的购买频率和价格。购买频率高、价格不敏感是有利的情形。最理想的情况当然是产品与服务的市场需求是缺乏弹性的，也就是当价格上涨时，顾客不会减少购买或减少的幅度远小于价格变动。对于需求有弹性的产品，当价格变化时，顾客的购买数量也会随之改变。需求有弹性的产品如可乐和手机，涨价后消费会显著减少购买；需求缺乏弹性的产品如牛奶和汽油，即使涨价，消费者购买的数量不会减少很多。

产品价格在市场上是否竞争力是可行性分析中的一个重要问题。创业者通常

创业行动专题

运动手环产品的市场需求

运动手环是一种可穿戴的智能硬件，它的主要功能是记录每天的运动、睡眠状况，可以建立社区分享自己的运动数据并相互激励。国外著名的运动手环品牌包括 Jawbone、Fitbit、Nike Fuelband，misfit shine，其价格往往在 1000 元，属于高档精英产品。健康是每个普通人也都会关心的问题。那么，借助这样一个产品概念，推出面向中国消费者的低端产品是否可行？

初看上去，这似乎是一个不错的创业机会。只要想想在城市中希望参加健身活动的人群，就将是一个非常大的消费市场。

2013 年，国产品牌包括咕咚、乐跑、探路者等纷纷上市。然而，分析家们认为，单纯作为硬件的运动手环其市场并不乐观。首先，硬件在功能上需要与 APP 竞争，而依托智能手机的 APP 在分析功能上往往比手环强大，并且不需要额外的穿戴。其次，消费市场也并不乐观。国内的健康文化远远不够发达，为记录运动而不是运动本身花费几百元的消费者人数有限。那些注重健身的往往是潮流引导者，他们通常有经济能力购买国外品牌。此外，手环是外露产品，这也导致了人们偏好选择昂贵的进口品牌。最后，运动手环制造门槛不高，只要有一款成功，市场上很快将出现大量的仿制竞争品。

可以获得自己生产产品和服务的成本信息，也可能可以获得竞争对手的成本信息，但只能推测自己产品和服务的销售额。有些创业企业采用**成本加成定价法**（cost plus pricing），在成本的基础上增加一个百分比得出价格，例如 40%。然而，对于没有竞争对手的新产品，成本加成 40% 可能不足以反映产品的价值，导致定价过低，损失了应有的利润。此外，如果市场上已经有了类似的产品，价格实际上是由市场而不是企业决定的，成本加成得出的价格是不现实的。解决方法之一是制定一个基于市场竞争的基础价格，围绕基础价格提供增值服务的选择，并收取较高的价格。服务性企业往往采用这样的定价策略，例如航空公司经常给出很大折扣的机票来吸引消费者，但这样的机票在退改签方面有很多限制。而如果你需要获得灵活的起飞时间，就只好购买高价格的机票。

4.3　产业与市场可行性

产业与市场可行性评估创业项目所在产业和目标市场的吸引力。**产业**（industry）是由生产相似产品或服务的企业所构成的群组，像汽车、房地产、通信服务和航空产业等。例如，在线旅游产业包括携程、猫途鹰和穷游网等企业，他们向顾客提供相似的产品和服务。**目标市场**（target maret）是企业在产业中专注于服务的一个顾客群体。多数企业，特别是创业企业，不会服务产业中的所有顾客，而是利用本身产品和服务的特色来吸引一部分顾客。例如，爱旅行公司是在线旅游产业的一员，它提供快速可靠的签证服务，吸引希望到国外旅游或商务旅行而又不方便到使馆或领馆面签的顾客群体。

产业吸引力

产业可行性分析创业项目将落在哪个产业和市场细分中。首先要分析产业的目的、服务的对象、年度销售总额、产品的类型、顾客类型和主要竞争对手。其次要研究产业中顾客需求的改变、产品和服务的改变、分销和销售方式的改变。根据上述分析再评估产业的总体情况是否稳定，当前处于哪一个发展阶段，是成长还是收缩。产业间的情况并不相同，有些产业比另一些产业更有吸引力。表 4.4 列出了影响产业吸引力的主要因素和评价选项。创业者在进行产业吸引力评估时可能会从多个角度进行打分，然后综合进行考虑。例如，有些产业赢利能力高，但已经形成了寡头主导市场的局面，新企业在竞争中可能处于不利的地位。而另一些产业，虽然门槛很高，但赢利能力也很强。

表 4.4

产业吸引力主要影响因素

因　素	低	中	高
产业成长性			
产业规模			
产业赢利能力			
产业竞争结构			
产业市场细分程度			
产业周期性			

产业成长性。产业成长性分析是对创业项目中所提供的产品或服务的需求在未来的趋势及其影响因素做出判断。影响顾客需求的因素包括人口趋势、社会趋势和技术趋势。例如，人口老龄化将是长期的趋势。如果你的顾客主要是 50 岁以上的人群，那么你所在的产业很可能持续增长。由于工作时间挤压休闲时间，许多家庭减少了烹饪的次数和时间。如果你的产品是易于加工的半成品食品，或者你的服务是提供低成本的叫餐服务，也会有未来增长的机会。技术方面的影响与此类似，智能移动终端在工作中的作用越来越重要。如果你是一家提供安全服务的企业，你的安全服务能够扩展到所有的智能移动设备，将会有很大的市场成长前景。

从成长性理解产业吸引力的其他重要方面还包括产业生命周期。**产业生命周期**（industry life cycle）是指产业在发展过程中通常会经历的五个阶段，包括萌芽期、成长期、震荡期、成熟期和衰退期。创业项目应当尽可能选择处于萌芽期和成长期的产业，避免衰退期的产业。我们将在下一章详细讨论产业生命周期。

产业规模。一般来说，市场规模大，对创业者有利。市场规模大，企业才能获得足够的收入，才能形成多样化的产品和服务来参与竞争。只要拥有新技术和新的特色产品或服务，企业将能够吸引到足够的消费者来持续发展。需要注意的是，有些产业市场规模大，但资本要求高，对创业企业不利。例如汽车制造，一开始就要投资建造巨大的生产设施才能实现规模经济。为了利用巨大的产能，需要以全国甚至国际市场为目标。而另一些产业，如餐饮连锁或不动产经纪，消耗的资本就比较少，只要在本地和地区市场销售就足以持续经营。

产业赢利能力。在选择创业项目时，除了个人兴趣之外，创业者和投资人最关注的就是赢利能力。解决这一疑问首先需要对所在产业整体的赢利能力进行评估。判断赢利能力的主要工具是**投资回报率**（ROI），也就是投资回报与投资金额的比例。如果产业的投资回报率长期低于资本市场的平均回报率，则说明需要对该产业的赢利能力做进一步的分析。例如民用航空服务、PC、铁路的投资回报率经常低于资本市场平均回报率。产业的赢利能力还受到产业发展阶段的影响。在产业发展初期，企业为了扩大市场、教育消费者和争取市场份额的努力可能导致投资回报率很低，甚至为负数。例如亚马逊长期未能实现赢利、电子商务企业常见的烧钱现象，都反映了产业初期改变消费者行为和同传统企业争夺顾客的现实，但这些现象并不会损害产业的吸引力。

竞争结构。创业者通常会避免贸然进入竞争强度高的产业。在考虑竞争结构时，应当重点关注新竞争者对产业的影响、当前竞争者的行为和供应链的上下游。对于新竞争者很容易进入的产业，只要出现利润率上升，就会有新的企业试图与现有企业展开竞争，这会降低产业的赢利能力。每当房产市场或股票市场上涨时，房产经纪和证券经纪业务就会快速扩张。一个成熟产业中现有的企业如果大打价格战，可能表明产品差异化空间有限。证券公司佣金率产业平均水平为 0.07%，但国金证券在 2014 年 2 月将网上开户的佣金率降至 0.02%，价格战会让所有证券公司利润受损。产业上下游企业的集中度高，则产业内企业的赢利能力将可能受到强势的供应商或顾客的挤压。像 PC 生产企业的利润就受到微软和英特尔的挤压。

产业市场细分程度与产业周期性。不同的市场细分呈现不同的增长速度，拥有不同的顾客群体。产业市场细分程度越高，产业吸引力越大。服务产业通常细分程度较大，例如酒店和旅行的消费需求可以分为众多的种类。周期性产业的特征是产品价格周期性波动，钢铁、煤炭、工程机械、船舶是常见的周期性产业。产业周期性会导致资源和产能周期性大幅度调整，降低了资源利用的效率，使产业缺乏吸引力。

市场可行性

市场可行性分析的目的是评估产品和服务的市场潜力，特别是市场的规模和潜力，这决定了新创建的企业能否获得持续经营所需要的收入。创业企业可以选择在一个大的市场上推出一种新的产品。例如在中国电脑市场发展早期，市场需求很大，但整机市场由国际品牌主导。国内企业的竞争重点是争夺国外电脑品牌的代理权，生产整机与国际企业竞争完全是不现实的。当时多数国际品牌没有预装汉字显示和输入软件，用户很不方便。联想凭借自主开发的汉卡产品满足了市场需求，建立起服务中国顾客的品牌形象。创业企业也可以从头培养一个新的市场。内蒙古自治区武川县出产的有机土豆质量很好，然而土豆通常被认为是一种廉价的农产品，每斤只能卖出几毛钱，很难提高价格。当地种植户王喜莲注意到消费者购买土豆的习惯已经改为少量购买，也愿意为精品付出高一些的价格。她将土豆按形状、颜色、大小精选后分级包装，5 千克装“川宝”土豆礼品盒的销售价格可以达到 12 元，将低价格农产品变成超市高价位的商品。

创业企业在初期通常希望找到一个足够大的市场，能够获得充分的成长空间，但又要避免与市场上的主导企业正面竞争。也就是竞争小、潜力大的利基市场。**利基市场**（niche market）是指在一个大的市场中拥有共同需求的顾客群体所构成的**细分市场**（segment）。与普通食品相比，有机食品是利基市场。有机食品的市场规模相对较小，但顾客拥有相似的需求，通常更注重健康和环保，而对价格则不大敏感。

与产业可行性相比，市场可行性分析的主要挑战是缺乏足够的数据。我们如何知道新产品的市场规模有多大？一个新培养的市场是否有前景？在前面介绍的产品与服务可行性的基础上，创业者还可以采取一些间接的方法来进行推测。以普通消费品为例，可以通过搜索引擎查询关键词，根据关键词返回的频率来了解一般大众对相似产品的兴趣、关心的问题。还可以从品牌、社区、论坛、回复投诉等线索找到当前市场上提供产品或服务的企业、产品或服务的主要销售渠道。再通过企业、渠道的组合关键词搜索商业报刊中的相关报道，逐渐形成对市场规模的推测。如果产品在超市或店面中销售，则可以设法直接统计超市和店面中该产品区域的人流和消费行为，并通过咨询专家验证有关市场的信息。

4.4 组织可行性

组织可行性分析主要评估计划发起的创业项目是否能够得到管理、技术和资源上的支撑。

管理技能评估

管理技能（management prowess）评估是判断创业团队是否拥有经营企业项目所需要的管理能力的过程。对于计划中的创业项目，管理技能评估要求回答下列问题：

- 创业团队成员的个人品格如何？
- 创业团队是否有足够的热情？
- 从背景和经验来看，他们能否承担起创业过程中必要的责任？
- 供应商和经销商的来源和质量如何？
- 是否向创业团队提供了充分的激励？

创业行动专题

如何选择合作伙伴[1]

Tom Grasty 是协作在线视频编辑和出版网站 Stroome 的创办人。Tom 回忆说，和许多初次创业的人一样，他一直以为创业开始之后的决定非常重要。然而，真正重要的决定可能在创业启动之前很久就已经做出，那就是选择自己的商业伙伴。他向未来的创业者提出挑选创业伙伴的几个重要原则：

1. 深入的产业知识。绝大多数创业企业会失败，因此找到真正理解产业的资深人士合作非常重要。有的创业者不喜欢别人的专业知识超过自己，事实上，拥有在专业上比自己更高明的商业伙伴是创业者之福。

2. 技能上的互补。创业者往往都是聪明人，他们有时过分看重自己所掌握的技能而忽视了整体的图景。例如，程序员们最喜欢的是钻研技术，但对于创业企业，重要的不是怎样才能做出某样东西，而是为谁做和什么时候做。技术派的创业者最好选择善于沟通和发现顾客需求的创业伙伴来弥补自己的不足。

3. 相互尊重。有专家认为，失败的创业企业中有 2/3 是因为创业团队内部的问题。分歧迟早会出现，唯一的解决方案是尊重对方，不论对方的观点与你的相差有多远。回想一下当初为什么要选择他作为伙伴，通常是因为他有专长或特殊的技能。既然如此，为什么不尊重他的意见？

4. 高度的工作伦理。愿景固然重要，但创业能否成功仍然取决于细节，取决于创业团队对于脏活的态度。在 99% 的时间里你做的可能是枯燥无味的工作，你需要拥有高度工作伦理的伙伴和你一起坚持。

5. 建立友谊。创业过程中当然会遇到各种困难，此时支持你的可能不是创业信念，而是伙伴的友情。

---

[1] http://magazine.caixin.com/2011-09-13/100304113.html.

技术可行性分析

技术可行性分析主要评估创业项目所需要的技术要求是否现实，技术要求的成本和可能遇到的风险。例如当前有没有适用的技术，如果从头开发难度如何，创业企业是否有能力或经验来理解、提供或运用这些技术，在市场上能否招聘到足够多高质量的专业人员。首先需要对技术要求做出定义，包括投入、过程、产出和流程，包括设备的生产力、技术更新的频率。评估结果应当能够告诉创业者和投资人，技术的成熟程度以及还有哪些缺陷，如果有多项技术可供选择，每项技术的优点和缺点分别是什么。向供应商发函征询价格（request for quota，RFQ）或访谈可以得到当前较新的信息，但对于由此获得的信息需要进一步做分析，最好聘请产业专家来协助。

对于需要开展生产性业务的企业，还需要评估设备、选址和环境影响。在报告中应当包括确认的数据，证明能够实现未来企业所需要的生产能力以及运营和管理上的成本，这些数据应当支持财务可行性分析，还应当报告工厂建设或设计中潜在的风险或局限。

打分系统。在决定选址时，许多创业者采用建立打分系统的简单工具，将决策转化为一个计算问题。例如，你可以确立不同的维度，例如工业基础、物流条件、员工招募、税务政策等。然后分别按 1 ～ 5 分对“满意”、“不满意”赋予分值，通过将计分加总得出不同选址之间的差异。

资源可行性分析

资源可行性分析评估创业项目能否获得足够的非财务性资源。通过分析可以帮助创业者认识到创业项目是否存在资源瓶颈以及如何解决，常见的评估项目如表 4.5 所示。

表 4.5

资源可行分析的要素

招募到足够数量和质量的员工； 产品和服务的知识产权保护障碍； 足够的办公场地、生产空间或服务经营空间； 方便可靠的设备和原材料供应； 当地的基础设施，如通信、物流和金融服务； 当地现有供应商和经销商对创业项目的态度； 当地政府的政策支持或限制。

京东创始人刘强东为了照顾家乡的就业，将京东电话呼叫中心设在江苏宿迁。尽管当地的土地和人力比较便宜，符合电话呼叫中心的选址要求。但当地人

说话有口音，普通话达到要求的员工数量不足，京东不得不到四川招募普通话达标的员工。[1] 在创业计划分析中，像口音这样的“小事”通常不会受到重视，却会带来不小的麻烦。

另一种常见的问题是专利或知识产权障碍，是技术类创业项目可行性分析的重点，特别是那些对现有产品做出改进或附加价值的项目。来自河南的潘泳和潘磊两兄弟的创业项目名为“苹果皮”，在苹果产品外面加一层壳，就能够让 iTouch 打电话，让 iPad 能够通话，iPhone 变成双卡双待。尽管这一产品很受欢迎，但显然侵害原产品的权利，类似的产品或服务需要在评估时给予充分考虑。创业者可以登录 Google 专利（www.google.com/patents）查询相关产品的专利信息。供应商和经销商的态度也会影响创业项目的成长空间。美国特斯拉电动车实行新的商业模式，采用直销方法销售产品。由于损害了传统汽车经销商的利益，在多个州被禁止销售。[2]

4.5　财务可行性

财务可行性分析的目的是评估创业项目能否产生足够的销售收入用于偿付负债和保持运营。有些创业活动会耗费巨大的资金，而有些并不需要大量的资金。财务可行性提供对创业理念中财务因素的大致评估。当创业项目整体可行性通过后，创业者可以制定更加详细的财务计划和财务报表试算。财务可行性分析的主要内容包括启动资金需求、利润预测和预期投资回报率。

资金需求

根据创业企业性质的不同，资金需求也可能不同。通常情况下，服务企业比制造业或零售业需要的资本少。创业企业需要资本来购买设备、建筑、技术和其他有形或无形资产，资金还用来聘用和培训员工、促销产品和服务。在计算资金需求时，应当以计划中的产品和服务为基础，尽可能列出所有需要购买和开支的项目，如房产、租赁、装修、资本设备与家具、行政费用（水、电、保险、会计服务）、初期工资和初期库存等，如表 4.6 所示。资金需求测算适用保守的原则，在绝大多数情况下，创业过程都会发生意外的开支，从而增加资金需求金额。

在计算出大致的资金需求之后，创业者需要根据资金金额列出资本来源。无论有多少人承诺向你提供资金，都要从自己的资金投入开始，确切地了解仅凭自己或创业伙伴的资金能够在多大程度上支持创业项目。对于其他资金来源，如家

[1] http://magazine.caixin.com/2011-09-13/100304113.html.
[2] http://money.cnn.com/2014/03/11/autos/tesla-new-jersey-ban/.

庭和朋友等，一定要清楚列出具体的数额和收到资金的时间。对于借来的资金，包括信用卡和贷款，需要制定清楚的还款方案以及出现不利情况时的解决方案。

表 4.6

创业企业的资金需求

开业支出（在开业前就必须支付的费用）	预算金额
房租及装修	
办公设备	
期初存货	
广告费用	
专业服务（会计、法律、保险）	
执照及许可证	
现金准备	
……	
每月所需的持续成本（至少计算前 3 个月）	
广告与促销	
物流费用	
存货费用	
办公费用（水、电、通信、网络、交通、差旅、餐费）	
员工工资与福利	
房租	
专业服务	
财务费用（利息与本金偿还、银行手续费）	
税费	
……	

利润预测

在实际运营之前应当如何做出有说服力的利润预测？一个重要的方法是参考行业协会提供的分析资料，选择与自己最相似的企业进行测算。当然，多数可以获得的数据来自上市公司，与创业企业相比其规模往往大出几个数量级。然而，在年报或行业报告中通常能够找到产业内企业或相似业务的毛利率的数据，可以作为创业项目利润获取能力的参考。

通常情况下，创业项目如果能够产生 40% 以上的毛利率（gross margin，等于销售利润除以销售收入），将是非常有吸引力的。根据学习曲线理论，在创业企业运营初期，尽可能获得一个高的毛利率，有助于抵销前期相对较高的成本。例如，创业团队前期协作成本较高，包括学习新产业知识和培训员工适应流程，而在经营成熟之后，协作成本将大大降低。此外，在建立供应和销售网络的过程中，创业企业往往需要预先支付成本，而销售收入的取得则会延后，高毛利率有助于创业项目吸引投资人。

投资回报

将利润与资本进行对比可以得出创业企业的投资回报率（ROI），也就是将预期的利润除以投资资本金额。尽管这些计算的结果比较粗疏，对于可行性分析的决定却是非常重要的。创业企业必须在风险可控的同时产生足够有吸引力的回报。通常情况下，风险越高，要求的回报率也越高。如果创业的回报率只有 5%，创业者和投资者还不如将钱投入回报率类似而风险低得多的金融产品上。

本章小结

1. 可行性分析是评估创业者的理念能否发展为成功企业的过程，包括四个相互关联的部分：产品与服务可行性、行业与市场可行性、组织可行性以及财务可行性。

2. 一手调研是指亲自收集数据并做出分析，二手调研是收集市场上已经有的数据进行分析。

3. 产品与服务可行性分析评估产品和服务是否有市场以及产品和服务的市场需求是否足够大。

4. 概念测试是指在产品 / 服务设计阶段用定量和定性方法收集专家意见和潜在顾客的反应。产品与服务可行性分析的一手调研工具主要有问卷调查、焦点小组、原型分析和现场测试。

5. 产业与市场可行性评估创业项目所在产业和目标市场的吸引力。产业是由生产相似产品或服务的企业所构成的群组，目标市场是企业在产业中专注于服务的一个顾客群体。

6. 产业成长性分析是对创业项目中所提供的产品或服务的需求在未来的趋势及其影响因素做出判断。产业生命周期是指产业在发展过程中通常会经历的五个阶段，包括萌芽期、成长期、震荡期、成熟期和衰退期。

7. 创业企业通常寻求适合自己的利基市场，这是指在一个大的市场中拥有共同需求的顾客群体所构成的细分市场。

8. 组织可行性分析主要评估计划发起的创业项目是否能够得到管理、技术和资源上的支撑。

9. 财务可行性分析的主要内容包括启动资金需求、利润预测和预期投资回报。

关键概念

可行性分析 概念测试 概念说明书 问卷调查 焦点小组 原型 现场测试 成本加成法 产业 目标市场 ROI 利基市场

批判性思考与讨论题

1. 可行性分析通常包括哪四个方面的内容？
2. 简述可行性分析与商业计划的区别。
3. 一手调研和二手调研的区别有哪些？
4. 什么是产品与服务可行性分析？
5. 什么是好的概念说明书？
6. 产品和服务可行性分析的一手调研工具有哪些？
7. 问卷法和焦点小组的优点和缺点分别有哪些？
8. 什么样的产业对创业更有吸引力？
9. 在竞争性的市场价格下如何提高价格上涨的空间？
10. 创业企业通常选择怎样的目标市场？
11. 如何判断小的目标市场的吸引力？
12. 组织可行性分析主要考虑哪三个因素？
13. 财务可行性分析的三个主要内容是什么？
14. 找出一个例子说明创业企业如何通过类比估算财务绩效。
15. 如何让创业项目在财务上有吸引力和说服力？

附加练习题：请回顾图 4.2 中所给出的商业概念说明书，回答以下问题：

1. 这家公司提供的产品和服务是什么？
2. 与其他类似公司有何区别？
3. 谁会购买这些产品和服务？
4. 为什么他们会购买这些产品和服务？
5. 如何销售这些产品和服务？
6. 可以采用哪些促销的手段？
7. 你认为这一产品/服务概念可行吗？有什么改进的建议？

报告与分享练习：从创业机会到可行性分析

以小组为单位，找出一个感兴趣的创业企业，从公司公开信息（如网站、年报）和媒体报道中查找资料，回答以下问题并向全班报告你们的发现。

1. 分析这家企业产品和服务的可行性时可以采用哪些调研方法？
2. 将企业的情况用产业吸引力因素表加以描述。
3. 这家企业应当如何进行市场可行性分析？
4. 从组织可行性来看，企业的哪些方面比较强，哪些方面比较弱？
5. 从财务可行性来看，企业对投资人有吸引力吗？
6. 以购买频率和价格为两个维度画出四象限，将企业和竞争对手放在适当的位置。

结尾案例

订房宝的市场

孙建荣曾经在糯米网负责多个大区的酒店团购业务，2013 年，他进入了移动互联网 + 酒店的领域创业。起初是模仿滴滴打车，把语音下单的模式嫁接到酒店市场里。2013 年 12 月，订房宝 APP 正式上线。用户语音发起请求，如“想入住一间 200 元左右的大床房”，附近酒店收到信息后，会根据当日剩余房间情况，及时给出相符房型，用户沟通细节后即可入住。运营不到三个月后，孙建荣就感觉到这个模式行不通。由于酒店前台处理订单慢、中单率低、报价频繁等局限，日单量仅有 20 ～ 30 单。

2014 年 3 月下旬，孙和任国栋（联合创始人）讨论，觉得钟点房是个不错的方向。北京国贸光华路燕莎商圈的一家汉庭酒店，旁边都是写字楼。任国栋在酒店大厅蹲了两天，“我以为钟点房只在周末需求大，没想到在工作日量也不小。”他发现，有钟点房需求的人群不少：有企业高管、白领来午休，有情侣，有出差客人，还有一些特殊的顾客，“两个男的开房，可能是工程师。”孙、任等人累计调查了约 1000 家酒店，发现钟点房入住率在 10% ～ 15%。

2014 年 4 月，孙建荣决定转型钟点房预订，这个市场几乎还无人涉足。任国栋说，钟点房产品毛利很高。钟点房的销售不影响正常酒店全日房的销售，是额外收入，付出的只是布草和人工，不会产生额外的物业等固定支出。全国酒店市场规模为 3000 亿左右，钟点房市场在 200 亿元到 400 亿元之间。

订房宝需要培养用户对酒店按时段零售的认知和习惯，实现“分时售卖”。订房宝的营销活动颇有影响，如推出高考免费钟点房、做路演房车体验活动等。为了控制成本，孙建荣选择了地推的推广方式。新用户在酒店下载“订房宝”，可享受 10 ～ 20 元优惠，同时酒店也会得到 10 元补贴，“这种方式非常精准。”有白领会选择在中午那段时间开间钟点房午休，70 块 3 个小时，而且重复购买率颇高。这些用户需求是酒店之前没能满足的，也是订房宝所创造的新价值。

订房宝的收入主要来源于酒店佣金。订房宝与这些连锁酒店达成了 PMS（库存管理系统）直联合作，获取钟点房的动态房源，酒店可以直接接收订单，这是携程、去哪儿等 OTA 巨头都没打通的。订房宝在 2014 年 12 月获得来自浙商创投、丰厚资本和娱乐工场的 600 万元天使轮融资，在 2015 年 8 月和 2016 年 9 月再获得两轮融资。2016 年乌镇世界互联网大会上，订房宝被李开复、徐小平、毛大庆等知名投资人评选为“2016 年度创客 40 强”。

尽管看上去很美，但持续的烧钱获取用户使得公司资金损耗很快，甚至到了拖欠员工工资的程度。2017 年 2 月，订房宝宣布停运。孙建荣总结说，“用户多会选择离目的地较近的酒店，而我们的尾房覆盖地区有限，不能满足更多用户需求。折价虽有一定吸引力，但不是决定性因素。”用户太低频，导致流量成本太高。“订房宝 APP 拥有接近 15 万用户的下载量……复购率和黏性都不低。但这个市场太过低频，导致我们的用户成本始终无法下降，对于后期公司运营造成了巨大困难。[1]”

[1] https://www.pencilnews.cn/p/1055.html.

与订房宝模式相近的今夜酒店特价创始人任鑫曾表示：钟点房市场用户需求不确定，解决方案不确定，自己的能力也不确定。OTA、美团等平台想要涉足该领域，直接从在线酒店预订中便可增加此业务。

讨论题：

1. 分析订房宝对细分市场的选择。你可以为订房宝提出哪些用来分析细分市场的更加有效的方法？

2. 为什么订房宝酒店签约数量如此大，仍然无法实现足够的收入？

3. 为什么像携程这样的企业不大可能收购订房宝？

社会企业案例

分享收获：从信任开始

2008年，人民大学博士生石嫣用半年时间跟农场主一起生活工作，了解美国社区支持农业（CSA，community supported agriculture）的模式。CSA的原理是农场和消费者建立直销、互信的关系。国内的情况却是农村与城市之间几乎已经不存在信任关系。“农民会留一小块土地，不用农药，只供自己和家人吃。而城市里的人，宁愿到超市里用高价购买打上‘有机’标签的加工食物，也不会想到支持农村，付出真诚的关怀。”

石嫣参加创建了小毛驴市民农园项目，三年时间发展到80个会员家庭。“小毛驴是一个以市民为主体的农业项目，属于消费者自救，农民在其中只是受雇者。”石嫣认为这种模式是不可持续的。

2012年石嫣再次创业，借鉴日本守护大地协会的模式，将“有机”的概念从“不用农药和化肥”扩展为“生产过程透明化，建立生产者与消费者的信任关系”。把农民当作合作伙伴，新农场起名叫“分享收获”。

4月开始创业，在9月之前至少要找到200家会员订户，才能保证农户50亩地的产出销路，3个月内还要完成第一批蔬菜的种植。即使有熟人带路，在小区摆摊也难有订户。没有足够的资金，只能靠众筹。石嫣计划招募16位股东，每人预付5年30000元菜钱，赠予1%的股权。基于小毛驴创业经历的信誉，她找到了10个愿意出资的股东，加上自己的积蓄，在通州区建起了农场。

会员的订金缴纳有两种选择：一是5880元/年，共配送蔬菜49箱，每周一箱，每箱8斤蔬菜；另一种是9408元/年，共配送蔬菜98箱，每周两箱，每箱6斤蔬菜。如果需要配送猪肉和柴鸡的话，还需要每年分别支付3750元和1800元的订金。一个月1200元可以选择包括每周一箱10斤装的蔬菜、3斤猪肉、1只鸡、20至24个鸡蛋、一份水果。“一顿两菜一饭的有机餐价格大概是十几元，一年的菜价相当于商场里两三件衣服的价格”，石嫣说。

有一次，刚播种的菜苗都淹死了，西红柿供应不上。知道情况的会员继续等待新一批西红柿的成熟，没有对他们提过分的要求。这被石嫣称为“风险共担，收益共享”。这种模式让中小型生态农场的生计得到更好的保障，用市场的方式减少化学品对土地、水源、环境的污染。

2013年，石嫣将农场拓展到顺义区，建

起拥有26个大棚的蔬菜基地和果园基地。完全不用人工合成的肥料、农药、生长剂，而采用有机肥满足作物营养，用粘黄板、防虫网、辣椒水、沼叶来代替农药。这样种出来的蔬菜外观不够完美，却有很高的矿物质含量，吃得出小时候的味道。对于病虫害问题，石嫣解释说，在多样化种植的情况下，整个土地的大规模灾害是很难出现的。农场只发生过小范围某种作物的虫灾，因虫灾而减产的问题能控制在10%以内。

人们对有机农业普遍缺乏信任。分享收获会邀请会员暑假来农场住一个礼拜，让他们看到生产过程不用化学农药。“亲眼见到、尝到他们种出来的有机蔬菜，彼此的信任也会逐渐建立。”任何人在任何时节来到农场，都能走进大棚参观有机农作物从种植到生长的全过程。“我们希望，会员就把我们当成他们自己在农村的亲戚”。当然，有机蔬菜品相不佳，口味可能偏老，品种也不多，这些都会导致订户体验问题和流失。“分享收获”农场成立五周年，会员们来参加活动。石嫣发现，五年前农场第一批会员，到现在有70%仍在追随着他们。

现在分享收获可以每周供应超过20个品种的蔬菜，全年品种超过60个。500户客户，在石嫣看来已经足够，“农场在经济上就是可持续的了”。据石嫣计算，拥有50亩地的农户，如果单独自己劳作种植大田作物，收入仅为五六万元，而加入分享收获以后，除去工资收入以外，年收入可以达到10万元左右。分享收获在2014年实现了收支平衡。

讨论题：

1. 从可行性计划的四个要素来看，分享收获在创业前有哪些基本假设？

2. 对于分享收获，有哪些风险还应当包括在可行性分析中？

3. 分享收获未来可以如何扩大业务？

开篇案例讨论题

1. 试从产品、市场、组织和财务四方面评价e袋洗的可行性。

2. 有人认为洗衣O2O属于互联网降级（用技术做低难度业务）的做法，没有多少创新。你有何评论？

本章附录

可行性分析报告的结构

1. 名称页
2. 目录
3. 摘要：列出可行性分析报告的要点。
4. 导论

- ■报告的必要性
- ■报告的目的
- ■报告中分析的范围

5. 产品 / 服务的描述
6. 报告人简介

- ■姓名、住址、电话、email
- ■报告人的专业资质
- ■工作背景和经验
- ■报告人的性质，个人或是企业
- ■更详细的介绍可以放在附录中

7. 产品 / 服务可行性分析

在这一部分对产品和服务的市场需求进行评估。应当描述哪些人是顾客、他们的购买量和愿意支付的价格。需要说明你的目标市场，影响产品需求的市场因素，潜在的需求量。介绍你采用的市场调研方法有哪些，数据的来源，例如电话访谈、个人访谈、当前已有产品的销售数据、有关目标市场情况的公开出版物、专家的意见和产品 / 服务实际测试的结果。可能的问题包括：

- 谁会购买产品和服务，即谁是你的目标市场？
- 顾客数量有多少？是些什么样的顾客？
- 他们现在从哪里购买产品和服务？
- 顾客们对目前的产品和服务满意吗？
- 购买者希望看到对当前购买的产品做哪些改变？

- 产品的市场趋势有哪些?
- 目标购买者群体有哪些改变?
- 有没有其他群体可能会使用你的产品?
- 年龄、性别、家庭收入、品牌忠诚、生活方式等因素将如何影响你的产品销售?
- 顾客们对产品的质量和保证有怎样的看法?产品的价格结构如何?
- 去年产品的价格有何改变?过去5年呢?
- 有哪些法律、环境或经济因素会影响你的企业?

8. 产业与市场的可行性分析

这一部分要提供创业者对产业与市场当前情况与未来趋势的分析，需要说明数据和信息的来源以支持分析的结论。

- 市场的规模有多大?
- 销售量有多大?
- 生产量有多大?
- 目前市场中的细分程度如何?
- 影响市场的主要趋势有哪些?
- 市场的成长率如何?
- 对产品营销是否存在政府管制和法律限制?
- 分销渠道与营销策略
- 消费者行为、意愿、激励、态度、偏好和要求如何?
- 需求的弹性如何?
- 产品生产的可能性与限制如何?
- 进出口对产业的影响?
- 产品价格的决定因素是什么?质量、市场规模、需求、旅游者数量?
- 你预期的市场份额是多少?
- 主要竞争对手有哪些?
- 它们各自有哪些优势?
- 他们分别有哪些弱点?
- 他们产能的情况如何?
- 你对竞争对手的下列因素是否了解?
    - 价格结构与成本结构
    - 产品线（质量、宽度、广度）
    - 销售/服务地点
    - 促销活动
    - 供应来源

➢顾客对它们的印象

- 你知道有哪些新的竞争者吗？
- 你知道竞争对手的扩张计划吗？
- 最近有没有和你相似的企业退出市场？如果有，原因是什么？
- 你知道竞争对手的销售额和市场份额吗？
- 这些竞争对手的销售额和市场份额在增加、减少或是保持稳定？
- 你知道竞争对手们的利润水平吗？
- 竞争对手的利润在增加、减少还是保持稳定？

9. 组织可行性分析

这一部分着重说明创业项目可以获得足够的管理、技术与资源，能够在实际中成功地实施。

管理可行性分析

- 描述对各个管理职位的具体要求和责任
- 描述创业企业管理团队所需要的技能和专长
- 描述团队当前现有的能力，包括资质与经验

技术与资源可行性分析（这一部分应当基于可验证的数据来阐述，应当提供足够的信息和分析）

- 生产地址选择的合理性，包括环境影响分析，意见应当来自拥有专业资质的建筑师、工程师
- 生产地址是否合乎期望的特点和拥有必要的电力、交通设施？
- 创业项目的技术要求有哪些？
- 创业项目的设备和资源要求有哪些？
- 如何和何时来获得所需要的技术/设备？
- 这些技术和设备的成本如何？
- 生产成本的构成与数额（用于财务可行性分析）
- 当前技术能否支持预期的产能？
- 生产流程有哪些？
- 产品的储存要求是什么？
- 生产过程或产品必须满足的标准有哪些？能够满足这些标准吗？
- 当地能否提供足够数量的员工？
- 法律、环境或其他开发方面的限制会有影响吗？

原型或产品样本（有时，在开始生产之前必须先开发原型和样本，你可以将与此有关的可行性分析放在这里）

10. 财务可行性分析

包括简明的财务预测（但要清楚说明财务上的假设和假设的依据），可变成本和固定成本分析，创业计划赢利能力分析。收入预测和成本的准确性主要取决于产品 / 服务市场预测信息和生产信息。赢利能力的决定因素应当考虑：

- 执行创业计划需要的资金数额
- 融资的可行性，具体说明每一个资金来源和数额
- 如果有借贷，还款的计划
- 你是否已经考虑了所有的成本，包括可变成本与固定成本？
- 你是否拥有足够的信息来编制未来 3 年的财务计划，例如预测现金需要、利润和资产？
- 你是否做过敏感性分析，也就是判断成本和收入的变化对利润的影响？
- 大约什么时候可以达到盈亏平衡点？
- 什么时候可以实现盈利？
- 盈利水平足以支撑企业成长吗？

11. 结论与建议

12. 附录

第 5 章

产业与竞争分析

过去 30 年信息产业发展史上，我们不断看到一些创新型小企业迅速崛起、成长为巨无霸，但是也看到老牌巨头企业迅速衰落、垮台。

——任正非

本章学习要点

- 如何理解产业和产业边界
- 波特五种竞争力量模型
- 产业生命周期模型
- 什么是战略群组
- 竞争对手分析的方法和步骤

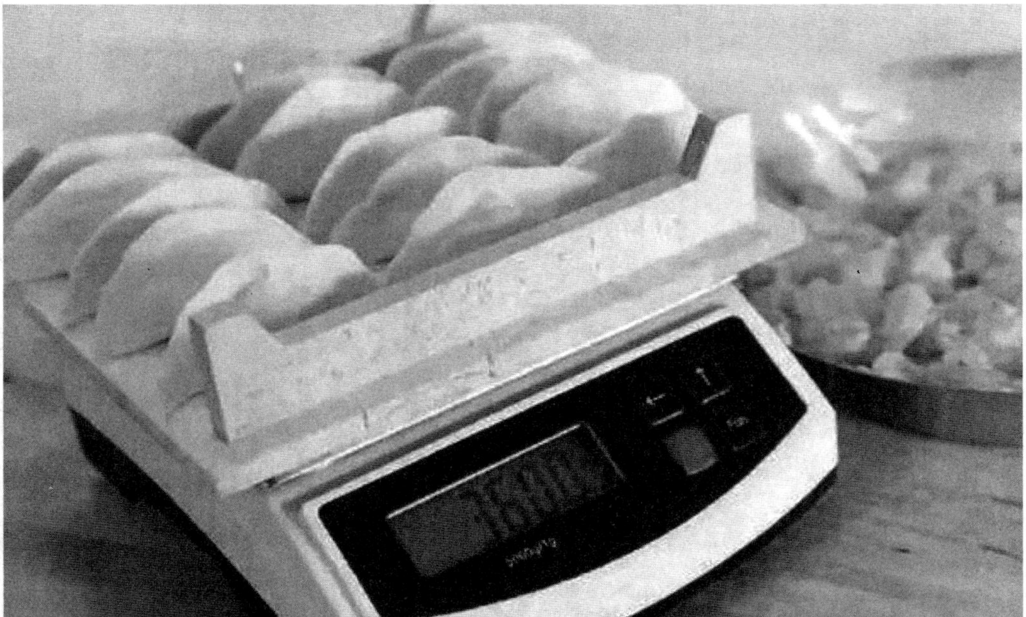

喜家德将传统水饺服务流程进行标准化，促进产业整合。

开篇案例

喜家德：做餐饮界的华为

2000 年，鹤岗人高德福已经在当地有了多家餐饮，有东北菜、海鲜酒楼、火锅店等业态，高德福认识到，这么多餐厅都只是生意，他需要找到一个可以专注下去的事业。经过思考，东北最适合也最适合标准化的品类就是饺子。今天，喜家德水饺已经拥有 450 家店面。

在喜家德，所有饺子均为现包。按盘销售，价格相对较高。一盘饺子规定是 360 克，15 个饺子，只允许 2 克以内的偏差。招牌产品虾三鲜水饺，虾仁需要手工挑选三次，韭菜要经过 9 道工序，鸡蛋要经过 245 秒的低温精炒，“馅料在低温 23 度的情况下才最好吃。”水饺的尺寸规定为 8.5cm*3.5cm。饺子的形状则是喜家德独创的一字形水饺。

饺子皮改造为草帽型，过去饺子皮需要擀 6 杖半，现在只需要 4 杖，提高了包饺子的速度。饺子皮厚度对于饺子的口感至关重要，喜家德研制了一台“饺子皮透视仪”：擀好的面皮放在透视仪上，一眼就可以看出面皮的均匀程度。煮水饺用的锅比一般煮饺子的锅快 2 分钟。每一个锅都有自己的“计时器”；每一种馅料的饺子都有对应煮熟的时间，精确到秒。在高德福看来：“一个连锁企业离不开标准，没有标准那就是小吃部。”喜家德店面没有冷冻柜，只用冷藏柜，这就避免了饺子冷冻。由于标准的细化和严格，喜家福被誉为“餐饮业的华为”。

压缩数量。饺子的品种从过去的十几种缩减成为现在的五种，并且采用 3+2 模式，即三种为固定馅料，另外的两种一种根据季节时令所产蔬菜定馅料，另外一种根据区域口味定。比如山东的白菜馅水饺、北京人的茴香馅饺子。高德福认为，在缩减产品线的时候一定要了解市场和你的核心竞争力是什么。数量减少与喜家德的现包水饺原则是匹配的。

客群定位。高德福说，喜家德的目标客群并不是 18 ～ 35 岁的主流消费群体，而是主攻 18 岁以下的青少年和 35 以上的中老年群体。这些消费者是家庭的主力消费者，黏度更高，更追求家庭饮食的口味。而 18 ～ 35 岁的主流消费群体往往更追求新奇时尚的口味，并不太符合喜家德的品牌诉求。品牌选址定位为商圈和 CBD 商务区，而不是社区。在迎合品牌营养简餐的概念同时，提升品牌的单店盈利能力。

高德福主张找准产品定位并足够聚焦。“聚焦的核心是找到自己的爆款，什么是爆款呢？就是你的餐厅卖的点击量最高的那个单品。比如我们的素三鲜水饺，一天最多的时候能卖出三万多盘。而聚焦之外的则是可以舍弃的。”2015 年，喜家德停掉了自己的外卖业务，相当于一年减少上亿元的收入。

喜家德内部有一个吃饺子的文化，“我们管理组每天固定的任务就是把五种馅的饺子各品尝一遍，每天至少有六千只饺子被品尝掉。”高德福说：“做饺子的难度是非常大的，一种饺子有七八十种可能性，电压不稳可能出来的饺子都不好吃，水和温度哪里控制的不好的饺子也可能不会好吃。”

会吃饺子也许不算核心能力，却是喜家德的核心专业。面粉厂生产出饺子粉的时候，会打电话到喜家德的研发中心，希望他们的人帮忙品尝。对此，高德福十分自豪：“现在我们专门研究面粉的这个人完全可以盲测出来这个面粉用的什么粉，用的哪个国家的麦子，所占的比例是多少，定价多少。”2017 年 2 月，喜家德筹建的全球首家饺子博物馆在大连开馆。

产业分析的目的是评估产业发展的潜力。我们在可行性分析中已经给出了产业的定义，产业（industry）是生产相似产品或服务的企业所构成的群组。通过基本的产业可行性分析之后，创业者还必须对产业有更加深入的了解，才能决定哪个目标市场或利基市场更有吸引力或进入时机更佳，形成现实的商业计划。竞争分析（competitor analysis）是对产业内竞争对手的全面评估。在创业者确定了产业和目标市场或利基市场之后，竞争分析主要用来帮助创业企业制定合理的竞争战略。

本章首先介绍了产业分析的基本概念和波特五力模型，之后解释了创业者可以如何进行产业生命周期分析并用于竞争战略，接下来介绍了竞争对手分析的主要方法和步骤。

5.1 产业分析与波特的五力模型

产业、细分市场与产业边界

在进行产业分析时，创业者面临的首要问题是判断创业企业究竟属于哪一个产业。从产业的定义来看，构成**产业**的一组企业应当是最为密切的竞争对手。例如，碳酸汽水、果汁汽水和瓶装水相互可以视为密切的替代品，它们都能满足对解渴和清凉的非酒精饮料的需求。因此，生产这些产品的企业如可口可乐、百事可乐、康师傅、农夫山泉、娃哈哈构成了软饮料产业。在判断所在产业时，创业者应当注意的是本企业最基本的顾客需求。也就是说，应当采取顾客导向的立场，而不是产品导向的立场。市场所满足的顾客的需求决定了产业的边界，这一点非常重要。戴尔计算机公司改名“戴尔公司”，苹果电脑公司改名“苹果公司”，是因为它们分别发现了自己原来对产业的定义过于狭窄。戴尔的主要业务已经转变为面向商用的服务器，而苹果的主要产品是手机和平板。如果它们坚持最初的产品不做出改变，将会由于误判产业而丧失竞争力。

同样重要的是理解产业与细分市场的区别。**细分市场**（segment）是根据市场中顾客的独特属性和偏好分离出来的独特的顾客群体。在软饮料产业中，所有的顾客都有解渴和清凉的需求，然而还有一些顾客可能希望购买不含有咖啡因的碳酸饮料。七喜、雪碧、芬达、美年达都是无咖啡因碳酸饮料，服务于这类顾客。为了吸引这部分顾客，可口可乐和百事可乐专门推出了不含咖啡因的可乐品种。软饮料产业竞争激烈，产业中的企业都试图通过服务于细分市场实现领先竞争对手的优势。每年夏季我们都会看到新的软饮料产品，许多产品则凭借自己的特点打造出一个细分市场。例如凉茶市场就是由王老吉等本土企业主导的市场，这个市场是可口可乐这样的国际企业所不了解的，这就保证了王老吉能够在相当长一段时间里在这一细分市场中享有领先地位。

产业边界的变化。**产业的边界**（也即产业中包含哪些企业）会随着时间而改变，因为顾客的需求也在改变。新的技术产生后，过去与本产业不相关的企业也会发现一种新的满足顾客需求的方法。中国消费者在 20 世纪 80 年代和 90 年代对传统碳酸饮料的消费达到顶点，此后在健康考虑下逐渐转向果汁汽水、无糖苏打水和瓶装水等，让可口可乐等传统碳酸饮料生产企业承受了很大的压力。PC 在很长时间里是办公的基本设备，随着手机和平板功能日益增加，办公设备的产业边界开始模糊，像华为、中兴这样的移动通信基础设施供应商有更多的机会进入消费和企业办公市场。

创业行动专题

互联网金融与银行的产业边界

电子商务在发展早期曾经受限于银行提供的支付服务。招商银行历史短，分支机构数量相对较少，业务成长受到局限。在大银行犹豫不定的时候，招商银行大力推动一网通支持淘宝等电商的支付交易，几乎成为网络金融服务的代名词。作为第一家全面提供电子商务支付服务的银行，招商银行建立的网络业务方面的优势保持至今。

近年来，中国互联网金融的成长对传统的金融产业构成了冲击，推动了存款利率实际上的市场化。以余额宝为代表的货币基金通过网络发售，在提供期限灵活性的同时，保持了远远高于活期和定期存款的收益。随着支付宝用户数量的增加，余额宝的规模不断扩大。2017 年，阿里巴巴不得不两次下调每个账户购买余额宝的金额上限，从最初的 100 万元下调为 10 万元。即使这样，2017 年 6 月底，余额宝的总额已经达到 1.43 万亿，接近中国银行活期存款总额（1.63 亿元），而转入余额宝的资金则多数来自银行存款，在电子商务发展初期，人们很难想象淘宝、京东和腾讯这样的企业会进入金融业，成为让银行动摇的竞争对手。

波特的五种竞争力量模型

在产业的边界界定之后，创业者们的下一步工作是分析产业环境中的竞争力量，找出机会与威胁。哈佛大学教授波特提出的五种竞争力量模型是进行这一分析的最著名的理论框架。波特认为，在产业分析时应当专注于五种竞争力量：潜在竞争对手进入的风险，产业内现有企业的竞争强度，购买者讨价还价的力量，供应商讨价还价的力量，产业替代性产品的相似度，如图 5.1 所示。

波特指出，所有的竞争力量都对产业中企业的赢利能力构成威胁。只要产业中存在着很强的竞争力量，则产业中的企业就很难提价和扩大赢利。在竞争力量强的产业中，企业总是受到威胁，因为它们的利润受到竞争力量的挤压。而在竞争力量弱的产业中，企业则更多感受到机会，因为它们有更多的空间来涨价或收费。竞争力量不是一成不变的，创业者在进入产业时要注意当前竞争力量正在发生怎样的变化，这些变化给创业项目带来了机会还是威胁。企业者还要思考如何通过战略选择将一种或数种竞争力量转化为自己的竞争优势。

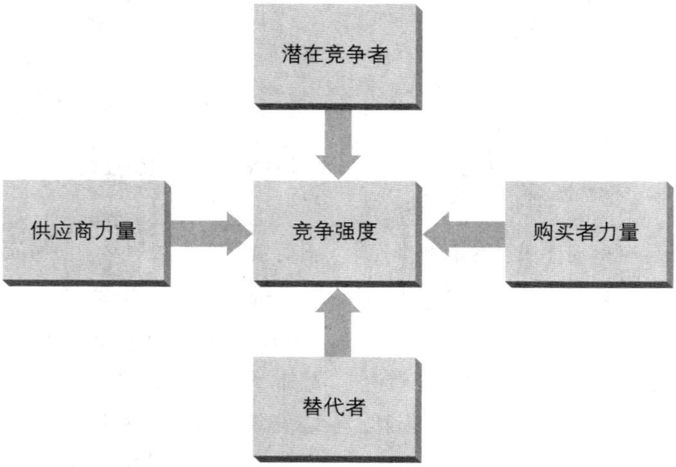

图 5.1 波特的五种竞争力量模型

潜在竞争对手进入的风险

潜在竞争对手是指当前不在产业内但有能力进入本产业的企业。例如，万达集团的主业本来是房地产，它的特点是在城区发展大规模的综合性商业地产。在此过程中万达逐渐进入了百货、影院等产业，对当地原来的产业构成了威胁。近年来，互联网企业在崛起的过程中进入了许多传统产业的领地，如零售、旅游、通信、金融服务等。

产业内现有的企业总是力图阻止潜在竞争对手进入，因为产业内企业越多，越难以保持市场份额，越难赢利。相反，如果潜在竞争对手进入的威胁小，产业内企业可以利用这一机会提高价格，获得更多利润。潜在竞争对手进入产业的风险主要取决于产业进入壁垒的高度，进入壁垒是指进入某一产业的竞争者付出的代价。壁垒越高，这一竞争力量越弱。阻碍潜在竞争对手进入的主要壁垒包括规模经济、品牌忠诚、绝对成本优势、顾客转移成本和政府管制。对于创业企业有吸引力的产业特征包括：

- 暂时还没有实现规模经济。规模经济是指同大规模生产有关的成本优势，通常要求很大的投资。例如芯片产业、汽车产业都是依赖规模经济的产业。

- 进入产业要求的资本投入不大，近年来许多城市中出现了许多有特色的蛋糕店，采用外送的方式避免了开店占用大量资金的风险。
- 大公司没有成本优势，例如由于掌握专利、专有知识、渠道或大量投资形成的成本优势。赶集网用户的市场需求之前主要由印刷版和门户网的分类广告满足，这些原有的供应商与赶集网相比并没有形成成本上的优势。
- 购买者没有品牌忠诚，能够以较低的成本吸引顾客。尽管当当和亚马逊在网上图书销售上经营多年，形成了相对的垄断，但京东图书以很小的价格优惠就可以吸引大量的用户。
- 顾客转移成本低。在当当还是在京东买书，顾客决策只取决于价格。相反，顾客将手机从移动转移到电信却会犹豫，因为号码变更带来许多不便。
- 政府放开管制的产业。从管制性市场转化为竞争性市场的产业，对于创业企业是比较有利的。近年来对网络视频业务的管制有所放松，导致文化传媒产业出现了大量的并购，如阿里巴巴 62 亿元控股文化中国公司，马云联合史玉柱 65 亿元收购华数传媒。随着这一领域监管的退出，仍然会有创业企业进入的空间。

现有企业间的竞争

现有企业间的竞争是指当前产业内竞争对手间的竞争强度。**竞争对手**是指产业内相互竞争市场份额的企业，竞争的表现可以是价格、产品设计、广告促销、销售渠道、售后服务和支持。竞争激烈意味着价格下降、成本上升，导致整个产业利润降低。相反，如果竞争不太激烈，产业内企业就有机会提高价格或减少用于价格竞争的成本支出。影响产业竞争强度的因素包括产业的竞争结构、需求状况、成本状况和产业退出壁垒。对创业企业有吸引的产业特征包括：

- 要么竞争对手数量很多，要么很少（例如少于 5 个）。竞争对手数量多，表明没有一家企业能够对市场有支配力，创业企业不至于受到大企业在成本上的压制。竞争对手数量少，创业企业初期侵占的市场份额极低，大企业不会为此而牺牲自己的利润进行降价竞争。例如，同程网在开发景点门票业务初期并没有受到当时的主导企业携程和艺龙的打压。
- 竞争对手在规模和能力方面相差很大。产业足够分散，创业者凭借独特的能力（产品或服务）可以获得生存机会。
- 产业增长速度很快。现有企业不需要采用打压新进入者的方法也可以实现收入的快速增长，对创业企业威胁小。
- 存在着销售差异化产品或服务的机会。有足够的细分市场可以发挥创业企业的专长。

购买者讨价还价的力量

产业中的购买者可能是产品的终端用户，也可能是将产业的产品向终端用户进行分销的企业，如零售商和批发商。例如，手机的终端用户是普通消费者，但手机产品的主要购买者却是像京东这样的电子商务公司和苏宁、国美这样的家电卖场，它们都是手机的分销企业。购买者讨价还价的力量是指购买者与产业内生产产品的公司砍价的能力，或者购买者通过要求更好的品质与服务抬高这些公司成本的能力。通过压低价格和抬高成本，强大的购买者挤压了产业利润。相反，如果购买者力量较弱，产业内企业就可以提高价格或降低品质和服务来减少成本。对于创业企业，有吸引力的产业的特征是：

- 顾客转移到竞争对手或替代品的成本相对较高。如果产业内企业只能拼价格，将很难获得忠诚顾客。在许多产业中，例如教育产业，采取捆绑价格的方法让顾客感觉转向竞争对手将付出很高的代价。
- 购买者数量众多。失去某一家或某几家顾客不至于威胁创业企业的生存。
- 产业中的顾客对产品和服务的要求是多样化，而不是完全一样的。企业可以利用产品和特色来提高或保持价格和利润。
- 顾客难以确切掌握企业的成本、价格和功能方面的信息。在网络时代，成本和价格都变得更加透明，增加了企业提高价格的难度。

供应商讨价还价的力量

供应商是向产业提供投入如物料、服务和劳动力（个人、工会组织等和提供合同劳务的企业）的组织。供应商讨价还价的力量是指供应商抬高投入价格或通过降低投入和服务的品质来提高产业成本的能力。强大的供应商会抬高产业内公司的成本，挤压产业的利润，对产业构成威胁。绝大多数中国手机生产企业不掌握芯片技术，它们依赖像高通公司这样的芯片企业，也就是供应商。对于手机制造产业，芯片公司拥有强大的讨价还价的力量，可以收取较高的价格，挤压手机制造企业的利润。对于创业企业，有吸引力的产业特征包括：

- 有众多的供应商向产业内企业出售产品，并且它们出售的产品最好是没有多大差别的大路货。
- 供应商提供的产品在企业成品的总成本中占较低的比例。
- 供应商提供的产品是有替代品的。
- 产业内企业在供应商之间转移的成本相对较低。如果供应商掌握着独特的标准，更换供应商需要采用新的标准，从设备到员工培训的成本就会很高。

替代性产品

替代性产品是指来自其他企业或产业的能够满足顾客类似需求的产品。例如，咖啡产业中的企业同茶和软饮料产业中的企业间存在非直接竞争，这三者都可以满足顾客对非酒精性饮料的需求。**密切替代性产品**是一种强大的竞争性威胁，它限制了产业内企业产品的价格和赢利能力。如果咖啡的价格相对于茶和软饮料上涨太多，消费者就会转向那些替代性产品。如果产业的产品没有替代品或替代品很少，产业内的公司就会有更多的机会提高价格和利润。微信是微博的替代性产品，由于微信的出现，新浪微博的赢利能力受到严重的威胁。对于创业企业，有吸引力的产业特征包括：

- 替代性产品品质不高。塑料花是鲜花的替代品，然而是没有多少吸引力的替代品。
- 替代性产品的价格并不显著低于本产业企业产品的价格。例如代购国外乳品的成本相对较高。
- 购买者转向替代品的成本相对较高。高档用品如品牌皮具的山寨替代品会破坏使用者的形象，这是一个很高的成本。

在考察了影响产业竞争的五种力量之后，创业者可以评估在这一产业中自己的企业创造销售和利润的潜力。表 5.1 提供了一个分析矩阵，以数字的形式来评估产业的吸引力。对于每个选项，以 1 作为不重要，以 5 作为最重要，以数值代表你对该选项在产业中重要性的判断。将第 2 栏重要性数值和第 3 栏威胁程度的数值相乘，得出权重值。将权重加总得出总权重。总权重分数越低，产业吸引力越大（最低值为 5，最大值为 125）。这是一种简易的评估产业吸引力的工具。

表 5.1

五种竞争力量矩阵

竞争力量	重要性	对产业的威胁	权重值
潜在竞争对手进入的风险	3	5	15
产业内现有企业的竞争强度	5	4	20
购买者讨价还价的力量	2	4	8
供应商讨价还价的力量	2	3	6
产业替代性产品的相似度	4	2	8
合　计			57

专题

第六种力量：互补者

互补者指的是销售能够增加（互补）产品价值的产品或服务的企业，两者结合在一起可以更好地满足顾客的需求。典型的互补产品是硬件与软件，要想推广打车软件，智能手机的普及使用是一个前提。特斯拉电动汽车为人们所看好的一个重要因素是创始人马斯克同时还创办了太阳能发电企业，在全美范围内向用户提供充电服务。相反，中国国内电动车难以发展的部分原因在很大程度上就是因为缺少足够的充电站。自然，能够提供充足互补者才是对创业企业有吸引力的产业。

5.2 产业生命周期与创业机会

产业周期分析

分析产业环境的另一个维度是考察产业处于生命周期中的哪个阶段，根据产业所在阶段制定相应的竞争战略。产业生命周期模型从产业演变的角度帮助创业者分析产业竞争力量的影响，它将产业的演变划分为五个阶段，包括萌芽、成长、震荡、成熟和衰退，如图 5.2 所示。

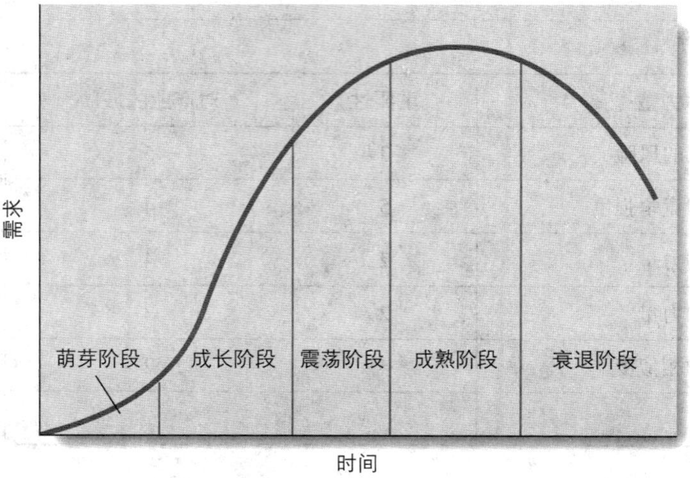

图 5.2 产业生命周期模型

萌芽产业

萌芽产业是刚刚开始发展的产业。例如 20 年代 70 年代的个人电脑产业和 21 世纪初的智能手机都属于萌芽产业。萌芽产业的特点是成长较慢，因为购买者不熟悉产品的特性，企业无法实现规模经济，同时销售渠道也不完善。萌芽产业的产品不成熟，第一批购买产品的用户往往具有一定的技术能力。萌芽产业中创业企业的成功取决于能否通过技术和服务建立独特的竞争优势，在竞争战略上则是完善产品、教育顾客、建立渠道、建立市场份额，而不是价格战。

成长产业

产品需求增加后，产业开始进入成长阶段。成长阶段的特点是大量新顾客涌入，需求开始猛增。一方面是顾客逐渐开始熟悉产品的特点，另一方面是销量的上升令企业得以实现规模经济，分销的成本也开始下降。20 世纪 90 年代，手机市场处于成长阶段，手机产品价格下降，用户数量开始快速增长。这一阶段产业内竞争不强，因为企业通过营销和设计上的改进能够快速扩大自己的市场，而不必从别的企业手中夺取市场。

震荡产业

在震荡产业中，经过成长阶段的调整发展，需求接近成熟，绝大多数需求来自产品更新，首次购买者已经很少。企业已经掌握了通过扩大产能降低成本的方法，许多企业试图通过扩大产能、降低成本来实现竞争优势，导致产能过剩和价格战。价格战会导致一些企业破产，也会阻止新企业的进入。

成熟产业

震荡阶段之后，产业进入成熟阶段。这一阶段的特点是市场充分成熟，需求完全来自更新或人口特点变化带来的增长，需求增长缓慢或完全没有增长。企业开始关心市场份额，因为仅凭原有的市场份额已经无法实现增长。产业内的企业开始积极地争夺市场份额，这会导致价格战。在通常情况下，企业会尽量避免价格战。但当需求下降时，为了保持收入，企业仍然会选择价格战。

为了生存，企业会专注于成本最小化和建立品牌忠诚。当产业中的企业实现了低成本运营和品牌忠诚后，进入壁垒会提高，潜在竞争对手进入的威胁降低了。较高的进入壁垒为企业提高价格和利润创造了条件。

衰退产业

衰退产业是指需求增长变为负数的产业。造成这种情况的原因可能是技术替代（网络媒体取代传统印刷媒体）、社会变革（健康意识提高影响高度数白酒产业）、人口因素（生育率下降导致教育设施剩余）和国际竞争（大豆进口导致中国大豆种植面积下降）。由于需求下降，衰退产业中企业间的竞争会加剧。因为需求下降导致产能过剩，为了利用产能，企业会采取价格战。退出壁垒是导致竞争加剧的另一个原因，退出壁垒越高，价格竞争越激烈。

表 5.2

不同产业发展阶段的特点与竞争战略

产业阶段	特　点	竞争战略	产业与企业例子
萌芽产业 (embryonic industries)	产品不成熟，销售渠道不完善，产业成长速度慢	完善产品、教育顾客、建立渠道，建立市场份额	直播 在线教育 智能家居
成长产业 (growth industries)	大量新顾客涌入，实现规模经济效应，分销成本降低	通过营销和设计改进实现低成本或差异化，领先于竞争对手	在线旅行服务 移动外卖 电动汽车
震荡产业 (industry shakeout)	需求接近成熟，绝大多数需求来自产品更新	争夺市场份额	智能手机 经济型酒店
成熟产业 (mature industries)	需求完全成熟，需求的改变来自更新和人口特征的变化	低成本和品牌忠诚	电视机生产 PC 产业
衰退产业 (declining industries)	需求下降额	选择特定市场或退出	固定电话服务 传统百货产业 报纸和杂志

创业行动专题

大连华录的产业生命周期管理困境

20 世纪 90 年代初，录像机开始大量进入中国家庭。巨大的市场吸引各省争夺录像机的生产，1992 年全国共有 10 多条录像机生产线。为了避免再次发生类似彩电产业那样四处开花的不良情况，国家有关部委决定，把全国 9 家录像机定点企业联合在一起，组建成一座大型的、具有国际领先水平的录像机生产龙头企业。这就是八五计划中“全国录像机专项工程”关键件龙头项目，新的企业起名为华录。

1994 年，华录建成投产，号称世界第一。然而到了 1995 年，华录已经陷入了困境，VCD 产品席卷国内市场，我国的录像机产品本来就起步较晚，市场培育尚未完成就陷入了夭折。由于产品销量急剧萎缩，中国华录从国外进口的全套、最先进的设备被迫进入半停产状态。先是录像机受到 VCD 挑战，紧接着又是 DVD 的挑战。随着在线视频技术的发展，DVD 行业也逐渐成为夕阳行业，华录集团不得不一次次地转型。据集团总会计师张黎明介绍，华录集团 DVD 整机产量曾占全世界的 1/10，机芯占全球产量的 1/5，但是到 2005 年，企业已经濒临破产边缘。

零散型产业的竞争战略

零散型（fragmented）产业是由为数众多的小型和中型企业构成的，如洗衣店、餐馆、律师事务所等。零散型产业往往在很长时间内保持这种状态，因为这些产业缺乏规模效应，产业进入门槛低。

- 有些产业可能是规模不经济的。消费者往往喜欢口味独特的餐馆，而不是统一产品的全国连锁店。
- 进入壁垒低、新企业随时出现的产业往往也会呈现出零散化。
- 一些经营当地特色服务的，或依赖本地资源的产业也只能是零散型的，如海滨租船或滑雪。

许多产业走过了从零散到合并的过程。连锁超市已经取代了过去的街头便利店和百货店的大部分功能。连锁餐饮也挤占了普通餐厅很大部分的市场份额。为了将零散型产业转变为合并型产业，需要建立新的商业模式。例如，超市通过信息和物流管理技术减少了对人力的需求，实现了低成本的优势。连锁餐厅则利用流程上的设计快速、低价满足了日常餐饮需求。外卖曾经是高度零散的业务，但美团、百度外卖等通过技术平台达成规模化降低了成本，实现了产业的整合。表面上看，零散型产业似乎特别适合创业企业。但是，这样的创业往往需要募集很高的资本，并且需要资深的产业专家加入。

5.3 竞争对手分析

产业内部的战略群组

由于产品和服务的市场定位不同，同一产业内的企业间往往表现出很大的差别，包括分销渠道、细分市场、品质、技术领先性、顾客服务、定价政策、广告和促销等。根据这些差异，我们有可能将产业内的企业进一步分组。在产业内的同一群组中，企业采用基本相似的产品战略，不同群组间的区别十分明显。例如，在制药产业中至少有两个战略群组。一个是专利药物群组，国际知名制药厂商属于这一类，它们的特点是通过高额研发投入来开发新的、有突破性治疗效果的专利药物，在专利有效期内实行高定价。另一个是普通药物群组，它们主要对专利过期的药物进行低成本复制，研发费用低，但药品价格也低。同样，在零售产业中，有百货商店、超市连锁、便利连锁、电子商务等不同群组，其中百货商店从过去以单一购物为主转向巨型综合百货（shopping mall），注重品种多样化和消费体验，价格较高；超市以品种多、自助、低价为特色；便利店以位置、便捷为特色，品种相对少；电子商务零售企业则以品种丰富、沟通便捷、物流服务为特色，通常价格较低。

对于创业者，战略群组有什么意义？在产业中，同一群组提供的产品和服务在顾客眼中是完全一样的。因此，同一群组中的企业是最为密切的竞争对手，它们决定了创业企业需要采取的战略。在上面提到的专利药物群组中，竞争的方式主要是率先取得专利突破，而价格不是主要问题。但在普通药物群组中，价格是决定消费者购买的决定因素。同样，综合百货的竞争战略是吸引到最时尚的品牌入驻，而电子商务的竞争战略是送货的速度。在战略群组分析中，创业者必须在竞争战略相似的企业间找到一个优于竞争对手的能力，才能制定有效的企业战略、争取投资和激励员工。

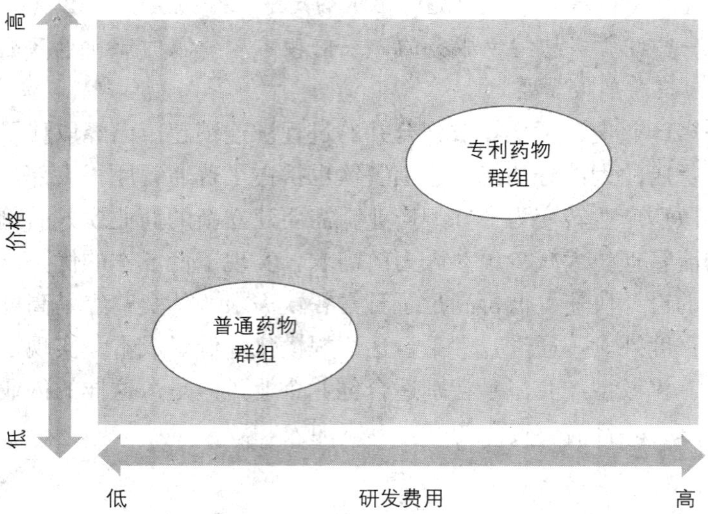

图 5.3 医药产业战略群组的区分

分析战略群组的另一个思考是能否从一个战略群组转向另一个战略群组。例如，图书销售主要可以分为实体店和网店两个战略群组。作为实体店，新华书店有很强的行业积累，表现在与出版社的关系、图书品种和物流的管理等，由实体店延伸做网上书店似乎很有优势。但从现实来看，新华书店投资的网上书店业绩不佳。这是因为不同战略群组间存在着移动壁垒。移动壁垒（mobility barriers）是指产业内阻碍不同战略群组间移动的因素，包括阻碍退出的因素和阻碍进入的因素。例如，实体书店促销依赖店面设计引导和服务人员的专业素质，而网上书店促销则注重网页设计、灵活促销与送货速度，这意味着完全不同的能力。

竞争对手分析

创业者经常会以为自己的产品或服务“没有竞争对手”。事实却是，在现实中我们很少碰到如此理想的情况。创业者很容易对产品和服务给出过分狭窄的定义，忽略了可能的竞争对手。你也许有一个祖传的凉茶配方，是市场上唯一采用了某种特殊中药成分或制作方法的饮品。然而，你的产品需要与市场上的其他凉茶竞争，还要与其他具有类似功能的饮料竞争。忽略这些竞争对手，你将会付出代价。这再次提醒我们注意理解自己所在的产业和市场。产业和市场分析还可以帮助创业者找到新的市场机会。当可口可乐和百事可乐发现碳酸饮料市场增长的潜力已经减弱之后，它们将自己的业务进行了重新定义，从碳酸饮料扩大为一般生活饮料。在早期阶段，这些产品并不是碳酸饮料的直接竞争对手。可口可乐和百事可乐的增长动力由此转向了同一销售渠道中的其他饮料产品和功能性产品，如瓶装水、果汁、运动饮料等。图 5.4 描述了竞争对手分析的要点。

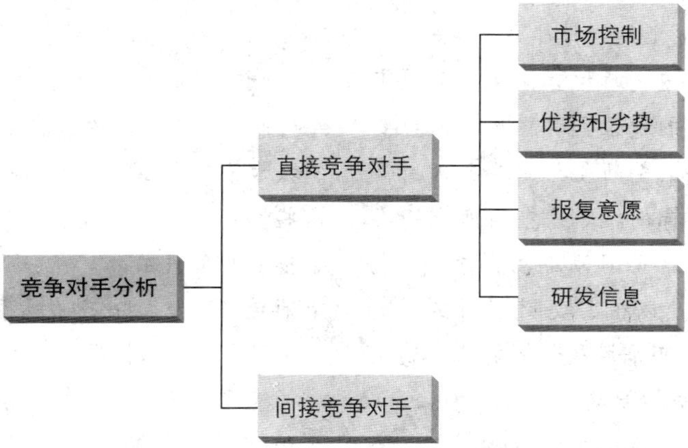

图 5.4 竞争对手分析的要点

在竞争对手分析时，应当从顾客开始入手。顾客当前用哪些方法来满足他们的需求？你的产品或服务与当前的方法有何不同？你的直接竞争对手、间接竞争对手和替代产品是什么？竞争对手的数目与强大程度反映了所在市场的结构。成熟的市场通常是集中的，现有企业的市场力量十分强大。进入这样的市场往往很困难，因为竞争对手很可能控制着分销渠道。例如康师傅凭借多款畅销产品控制着超市中最多的货架和展位。此时企业需要找出绕过传统渠道的方法，例如加多宝凉茶通过与火锅店联盟为自己打开了重要的销售市场，培养起消费者的购买习惯。然而同样是加多宝推出的昆仑山高端矿泉水，在超市渠道与传统饮料品牌的正面竞争却难以取得成效。

对于创业企业，成熟市场的另一项重大威胁是对新进入者的**市场报复**，报复的措施包括降价、增加广告投放、挤占渠道等。例如，当淘宝在市场上崛起对原来的市场主导者 eBay 易趣构成威胁时，eBay 易趣做出了强烈的反应，启动了一项广告封杀计划，与新浪、搜狐、网易三大门户网站签署了排他性的广告协议，阻止淘宝等在这些网站上发布广告。这一措施被认为是有效的，因为可能网购的群体往往是浏览门户网站的人群。尽管这一营销战最终以淘宝获胜的喜剧形式结尾，但多数创业企业可能没有这样的运气。当然，多数情况下产

创业行动专题

美团网的尾部战略

2011年左右，市场上有5000多家团购网站。大众点评、糯米、嘀嗒团和满座拓展了25～30座城市；拉手、窝窝团、24券拓展了150～300座城市，团宝最多，超过300座城市。美团是唯一一家只开发了90多座城市的团购网站，数量最少。美团跟其他企业的选择都不一样。

美团认为，对团购网站而言，在一个城市的地位，要比在全国的地位更为重要。因为要想在竞争中取胜，要么垄断供给，要么垄断需求。像北京、上海这样的城市，垄断商家的难度非常大，但在小城市里因为商家数量少，垄断商家的难度就小。所以在小城市，"胜敌"就是"溃敌"，而在大城市"胜敌"不能"溃敌"。如果能溃敌，就有根据地能盈利了。

美团分析，在产生胜负之分的时间点，如果同行跟不上竞争节奏了，要考虑下一步的生存首先就会考虑控制投入，常见的方式就是"关城市"。美团认为，如果竞争对手们把尾部城市关掉，美团则有机会在尾部城市赚钱。对于那些城市数量较少的竞争对手，如糯米、大众点评。由于美团很多尾部城市是能够盈利的，可以把这些盈利的钱拿到头部城市，继续跟糯米和大众点评拼，这样糯米和点评就会很吃亏。

美团在2011年上半年的判断是团购市场一年时间就可以分出胜负。而到那时，150名以后的城市，甚至100名之后的城市，都是没用的。这些城市不会影响整体胜负，却需要持续有资金投入和管理成本。拉手网和窝窝网在尾部城市消耗了大量的管理成本和资金成本，却没产生足以影响市场格局的业务体量。

基于上述认识，美团在排名25～94的那些城市里面的投入，比头部城市还要大。比如说襄阳和邯郸这个级别的城市，当时投入了10多个业务人员。同期在北京投入了80人，上海是60人。如果比较北京、上海和邯郸、襄阳的体量，美团在北京、上海的体量资源投入远远不足。这就直接导致在25～94那些城市，很快就决出胜负来，对手撤出后，美团就有机会赢利。

2011年之前，美团网还在为进入前三名苦苦挣扎；到了这年年底，美团网已经成为行业第一。美国高管王慧文总结说，如果你坚持做正确的事情，在坚持所带来的正面结果上，其实兑现的周期常常比大家想象得短很多。

业主导者不会这样做，因为它们认为新企业没有对自己构成威胁，毕竟这些报复措施也是需要成本的。例如，腾讯对于互联网应用创新往往采用观察一段时间后再复制跟进的竞争手段，很多新产品因为无法与腾讯的庞大用户和营销力量竞争而消失。

在研究竞争对手时还要考虑另一种风险，产品信息泄露的风险。创业者可能认为自己正在研制的产品是“独一无二”的。但是，在市场上也许正好有其他人也在研制同样的产品而你并不知道。如果创业企业推出新产品时正好碰到已有企业同时或先后推出，将会在竞争中处于不利地位。然而，与市场上已有的产品不同，这类产品研制的信息是很难获得的。有时，竞争对手未来产品使用的供应商可能和你一样。有些供应商可能已经和竞争对手签署了保密协议，但也有的供应商没有签署。在与供应商交流时，不要忘记打听还有哪些人在做类似的事情。行业专家也是可以请教的对象，因为竞争对手也会请教他们。

在了解竞争对手时，创业者还要注意非直接竞争对手，理解你的顾客为什么会考虑购买这些非直接竞争对手所提供的替代性产品。这样的分析助于你理解整个市场，当前主导企业的关键成功因素。为什么在产业中有些企业会成功而另一些失败了？**关键成功因素**（KSF，key success factors）是指能够实际影响顾客付费的产品或服务特性。不同的企业服务于不同的顾客群体，他们的产品看上去差异很大，但同样能够满足顾客的需求。了解这些企业对细分市场顾客所创造的价值，可以更深入地理解竞争对手的战略。表 5.3 列出了旅游市场中一些企业的市场细分特点，请想想看在旅游市场中可能还有哪些新机会？

表 5.3

旅游市场竞争分析

	服务特色
携程	全面在线旅游服务
艺龙网	酒店服务
去哪儿	在线机票
同程	国内自助游
穷游	国际自助游
蚂蜂窝	个性自助旅游
途牛	团队旅游个性化
驴妈妈	景区旅游销售
爱旅行	签证服务
传统旅行社	旅行团、路线开发

另一种直观的竞争分析方法是绘制竞争分析方格（competitive analysis grid）。竞争分析方格是按行业中的成功要素将市场上所有竞争对手的差异化程度进行对比，通过分析可以发现企业当前的竞争优势以及市场对这些竞争优势的看法。企业收集到的竞争信息有可能是侧重于某一方面的，绘制竞争分析方格可以直观地呈现企业总体竞争态势。

创业行动专题

探探的关键成功因素

探探是一款陌生人交友应用，灵感主要来自美国的Tender。用户可以根据自己的需要看到交友对象的照片，然后以左滑无感，右滑喜欢为原则进行配对选择。2017年，探探的用户达到6000万，平均年龄23岁，每天滑过的照片高达10亿张。

试图在中国复制这一模式的创业者并不少，包括一些大企业，但基本没有成功。在中国，陌生人交友同样需求很大。探探创始人王宇和潘潆认为，社交应用的关键成功因素是运营，这需要运营者投入精力建立信任和规则。

探探发现，同行们普遍没有做好一件事，维护恰当的男女比例。绝大多数失败的产品选择了男性视角，这样有利于初期迅速和大量获得用户。但这种模式吸引来的都是男性用户，反而导致女性用户流失。

探探的男女比例保持在6:4，创始人每天都会关注这一数据。探探的整个产品逻辑是以女性为中心，只有经营好女性用户，交友应用才能成功。例如，女性平均一天要滑300张照片，是男性的1.5倍。能够吸引到优质女性客户，就不必担心男性客户。

为了提升女性用户的体验，需要对社区的纯净度下很大的功夫。例如通过人工清理营销账号，反黑客和过滤机器人，以及对聊天内容纯净度的维护。探探的运营方针就是“玩命地发展和维护女用户。”

表5.4是中国巧克力市场竞争分析方格的一个样本。表格中列出了不同企业产品的不同维度在消费者心目中的地位，这些维度也就是在巧克力产业中获得优势的关键要素，巧克力企业在市场竞争中则会沿着这些要素找出自己的优势所在。当然，横轴上所列的成功要素需要根据市场竞争的实际情况进行调整，还要关注这些要素的重要性排序的改变。例如，顾客的偏好可能从口味转向健康，这意味着对黑巧克力的需求将增加。

表5.4

巧克力市场竞争分析方格

	口 味	价 格	易 得	品 牌	广 告
Godiva	高	高	中	高	中
瑞士莲	高	高	中	高	中
德 芙	高	高	高	高	高

续表

费列罗	高	高	高	高	中
金　帝	高	高	中	中	低
吉百利	高	高	中	高	高
好　时	高	高	中	高	中
雀巢奇巧	低	低	高	中	高
明　治	中	中	低	中	低
悠　哈	中	中	低	中	低
金丝猴	低	低	高	低	低
徐福记	低	低	高	低	中

竞争信息的来源

企业系统地获得竞争对手的信息称为**竞争情报**（competitive intelligence）。创业者通过竞争情报来分析竞争对手的行为和策略，据以形成自己的独特的市场战略。在现实中，企业可能通过许多方式来获得竞争信息。公开的信息渠道包括行业会议、政府登记或公告、企业公告、新闻媒体报道等。例如上市公司会发布季报年报等，这些资料中包含许多经营信息。非公开的信息渠道包括市场调查公司或专业机构提供的服务等。表 5.5 列出了常见的一些竞争情报来源。

表 5.5

竞争情报的主要来源

竞争情报的来源	竞争情报的特点
行业会议或展览	关于行业产品和服务的最新信息，可以看到实际的产品和服务
新闻报道、行业期刊和网站	有关新产品和服务的报道或未来的计划以及对产业较为深入的分析
公司网站	对公司产品和服务的介绍，季报年报等文件
政府登记或公告	企业登记信息、有关法律争议事项
市场调查公司或专业机构	提供对行业或具体产品服务的深入分析

本章小结

1. 产业是由竞争关系密切的对手所构成的一组企业。当顾客需求改变时，产业的边界也会发生改变。

2. 波特模型的五种竞争力量是指潜在竞争对手进入的风险，现有企业的竞争强度，购买者讨价还价的力量，供应商讨价还价的力量和替代性产品的相似度。

3. 产业生命周期模型将产业的演变划分为萌芽、成长、震荡、成熟和衰退五个阶段。

4. 零散型产业由为数众多的小型和中型企业构成，零散型产业的合并往往需要很高的成本。

5. 在顾客眼中提供相同产品和服务的企业构成一个战略群组。移动壁垒是阻碍企业在不同战略群组间移动的因素。

6. 创业者应当从顾客需要入手进行竞争对手分析，考虑直接和间接竞争对手的威胁。

7. 企业可以通过多种渠道获得竞争情报。

关键概念

产业　细分市场　产业边界　波特竞争力量模型　替代性产品　产业生命周期　零散型产业　战略群组　移动壁垒　竞争对手分析　关键成功因素

批判性思考与讨论题

1. 什么是产业？请举出一个产业，列出一些产业中知名企业的名称。

2. 什么是产业的边界？举出一个产业边界正在发生改变的例子。

3. 产业与细分市场有何区别？你将如何描述饮料产业中的细分市场？

4. 假定某创业者准备从事健身产业，请根据波特模型向他解释健身产业中五种竞争力量的分析，这些力量对产业的利润率有何影响？

5. 举出一个购买者讨价还价力量很强的产业，再举出一个供应商讨价还价力量很强的产业。哪些因素可能改变购买者和供应商讨价还价的力量？

6. 举出一个正在受到替代品威胁的产业的例子。为什么奢侈品品牌不担心替代品的威胁？

7. 潜在竞争对手进入的风险如何导致产业利润率下降？举出一个产业的例子。

8. 创业企业如何避开波特五种竞争力量对利润率的压制？

9. 举出成长、成熟和衰退产业的例子各一个。

10. 创业企业在成熟产业中可以如何开展竞争？

11. 某创业者认为自己计划开办的餐厅没有竞争对手，你将如何帮助他认识自己的竞争对手？

12. 竞争对手分析应当包括哪些内容？

13. 为什么创业者需要考虑非直接竞争对手？

14. 什么是竞争情报？创业者可以如何利用竞争情报？

报告与分享练习：产业、竞争与战略

以小组为单位，找出一个感兴趣的创业企业，从公司公开信息（如网站、年报）和媒体报道中查找资料，回答以下问题并向全班报告你们的发现：

1. 分析这家企业所在产业是什么？产品和服务属于怎样的细分市场？

2. 企业所在细分市场属于传统产业边界内吗？

3. 用波特 5 种竞争力量模型分析企业所在产业。还有其他未能包含在波特模型中的竞争力量吗?

4. 企业所在产业处于生命周期的哪一个阶段?企业当前的战略是否体现对这一阶段的认识?

5. 企业所在产业有机会进一步整合吗?

6. 描述企业所在战略群组的特点和竞争壁垒水平。

7. 描述企业的主要竞争对手,有哪些应对现有竞争对手的方法?有哪些非直接竞争对手?

结尾案例

饭统网:传统团购错过移动互联市场

饭统网成立于 2003 年,是最早免费提供餐厅预订和优惠折扣的在线服务企业之一。用户不仅可以查询和预订餐厅,还可以享受饭统网与餐馆协议的折扣价,通过折扣吸引用户流量。饭统网的盈利模式为年费和佣金。餐厅会员一年交 1000 元会费,会员餐厅还要返还 5% 的消费佣金给饭统网。其他还有广告费和为团体用户服务等。2004 年,在成立 10 个月后,公司实现现金流平衡。

2008 年 7 月,饭统网获得日本亚洲投资等 4 家海外风险投资企业近 3000 万元人民币风险投资。到 2009 年,饭统网已经能够覆盖中国 80 个主流城市、50 万家餐厅第一手信息。截至 2009 年 12 月,饭统网累计订单超过 350 万张,累计贡献消费额 15 亿元以上。饭统网开启的"传统经济 + 互联网"模式,曾风靡一时。

跟携程类似,饭统网属于呼叫中心加互联网的方式。通过人工对账的模式帮助商家和用户进行餐饮预订,这在当时更加贴近用户习惯。不过电话预订的误差率比较大。在嘈杂的餐厅环境下,地址很容易记错送错,白白消耗物流成本。

在公司成立早期,饭统网、上海的订餐小秘书、大众点评等都是本地运作。2008 年各家开始全国性扩张后,饭统网最初的优势渐渐消失。在顶峰时期,2008 年饭统网每日接单的数量在 4000 单以上,2009 年回落到 2000 ~ 3000 单,2010 年只剩下 1000 单左右。

2010 年之后,拥有深厚商户基础的饭统网并未在移动端有所布局。在网民们热衷手机客户端预订时,饭统网依然做电话预定。"饭统网……后几年,完全可以通过自己在商户上的积累进行自我突破,但到 2010 年以后基本上原地踏步。"一位餐饮业人士这样评价。

饭统网也试水了其他业务。2009 年,饭统网上线了在线预订业务路路通,可节省电话预订 30% 的人力成本,接着又也上线了优惠券业务。2010 年,团购大潮兴起,饭统网也开始做团购。"团购业务与在线预订和优惠券业务多有重叠,团购就把这两个业务给冲了。"一位离职员工回忆。[1]

饭统网遭遇的最大打击是在 2010 年,当时团购网站迅速崛起,席卷的第一个行业就是餐饮,业务重点正是折扣优惠券,团购网站烧钱做地推工作教育餐饮公司,对饭统网和大众点评都形成了威胁。

[1] http://china.qq.com/a/20140424/005395.htm.

据饭统网一位高管回忆，CEO臧力早在2010年内部会议上，就提出要做APP，此时距离竞争对手大众点评网的APP上线早了一年。但是饭统网在执行上往往有动摇，好的战略经常实施到一半就会放弃。直到2012年，饭统网才推出一个可以实现预订、位置查找功能的APP产品，并且上线的产品功能不佳。这让饭统网失去了原本的战机。2012年年底，美团的用户数量已经超过6000万。

饭统网对团购战所需要的资金消耗估计不足，未能抓住机会融资。而竞争对手大众点评网在2011年和2012年分别融资1亿美元和6000万美元，储备了足够的资金。资金紧缺导致的另一个问题就是技术跟不上，内部测试的移动产品不够完善，改版多次最终也没有进行推广。

在拉手、窝窝团、美团、大众点评等先后大规模烧钱补贴用户以扩大规模之时，饭统网的团购业务却提出了赢利的要求。赢利的方式是向商户收取5000～10000元不等的广告费。这让代理商难以开拓商户。饭统网不想大量花钱做宣传和推广来获取用户，团购业务被远远甩在后面。

自2012年开始，饭统网的流量就非常不稳定，广告售卖开始出现问题，客户也开始大量流失。而饭统网的团购项目更是基本停滞。[1] 2014年，饭统网倒闭。

讨论题：

1. 用波特模型分析饭统网所在产业。

2. 造成饭统网失败的主要原因是什么？

3. 对于团购市场的烧钱冲击，你可以给饭统网怎样的建议？

开篇案例讨论题

1. 试用波特模型分析水饺产业。

2. 水饺是零散型产业，喜家德如何试图其转化为整合产业？

3. 了解喜家德的开店位置，分析其位置选择是否合理。

4. 在你看来，喜家德的竞争优势是可持续的吗？

[1] http://tech.sina.com.cn/z/fantongwang/.

创　业　管　理

第 6 章

商业模式开发与检验

在商业世界中，后视镜永远比风挡更清楚。

——沃伦·巴菲特

发明出创新的商业模式，在绝大多数情况下纯粹是撞大运。

——加里·哈默（Gary Hamel）

本章学习要点

- 商业模式及其要素
- 商业模式失败的主要原因
- 业务概念的四项要素
- 企业的基本决策
- 商业模式开发的步骤

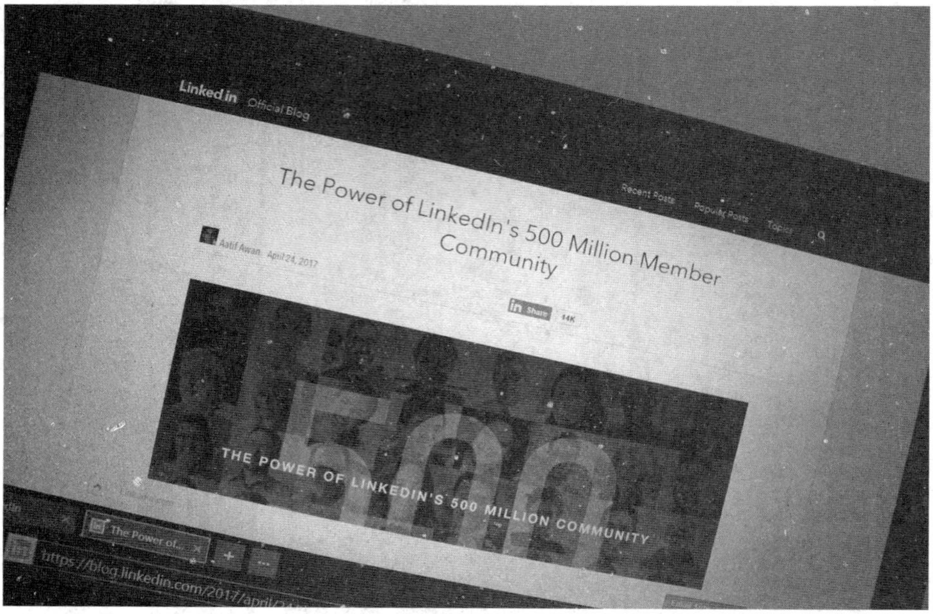

LinkedIn 将基于真实工作经历的社会关系转化为商业价值。

开篇案例

领英：真实工作经历的价值

2002年，豪尔、雷德－霍夫曼等人创建了LinkedIn（领英）。2003年5月，网站正式发布，5个创始人是最早的用户，当时最大的难题就是如何在短时间内扩大用户量。5个人都被分派了任务，每人必须找到100个用户。其中两位工程师的人际关系不如其他三人广，他们得到特许，只需要每人找50个用户。“我们需要找的，是商务人士，相对比较偏向中上阶层。”

当时，Monster.com这样的公司才是在线求职搜索引擎中占有主导地位的企业。但是，LinkedIn决定在其求职网页中增加一些社交模块，通过这一功能使用户对此项服务产生依赖感，促使他们更加频繁地登录网站。人们可以在网页上创建职业档案，和在线访客互动交流。用户可能只会在找工作时才会想起来使用Monster.com，而LinkedIn却不是如此。豪尔指出，“我们创造了一种独特的商业模式。”

霍夫曼认为，网络的增长才是最关键的变量。“随着LinkedIn的发展，越来越多的成员在我们的网络上发起活动、提供数据，我们的竞争力也不断增强。现在，LinkedIn拥有大量信任我们会员的用户，由于他们是自愿加入我们的网络的，而且对自己的数据有着控制权，因此用户给我们使用其数据的权限。”

如果没有明确的目标，社交媒体所引来的成千上万的用户就只像是在开一场大型的派对。Facebook比领英拥有更多的用户，但Hoffman相信人们更愿意在社交网络上将工作与生活分开。用户并不是来LinkedIn找乐子，而是实实在在出于工作的需要，为了精心维护自己的人脉，抱有明确目的使用LinkedIn的用户越多，其在LinkedIn个人资料的更新频率将有可能变快，这样内容丰富的数据库对企业用户具有不小的吸引力，尤其是想寻找高端人才的招聘者。

领英目前拥有近5亿的用户，它所构建的社交网络开始有了雏形。尽管外界对于领英通过垃圾邮件轰炸的方法扩展用户感到不齿，用户们却是在不断地完善自己的个人资料，为下一个工作做准备。在起初的两年里，霍夫曼把精力放在用户数的增长上。几乎在一开始，领英就引导用户上传自己的邮箱联系人列表，这让领英有了大量的个人邮箱发送试用邀请。霍夫曼意识到有些人对此感到不满，但这确实是吸引新用户行之有效的方式。“人们可能会说，我讨厌这些该死的邀请邮件，但只要有效，手段低级点又何妨。”

由于LinkedIn聚焦于求职者与招聘单位，因此向他们收费以登录网页及使用扩展工具是合理的，而普通会员则继续免费。用人单位付费发布工作机会、使用招聘工具套餐及搜索用户资料来物色潜在候选人。LinkedIn最大的收入来自招聘解决方案部门，帮助企业招聘合适的员工。在LinkedIn上张贴招聘广告的用户每月要支付每条95美元的费用。企业为每个LinkedIn席位每年要花费8200美元，而一些大公司一般会购买100个以上的席位。

霍夫曼将LinkedIn的竞争优势总结为：

- 获取用户不需要花费
- 高利润率的招聘产品
- 高度可扩展的模型（可以复制到很多用户和招聘方）
- 网络效应
- 巨大的市场（招聘、营销、销售、商业媒体）

企业要想生存下来，必须有一套实现赢利的逻辑。与成熟企业相比，创业企业要想厘清这一逻辑尤为重要，也更加困难。本章首先讨论了如何将理念转化为可行的业务概念，接下来分析如何在价值链上寻找企业的定位，最后是建立起能够创造和实现顾客价值的商业模式，保证企业的可持续发展。

6.1 什么是商业模式

随着各国政府纷纷推出鼓励创业的政策，大量的创业成功故事出现在媒体上，似乎只要坐在咖啡厅中与好友讨论一番就足以设想出一个商业模式并让它在现实中运营起来。然而现实可能并不如此美好，创业者们发现，只有经过反复锤炼的痛苦过程，商业模式才有可能落在实处。在企业的产品和服务进入市场之前，还有更多的工作要做。

首先需要的是一个满足真实市场需求的业务概念，以及能够实现价值的商业模式。管理大师彼得·德鲁克在20世纪50年代就指出了顾客对于企业的基本意义。他常常向创业者提出五个重要问题[1]：

- 我们的使命是什么？
- 我们有哪些顾客？
- 我们的顾客对价值有哪些看法？
- 我们提供哪些结果？
- 我们的计划是什么？

德鲁克的五个问题就是商业模式的基础。如果创业者不能很好地回答这些问题，那么他所做的一切将很可能只是在浪费时间。使命要回答的是我们为什么要做事，是这家企业未来将要实现的长远目标。顾客是可能为企业所创造的价值付费的人，可以是组织，也可以是个人。顾客对价值的看法是一个很难回答的问题，它要求创业者潜心在市场上理解顾客所遇到的实际困难。解决这些问题或困难就是顾客所看重的价值。结果告诉我们是否走在正确的道路上，创业者应当清楚自己的工作将导向怎样的结果。创业者们不是在预测未来，他们是在创造未来，找出实现未来目标的方法。对于创业者，计划也不是传统的商业计划，那些用大量的商业词汇堆积起来的厚厚的文件，而实际情况在这些文件写成的时候就已经改变了。创业者的计划总是与行动联系在一起，是一系列小的实验，能够帮助他们获得反馈用于修正自己的行动来满足顾客的需求。

---

[1] Drucker, Peter. The Five Most Important Questions You Will Ever Ask about Your Organization. San Francisco: Jossey-Bass, 1993.

商业模式的定义

在评价新企业时，**商业模式**（business model）几乎是使用最广泛的一个术语。那么，究竟什么是商业模式？创业者们如何使用商业模式？在有关商业模式的诸多定义中，有两个活动要素是共同的：价值的创造和实现。这两个活动代表着企业为顾客创造价值和长期生存的基本逻辑。首先，一家企业必须通过与竞争对手的差异化或满足市场中尚未得到满足的需求来创造价值。其次，企业还必须通过将产品货币化来实现价值。也就是说，企业家必须知道如何在经营活动中赚钱。所有这些活动都是在一个价值网络中发生，价值网络的构成包括合作伙伴、供应商和价值链上与企业有生意往来的其他成员。

表 6.1 描述了商业模式中所涉及的各种因素：定价、收入、价值主张、业务流程和互联网。成功的商业模式通常是难以复制的，因为它深刻地理解了顾客需求并以独特的方法满足这些需求，能够建立起阻止竞争对手进入的壁垒，为企业带来竞争优势。淘宝网的商业模式是让每个人都能够以很低的成本成为卖家，不仅拥有广大的市场，还能自主控制自己的产品和价格，这在互联网时代之前是无法做到的。随着顾客行为习惯和偏好的改变，商业模式也会不断地发生改变。例如，当顾客开始偏好网上购物时，传统超市的商业模式就会受到冲击，迫使企业做出改变。当然，商业模式也可能很快被竞争对手复制，此时，企业将陷入价格战。例如，电子商务网站至今还在定期爆发价格战，以此来争夺顾客。

表 6.1

商业模式的构成要素

定价模式	● 市场定价 ● 成本加成 ● CPM（千次展示成本） ● 增值服务价格
收入模式	● 交易收费 ● 注册或会员费 ● 许可费 ● 广告费 ● 计数或计次收费
价值主张	● 显著价值、高成本、高定价 ● 相同成本、相同价格、更高的价值 ● 低成本、低价格、较低的价值

续表

业务流程	● 直销 ● 中介销售：分销与零售 ● 砖头水泥店 ● 完全网上销售 ● 组合销售
互联网应用	● 聚合（如垂直电子商务） ● 造市（如平台电子商务） ● 价值网络（价值随用户数量急剧上升） ● 整合服务（一站式解决方案） ● 虚拟供应链（B2B 业务）

商业模式创新

创业者在进行创业准备时有时可能希望模仿某一成功企业的商业模式，这样做往往难以成功，原因有两个。首先，成功企业的商业模式通常是很难准确理解的。成功的商业模式可能来自企业初期的创业者团队、技术路径或市场条件，而这些条件今天已经不再具备。例如，你也许有一个非常好的凉茶配方，但要在凉茶市场上再取得像王老吉那样成功的机会非常小。其次，成功企业往往拥有特定的资源和能力，这些资源和能力是在它的发展过程中逐步建立起来的。你也许有不错的教材和教师，想模仿新东方的商业模式进入英语教育市场。然而新东方在长期的竞争中形成了许多独特的能力，他们更了解如何激励学生，如何管理优秀的教师，如何进行竞争性的定价和如何传递价值。新企业在这些方面却缺乏积累，可能会过分依赖狭窄的收入来源，而在以上任何一个方面受挫就会导致企业失败。

与传统企业相比，创业者也有一个特别的优势，那就是可以做到不受传统商业模式的束缚。我们经常看到成功的创业企业实施了商业模式创新，从沃尔玛的物流管理创新到亚马逊的电子商务，从戴尔电脑的直销模式到特斯拉的电动车市场创新。**商业模式创新**（business model innovation）是指对产品生产、销售或服务方法的革命性改变。图 6.1 描述了 Uber 与传统出租车公司商业模式的对比，尽管在 Uber 的商业模式中服务链条变长了，但它所提供的服务体验却极大改善。企业商业模式创新的成功还源自现有企业难以改变自己的商业模式以应对新模式的竞争。例如，传统百科全书出版企业的商业模式是依靠专业的销售人员队伍进行高价销售，而电子版百科全书则通过软件捆绑进行低价甚至免费销售，这样的竞争其结果是很容易想象的。即使是拥有了成功商业模式的企业也要不断进行创新，向顾客提供更大的价值。近年来，大型超市发展速度下降，但精品超市却有了很大的发展，说明超市行业中的企业注意到消费者购买习惯的改变并做出了商业模式上的调整。

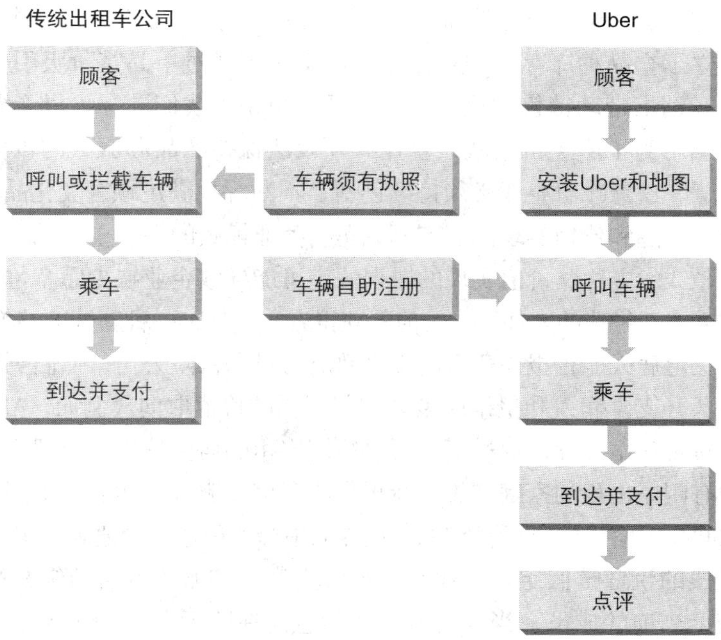

图 6.1　Uber 与传统出租车的商业模式

商业模式失败的主要原因

研究发现，商业模式失败的主要原因可以分为四种：逻辑缺陷，缺少战略选择，价值创造和价值实现的假定不完美，错误的价值链假定。我们接下来进行具体的分析。

逻辑缺陷。如果创业者对未来的设想发生错误，商业模式自然不会成功。例如，企业成功所必须的条件尚不具备或不可能在短期内出现，则创业者很难通过实施上的聪明设计来实现预期的结果。许多创业企业试图复制国际上已有的或已经证明有效的商业模式，这种做法能否成功主要取决于所要求的背景条件在中国是否具备。香港莎莎化妆品以特卖著称，是内地旅客在香港的必到商店。受到内地顾客需求的鼓励，莎莎在内地开设了店面。然而，由于内地的税收政策与香港不同，莎莎很难保持价格优势。同时，国际品牌在内地不愿意授权特卖，导致莎莎在内地失去了品种优势。与此相似，美国和欧洲电器巨头百思买和万得城的成功秘诀是买断经营和注重体验的电器零售商业模式，然而在价格极度敏感的内地市场同样难以发挥效力，不得不退出内地市场。

缺少战略选择。战略选择的灵活性反映在价值创造和价值实现两个方面。在互联网创业早期，许多企业除了证明自己能够在网络上实现销售之外没有任何其他价值创造。例如，许多网上书店在进货方面与传统书店相比没有优势，而送货成本却远远高于传统书店。除了在线销售之外，它们没有其他有助于实现竞争优势的战略。成功的网上书店通常拥有更多的战略，如当当拥有同出版社的良好关系，建立了全品种库存的服务战略，而卓越则通过单品特价吸引大量订单，实现了通过畅销书带动销售的战略。在线下竞争中，我们同样可以看到战略选择对企业的影响。为了避免价格战，企业必须设法保持产品和服务的价值，不让它们成为大路货。这意味着企业必须持续创新、不断寻找满足顾客变化品味的新方法。

价值创造和价值实现的假定不完美。商业模式的一个重大挑战是为所创造的价值找到赚钱的方法。价值实现的错误假定可能导致企业缺少愿意付费的顾客，或者企业寄希望于付费的人却不是价值的获得者。例如，一种新药能够挽救病人的生命。但是，决定病人能否报销药费的却是政府官员和保险公司，他们更加注重的是控制总的医药开支。病人和报销决策者有着不同的价值取向。例如，Airbnb 是美国崛起的一家短租房服务商，通过汇集可供短期出租的房屋信息和短期旅行住宿的需求信息，为有闲屋出租的家庭和旅行者提供收费信息服务。然而，中国市场上用户和出租人之间缺乏信任，令复制 Airbnb 这样的中介所创造的价值难以实现。

错误的价值链假定。创业者往往假定产品和服务的价值链是静态的，也就是价值链上当前的成员、当前的流程和信息流在明天也会和今天一样。这是一个错误的假定。有竞争能力的企业可能会根据产业机会的出现随时进入新的产业，甚至推出与之前完全不同的产品和服务。例如，Google 推出开源的手机操作系统 Android，为许多提供移动软件和硬件产品的创业企业提供了机会。诺基亚未能认识到 Android 操作系统的市场潜力，拒绝开发基于 Android 系统的智能手机，也是导致其陷入困境的原因之一。

创业行动专题

免费增值模式

免费增值（Freemium）是由风险资本家弗雷德·威尔逊总结的适用于应用软件市场的商业模式[1]，由免费（free）和增值（premium）两个词合并而来。免费是指软件服务在开始时是完全免费的，然后通过特色服务、增值功能和虚拟产品等收费。免费增值在互联网企业中非常流行，腾讯是免费增值模式最成功的企业之一。据应用跟踪机构 App Annie 所提供的调查结果显示，现在整个手机应用市场都在走向免费增值服务模式。[2]

并不是所有的产品适合 freemium 模式。Freemium 应当是用户可以很快上手使用的产品，功能不复杂的产品，还应当是很容易吸引顾客的东西。有些服务如医疗反而需要付费模式。免费增值模式还需要有一个足够大的市场，才可能有足够多的用户转化为付费或将客户量转化为有价值的流量。

[1] www.avc.com/a_vc/2006/03/my_favorite_bus.html.

[2] http://inbound.appannie.com/app-annie-google-play-special-report-2014.

6.2 为新企业开发业务概念

为新企业开发的**业务概念**（business concept）应当简要地描述四项要素：顾客定义、价值主张（对顾客的利益）、提供的产品和服务、分销渠道（如何将利益传递给顾客）。业务概念类似于电梯游说（elevator pitch），也就是能够在很短的时间内向投资者做出清楚的说明。假定创业者在电梯间遇到投资人，他应当能够在电梯从 1 层到 12 层的时间内说明自己的业务概念，引起对方的兴趣。业务概念的特点是简明扼要，同时重点突出。从商业计划发展到成功的创业企业会有很长的一段过程，在这个过程中，创业者需要不断回顾业务概念中的四项基本要素，如图 6.2 所示。

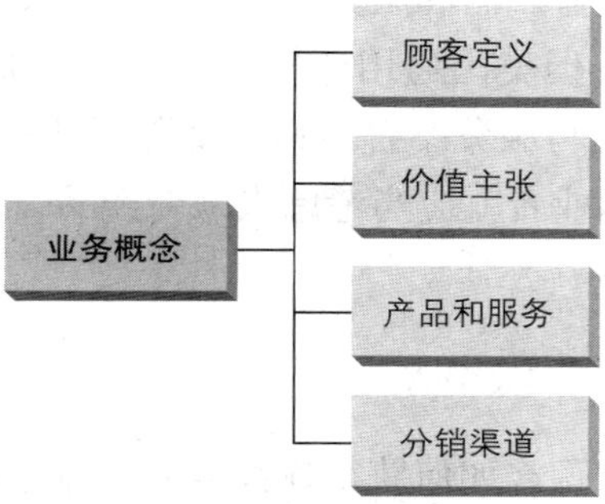

图 6.2 业务概念的四项要素

顾客定义

顾客是谁？这似乎是一个再简单不过的问题。然而，不能准确回答这个问题的创业者多得难以计数。例如，创业者往往认为，顾客就是产品和服务的使用者，他们花很多精力来提升使用者的体验。使用者体验固然重要，但更重要的可能是为产品和服务付费的人。青少年游戏的使用者和购买者是分离的，企业要说服父母付费通常需要在游戏的益智性上下功夫。在企业内部采购中，也会经常遇到这种情况。以医院为例，科室和医生为了提高诊疗效果和科研水平也许愿意购买昂贵的检测设备。然而购买的决定权却在行政部门，他们当然关心病人的福利和科室的利益，但他们更关心的可能是医院的整体收入能否因此增加，预算如何调整，甚至还要考虑医院政治的压力。在业务概念中，顾客的定义是最关键的，它决定着其他几项要素。

价值主张

价值主张（value proposition）是企业通过产品和服务向顾客提供的利益。换言之，价值主张解释了顾客为什么要付钱。创业者需要识别顾客的需求，也就是顾客在体验中所遇到的“痛点”。创业者的业务概念往往起源于他们认为顾客能够识别和愿意付费的价值。然而，只有经过市场调查，他们才会听到顾客的真正需求，了解顾客会不会为他们的产品和服务付费。

例如，凡客的价值主张是向奋斗中的年轻人提供平价的优质产品。当它的产品线无节制延长后，它无法再有效地传达自己的价值主张。2014 年，凡客 CEO 陈年以回归高品质的核心产品衬衫的行动表示回归价值主张的决心。

解决方案

创业企业的产品和服务都是为顾客面临的问题提供解决方案。今天，从解决方案的角度出发，企业产品和服务的界限开始模糊。例如，大型设备企业传统上被认为是产品企业，但美国通用电气公司工业产业的利润 75% 来自产品销售后的服务。通过将产品与服务结合可以创业多元化的收入，为企业建立竞争优势。在业务概念阶段，创业者就应当考虑未来新产品、新服务和新市场的计划。

分销渠道

分销渠道解决“顾客如何获得你提供的利益”这一问题。创业者当然可以有许多选择，最好的方案应当能够满足顾客对何时和如何购买产品的期望。绝大多数情况下，服务是直接送达顾客手中的。但产品一般要经过中介渠道，如分销商和零售商。以移动应用产品为例，即使你设计出一款对用户非常有价值的 APP 并且提供免费下载，但是，你如何让大家看到这款产品？你需要通过百度手机助手、360 手机助手、腾讯应用宝、豌豆荚等分发工具来帮助顾客找到你的产品并下载。

创业者的故事

每次乔布斯推出苹果新产品的演讲总是令人印象深刻，而在这种影响力的背后则是精心的准备。每次演讲前乔布斯都要花两天时间反复彩排，征求产品经理的意见。小米创始人雷军在产品发布会前会花一个月到一个半月的时间写作演讲稿，每一张 PPT 都要求做到海报级的效果。讲故事是成功创业者的一项关键能力。很多时候，投资人发现自己拒绝投资是因为没有听到一个有紧迫性的故事。创业者的主要工作围绕着创业机会识别和寻求资源运用机会展开。然而，创业在很大程度上是一个社会过程，创业者在构思、设计和创办新企业过程中的行为和选择具有特殊的意义，他们可以通过讲述自己的故事传达创业的社会意义，吸引创业资源。创业企业的故事通常建立于自身的专有资产和能力之上，特别是那些难于模仿、能够帮助人们理解企业内涵的故事。

创业行动专题

业务概念的精炼

业务概念的表述要求简洁有力，颇能考验创业者遣词造句的能力。美国南加州大学有一个名为 BIONNIX 的人工神经培养公司项目，它们的产品能够通过电刺激复活瘫痪肌肉，这对于许多卧床不起或陷入昏迷而患有褥疮的患者自然是一个福音。公司打算向医院和护理中心出售他们的产品。为了赢得企业的订单，他们决定这样表述自己的业务概念和痛点。

> “在美国，每年受褥疮折磨的患者估计有 350 万～500 万人，6 万病人因为褥疮相关的综合征离世。医院和护理中心的工作人员饱受这一顽疾的困扰，今天，我们发现这一疾患是可以得到治疗的。”

上面的说明描述了基本事实，但没有突出问题的紧迫性。决策者为什么要采取行动？接下来还需要很长的篇幅才能解释清楚商业计划的原理，而这样做就可能迷失真正的痛点。按照业务概念四要素的框架进行重述，他们修改后提出了下面的解决方案。

> “每年有 6 万名患者死于褥疮相关的综合征，通过肌肉刺激可以预防这一悲剧的发生。医院和护理中心护理着大量行动不便的褥疮病人，他们急需能够降低成本，减少用工人数的办法。BIONNIX 开发了一种专有的解决方案，生产、销售和服务可植入的人工神经，为褥疮患者提供有效、简易和无痛的解决方案。”

改写后的业务概念明确指出主要的用户是医院和护理中心，它们关心的是如何降低护理褥疮患者的人工成本，尽管最终的受益人是褥疮患者。这个业务概念没有试图回答所有问题，也没有解释它将如何实施。相反，它专注于可行性分析，激发兴趣，引致进一步的讨论。注意，在上述业务概念中没有提到金钱。缺乏经验的创业者往往会过于关注金钱议题，然而真正重要的是顾客感兴趣并愿意支付。

讲出一个打动人心的故事需要把握好开头、中间和结尾各个环节。创业者可以从如何发现机会讲起，回顾自己所遇到的挑战以及如何克服这些挑战，目前已经进行到怎样的阶段（原型、种子基金或现有的顾客）。故事的目的是说服听众，例如顾客、投资人、潜在合伙人或其他任何可能对企业成功有所帮助的人。成功的创业故事既要展示企业的独特性，又要符合听众的预期。一个精心构思的故事能够帮助企业建立起自己的品牌形象，激发听众对企业的信心。成功讲述的故事必将得到重复，在长期中就会成为企业传统的一部分。

在企业故事中，业务概念只是一个很小的部分。通常企业故事会始于业务概念，然后围绕着核心概念添加色彩和经纬线索，建立起不可复制的、企业专属的意义。20 世纪 90 年代，英语补习机构遍地开花，然而大多数机构没有自身的独特意义，也就是缺乏差异性。新东方创始人俞敏洪抓住中国普通家庭背景的学生渴望通过出国留学改变命运的心理，将励志因素添加到新东方创业故事里。他的故事建立起努力向上的企业形象，吸引了大量的学生传播新东方的故事。

创业行动专题

Sherpa's 送餐的商业模式

送餐服务为人们生活提供了很大的便利。但对于在华工作和生活的外国人士，享受这一服务并不方便。1999 年，美国人马克和同学季昺创建了 Sherpa's 送餐公司，提供英语送餐服务，这也是他们在中欧商学院 MBA 的实习项目。

一开始，马克与合作伙伴季昺不知道顾客会在哪里。调查发现，位于上海西南较偏远处的虹桥地区住有许多外国人，他们就把第一个办公室设在了那里。后来证实那是完全错误的，因为绝大多数的订单都来自“老外”工作的市中心。

快递费的起步价是 15 元。1999 年上海出租车的起步价是 10 元，即使在起步价范围内往返一次价格也要 20 元。为了创出牌子，他们承诺顾客 45 分钟送到，超时免费。上海的交通很拥挤，加之创业初期缺少经验，“免费”的压力很大。但马克在这个问题上没有妥协，他与季昺曾亲自骑自行车测量配送距离。公司开始赚钱后，马克立即把快递员的自行车换成了助动车，并且配备保温箱。

Sherpa's 只收订餐客户支付的现金，每月结清其中该支付给餐馆的部分。前两年订单量有限，产生的利润并不能覆盖每月费用。18 个月后，公司开始出现亏损。马克坦言在那段最艰难的日子里也怀疑过自己的市场定位。随着 Sherpa's 品牌的建立，谈判形势对他们有利起来，合作餐厅提高了佣金比例，延长了支付周期。现在 Sherpa's 平均提取的佣金在 20% 左右，业务量多的话提取的佣金可以适当减少。

马克通过电子手段监控送餐者的工作，每周花半天时间讨论消费者提出的抱怨以改善服务等等。他要求快递员有整洁统一的行头，干净的指甲，更多的笑容，准备更多的零钱。不允许快递员送餐时发送广告传单，“那样可能会让消费者感到厌恶”。

他经常比较其他外送公司的服务。一次致电麦乐送时发现，接电话的小姐需要再次确认消费者的电话和地址，并且不失时机地推销订单之外的其他产品。马克则要求他的接线员确定订单的时间越少越好，避免消费者等待。Sherpa's 的接线员不仅要双语工作，而且必须清晰地报出自己的名字。马克认为这在无形中产生压力，迫使接线员注重自己的服务质量。

马克说，“10 年之前，我们的顾客大概只有 3 万人，现在超过了 30 万。”随着品牌建立，外国顾客比例已经从 10 年前的 90% 降到了现在的 70%，“我觉得喜欢 Sherpa's 的人，多半有着典型美国人的心态：你帮我省时间，我付给你钱。”

Sherpa's 曾经想打入中餐外送市场，结果失败了。他认为，这是因为中餐的制作特点更适合堂吃，最重要的是他们在这个圈子没有“关系”。Sherpa's 也尝试过新业务，做过干洗、DVD、鲜花、票务等快递，却没有一样像食物外送那么成功。

讨论题：

1. 简要分析 Sherpa's 的商业模式。

2. Sherpa's 向其他服务扩展不成功的原因可能有哪些？

6.3 从业务概念到商业模式

基本的企业决策

在识别创业机会到建立创业企业之间有一段复杂的过程，其中最主要的工作是解决企业如何赚钱的问题。在确定商业模式之前，需要考虑一系列的企业决策。

1. 通过这个商业模式创造收入的规模和重要性如何？
2. 哪些成本对商业模式影响最大，规模和重要性如何？也就是说，商业模式中最主要的成本驱动因素是什么？
3. 运行商业模式需要多少资本？在什么时候会需要资本？需要多少现金？
4. 商业模式成功所需要的关键要素有哪些？

例如，零售电子商务的关键成功要素是价格、品种和服务。由于主要是通过低价吸引顾客，单品利润相对较低，需要巨大的规模才能实现利润，因此必须以足够多的品种吸引足够多的顾客在线下单并提供快捷的物流服务。这种商业模式主要的成本是信息系统、仓储物流，需要大量和持续的资本投入，从国外的亚马逊到国内的京东、苏宁易购、当当网都是这样。同样是零售电子商务，淘宝和天猫则是另一种商业模式。它们本身不承担产品的库存，而通过向买卖双方提供成交服务来获利。这一商业模式同样需要巨大的规模来实现利润，它的成功关键是信息系统、信用管理和聚合商户。为了服务海量交易，同样需要大量和持续的资本投入。与京东的模式相比，淘宝和天猫的模式免去了直接的仓储物流成本和价格压力，可以低成本服务于数量巨大的卖家和买家，但建立和服务整个交易环境需要承担巨大的管理成本和交易风险。

当然，商业模式不是一成不变的。产业环境、顾客偏好和技术的变革都会影响商业模式，其中许多因素是企业所无法控制的。商业模式的变革可能采用多种形式。

- 渐进扩张。从某些地区扩大到全国，或从某些市场扩大到新的市场。例如大众点评网提供的店铺评分从中心城市向二三线城市逐渐扩张。
- 向现有的商业模式注入活力，建立竞争优势。例如大城市中的便利店普遍提供盒饭快餐服务，以此增加收入，加强客户黏性。
- 将现有的商业模式带入新的领域。例如京东从电子产品进入百货和图书市场。
- 通过收购增加新的商业模式。例如沃尔玛收购 1 号店进入中国零售电子商务市场。
- 运用现有的核心能力建立新的商业模式。富士公司将胶片研制中胶原蛋白、抗氧化技术的成果转移到化妆品开发。
- 重新发明商业模式。例如西贝莜面村在多元化尝试后恢复了专注点，致力于打造最好吃的西北菜品牌。

商业模式的开发步骤

商业模式的开发可以分为几个阶段，如图 6.3 所示，我们将在下面对这些步骤展开讨论。

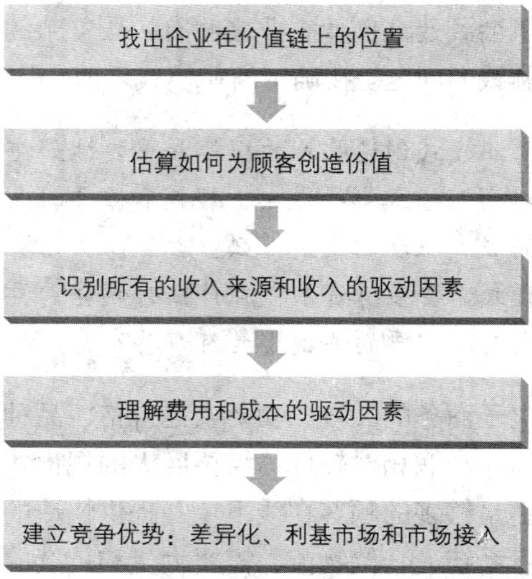

图 6.3 商业模式的开发步骤

1. 识别新企业在价值链上的位置

价值链（value chain）是与产品和服务的生产与分销有关的所有企业。假如企业生产的是原材料，我们称其位于价值链的顶端，它的下游是生产商，生产商的下游则是分销商等。企业位于价值链上的哪个位置通常反映着它的能力和风险倾向。例如，零售业位于价值链的末端，它的特点是需要巨大的投资和人力消耗，风险也很高。价值链分析的主要目的是弄清企业与上下游的关系，向谁收费，向谁付费。图 6.4 给出了一个通用的价值链过程和每个环节的成本。原材料的销售价格为每单位 4 元，生产商经过加工后对批发商的售价提高到 6 元，批发商卖给零售商的价格则是 10 元。当然，生产商也可以通过代理商或销售代表来直接卖给零售商，价格同样是 10 元。最后，零售商以 20 元的价格将产品出售给顾客或用户。

价值链分析可以帮助我们了解产品的最低价格是多少。每一个环节上的加价反映了这些企业的利润和费用。通常情况下，企业可以选择不同的分销渠道，这就需要对渠道效率进行对比。

- 响应速度，也就是在不同渠道中，从生产到顾客手中所需要的提前时间。
- 零售价格，不同渠道所要求的加价水平。
- 产品营销的总成本。例如，除了向分销商推销之外，还需要向零售商和消费者做营销推广。

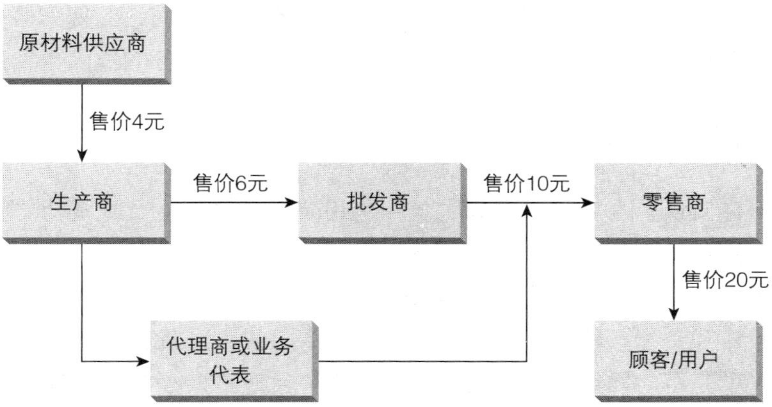

图 6.4　通用的价值链过程

渠道分析可以帮助创业者选择商业流程，例如建立实体店进行销售，还是借助网店销售，或者如何将两者结合起来。

价值链分析可以帮助企业找出价值链上价值创造能力最强的部分，例如对于快速消费品，这个部分可能在分销。价值创造能力可能是在转换之中的，过去生产厂商主导价值链，而当大型连锁超市兴起后，主导者变成了超市。在转换过程中爆发了厂商与超市间的频繁冲突，例如康师傅与家乐福。电信服务业的价值创造过去主要是运营商，现在就变成了应用服务商。

2. 如何为顾客创造价值

创业者通过市场调查来证明企业的解决方案在顾客眼中是有价值的。很多时候，创业者提供的产品和服务所要满足的顾客需求，之前是通过其他产品和服务来实现的。这就需要考虑如何说服顾客改变过去的行为方式，包括获得和使用产品和服务的方式。顾客能否直接体会到这种改变所带来的价值？假定创业企业所提供的基本功能没有什么大的改进，那么就必须在顾客的支出成本上下功夫。例如，早期电子商务企业基本上是通过低价格来吸引顾客从传统购买转向在线购买。有些新产品和服务要求顾客花费一定时间来学习才能掌握，创业者必须提供强大的诱因来动员顾客使用。打车应用软件嘀嘀和快的为了培育市场对顾客和司机采取双重补贴的策略，很快实现了产品在智能手机上的普及。

3. 寻找收入来源

在商业模式开发中，最重要的部分无过于寻找能够通过产品和服务所获得的各种收入来源。健康的商业模式应当具有多种收入来源，例如多种产品或多样化的顾客群体。高度依赖某一产品或某一顾客可能具有很大的风险。万一产业发生变化或顾客离开，企业将陷入困境。在创业初期，企业依赖单一产品或大客户是很常见的。但创业企业必须尽快建立起产品组合、市场组合和多元化的顾客群体，争取收入来源多样化，保证企业能够持续经营。正版数字音乐服务商巨鲸音乐网曾经通过与 Google 的合作而实现了快速成长，然而当 Google 关闭音乐搜索业务后遇到了严重的困难。早期百度的收入主要来自门户网站的搜索服务，但百度很快意识到依赖门户网站的危险性，宁肯冒失去门户业务的危险也要建立自己的独立搜索业务，建立基于搜索广告的多元化收入来源。

一般来说，企业收入的来源可以分为以下几类：

- 订阅或会员服务。顾客支付一笔固定费用成为会员或成为订户，通过需要按月或按年续费。
- 按量计价。顾客按固定单位价格支付，大量采购的顾客可以享受折扣。
- 许可销售。顾客支付费用，获得产品、技术或品牌的使用权或转售权。
- 服务费。顾客为享受服务支付的费用，通常以小时或项目为单位收费。
- 第三方付费。顾客享受免费产品或服务，由第三方支付费用，例如收看网络视频可能是免费的，服务的成本由插播广告的商家支付。

创业行动专题

Nextdoor：没有一分钱收入的独角兽

Nextdoor是美国的一家专为“邻里街坊”提供私密社交网络服务的网站。所有用户在注册时都必须出示相关居住证明以及信用卡信息来完成实名认证。小范围的私密社交模式使得用户间的相互信任得以建立，最终带来了五花八门的内容分享，从小区住户的八卦新闻到社区内的最佳餐馆、最佳孩子看护、最佳维修工的评比等。不少涉及个人信息的求助也在社区内部开始出现：通过Nextdoor寻找丢失的宠物；为孩子寻找靠谱看护。网站还和当地警察局合作，使得用户可以获得来自邻居与社区的安全警报。所有这些服务都是免费的。

Nextdoor创始人Nirav Tolia曾是雅虎公司早期员工。从2011年内测到现在，Nextdoor已为美国、英国和荷兰超过15万个社区提供了便捷服务。2015年Nextdoor D轮融资1.1亿美元，估值11亿美元。估值超过10亿美元的创业企业被称为独角兽，Nextdoor是第一家在没有任何收入的情况下成为独角兽的企业。

但这家看上去风光无限的企业还必须解决一个问题：赚钱。在尝试了多种收入模式后，Tolia宣布以广告为主要收入形式。例如，AT&T在Nextdoor上投放安装高速网络的广告，保险公司也对投放广告非常感兴趣。Tolia预计2017年的广告收入可以达到数千万美元，但他仍然无法给出公司赢利的时间。

创业行动专题

商业模式画布

考虑到商业模式对创业企业以及所有关注新兴产业的企业是如此重要，管理专家希望能够设计出更加方便人们理解和应用的模型。商业模式画布是由瑞士管理学家奥斯特瓦德（Alexander Osterwalder）提出的一种以可视化直观方式辅助商业模式创新的工具。[1]

商业模式画布用 9 项要素来解释商业模式，包括顾客细分、价值主张、渠道、客户关系、收入来源、核心资源、关键业务、重要合作以及成本结构。将 9 项要素组合起来可以构成一个图形。下图是吉列剃须刀的商业模式。

<table>
<tr><td rowspan="2">重要合作方
制造商
零售商</td><td>关键业务
营销
研发
物流</td><td rowspan="2">价值主张
功能性刀片
刀架</td><td>客户关系
与产品捆绑</td><td rowspan="2">顾客细分
大众市场</td></tr>
<tr><td>核心资源
品牌
专利</td><td>渠道
零售</td></tr>
<tr><td colspan="3">成本结构 营销、制造、物流、研发</td><td colspan="2">收入来源 刀架销售（一次），刀片销售（多次）</td></tr>
</table>

奥斯特瓦德建议，在讨论商业模式时可以将画布投影在墙上，然后将大家的想法用便利贴贴在相应的空格中。通过帮助创业者找出商业模式中的可以替换、更新的环节，让画布成为质疑旧的商业模式的工具，将富于远见的想法转化为创新的商业模式。

4. 理解费用和成本的驱动因素

好的商业模式应当帮助创业者充分理解成本与费用的驱动因素。保持低成本将会给企业带来竞争优势，例如更低的定价或更高的利润。企业经营中涉及许多成本，然而不同成本项目对企业的影响并不一样。**关键成本驱动因素**（key cost drivers）是指成本结构中对总成本影响最显著的部分。这样的成本可能是固定成本，例如零售店的租金。可能是可变成本，例如电商促销旺季的物流费用，也可能是固定与可变成本的组合。企业运营中常见的成本结构如下：

- 营销与广告成本结构。最主要的成本来自获取顾客的开支。许多新型网络企业依靠购买流量来保持顾客数量增长，他们的销售收入主要受营销与广告开支的影响。
- 库存成本结构。最大的成本来自保持库存，包括成品与原材料的成本。生

[1] http://businessmodelhub.com/.

产型企业或流通企业，例如汽车厂商、电商和商业地产企业往往表现为库存成本结构。

- 办公或零售空间。在这类企业中，每平方米办公空间或销售空间的费用是主要的成本，像店铺销售、教育培训、餐饮等企业。
- 以支持为中心的成本结构。这类企业的主要成本是固定的人工成本，例如一支职业球队。
- 直接成本结构。这类企业最主要的成本就是生产产品或服务的直接成本，例如一个没有大型设备的装修工程队。

5. 制定竞争战略

制定竞争战略是创业企业将商业模式导入市场竞争的过程。商业模式描述了企业系统以及系统中的不同组成部分如何整合起来，在市场上为企业创建竞争优势。战略与商业模式的区别在于，战略不仅要考虑顾客、考虑企业如何创造和捕捉价值，更重要的是要考虑竞争。有效的战略有两种类型，一种是**差异化**，提供其他企业无法提供的产品或服务。另一种是**低成本**，能够以低于竞争对手的价格提供相同的产品与服务。总之，创业企业的战略应当说明为什么新企业的产品和服务比现有其他企业更优秀。一个常见的战略误区是拷贝过去成功企业的产品和服务。在这样做的时候，创业者必须回答为什么顾客要向新企业购买的问题。功能上的增加和改进往往是不够的，现有企业可以很快弥补其缺陷，通过价格战或利用原有顾客基础让新企业处于不利地位。

本章小结

1. 商业模式是企业为顾客创造价值和长期生存的基本逻辑。

2. 商业模式失败的主要原因包括逻辑缺陷，缺少战略选择，价值创造和价值实现的假定不完美，错误的价值链假定。

3. 创业企业的业务概念应当明确解释顾客定义、价值主张、提供的产品和服务，以及分销渠道。

4. 创业者通过企业故事建立起不可复制的企业专属的意义。

5. 基本的企业决策帮助创业者分析商业模式成功所必需的要素。

6. 商业模式的开发过程分为五个阶段，包括价值链分析、顾客价值分析、收入来源分析、成本费用分析和制定竞争战略。

关键概念

商业模式　免费增值　业务概念　价值主张　价值链　竞争战略　关键成本　驱动因素

批判性思考与讨论题

1. 什么是商业模式？创业者为什么需要理解自己企业的商业模式？

2. 解释一家真实企业的商业模式，说明这家企业的主要价值创造是什么，实现价值的方法有哪些。

3. 找出一家真实的创业企业，填写表 6.1 中的各项内容。

4. 举出一家未能实现赢利却能够获得大额投资的创业企业，解释其商业模式。

5. 请举出创业企业的例子说明什么是商业模式创新？再举出一个正在发生商业模式创新的产业例子。

6. 找出一家运用免费增值商业模式的企业并解释它的商业模式。

7. 请举出一家近期失败的创业企业例子，解释其商业模式的主要缺陷。

8. 企业业务概念的四项要素是什么？为一家真实的企业撰写或改写业务概念。

9. 对于创业企业，什么样的创业者故事最有帮助？请举例说明。

10. 与商业模式有关的企业决策有哪些？请以具体企业的例子来说明。

11. 举例说明价值链分析对于创业企业的意义。

12. 竞争战略与商业模式有何区别？以具体企业的例子来说明。

13. 报纸和杂志的商业模式受到空前挑战，请结合本章内容为这些企业提出商业模式变革的建议。

14. 微信上线后，微博曾经受到严重的影响，导致其市场价值下降。然而，自 2017 年以来，微博的市值出现了回升，从商业模式角度分析这一现象。

报告与分享练习：商业模式、业务概念与企业决策

以小组为单位，找出一个感兴趣的创业企业，从公司公开信息（如网站、年报）和媒体报道中查找资料，回答以下问题并向全班报告你们的发现：

1. 从定价、收入、价值主张、业务流程和互联网几个因素描述企业的商业模式。

2. 企业采用传统的商业模式还是创新的商业模式？主要创新有哪些？

3. 请分别用一句话描述企业的业务概念、顾客定义、价值主张、解决方案、分销渠道。

4. 这家企业的创始人最喜欢讲的故事是什么？这个故事如何帮助企业在市场上建立独特性？

5. 这家企业商业模式成功的关键要素是什么？企业的相应决策是什么？

结尾案例

点名时间：商业模式转型失败

众筹是汇集小额资金支持创业团队的机制。点名时间成立于 2011 年 5 月，是全国最早的独立众筹网站。与美国众筹平台 Kickstarter 的模式相似，点名时间的使命是

"一个支持创意和梦想的乌托邦"。

著名的动画电影《大鱼海棠》就是在点名时间的平台上孵化出来的。2013年,《大鱼海棠》制作团队在点名时间上发起众筹,最终获得3510人的支持,筹到158万元。一款名为Cuptime的智能硬件作为超级项目在点名时间上的众筹金额达到170多万人民币。当时Cuptime产品未实现量产,也未得到投资人肯定。点名时间一度成为国内最为火热的众筹平台。

点名时间的主要收入来自众筹成功后10%的手续费。由于国内对众筹的理解重收益而轻风险,导致平台发展中遇到大量的纠纷。创始人张佑举例说,创业团队发布一个产品寻求支持后,就开始有用户付款。但此时产品还只是一个概念,等待周期很长,有的会超过一年,平台和消费者都无法把握项目的风险。

众筹用户分为两种,一种是极客,一种是大众消费者,他们的需求是不一样的。极客群体要的是参与感,能够接受产品是不成熟的,也能够接受项目失败。大众消费者希望拿到质量好的产品,当项目失败时,他们会认为自己的权益受到损害,甚至怀疑遇到欺诈,平台方所要承担道德风险比较高。2013年,点名时间宣布不再收取佣金。

点名时间通过"首发预售"和"1元公测"两种项目模式来分别满足两类人群。"1元公测"是帮初创团队筛选出一群极客用户做深入对接,让极客用户进行市场体验和测试来帮助初创团队验证产品。对于想要购买成熟产品的用户,则提供"首发预售"。创业团队能确保发货时间和产品质量,点名时间主要提供营销服务,协助获取第一批消费群体。

资金更多的还是来自大众消费者。为了快速增长用户数量,张佑开始倾向于选择那些已经能实现量产的项目,对创业团队的要求也越来越高。这些能量产的项目相对成熟,用户在众筹上选择支持之后,不用担心产品最后出现跳票的问题。但这样一来,点名时间大量拒绝很多虽然不太成熟但很有潜力的早期项目。这批项目被迫开始慢慢流向其他的众筹平台。

2014年4月,点名时间对外公布放弃众筹模式,转为智能硬件新品首发平台。这一转型受到资本市场的看好,当年即获得经纬投资等提供的A轮数百万美元投资。2015年年初,点名时间开始尝试直接代理销售智能硬件产品,例如成为一款智能按摩仪线上总代理。公司开始在线下尝试建立自己的仓储体系,但最终的产品销量并不理想。

转型为智能新品预售的平台后,点名时间更像是一家电商。转型后,点名时间的社区气氛开始发生改变。原本用户在平台上留下的都是一些支持项目的积极评论。但在转型做产品预售之后,平台上的留言也开始变成批评产品或抱怨发货速度的评论。平台和创业者们的关系慢慢疏远。

由于智能硬件产品市场并未像预期的那样迅速成长,点名时间转型电商未能取得成功。在这一年里各大平台纷纷引入众筹模式,如淘宝、京东、苏宁等。这些企业也采用了电商模式,由于它们的平台流量很大,越来越多的创业团队在选择众筹平台时奔向了这些新出现的平台。

对创业团队来说,众筹的意义包括了获取第一批铁杆粉丝、媒体首次曝光、市场验证、融资、产品制造、产品物流等。点名时间转型后发现,首发平台上的很多项目已经拥有了成熟的产品,他们不再需要平台提供这些服务。

张佑认为,首发平台模式在与巨头的竞

争中不可能获胜。点名时间应当找回当初那批早期项目和更加需要帮助的创业团队，“做原汁原味的众筹”。2015 年 8 月，点名时间宣布回归众筹平台。定位在产品原型、试模的早期阶段，在上游端产生一些更大的价值和作用，而不是像京东和淘宝那样，更偏向电商的预售和首发。

2016 年 7 月，点名时间被 91 金融收购。

讨论题：

1. 描述点名时间尝试过的商业模式。

2. 点名时间商业模式演变的驱动因素是什么？

3. 遇到巨头入场，点名时间还有哪些可能的方案？

开篇案例讨论题

1. LinkedIn 的价值主张与传统的在线招聘网站有何不同？

2. LinkedIn 商业模式成功的关键要素有哪些？

3. LinkedIn 商业模式中成本驱动因素有哪些？

第 7 章

商业计划书

计划书本身没有什么用，计划的过程却很重要。

——德怀特·D. 艾森豪威尔

本章学习要点

- 有效的商业计划
- 商业计划必须通过的三项测验
- 可靠的商业计划基本要素
- 投资人或贷款人重视的五个“C”
- 如何成功进行商业计划演示

无限衣橱试图开发中高端场景礼裙消费需求。

开篇案例

无限衣橱的商业计划

无限衣橱是一家基于手机应用的礼裙租赁平台，提供年会、酒会、生日聚会、婚礼、公关活动、主持演出、写真摄影等场合下的裙子租赁。公司创立于2015年，2016年下半年开始寻求融资。创始人平凡曾经在四大会计师事务所工作，创业灵感来自公司年会中需要穿着礼裙出席的场景。

礼裙价格较高，满足中高端场合着装需要，使用频率相对不高，普通白领大约2个月一次。租赁是一种解决方案，美国类似的对标公司为创建于2009年的Rent The Runway。这家公司为女性提供重要场合的知名设计师服装租赁服务，如婚纱和礼服，避免花大价钱购买这些只会穿一次的服装。它的收入主要来源于租费和月费，每月139美元，随时可租赁3套礼服。2016年的营收超过1亿美元。

在中国，服饰租赁是目前互联网尚未渗透的传统市场。现有的租赁服务存在两个主要问题：单价过高和不易获取。实体店租赁均价是售价的1/3。例如，15000元的裙子，按照5000元一次的价格出租3天。如此高价使得一般消费者无法接受。其次，分布极为分散的数量有限的传统租赁实体店，让普通消费者无法便利地获取租赁货源。

在无限衣橱，用户支付3000元押金，可拥有高端礼服的3天使用权，租赁价格只有售价的1/10。3天之后，用户寄回礼服，“无限衣橱”扣除租赁费用后，将剩余押金返还用户。礼服的配送和清洗均被委托至第三方。礼服来自一线品牌Prada、Versace，时尚设计师品牌DVF、Tory Burch，以及高端礼裙品牌Vera Wang、Monique Lhuillier等。

无限衣橱的目标客户是20～40岁都市白领和时尚人士。她们的生活态度是有品质，乐分享。公司通过线上营销和线下互动相结合的方式，获取早期调性相仿的一群高品质用户。公司CEO平凡认为，人们开始热衷场景感，仪式感，自发地进行自我属性分类。通过专注提供垂直领域场合类轻奢品租赁，明确定位中高端，不涉及中低端的日常类服饰租赁，无限衣橱可以在这个市场上建立起鲜明的品牌特征。当下中产阶级自我定位和自贴标签的偏好，能让品牌忠诚度更强。

无限衣橱微信版本已经上线，IOS版DEMO开发完成。2016年年初，订单同比增长29%。付费客户覆盖全部一线城市、8个二线城市。营销方面，微信服务号阅读过万，吸引世界小姐决赛嘉宾使用服装，没有费用支出。

无限衣橱上线仅两月，收入已覆盖初始投资的10%，预计在1年内盈利。已有多次下单的深度复购用户，付费客户正反馈率达到100%，95%的客户会自发晒单，有强大的客户自传播能力。目前，无限衣橱的付费用户超过3000人，微信订阅用户的付费转化率达10%，动租率（出租数量占总量的比例）在30%以上。

低频率是礼服租赁的痛点。无限衣橱的方案是挖掘社群活力，通过线下活动和微信群组贴近用户。“社区联系紧密了，复购率就提高了。”礼服试穿的下午茶活动最初是免费的，此后定价380元，收费模式经检验是成功的。

为了扩充SKU（品种）数量，除买手外，公司开始与品牌方合作。“我们补充了一些国内中高端的设计师品牌，并且拿到了以色列、西班牙等国家的小众良品。”目前，无限衣橱共有自有品牌60余种，SKU总量在100个左右。

2015年年底，租借周期出了问题。正值

年会高峰期，“订单量翻了几倍”。原本设定的4天租借周期运转困难。“一些很受欢迎的裙子，前一单还没收回来，后一单就到了，流失了生意。”于是，平凡将租借周期缩短至3天，缓解了订单压力。这一租赁周期延续至今。

无限衣橱未来三年的规划是：

- 覆盖国内大中城市在线轻奢品租赁市场，成为大众耳熟能详的时尚分享平台，中国版本的Rent The Runway。
- 建立中高端的女性内容分享社群。高品质的品牌定位和优质内容的产生，会聚集大批高品位乐分享的时尚女性，形成一个巨大的有高消费能力的高端女性社群。

风险方面包括用户规模如何实现，轻奢侈的场景需求是否足够大或成长足够迅速，以及能否建立起成功的品牌形象。此外，因为不能在下单前试穿，所以可能收到不合身或不理想的服装。

无限衣橱核心团队3人。CEO平凡，毕马威会计师事务所4年经历，专注消费品行业，之后加入时尚类创业公司。2010年北京师范大学金融硕士毕业。2015年11月携“无限衣橱”项目参加北京师范大学“新京师”创业大赛，夺得冠军。团队其他成员包括顶尖设计师品牌的商务代表，有丰富创业经验的运营小能手，知名奢侈品集团的PR，电子商务骨灰级买家。

目前处于天使轮。本次融资为200万元，拟出让10%股份。

有些创业者从未制定商业计划，商业计划书的质量和创业成功之间也没有关系。然而，要想让利益相关人，如投资人、员工、供应商、经销商，理解创业企业的目标和实现目标的路径，商业计划书是一种非常有效的工具。商业计划书通常在完成可行性分析和商业模式开发之后进行编制，商业计划书有规范的模式和写作要求。

本章首先介绍了商业计划书的功能，包括指引企业的发展，吸引投资人和贷款人，以及商业计划书的测试。接下来逐项讨论了商业计划书的要素以及每一要素的注意事项。最后，商业计划书的成功往往还取决于演示环节的精心准备。

7.1 商业计划书的功能

商业计划书

商业计划书（business plan）是对创业方案的书面总结，包括具体的运营方案、财务方案、营销战略、管理团队构成等细节。商业计划书是创业者将创业理念转化为现实的计划工具。商业计划书以前面介绍的可行性分析为基础，但更加全面和深入。事实上，只有通过可行性分析的创业理念才会进入商业计划阶段。商业计划书是一个真正的可执行的方案。有研究发现，制定商业计划书的创业活动的绩效高于没有这一要素的创业活动。对于创业者，商业计划书的作用包括：

- 对创业计划能否在市场取得成功的系统的和现实的评估
- 分析创业面临的主要风险有哪些
- 成功管理企业的“演习计划”
- 用于将实际结果与预想结果进行对比的工具
- 在募集资金时发挥吸引投资者的重要作用

商业计划书描述了创业企业的方向，明确了企业的目标以及企业将如何实现这些目标。商业计划书以书面形式记载了创业者对产业和市场的分析以及对未来企业商业模式的设想与论证。商业计划书有两项基本功能，分别侧重服务于企业的内部和外部，如图 7.1 所示。

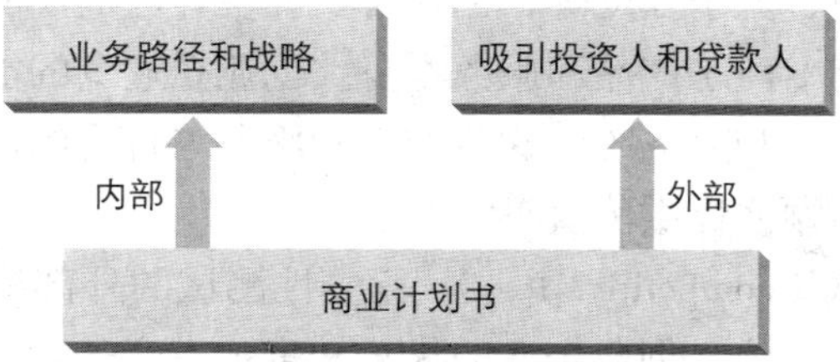

图 7.1　商业计划书的基本功能

首先，商业计划书描述了企业未来开展业务的路径和具体的战略，体现在使命陈述、目标、预算、财务预测、目标市场和竞争战略等商业计划书的各项要素中，帮助企业走向成功。完备的商业计划书能够给管理团队和员工带来方向感，为创业活动赋予特殊的意义。随着越来越多的员工加入到商业计划的制定，他们中间会发展起基于共同目标的纽带关系。商业计划还向全体员工提供了公开的检验企业绩效的标准，这在创业企业初期阶段尤其重要。制定商业计划的过程迫使创业者在现实条件下说明自己的理念，成功的创业者是那些真正实施自己商业计划的人。

商业计划书的第二项功能是用来吸引投资人和贷款人。商业计划书可以向投资人和贷款人证明创业企业将能够偿付贷款和提供有诱惑力的投资回报。商业计划书表明创业者已经评估了新企业的风险并且制定了有效的战略。商业计划书通常也是投资人和贷款人对创业企业的第一印象，值得创业者在形式和内容上都做出细致的考虑。

商业计划书的三项测试

商业计划书是在现实条件下对创业理念的检验，成功的商业计划书必须通过三项测试：现实性测试、竞争性测试和价值创造测试，如图 7.2 所示。

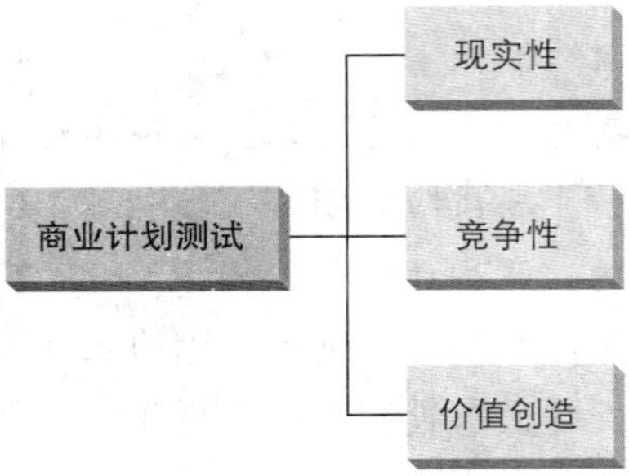

图 7.2 商业计划书的三项测试

现实性测试（reality test）。现实性测试的目的是证明在现实中的确存在着企业产品和服务的市场。现实性测试的外部测试包括产业吸引力、利基市场、潜在顾客、市场规模、竞争强度等，创业者要证明自己的产品是有市场的。现实性测试的内部测试则专注于产品和服务本身。创业企业真的能够按商业计划中所估计的成本生产出产品和服务吗？这些产品和服务与现有的产品和服务是否真的有差异？它们能够为顾客提供价值吗？

竞争性测试（competitive test）。竞争性测试的外部测试评估创业企业相对于竞争对手的市场定位。创业企业的优势和劣势在竞争环境中意味着什么？竞争对手可能做出摧毁创业企业的市场反应吗？竞争性测试的内部测试包括管理层是否有能力建立起一家优于竞争对手的组织。创业企业必须证明自己的管理者素质、技能和经验足以胜任竞争的需要。创业者要能够回答，为了在市场中赢得竞争，还将需要哪些资源。

价值创造测试（value test）。为了说服投资人和贷款人将资金提供给创业企业，创业者必须向他们证明偿付或高回报率的可能性。创业者很容易高估自己企业的吸引力，因为他们可以从拥有企业中获得无形的收益，如掌握自己的命运、自由运用时间和其他满足。然而，投资人和贷款人对创业企业不会有这样的情感投入，他们关注的只是用金钱来衡量的回报。创业者需要确凿的数字证据才能说服投资人和贷款人。

商业计划书是企业实际投入运营之前最后的检验。即使在可行性计划通过后，创业者仍然有可能在商业计划阶段发现创业理念缺乏现实性。然而为此付出时间和精力是值得的，一旦企业正式运营，发现错误后停下来的成本将会很高。简言之，商业计划书有助于创业者发现实际运营前必须解决的主要问题，找出解决的方法，避免错误假设可能带来的高昂成本。商业计划书对于企业的价值不仅是商业计划本身，更重要的是在制定商业计划书的过程中帮助创业者者更深入、更客观地检验自己的概念。创业过程中充满着不可控制的因素和过程，但商业计划书的制定是一个创业者可控的过程，有助于减少创业的风险和不确定性。

创业行动专题

美国的大学商业计划大赛

商业计划大赛为创业大学生提供了深入开发创意和获得外部资金支持的机会。在这些比赛中，创业大学生按要求提交一份商业计划书（例如不得超过 18 页），然后通过几轮淘汰赛争夺奖金，评委通常由资深的创业投资者担任。[1] 在美国，至少有 15 所大学定期举办全国性的商业计划大赛。

美国奖金最高的大学商业计划比赛是莱斯大学举办的"莱斯商业计划大赛"，这一赛事始于 2002 年。2014 年的奖金总额高达 300 万美元，共有 42 支队伍参加竞赛。来自德国亚琛工业大学的团队凭借革命性的高强度可降解医用黏合剂商业计划赢得大奖，奖金 50 万美元。到 2014 年，大赛获奖者募集资金最高达 1 亿美元，已经有 21 家企业募集资金超过 1000 万美元，其中有 20 家仍然运营或已经成功退出。研究也支持大学商业计划大赛选拔和促进优秀的初期创业者的作用。[2]

不过，对于商业计划大赛，也有不少批评的声音。例如，这种比赛越来越像是选秀表演，真正有潜力的创意反而可能湮没。此外，对许多工程技术类学生，重要的是产品如何实现商业化而不是完备的商业计划。近年来，确实有一些商业计划大赛的赛事被取消了。但是，投资界对商业计划的兴趣并没有减少，莱斯商业计划大赛的奖金不断增加。此外，大赛获奖者通常能够得到更多的媒体报道和投资人关注，也确实有可能增加创业项目成功的机会。2011 年，卡耐梅隆大学的参赛项目 BlackLocus（数据驱动的零售定价决策系统）在莱斯大赛上未能进入最后一轮。然而，2012 年零售业巨头家得宝宣布收购 BlackLocus 并改名为"家得宝创业实验室"。看来，参与各类商业计划大赛的全体成员（潜在投资人、评委、教师和学生）的总体收获仍在增加之中。

7.2 商业计划书的要素

在创业者心目中，每一个创业项目都是独一无二的。因此，每个商业计划也都应当是独特的，千人一面的商业计划不大可能打动投资者。尽管商业计划书的基本要素是相同的，但每个创业者都可以用自己独特的方式来讲述故事，他们应当通过商业计划书让投资人感受到创业的激情。事实上，最好的商业计划书通常在提供数据之外还能做到讲述一个急需采取行动的故事。初次撰写商业计划书的创业者最好向有经验的专业人员进行咨询，如会计师、律师、管理顾问或管理学

[1] http://under30ceo.com/the-15-largest-college-business-plan-competitions/.

[2] Ross, Linda W., Byrd, Kimble A., Business Plan Competitions: Start-up "Idols" and Their Twenty-First Century Launch Pads.Journal of Higher Education Theory and Practice vol. 11 (4) 2011 .

教授。

许多创业者抱怨撰写商业计划书的烦琐过程，与其将大量时间花在定义和研究目标市场、制定和阐释战略以及求解财务资源难题上，不如立刻采取行动，通过实际运营来检验自己的创业理念。撰写商业计划书的确是一项艰苦的工作，而且这项工作的回报往往并不能直接显现出来。然而，外部市场可能远不像创业者设想的那样友好，花在商业计划上的时间可以帮助创业者对未来的市场竞争做更好的准备。

创业者可以考虑使用市场上一些企业提供的商业计划书辅助撰写软件，例如 Business Plan Pro 等。这些软件的功能覆盖商业计划的所有要素，从行政摘要到现金流预测。软件可以帮助创业者对收集的信息进行研究和组织，为写作提供辅助，如财务报表的填写和生成。借助商业计划软件可以生成格式清楚、专业化的商业计划书，但也可能会有面目相似的问题，有经验的投资人很容易发现这一点。

商业计划书通常的篇幅是 20 ～ 40 页。太短可能难以展开论述，丧失细节上的说服力，但如果太长则可能根本得不到阅读的机会。当然，最重要的还是在商业计划书中展现自己的特色。下面对商业计划书的必要元素逐一进行介绍，在遵循标准元素和结构同时，牢记最重要的是讲出自己的故事。

名称页和目录（title page and table of contents）

商业计划书应当包含名称页，载明公司名称、标志和地址，创始人的姓名和联系方式。许多创业者还会在名称页标明商业计划书的份数和序号，以及发布日期。目录部分的条目后面要注明页码，

摘要（the executive summary）

摘要，也称行政摘要，其目的是向潜在的投资机构或投资人提供一个高度概括的报告。摘要的内容应当是简略的，通常不超过 2 页，但要涵盖商业计划的所有要点。摘要的写作目标是让任何人在阅读时都能够理解创业者的整体商业概念，以及与竞争对手的差异。

摘要是整个商业计划的大纲，以浓缩的形式表达出基本要素。它应当解释创业企业的基本商业模式，能够为顾客解决哪些问题，简要介绍创业者团队、目标市场、财务计划要点（销售和利润假设、所需要的投资或贷款数额、资金使用的计划、何时和如何归还贷款或如何让投资者获利退出）以及企业的竞争优势。摘要可以理解为书面版本的“电梯游说”（elevator pitch）。为了向投资人证明你有一个了不起的商业计划，你必须将要传达的信息尽可能压缩，也就是能够在 2 分钟内做出有效的沟通。

你可以将摘要想象成电影上市前的片花，它能够吸引观看者的注意力，让他们

对商业计划产生兴趣。如果在摘要阶段没有打动读者，那么他们继续阅读正文部分的可能性就很小了。精心设计的、内在逻辑严密的商业计划能够为背后的创业者和企业建立起有利的第一印象，为企业获得融资打开道路。好的摘要不仅能够让读者理解商业概念和企业打算如何赚钱，还要让投资人感觉到“我在里面的角色”。尽管摘要是商业计划最前面的部分，但通常情况下创业者会在完成整个商业计划书之后再来准备这一部分。表 7.1 列出了商业计划书摘要应当回答的一些关键问题。

表 7.1

商业计划书摘要应当回答的关键问题
解决的痛点是什么？
解决的方案是什么？已经有了顾客吗？
竞争优势有哪些？为什么顾客会选择你而不是竞争对手？
企业能够赚钱吗？
创业团队有足够的资源和能力吗？
当前是发起这项创业的合适时机吗？
创业团队对投资人的需要是什么？

使命与愿景陈述（mission and vision statement）

使命与愿景陈述是创业者关于自己的企业是什么和将要成为什么的愿景。在使命陈述部分，创业者对企业的目的做出最广义的定义，规定了企业的发展方向。通过使命陈述，创业者将创业概念与现实联系起来，这些陈述是整个商业计划的纲领。具体来说，使命陈述应当回答“我们的企业从事怎样的事业”这一问题。例如 58 同城的使命是“通过互联网让人们生活更简单”，它的愿景是“人人信赖的生活服务平台”，简明有力地表现出通过本地生活服务为顾客创造价值的商业理念。好的商业计划能够传递出创业者的激情和远景，你可以将这些通过使命与愿景陈述来做出表达。

公司简史

如果企业已经成立，创业者应当准备一个简单的经营情况报告，报告企业历史上一些重要的事件和财务转折点。在公司简史中可以介绍公司是什么时候成立和为什么而成立的，它的发展过程，公司所有者对未来的愿景。重点描述公司过去是如何成功实现预期目标的，以及公司在当前市场上的形象和地位。

产业概况与企业目标

为了帮助贷款者和投资人了解创业企业所在的产业，创业者应当在商业计划书中对产业概况，特别是企业所在的市场作出说明。这一部分需要提供客观的数据，包括市场规模、成长趋势、产业中主要企业的竞争优势，让读者能够迅速地对创业企业的可行性作出了解。创业企业在产业概况中需要回答的战略问题包括进入和退出市场的难易程度，能否实现规模经济或范围经济、影响产业的季节性或周期性因素等，这些有助于读者更好地分析创业企业的成功机会。

在商业计划书的这一部分，创业者应当从企业的一般目标入手，再逐渐细化到近期目标，说明企业将要实现哪些目标，如何实现以及何时实现这些目标。**目的**（goals）是指企业希望在较长时间段内实现的具体目标，回答“我们在 3 至 5 年里应当做到哪些”的问题。**目标**（objectives）是企业计划在短期内实现的状态，目标必须是具体的、可测量和可分派的。目标总是反映了企业的一般目的，同时也包括实现目标过程中用来衡量完成程度的技术要求，特别是时间框架。目的和目标都要支持企业的使命，换言之，每一个目标的达成都会帮助企业实现目的，进而有助于使命达成。

企业战略（business strategy）

商业计划书还应当清晰地阐明创业者应对竞争或克服竞争的战略。在前面的部分，创业者已经通过描述企业的目的和目标向读者解释了他希望将企业带向哪个方向，战略则要说明他打算通过哪些路径迈向这一方向。企业战略的重点是在市场上建立起竞争优势，与竞争对手区别开来。创业者应当向投资人证明，创业企业将在顾客眼中建立起怎样的独特性。只打算向市场提供另一个“同类”产品或服务的企业是很难成功的。创业者要说明企业将如何使用前面所提到的关键或独特的成功要素来取得成功。例如，假定能够反复向同一批顾客出售产品是成功的关键要素，那么在战略部分必须说明企业如何做到比竞争对手更高的顾客保留率。

产品或服务的描述（description of product and service）

商业计划书的这一部分是对企业产品和服务的总体介绍，包括描述顾客的使用体验。语言要力求通俗，对于技术性较强的部分，可以使用图形、图表和图片来演示，让技术上的外行也能够理解。对于技术快速变化的产业，最好能够说明产品处在产品生命周期（第 12 章）的哪个阶段以及针对性的产品特征和策略。能够保护创业企业免受竞争对手侵权的所有专利、商标或版权的资料也要扼要列出。最后，可以对本企业的产品与竞争对手做一些诚实的对比，解释本企业产品有哪些独特性或所做的改进如何带来独有的优势，说明下一代产品和服务在成本、功能和用户体验方面的提升计划。理想的产品和服务应当向顾客提供高价值的利益，同时又难以为竞争对手复制。

在商业计划书中，创业者应当着重避免的误区是过分沉醉在自己的产品特性中，这是产品和技术发明者最常见的错误。顾客、贷款人、投资人并不关心在新产品上创业者投入了怎样的努力，如何表现出天才和创造力，他们关心的是产品如何能够帮助自己。创业者最好能够确切地定义购买产品给顾客带来的利益，而不是一味地罗列产品在性能上的细节。**特性**（feature）是产品或服务的一种事实描述，例如更舒适的握把或更时尚的外观设计。**利益**（benefit）是指顾客通过特性所得到的收益，例如提高工作效率或社交中的优越感。像宜家不仅向顾客提供低价可靠的家具，还通过样板间让顾客了解如何以有限的预算和狭小的空间装修出时尚风格的房间。广告大师李奥贝纳（Leo Burnett）曾经说过，"不要告诉人们你的产品做得有多好，告诉他们你的产品会使他们变得有多好。"[1]在商业计划书的这一部分，难点在于解释如何将产品或服务的有形或无形特性转化为非常重要却往往是无形的顾客利益，例如节省费用、减轻家务负担、上网更便捷、在更短时间内掌握外语、让有社交恐惧症者减少与人打交道的要求等。总之，要记住，顾客购买的是利益而不是产品特性。

创业行动专题

将特性转化为有意义的利益

许多企业家没有意识到，他们销售的产品和顾客购买的产品实际上有着巨大的差别。下面的练习有助于创业者发现并弥补这些差距。

首先，列出你的企业产品或服务所提供的特性，尽可能想出所有能够想到的特性，数量可以在 25 个以上。所涉及的范围可以包括价格、功能、便利、地点、顾客服务、送货服务、声誉、可靠性、品质、性能等。

接下来，将类似的功能标记起来，例如用同一种颜色来涂色。从顾客的角度思考"这些特性对我有什么意义"，将这些类似的功能转化为顾客的具体利益。（如果有条件，最好直接询问顾客为什么会购买你的产品，他们的回答很可能让你大吃一惊。）通常 6 项或 7 项产品或服务的功能可以转化为一项顾客利益，比如省钱或省时或提高安全性。注意不要忽视无形的利益，比如社会地位提高。有时，无形利益的作用会大于有形的利益。

最后，将你在之前识别出来的所有利益合并起来，形成顾客利益说明。将这一说明的要点纳入你的商业计划中，作为企业营销战略的基础。

产品或服务特性	产品或服务的顾客利益

利益说明：

[1] "Advice from the great ones," Communication Briefings, January 1992.p.5.

营销战略

营销战略是商业计划中最重要的部分之一，创业者需要证明自己的产品和服务是有市场的。商业计划书中要描述和识别企业的目标顾客、他们的性格特征和行为习惯。准确地定义目标用户和市场潜力是商业计划书中最重要也是最富于挑战性的部分。对于创业企业，一个有效的策略是将目标市场缩小，集中有限的资源服务于一个特别的顾客群体的需求，而不是试图满足大众市场。企业的成功取决于创业者能够吸引到足够数量的顾客，他们真的愿意付钱购买企业的产品和服务。小企业更加需要专注于一个特殊的利基市场，或能够最有效发挥自己优势的利基市场，以满足顾客特殊的需求或愿望。最糟糕的错误就是未能明确目标市场，试图满足“所有人的所有需求”。

顾客的兴趣。成功的营销战略介绍能够从顾客的角度出发作出陈述。商业计划书中需要确切地说明产品或服务给顾客带来的利益或解决了哪些顾客问题。创业者必须证明他们的目标顾客的确需要这些产品或服务，并且愿意和能够付费购买。许多投资者会在商业计划书寻找让目标顾客“不得不购买的理由”，创业者最好能够给出有说服力的回应。

对于已经在运营的企业，描述目标市场和顾客相对比较容易一些。但是，如果企业还只有产品概念，就会很困难。在这种情况下，重要的是取得一手的顾客反馈数据。例如，企业者可以先制作出原型，找出一些目标顾客进行测试。最好是形成书面的记录和评估报告，在商业计划中展示给投资人。创业者还可以尝试出售产品，也可以考虑以极大的折扣进行出售，以此交换顾客对产品的测试反馈。这些举措能够向投资人证明，市场上存在着对公司产品和服务的需求，并且顾客的反馈也是基于其实际的使用体验。同时，通过真实的顾客使用所获得的反馈还能够帮助企业找出产品改进的方向，更加有信心增加未来的销售。

市场的规模。许多商业计划对市场规模只有模糊的描述，例如“本公司产品和服务市场规模巨大，只要获得 1% 的市场份额，在 12 个月内就可以实现损益平衡”。在有经验的投资人看来，这样的说法除了表明创业者对自己的产品和服务抱有乐观态度之外，没有提供任何有价值的信息。而在绝大多数情况下，这种乐观是不现实的。有时，人们称这样的假设为“中国汽水市场”谎言，“中国人口数量如此之大，只要有 1% 的人购买我们的产品，企业就会获得巨大的成功”。这里的逻辑错误在于：首先，创业企业通常是小企业，其服务的利基市场规模远远小于总人口所代表的市场；其次，要想在一个巨大的市场中争取 1% 份额是极其困难的，对于小企业尤其如此。在一个精心定义的、小型利基市场上获取较大的市场份额，可能远比在巨大市场上赢得很小份额更加现实。

创业者要用事实和数据来支持对市场规模和成长速度的判断。事实和数据来自市场调查，包括问卷调查、顾客访谈和人口统计数据等，与创业者的乐观描述相比，这些客观的资料更加可信。定量化的市场数据非常重要，它们是企业财务假设的基础。在可行性分析中，我们讨论过创业者可以使用商业化原型在较小的市场上进行测试，这样可以避免一次性将大量资源投入企业可能带来的风险。商业化原型测试假定任何商业理念都只是一种假设，必须在全力运营之前进行测试以检验现实可行性。如果测试结果支持假定并实现预期的结果，则可以继续进行下一步的运营。如果测试结果失败了，那么创业者可以就此放弃，而损失不至于很大，创业者可以继续摸索下一个机会。

在商业计划书中，营销战略的主要目的之一是为后面的财务预测部分提供信息。销售、利润和现金流的预测都要建立在客观分析而不是想象的基础上。有效的市场分析能够提供以下信息：

- 目标市场：公司产品的目标顾客有哪些？公司可以接触到哪些？潜在顾客的特征如何，比如年龄、性别、教育水平、收入等。他们要买的是什么？为什么会购买？在哪些时间里购买？他们对产品和服务的期望有哪些？企业会聚焦于某一利基吗？在企业的销售市场上，创业者希望寻求怎样的市场定位？在了解顾客的需求、愿望和习惯之后，企业将如何在顾客的心目中建立起自己产品和服务的差异点？
- 广告和促销：只有在理解了目标顾客之后才有可能设计出有效的、能够影响目标顾客群体的广告和促销方案。对于企业的目标市场，哪些媒体是最有效的？应当如何使用这些媒体？促销计划的成本如何？在广告和促销中，你将如何定位产品和服务？企业将如何从公关活动中受益？企业可以安排多少促销预算？
- 市场规模和趋势：评估市场规模是一个关键的步骤。潜在市场空间有多大？目标市场正在扩大还是萎缩？顾客的需求改变了吗？产品和服务的销售是季节性的吗？顾客需求可以通过其他产品和服务来满足吗？
- 地点：对于许多企业，选择适当的地点是成功的关键。对于零售商、批发商和服务企业，顾客最方便的地点往往也是最佳运营地点。在选择地点时，企业需要使用人口统计数据和其他市场调研数据，可以分析哪些地点顾客流量大、密度高、重复出现的次数多以及重复出现的时间段。这些数据可以帮助创业者判断哪些地点顾客最集中，以及顾客的数量和购买量。对于制造业，地点的选择主要是靠近原材料产地或主要顾客。
- 定价：产品或服务的生产或交付的成本如何？假如创业项目是开餐馆，那么至少应当知道菜谱上每道菜的确切成本。如果不掌握总成本的数据（包括材料、人工、租金、广告和其他非直接成本），餐厅将很难成功。与定价有关的另一个重要方面是企业希望通过价格所创造出的市场形象。与回收成本相比，定价更重要的是作为企业的一个营销工具。创业者要注意分析价格和需求之间的关系，在很多情况下，顾客愿意为高价值支付高价格。

  其他定价的决策因素还包括：企业总体的定价策略如何？计划的价格

是否支持企业的战略和期望的形象？给定企业的成本结构，计划的定价能够实现利润吗？与相似的产品和服务相比，本企业的价格水平如何？顾客愿意在这个价格下购买吗？在市场上存在着怎样的价格区间的层次？顾客对价格改变的敏感程度如何？企业是否可以向顾客提供信用购买条件？在销售时接受信用卡支付吗？企业会提供产品折扣吗？什么样的折扣？

- 产品和服务的分销：营销战略还包括对企业计划使用的分销方式的描述，包括电子商务、直邮、企业自雇销售人员、销售代理、零售商或其他渠道。分销服务应当是独家分销、选择性分销还是密集分销？平均销售额是多少？企业应当雇用多少销售员工？如何向销售人员支付报酬？如何激励销售人员？平均要打多少个电话才能赢得一份订单？企业可以设计哪些方式来帮助完成销售过程。

竞争分析（competitive analysis）

创业者在这一部分描述企业面临的竞争情况和企业的对策。没有现实的竞争分析，商业计划将难以在读者心目中建立起信心。在投资人和贷款人眼中，这样的创业者显得准备不足、凭空想象，甚至不够诚实。商业计划书应当包括对每一个主要竞争对手的分析。强调没有竞争对手的创业者只不过是在愚弄自己，这样做等于是将有兴趣的投资人和贷款人推出去。通常情况下，我们总会有办法收集竞争对手的市场份额、产品和竞争战略的信息。行业协会、顾客、产业报刊、营销代表和销售报告都是有价值的数据来源。通过这些分析，创业者证明自己的企业对竞争对手可能拥有哪些优势。注意，第一手的竞争分析资料是特别有价值的。

需要回答的问题还包括：

- 企业的主要竞争对手有哪些？
- 竞争对手的优势和弱点有哪些？
- 竞争对手的战略是什么？
- 竞争对手在市场上拥有怎样的形象？
- 竞争对手是否成功？
- 企业的产品和服务如何与市场上已有的产品和服务相区别，这些差异如何转化为竞争优势？

所有者或管理者简历（owner’s and managers’ resumes）

管理团队是决定创业企业成功最重要的因素，投资人和负责贷款的财务官员对企业管理团队在做出财务决策方面的能力和经验非常看重。商业计划书中要列出管理层、董事和所有持股 20% 以上的股东的简历，创业者可以利用这一部分推介管理团队的资历和经验。无论投资人还是贷款人都喜欢有经验的管理者。通常情况下，他们期望管理层在目标产业中至少拥有 2 年的工作经验。

简历中应当概括说明教育水平、工作历史（强调管理工作中承担的具体责任）和工作经验。投资人和贷款人会在简历中寻找经验、才能和诚信方面的信息。总的目的是表明企业拥有一般认为经营成功所需要的适当人选。其他需要注意的问题还包括：

- 投资者投资于人，而不是理念。仅有好的理念和产品并不会带来成功，只有合适的人选才能领导企业走向成功。强调管理团队的优势，拥有多样化技能和经过验证的经验的一流团队是最有说服力的。
- 说明关键员工的优势并解释你将如何保留关键员工。绝大多数小企业付不起与大企业相当的工资，创业企业可以通过期权和其他激励来保留员工。
- 有资历和有能力的顾问能够加强管理团队。聘请行业专家进入董事会和顾问组可以提高管理团队的可信度，补充管理团队的技能。

运营计划（plan of operation）

运营计划包括组织结构图，列出企业中的主要职能部门和负责人。在管理团队中合理地分派责任是困难的，但保留这些团队成员直到企业正式运营可能更加困难。因此，创业者可以简要地说明准备采取哪些措施来鼓励高级管理者留在创业企业中。具体的方法有很多，像股份、补助都是常见的方法。最后，还要说明所有权的形式（个人独资、有限公司、合伙人或股份有限公司等）。与运营有关的任何租赁协议、购销合同和相关的协议都可以帮助投资人理解企业的运营。

预计财务报表（pro forma financial statements）

财务报表是商业计划中最重要的部分。在一项调查中，74% 的银行家报告说，他们在审核申请贷款的商业计划书时最重视的就是其中的财务报表。[1] 对于已经运营的企业，至少可以通过过去的财务报表来判断企业经营是否健康，能否在经营活动中产生足够的收入偿付贷款或产生足够的收益。一般情况下，商业计划书中应当提供过去 3 年来的财务报表。这些报表应当经过注册会计师审计，绝大多数财务报表评审人认为这样能够提高财务报表的可信度。

不论是已经运营的企业还是尚未运营的企业，都应当对明年的经营制定预计财务报表，数据可以来自过去的运营、公开出版物以及研究结果。财务报表包括利润表、资产负债表、现金流预测，以及资本支出的时间计划表。当然，在商业

[1] "Raising Money," Entrepreneur, July 2005.P.28.

计划书中，只能提供最有可能发生的情况的预估。不过，创业者应当说明什么是悲观和乐观的情形，从而反映未来不确定性，供投资人参考。

财务预测应当尽可能贴近现实，应当避免通过数据调整让财务报表变得好看。有经验的投资人和贷款人很容易看出哪些财务假设是不现实的。事实上，有些投资人会自动将财务报表中的数据进行折扣，折扣的幅度可能高达50%。当然，基于财务预测的数据，企业者还要提供损益平衡点分析。

财务报告部分应当单独列出所有数据和计算所依据的“假定”。投资人和贷款人想知道他业者基于哪些假设来推算销售数据、产品成本、运营费用、应收账款和账期、应付账款、存货、税费和其他事项。现实的假设有助于提高商业计划的可信度，更客观地衡量企业运营需要的资金数量和实现利润的时间，控制对销售增长和利润边际的过分乐观的估计。

贷款或投资申请（loan or investment proposal）

商业计划书中的贷款或投资申请旨在说明融资的目的和需要的数量，偿还的计划，或者投资人未来如何退出获利。在描述贷款或投资的目的时，创业者必须说明资金将如何使用，包括需要的确切数量和基于哪些数据计算出这些数量，如以往的生产成本数据或销售数据。

贷款人在决定是否发放贷款时会考虑创业者能否偿还贷款，偿还的期限如何，投资人在决定投资时注重的是投资的回报率。预计财务报告中应当表明企业有能力偿付贷款和提供满意的回报率。如果在这方面缺乏有力的证明，创业企业获得融资的希望会很小。对于投资者，创业者应当报告如何通过上市或并购来实现获利退出。最后，贷款和投资申请中的时间表很重要，包括融资开始的时间、值得注意的重要时点。

在贷款或投资申请中如何描述企业的风险，对创业者是一个挑战。诚实的原则当然是第一位的，但是，详尽地列出所有可能出问题的地方会有损潜在贷款人和投资人的信心。另一方面，如果对风险的陈述不清楚，评估商业计划的投资人会觉得创业者不诚信、考虑不周到或依赖想象而不是现实。最好的策略是列出企业所面临的最主要的风险，说明企业已经做好了哪些计划来避免风险或在风险发生后如何减轻损害。创业者往往发现很难以简洁的语言描述风险和回报，此时可以考虑借助视觉化的效果图。图 7.3 以一个简单的图示解释了创业企业的风险和回报的潜力。在这张图中，现金洞的深度表示企业一共需要多少投资，而现金洞的延伸则表示现金流转正所需要的时间以及此后的预期的收益。

创业者要注意工作（working）商业计划和展示（presentation）商业计划的区别，前者用于指导日常经营，后者用于吸引投资人。工作计划可以随意涂改（在一定意义上，这是工作计划认真的表现），但展示计划的要求则完全不同。展示商业计划很可能是留给投资人的第一印象，为了争取有利的印象，最好符合下面的各项要求：

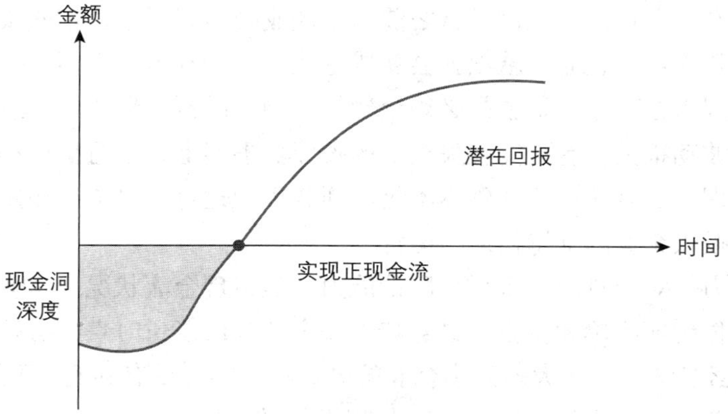

图 7.3　现金洞与现金流正向回报图

- 商业计划书的封面应当有吸引力（不是指制作昂贵）；
- 没有文字和语法错误，这是专业性的文件；
- 视觉上的吸引力，如彩色图表；
- 目录上有页码方便阅读；
- 努力让文件变得有趣，讲述吸引力的故事；
- 证明企业能够赚钱。也许并不是马上赚钱，但应当让投资人看到赚钱的前景；
- 现金预测非常重要。企业可以不赚钱而运营，但没有现金则无法运营；
- 控制篇幅，通常长度为 20 页，包括 2 页模拟财务报表；
- 说真话。在准备商业计划书时，诚实是最重要的。

7.3　贷款人和投资人的视角

商业计划书的主要用途是吸引资本，增加企业成功的机会。因此，创业者必须理解贷款人和投资人评估融资者信用价值时所采用的标准。一般来说，这些标准可以归纳为 5 个 C：资本（capital）、能力（capability）、抵押（collateral）、品格（character）和条件（condition），如图 7.4 所示。

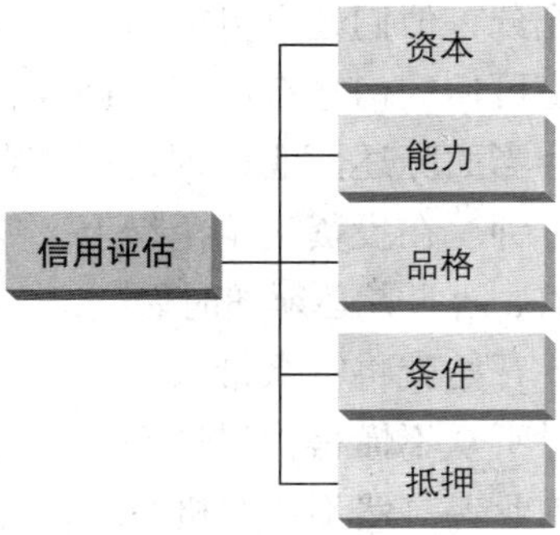

图 7.4　信用价值评估的 5 个 C

资本。在贷款人提供贷款之前，小企业必须有一个稳定的资本基础。否则的话，贷款人供给企业的款项就会变成企业的投资资本。许多贷款人拒绝提供投资资本，因为在理论上贷款是必须全额偿付的，回报的形式是利息。而投资资本的回报率波动很大，有可能丧失全部的投资。事实上，银行拒绝小企业贷款申请最主要的理由是企业本身的资本不足和债务负担过重。投资人还想看到创业者将自己的钱投入企业以维持初期的运营。

能力。对于贷款人来说，所谓能力就是指现金流状况。企业必须证明自己有能力支付到期账单和贷款，这意味着每个结算或偿付时点都必须有足够的现金在手上。经验表明，绝大多数小企业的失败不是因为没有利润，而是因为没有现金。为此，贷款人会要求企业通过流动性测试，他们也会仔细检验企业的现金流状况。

抵押。抵押是指任何由创业者提交给贷款人用于保证偿付贷款的资产。如果创业者发生贷款偿付违约，银行有权销售抵押物，用来偿付贷款。通常情况下，银行不会向创业企业发放没有抵押的贷款。在银行看来，提供抵押（来自个人财产或企业财产）是企业对成功有信心的表现。

品格。在向小企业提供贷款或资本之前，贷款人和投资人还会考察创业者的品格。品格评估通常会基于无形的因素，例如诚信、能力、毅力、知识、经验等。尽管这些因素往往是抽象的，但评估的结果在投资人和贷款人的决策中扮演着关键角色。贷款人和投资人从经验中知道，小企业失败最主要的原因是管理不当，他们不愿意将贷款或资本给予高风险的创业者。

条件。贷款和投资发生时的条件影响着融资的机会。对于企业，这包括企业经营中的因素，例如市场成长性、竞争、地点、所有权形式和贷款的目的。创业者应当将这些信息以有组织的形式呈现在商业计划书中。影响融资决策的另一个状况因素是总体经济，例如市场利率、通货膨胀率和资本总需求。尽管这些都是创业者无法控制的因素，但它们会影响投资人和贷款人的决策。

7.4 商业计划的演示

创业者的准备越充分，他们越有可能给投资人和贷款人留下正面的印象。商业计划书中包含的丰富可信的信息有助于为创业者带来与投资人面对面接触的机会。但是，即使有机会当面陈述商业计划，创业者能够使用的时间通常也是非常有限的，可能只有几分钟。在投资资本论坛上，每个创业者的演示时间通常不超过20分钟。这就意味着，创业者必须随时做好准备。提高演示效果的方法是练习、练习和再练习。如果一开始就将听众带入对产品和服务技术的解释，很可能不会得到满意的结果。如果听众不懂得你讨论问题的技术背景，那么他们很快就会对你的演示失去兴趣，创业者自然不会有机会获得需要的资金支持。

一般来说，在进行商业计划演示时应当介绍五个方面：

- 你的企业、产品和服务。以简洁的语言回答每位投资人或贷款人都会问到的问题，“你的企业是做什么的？”
- 你的企业能够解决哪些问题？最好能够以个人化的方式来讲述或使用富于吸引力的故事。你的企业能够帮助用户节省时间、节省费用、减轻等待时的焦虑？例如新的能够立刻读取血样检验数据的医用设备，或者是能够将背景噪声降低，更有效地帮助听障人士的助听设备。
- 你的企业如何解决这些问题（简洁仍然是基本的要求）？理论上说，你的解决方案应当是独特的，能够在未来的市场竞争中构成企业竞争优势的基础。
- 你的企业的商业模式。解释你的企业如何赚钱，列出销售收入、预期毛利率、净利率和其他相关的财务数据。这里的重点是向投资人和贷款人说明你的企业能够提供有吸引力的支付或偿还。
- 你的企业的竞争优势。清楚地说明哪些因素使你的企业与竞争对手区别开。

不论商业计划书写得有多好，在演示中磕磕绊绊的创业者很难取得成功。创业者的书面表达和口头表达都必须达到很高要求。下面是一些成功商业演示的提示：

- 准备。花时间准备自己的演示，清楚地知道自己打算向听众传达的要点。反复进行演示的练习。
- 在演示中要展示信心，但避免给人留下过于乐观的印象。
- 传达的重点是你的商业理念所带来的机会和影响，以及你打算如何实现它们。避免进入对产品和服务细节的长篇介绍，也不要强调你为这些理念投入了多少工作量。这样，未来你才会有机会继续介绍产品和服务的细节。
- 用坦率的态度解释企业、机会和预期利益，快速抓住投资人的兴趣。
- 使用视觉效果，帮助听众理解你的演示。当然，不要让视觉效果成为主角，用它们来帮助将听众的注意力集中在关键问题上。
- 解释你的企业产品和服务如何解决问题，强调解决方案的独特性。
- 给出证据。对数据进行综合分析，证明你的计划是可行的，顾客对你的产品和服务是满意的以及企业的赢利前景。
- 不要使用超出听众水平的专业术语。在演示前要向类似背景的听众进行排练。让他们告诉你哪些地方听不懂，及时做出调整。
- 记住，每位投资人和贷款人关心的是“这与我有何相干”，在你的演示中必须有力地回答这个问题。
- 在结束时强调商业机会的潜力。让投资人理解，如果企业成功，他们将获得怎样的利益。
- 对可能的提问进行准备和排练。多数情况下，留给你回答问题的时间很短，但遇到有兴趣的投资人你需要做好准备。
- 在投资人提问时，注意站在他们的立场上思考问题并做出回答。有的人可能关心管理团队的质量，有的人可能更在意企业的营销战略。要分别做出有针对性的回答。

- 在演示结束后，与每位投资人取得联系。不要坐在那里等待别人来找你，要积极主动。

本章小结

1. 商业计划书是创业方案的书面总结，包括具体的运营方案、财务方案、营销战略、管理团队构成等细节。

2. 商业计划书描述了企业未来开展业务的路径和具体的战略，用来吸引投资人和贷款人。

3. 成功的商业计划书必须通过三项测试，现实性测试、竞争性测试和价值创造测试。

4. 摘要解释创业企业的基本商业模式，能够为顾客解决哪些问题，简要介绍创业者团队、目标市场、财务计划要点以及企业的竞争优势。

5. 创业者应当对企业所在的市场作出说明，提供客观的数据，包括市场规模、成长趋势、产业中主要企业的竞争优势。

6. 营销战略为销售、利润和现金流等财务预测提供了信息。

7. 贷款人和投资人评估融资者信用价值时所采用的标准可以归纳为 5 个 C：资本、能力、抵押、品格和条件。

8. 创业者的书面表达和口头表达都必须达到很高要求。成功的商业演示有赖于精心的准备和练习。

关键概念

商业计划书　现实性测试　竞争性测试　价值创造测试　行政摘要　信用 5C

批判性思考与讨论题

1. 向一位潜在创业者解释什么是商业计划书。

2. 为什么创业者应当制定商业计划书？

3. 为什么不打算寻求外部资金的创业者也需要制定商业计划书？

4. 描述商业计划书的主要元素。

5. 谁是商业计划书的主要读者，他们所关注的内容分别是什么？

6. 为什么商业计划书应当采用标准格式而不是自创的格式？

7. 摘要应当先写还是最后才写？

8. 如果产品或服务是之前从未有过的，在商业计划书中介绍时应当注意哪些问题？

9. 创业者如何向投资人或贷款人证明企业产品和服务的市场的确存在？

10. 信用评估的 5C 是什么？投资人和贷款人在评估融资需求时如何运用 5C？

11. 如何准备对投资人的商业计划演示？

报告与分享练习：商业计划书的准备与应用

以小组为单位，找出一个感兴趣的创业企业，从公司公开信息（如网站、年报）和媒体报道中查找资料，回答以下问题并向全班报告你们的发现：

1. 作为投资人，请从现实性、竞争性和价值创造三方面评价这家企业的商业计划书。

2. 商业计划书中对于吸引投资最有说服力的部分有哪些？

3. 商业计划书中对于吸引投资最有疑问的部分有哪些？

4. 商业计划书还可以做哪些改进？

结尾案例

被投资人拒绝的Airbnb团队

爱彼迎（Airbnb）是全球最大的共享式度假房屋租赁服务企业，2017年估值达400亿美元。即使是这样一家成功的企业，在其创办初期也曾遭遇投资人的冷遇。

在2007年刚建成网站时，Airbnb是这么描述自己的：两个设计师创造了一种在IDSA大会上沟通的方式。谁听说过IDSA大会（美国工业设计师协会）吗？而且，这公司只出租充气床垫！这不像是会得到外界认可的事。

创始人Brian Chesky回忆说，“2008年6月26日，我们的朋友Michael Seibel把我们介绍给7位硅谷著名的投资人。当时的期望是募集15万美元，公司估值150万美元。也就是说，只要15万美元你就能够拥有Airbnb公司10%的股份”。结果是，7位投资人全部拒绝了这个项目，只有一位表示到A轮时愿意再考虑，其中两位甚至没有回复Email。[1]

创业团队已经将产品打磨得相当精致，在Airbnb上下单只要三步，但投资人无法理解它的商业模式。Airbnb的两位创始人是设计师而不是工程师，这也让他们在硅谷寻求资金增加了困难。

当时，Airbnb的经营数据非常不理想，从8月到9月，用户数量、订房数量和收入差不多下降了一半，Airbnb网站业务的收入不到5000美元。在困难的时候，他们宁肯靠一些特殊的营销活动也不放弃，如在总统竞选期间制作印有总统竞选人头像的麦片出售给房东来筹集资金。在此期间，创始团队靠精神因素，而不是数据来坚持经营。

2008年8月12日，Airbnb接触到投资人Paige Craig。后者正在寻找与住宿接待有关的投资项目，想建立世界上最大的虚拟酒店，Airbnb符合这一方向。他知道Airbnb拿不出像样的经营数据，所以对这方面的信息没有深究。Paige Craig认为团队更加重要，他受到Airbnb团队愿景、商业伦理和斗志的感染。

Paige Craig帮助创业团队分析了资金需求，认为原定10万美元不够，需要募集25美元，这意味着企业估值大大高于创始团队的预期。接下来的问题是估值应当是多少？Paige Craig花了3个星期为200万还是250万美元与

[1] https://www.linkedin.com/pulse/y-combinators-20000-made-airbnb-billion-dollar-brand-chambakara.

创业团队展开争执，给创业团队留下不好的印象。此时，Airbnb 之前接触的另一家机构 YC 也决定向 Airbnb 投资，条件是只能选择一家投资人。YC（Y combinator）是由著名投资人 Paul Graham 创办的创业训练营兼天使投资。Airbnb 决定选择 YC，[1] 一个重要的原因是 YC 提供冬季创业训练营。只有很少的初创企业有机会通过 Paul Graham 的面试，这是非常难得的机会。

2008 年 9 月，Airbnb 得到了 2 万美元种子融资，而 Y Combinator 获得了 Airbnb 6% 的股份[2]。创始人将这笔钱用于拜访顾客和雇用摄影师提升房屋照片质量。参加 YC 训练期间，他们改建了网站，与用户沟通，制定目标并且衡量一切。2009 年 4 月，Airbnb 获得红杉资本 60 万美元种子投资。

以下是 2008 年 Airbnb 使用的商业计划书演示文稿。

讨论题：

1. Airbnb 演示文稿有哪些优点？

2. 演示文稿中的哪些假设是没有依据的？

3. 创业团队从演示中最想传达的信息是什么？

4. 除了案例中所讲的理由，投资人还会因为什么而拒绝 Airbnb？

开篇案例讨论题

1. 作为潜在投资人，向无限衣橱提出三个问题。

2. 对标美国公司 Rent the Runaway 的利弊。

3. 分析无限衣橱融资要求的合理性如何。

附录：Airbnb 商业计划演示

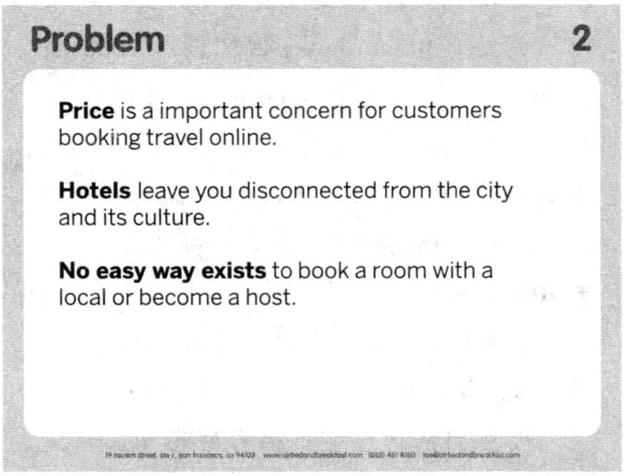

扫描二维码
可下载 Aribnb 商
业演示 PDF 文件

[1] https://arenavc.com/2015/07/airbnb-my-1-billion-lesson/.

[2] https://www.wired.com/2017/02/airbnbs-surprising-path-to-y-combinator/.

Solution
3
A web platform where users can rent out their space to host travelers to:
SAVE MONEY
when traveling
MAKE MONEY
when hosting
SHARE CULTURE
local connection to the city

Market Validation
4
Couchsufing.com
660,000
total users
Craigslist.com
50,000
temporary housing listings per week in the US 07/09 – 07/16

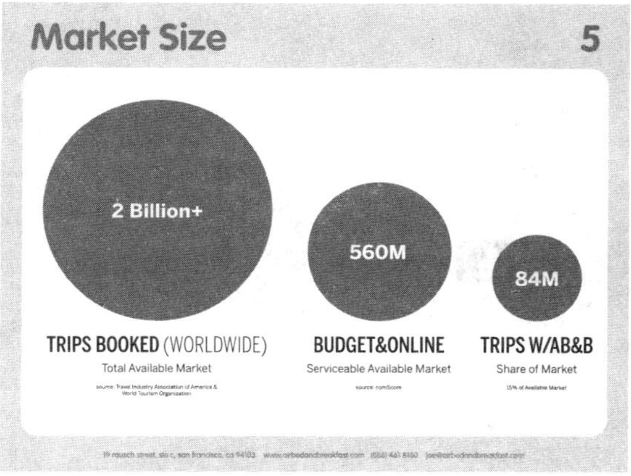
Market Size
5
2 Billion+
560M
84M
TRIPS BOOKED (WORLDWIDE)
Total Available Market
BUDGET&ONLINE
Serviceable Available Market
TRIPS W/AB&B
Share of Market

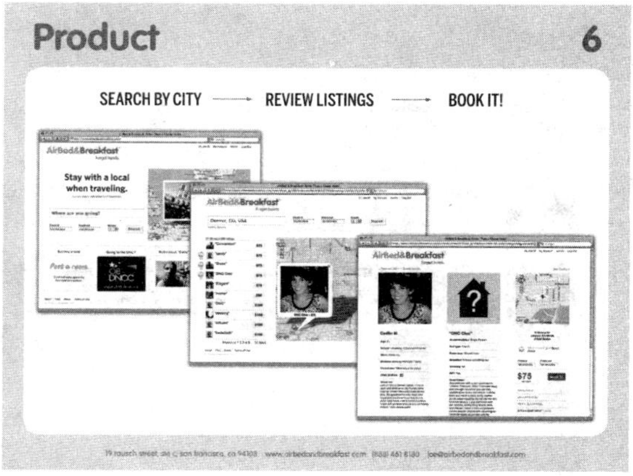
Product
6
SEARCH BY CITY
REVIEW LISTINGS
BOOK IT!

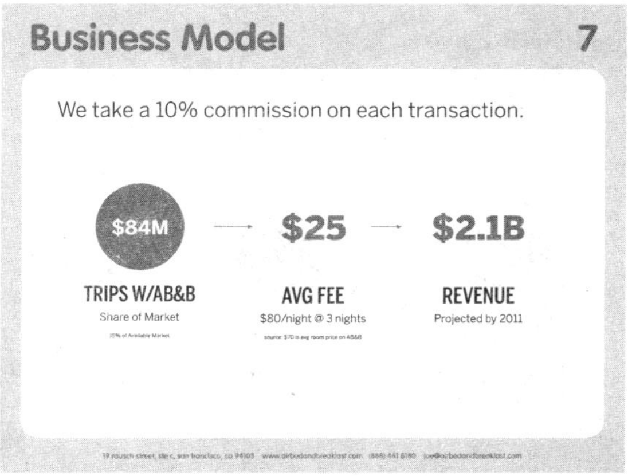
Business Model
7
We take a 10% commission on each transaction.
$84M
$25
$2.1B
TRIPS W/AB&B
Share of Market
AVG FEE
$80/night @ 3 nights
REVENUE
Projected by 2011

Adoption Strategy
8
EVENTS
target events monthly
· Octoberfest (6M)
· Cebit (700,000)
· Summerfest (1M)
· Eurocup (3M+)
· Mardi Gras (800,000)
with listing widget
PARTNERSHIPS
cheap / alternative travel
GoLoco
KAYAK
ORBITZ
CRAIGSLIST
dual posting feature

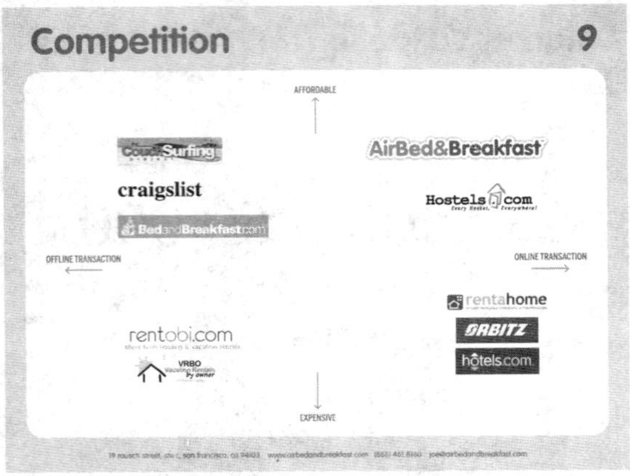
Competition
9
AFFORDABLE
CouchSurfing
craigslist
BedandBreakfast.com
AirBed&Breakfast
Hostels.com
OFFLINE TRANSACTION
ONLINE TRANSACTION
rentahome
ORBITZ
hotels.com
rentobi.com
VRBO
EXPENSIVE

Competitive Advantages
10
1st TO MARKET
for transaction-based temporary housing site
HOST INCENTIVE
they can make money over couchsurfing.com
LIST ONCE
hosts post one time with us vs. daily on craigslist
EASE OF USE
search by price, location & check-in/check-out dates
PROFILES
browse host profiles and book in 3 clicks
DESIGN & BRAND
memorable name will launch at historic DNC to gain share of mind

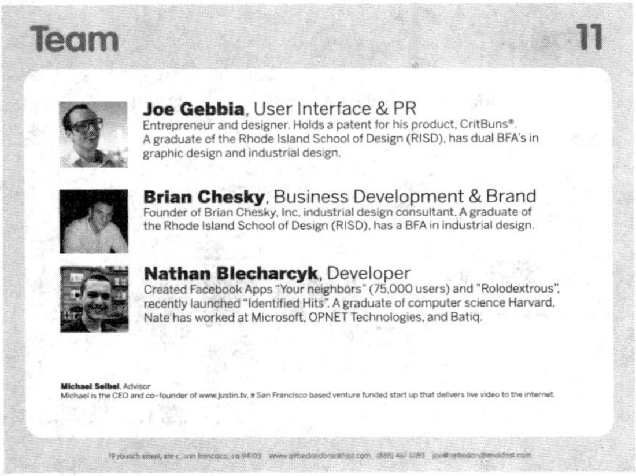
Team
11
Joe Gebbia, User Interface & PR
Entrepreneur and designer. Holds a patent for his product, CritBuns®. A graduate of the Rhode Island School of Design (RISD), has dual BFA's in graphic design and industrial design.
Brian Chesky, Business Development & Brand
Founder of Brian Chesky, Inc, industrial design consultant. A graduate of the Rhode Island School of Design (RISD), has a BFA in industrial design.
Nathan Blecharcyk, Developer
Created Facebook Apps "Your neighbors" (75,000 users) and "Rolodextrous", recently launched "Identified Hits". A graduate of computer science Harvard. Nate has worked at Microsoft, OPNET Technologies, and Batiq.
Michael Seibel, Advisor
Michael is the CEO and co-founder of www.justin.tv, a San Francisco based venture funded start up that delivers live video to the internet.

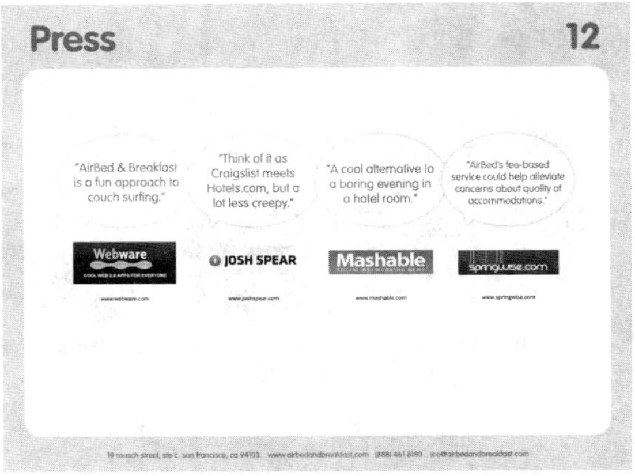
Press
12
"AirBed & Breakfast is a fun approach to couch surfing."
"Think of it as Craigslist meets Hotels.com, but a lot less creepy."
"A cool alternative to a boring evening in a hotel room."
"AirBed's fee-based service could help alleviate concerns about quality of accommodations."
Webware
JOSH SPEAR
Mashable
springwise.com

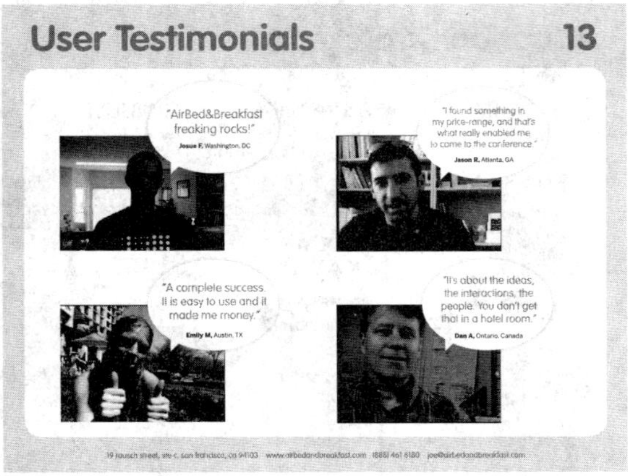
User Testimonials
13
"AirBed&Breakfast freaking rocks!"
Josue F, Washington, DC
"I found something in my price-range, and that's what really enabled me to come to the conference."
Jason R, Atlanta, GA
"A complete success. It is easy to use and it made me money."
Emily M, Austin, TX
"It's about the ideas, the interactions, the people. You don't get that in a hotel room."
Dan A, Ontario, Canada

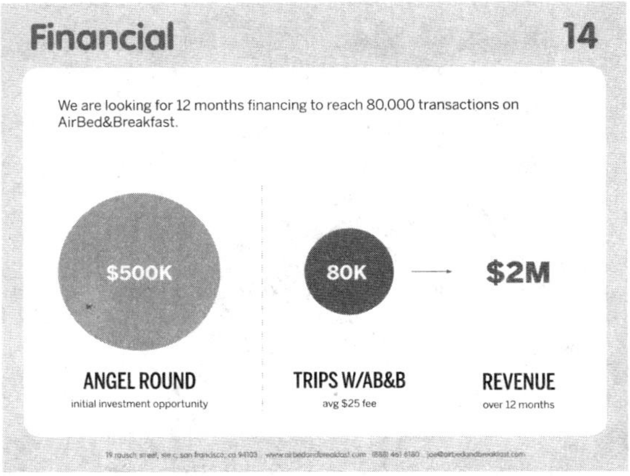
Financial
14
We are looking for 12 months financing to reach 80,000 transactions on AirBed&Breakfast.
$500K
ANGEL ROUND
initial investment opportunity
80K
TRIPS W/AB&B
avg $25 fee
$2M
REVENUE
over 12 months

附录

商业计划书要素

尽管每家创业企业的商业计划书都是独特的，反映出各自相异的内在因素和环境因素。但商业计划书中还是有些共同的要素，以下对商业计划书中的要素和应当包括的具体内容进行了详细的解释。

1. 摘要（不超过2页）

A. 公司名称、地址、电话

B. 公司关键成员的姓名、地址、电话

C. 简要介绍企业、产品和服务，所要解决的顾客问题以及企业的竞争优势

D. 简要介绍产品和服务的市场

E. 简要介绍企业将要采取怎样的战略以获得成功

F. 简要介绍企业关键成员的管理技能和技术背景

G. 简要介绍资金需求以及打算如何使用资金

H. 使用图表来突出财务预测的要点

2. 愿景和使命

A. 创业者对企业的愿景

B. “我们所从事的事业是什么？”

C. 企业的价值观和原则

D. 企业为什么与众不同？企业竞争优势的来源是什么？

3. 企业历史（如果企业已经运营）

A. 企业创建过程

B. 财务和运营主要数据

C. 重要成就

4. 产业概况

A. 产业分析

1）产业背景

2）重要趋势

3）产业成长率

4）进入和退出产业的壁垒

5）产业中企业成功的关键因素

6）产业展望

B. 产业所处阶段（初期、成长或成熟）

5. 企业战略

A. 期望在市场上获得的形象和定位

B. 企业的目的和目标

1）运营目标

2）财务目标

3）其他目标

C. SWOT 分析

1）优势

2）劣势

3）机会

4）威胁

D. 竞争战略

1）成本领导战略

2）差异化战略

3）集中战略

6. 公司的产品和服务

A. 描述

1）产品和服务的特性

2）顾客通过产品和服务获得的利益

3）产品和服务的保证

4）独特销售主张（unique selling point，USP）

B. 专利或商标的保护

C. 生产过程的描述（如果需要）

1）原材料

2）成本

3）关键供应商

4）交货周期

D. 未来的产品和服务

7. 营销战略

A. 目标市场

1）解决的问题是什么，或提供了哪些利益？

2）人口统计特征

3）其他重要的顾客特性

B. 顾客购买的动机

C. 市场规模和趋势

1）市场的大小

2）市场在扩大还是萎缩？为什么？

D. 人力推销

1）销售队伍的人数、招募和培训

2）销售人员的报酬

3）销售拜访的成交转化率

4）平均每单成交的销售额

E. 广告与促销

1）使用哪些媒体，媒体的受众描述

2）使用媒体的成本

3）使用媒体的频率

4）提高公众知名度的计划

F. 定价

1）成本结构（固定成本和可变成本）

2）期望的市场形象

3）与竞争对手的价格对比

4）折扣政策

5）毛利率

G. 分销策略

1）使用哪些分销渠道

2）销售技巧和如何激励经销商

H. 市场测试

1）问卷调查

2）顾客对原型的反馈

3）焦点小组

8. 经营地点与设施布局（可以列入附录）

A. 经营地点

1）基于目标顾客概貌的分析

2）顾客流量

3）租金

4）适用劳动力的供求水平

5）工资水平

B. 设施布局

1）场地面积

2）残疾人工作条件

3）人体工学设计

4）设施布局方案

9. 竞争分析

A. 现有的竞争对手

1）列出名单，建立竞争态势矩阵

2）优势

3）劣势

B. 潜在的竞争对手：可能进入所在产业的企业

1）名单

2）如果它们决定进入，对本企业有何影响

10. 管理团队描述

A. 主要管理团队成员和员工

1）他们的背景

2）经验、技能和带给企业的诀窍

B. 主要成员的简历（可以列入附录）

C. 管理团队未来成员

D. 董事会或顾问

11. 运营计划

A. 所有权形式和理由

B. 企业结构（组织结构图）

C. 决策权力的分配

D. 报酬和福利

12. 财务预测（可以列入附录）

A. 关键假设

B. 财务报表（第一年要有每月数据，第二和第二年报告季度数据）

1）利润表

2）资产负债表

3）现金流量表

C. 损益分析

D. 比率分析（与行业标准进行对比，最好是与现有企业进行对比）

13. 贷款或投资需求

A. 需要的额度

B. 目的和资金如何使用

C. 偿还期限或实现获利的期限（退出战略）

D. 实施计划开办企业的时间表

14. 附录（支持性文件，包括市场调研、财务报表、组织结构图、主要成员简历等）

3

第 三 部 分

创业的实现

第 8 章

新企业的开办

每家公司开始时都是跌跌撞撞的。

——萨姆·艾特曼（Sam Altman，美国创业者，Y Combination 董事长）

本章学习要点

- 创业企业的法律形式及其特点
- 初始协议的主要类型和注意事项
- 创业企业的商业伦理和社会责任
- 知识产权和商业秘密保护

今日头条的特殊运营方式导致与传统媒体之间关系紧张。

开篇案例

今日头条与媒体的版权大战

今日头条是领先的资讯聚合平台，运用数据挖掘技术，筛选和推荐个性化的新闻。今日头条算法架构师曹欢欢说，今日头条日活跃用户超过 3000 万。这些用户，每天每个人的今日头条内容都不一样。头条会根据用户特征、场景和文章特征做个性化推荐，“我们只给你最想看的新闻，而不是那些你不关心的新闻。”

今日头条的用户无须做任何选择，甚至都没有内容类别的选项。今日头条只是基于用户的社交网络数据进行挖掘分析，再通过算法提供给用户自己最感兴趣的消息。今日头条还引入了社交网络的好友关系，优先为用户展示来自社交好友和最具影响力的评论。根据用户的社交兴趣数据对评论进行智能排序。

今日头条本身并不生产新闻，用户所看到信息实际上来自新闻媒体和网络，它也因此得到“新闻搬运工”的绰号。2014 年 6 月 3 日，今日头条宣布获得 C 轮 1 亿美元融资。6 月 6 日，《新京报》发表社论指出，“技术的发展不应当带来版权保护的恶化”。“今日头条”并非作品内容的创造者，“转发他人作品理应付费，这是尽人皆知的法律常识，但这款软件有没有尊重版权人起码的权利？”

平面媒体采写原创内容是有成本的，这些成本通过订阅费用、广告等方式回收。如果用户养成了通过今日头条看新闻的习惯，原创内容媒体的订阅者和网站访问都会减少，订阅收费和广告收入自然下降。过去，门户网站与传统媒体的合作模式通常是，门户网站每年付出一定金额，获取传统媒体的内容。但今日头条并未向内容提供方支付这方面的版权成本，就可以抓取包括纸媒、网媒、自媒体等呈现在网络上的内容。知识产权律师游云庭说，“今日头条是建立在寄生并损害原创内容媒体之上的，显然自利性大于共赢性。”

今日头条方面回应，自己如任何一家搜索引擎一样，不修改合作网站页面内容，不展现自己的广告。公司将合作网站页面完整展现给用户，包括网址、广告、品牌、下载链接、微信公众账号等。在合作伙伴服务器稳定的情况下，用户被完整地重新定向给合作网站，许多合作网站每天获得了上百万的用户访问。同时也会尊重所有的媒体网站，对任何有异议的内容做断开链接处理。“我们已经和数千家媒体网站、门户垂直网站、新兴的网络社区，以及自媒体达成合作。”

有人批评说，今日头条并不是严格意义上的搜索引擎，没有直接给原创网站（如传统媒体的网站）带去流量，反而通过优化去除广告的方式损害被其抓取数据的新闻网站的收入。今日头条经过对信息的整理、归类和大数据算法之后，得到的是“二次加工”的新闻，形成备受争议的“深度链接”。其链接对象并非对方主页，今日头条会对被访问的其他网站网页进行优化转码，对抓取的网页进行技术处理以方便移动设备用户阅读。在此过程中，原网页的广告可能被屏蔽，导致对方商业利益受损。

CEO 张一鸣辩解说，“我们是互联网上的工具软件。”“今日头条不是一家媒体公司，而是一家具有媒体属性的技术公司。”他坦然地面对版权风波，“我们迄今为止没有一起版权诉讼失败的官司。”“之前和我们都有争议的，现在基本上都达成合作了。”今日头条只与网站合作，进行流量互换，避免支付版权上的费用。张一鸣表示，未来也只会与网站合作，这不是版权费用问题，而是“以后都会变成互联网媒体”。“我们积极促进信息生产、分发的生态问题，不抵制付费。”

张一鸣表示，今日头条愿意帮助大家认识到移动互联网新媒体的变化，将会提供更多工具、更好的技术支持，还会把今日头条与媒体合作的成功案例更多告诉大家，同时也一起摸索新的合作模式。尽管如此，自 2014 年以来，有关今日头条侵权的诉讼似乎一直没有停止。

在新事业开始的时候，创业者需要做出大量的决策，其中有许多初始决策会对未来产生重大的影响。本章首先介绍了创业企业可以选择的法律形式及其利弊，接下来讨论了容易被忽视的主要初始协议。今天，企业从创建之日开始就要建立起自己在商业伦理和社会责任方面的立场。本章最后一节讨论了创业企业知识产权管理和保护系统的框架。

8.1 创业企业的法律形式

决定创业组织的法律形式是创业者的重要选择，它会影响创业企业的税收和成本。例如，如果企业的产品和服务包含风险因素，可能导致产品责任纠纷。那么，选择能够保护创业者个人财产的法律形式可能与为产品上保险同样重要。在决定企业法律形式时，创业者需要仔细考虑所经营的企业类型以及创业者对企业的个人目标。

决定企业的法律形式

依据中国法律规定，创业者可以选择的主要企业法律形式包括个体工商户、个人独资企业、合伙企业、有限责任公司和股份有限公司。由于创业者在税务和法律方面的知识通常有盲点，明智的做法是在思考的基础上咨询律师和会计师，之后再做出决定。

个体工商户

个体工商户（Individual Industrial and Commercial Households）是以个人和家庭为经营主体的企业法律形式。个体工商户的成立需要向工商行政管理部门和税务部门登记注册。个体工商户拥有独立的字号和商标，能够在银行开设账户，能够雇用员工。在财务责任方面，个体工商户以所有者个人或家庭财产承担无限法律责任。从控制权限来看，个体工商户的所有者对企业经营拥有完全的控制权，对利润拥有完全的支配权。个体工商户的收入不需要独立纳税，而是计入个人收入，只征收个人所得税。个体工商户可以转让所有权。

个体工商户是最为简便的一种企业法律形式，不需要固定的经营场所，在财务制度方面的管理较为宽松，实行定期定额征收的个体工商户甚至不需要报送财务报表。由于其简易灵活的特点，个体工商户成为资本不多而又愿意参与经营活动的个人和家庭的主要选择，也是目前市场上数量最多的企业形式。据国家工商行政管理总局数据，全国个体工商户数量为 4500 万，占所有企业数量的 70% 以上。[1] 另一方面，个体工商户不具备独立的民事法律地位，在发展上还受到一些限制，比如不得开办分支机构等。个体工商户主要适用于场地、财务管理等方面经营条件受局限的创业者。

个人独资企业

个人独资企业（Individual Proprietorship Enterprises）是由一个自然人投资，财产属于投资者个人所有的企业。个人独资企业的投资人以个人财产对企业承担无限责任，享有企业的全部收益，对企业经营有完全的控制权。个人独资企业所有权转让由投资人一人决定。在税务方面，个人独资企业不需要单独纳税，而是计入所得，只征收个人所得税。个人独资企业注册手续相对简便。与个体工商户相比，对个人独资企业的管理要求更多。例如，个人独资企业必须拥有固定的经营场所，必须建立会计制度并向税务机关报送财务报表。

选择个人独资企业的创业者往往从事服务性行业，如餐饮、酒店和培训等。个人独资企业的一个主要限制是资本来源单一，完全来自投资人个人财产，企业发展受到限制。由于以个人财产承担企业责任，投资人必须选择适当的产品和服务保险对自己进行保护。最后，个人独资企业的经营依赖投资人的生命期限。

合伙企业

合伙企业（Partnership Enterprise）是由自然人、法人和组织之间依合伙协议设立的企业。合伙企业分为普通合伙企业和有限合伙企业，两者的区别在于合伙人承担责任的方式不同。普通合伙企业由普通合伙人（general partners）组成，合伙人对合伙企业债务承担无限连带责任，有限合伙企业（2 人以上 50 人以下）由普通合伙人和有限合伙人（limited partners）组成，普通合伙人对合伙企业债务承担无限连带责任，对合伙企业拥有管理权；有限合伙人以其认缴的出资额为限对合伙企业债务承担责任，不参与企业管理。普通合伙人是合伙企业成立的前提，也就是说，在合伙企业中，至少有一个合伙人必须对企业债务承担无限责任。

合伙企业设立手续相对简单，合伙人可以用财产出资，也可以用劳务出资（只限普通合伙人）。法律法规对合伙协议的内容限制较少。在税务方面，合伙企业不是纳税主体，而是将收入计入合伙人收入，普通合伙人只缴纳个人所得税。

[1] http://www.saic.gov.cn/zwgk/tjzl/zhtj/xxzx/201403/t20140311_142849.html.

合伙人之间根据合伙协议分配利润、分享管理决策权限。合伙人在转让企业所有权时需要经过其他合伙人的同意并遵守合伙协议中关于入伙和退伙的规定。与个人独资企业相比，合伙企业通过引入更多的投资人增加了企业的专业能力和资本来源，同时通过连带责任分担了个人投资者的债务责任。

在合伙企业中，由于合伙人情况变更可能导致其他合伙人不愿意看到的情况发生。例如，一位合伙人去世了，他的家人接管其所有权，但接管人可能并不具备经营企业的能力。或者，合伙人将自己的所有权出售给外部人士，而其他合伙人可能不喜欢与此人共事。通过咨询律师，事先在合伙协议中规定合伙人份额的转让条件可以减少这类问题。

创业行动专题

有限合伙：投资基金的主要法律形式

有限合伙是指由至少一名普通合伙人和有限合伙人共同组成的合伙企业。投资基金特别喜欢采用有限合伙的法律形式，在美国，几乎所有的 PE（private equity，私募基金）都采用有限合伙的形式。我国的投资基金一般也采用有限合伙，例如著名的鼎晖投资。一般来说，投资者以有限合伙人（LP）身份投入资金并承担有限责任，而基金管理人则以少量资金介入成为普通合伙人并承担无限责任。

有限合伙对于投资人和基金管理者都有好处。对于投资人，既希望能够获益于基金管理者的技能，而又不愿意承担无限风险。有限合伙保证了投资人的风险处于可控的范围。合伙企业的利润不需要缴税，可以避免双重征税。作为普通合伙人，基金经理承担无限责任，相当于向投资人保证双方的利益是一致的。合伙企业的利润分配十分灵活，尽管普通合伙人的出资通常只占基金总额的 1%，但他们可以获得基金总额 2% ～ 4% 的年度管理佣金以及 20% 的基金利润，这样的利润分配设计有利于激励基金管理者。此外，普通合伙人并不一定是自然人。希望规避个人连带无限责任的基金管理者可以通过设立有限责任公司，再由有限责任公司作为普通合伙人建立有限合伙企业。

有限责任公司

有限责任公司（Limited Liability Company）是股东以其出资额为限对公司承担责任，公司以其全部资产对公司的债务承担责任的企业。股东按出资比例享有公司的所有权。与之前讨论的个体工商户、个人独资企业和合伙企业不同，有限责任公司是企业法人，能够独立承担民事责任，以自己的名义签合同、起诉和应诉。同时，有限责任公司的注册程序和税务申报相对复杂，法律对公司章程、财务制度、组织结构和议事规则（如股东会议的召开）等也有更多的干预和具体规定。

有限责任公司有许多优点。股东对公司的债务只负有限责任，即使企业经营失败，也不会危及股东的其他个人财产。有限责任公司的股东人数不少于 2 人，不超过 50 人，这与有限合伙相似。有限责任公司通过吸引较多的股东可以扩大资金来源。有限责任公司的股东可以根据公司章程转让股份，根据股份的比例分享利润，也可以通过按股份比例投票分享管理权。最后，之前讨论过的企业经营形态都受所有人寿命的影响，而有限责任公司的生命周期是无限的。正因为有这些优点，绝大多数创业者选择有限责任公司。

有限责任公司的缺点包括双重征税，公司利润要缴纳所得税，股东分配到的利润还要缴纳个人所得税。此外，有限责任公司股东转让所有权的手续相对复杂。最后，尽管有限责任公司股东人数可以达到 50 人，但在实施需要巨额资本的项目时仍然会发生资本不足的情形。

创业行动专题

一人有限责任公司

如果一位创业者既不想与其他人分享企业的管理权和利润，同时又不希望把自己的全部个人财产置于企业经营风险之中，一人有限责任公司也许是一个可行的选择。

所谓一人有限责任公司，是指只有一位股东（自然人或法人）的有限责任公司，这位股东以其出资额为限对公司承担责任。不过，一个自然人只能设立一家一人有限责任公司。此外，一人有限责任公司决策缺乏权力制衡，这可能影响顾客和其他利益相关人对公司的信任。

股份有限公司

股份有限公司（Joint Stock Company Limited）是由 2 名以上的股东所组成，全部的资本均分为股份，股东就其所购的股份数额为限对公司的债务负有限清偿责任的公司。股份有限公司是最典型的企业法人组织，它的设立必须有法定的发起人（2 人以上 200 人以下），发起人要订立章程，认购股份。股份有限公司的股东持有公司的股票，股票是公司所有权的代表。

绝大多数股份有限公司的所有者和管理者是相互分离的，负责股份有限公司日常经营活动的不是股东，而是一个专门的组织机制——董事会和经理。为了保护股东，特别是小股东的利益，法律对股份有限公司的设立、财务制度、议事制度、信息披露等都有详细的规定。例如股份有限公司必须在每个财政年度终了时向全体股东公布公司的年度财务会计报告，该报告须经会计师事务所审计。股票在证券交易所公开上市的股份有限公司称为上市公司，任何投资人通过购买上市公司股票都可以成为其股东。为了保护投资者，法律对上市的股份公司的信息披露和组织制度有更加严格的规定，例如上市公司的财务报告必须向社会公开。

股份有限公司有许多优点。股份有限公司可以向大量投资人募集巨额资金，特别适合需要极大资金才能运行的公司项目，例如大型生产企业和资本密集型的企业。与有限责任公司相比，股份有限公司的股份转让相对便捷，上市公司的股份可以在证券交易所自由交易。

股份有限公司的缺点包括所有权与管理权分离，小股东通常不能参与公司管理，即使创始人也可能由于引入大量资本导致股份稀释而失去对公司的控制。股份有限公司设立程序比较严格，主要管理者和大股东需要向小股东履行较多法定义务。在税务方面，股份有限公司需要双重纳税。此外，上市的股份公司需要定期向社会披露信息。

企业法律形式服务于创业者的需要，没有最优形式。不同的创业者根据自己对企业控制权、风险分担、利润分配的想法来选择创业企业的法律形式。表 8.1 列出了主要的企业法律形式并对其特点做了对比。

表 8.1

主要的企业法律形式及其特点

	企业法律形式				
	个体工商户	个人独资企业	合伙企业	有限责任公司	股份有限公司
所有者人数	1 人或 1 人以上	1 人	2 人以上 50 人以下	50 人以下	2 人以上 200 人以下
责任	以个人或家庭财产承担全部责任	以个人或家庭共有财产承担全部责任	普通合伙人对企业债务承担无限连带责任	股东以其认缴的出资额为限对公司承担责任	股东以其认购的股份为限对公司承担责任
税负	个人所得税	个人所得税	个人所得税	公司所得税与个人所得税	公司所得税与个人所得税
生命周期	以经营者生命为限	以所有人生命为限	合伙人变动可能导致解散	无限	无限
转让条件	依所有人意愿转让，转让时需要重新注册	依所有人意愿转让	转让和处分须经全体合伙人一致同意	向股东以外转让股权需要半数股东同意并保障其他股东的优先购买权	股份可以自由转让、自由流通
利润分配	完全的利润分配	完全的利润分配	按照合伙协议或合伙人协商决定	一般按照实缴的出资比例分配	一般按照股东持有的股份比例分配
管理控制	个人或家庭控制	完全的管理控制	与合伙人共享管理控制	控股股东控制或股东共享	控股股东控制或股东共享

8.2　初始协议和避免法律纷争

能够共同投资，意味着创业者和投资者之间已经建立起共识，拥有共同的愿望。然而愿望并不能代替现实的利益，随着合作的进展，许多分歧和纠纷会开始浮出水面。从实际情况来看，绝大多数法律纠纷是由于误解、草率或无知造成的。在创业早期阶段对可能发生的问题和分歧解决制定规则，可以减少创业的成本、节省精力，避免股东间的纷争影响企业的经营。

需要重视的协议

创业者与投资人之间通常会签订股东协议，明确企业的法律形式、购买股份的承诺、修改协议的规定，股东协议还会规定如何分配股份和利润，下面我们对创业者还应当考虑的其他重要协议内容做出说明。

创始人聘用协议。创始人通常全职投入企业经营，他们无法仅凭未来分到的企业利润生活。在企业中任职并领取报酬的创业者应当同投资人就职位、责任以及如何计算他们的报酬达成协议。在投资人只拥有少数投票权时，他们往往对创始人的收入特别关注，这样的协议可以避免未来运营中的争执。在聘用协议中，还要考虑到股权比例变动可能引起的变化。例如，少数股股东联合起来构成多数以驱逐创业者的可能也需要在聘用协议的设计中给予考虑。协议通常还会规定聘用期限以及提前解除聘用时的补偿。

创业行动专题

创始人该拿多少钱?

根据对美国创业孵化器 Y Combinator 创业公司的调查，创始人的工资水平为 5 万美元，获得投资后可能翻倍。投资人布莱德·菲尔德（Brad Feld）给出类似的判断，在拿到第一笔投资后，创始人的工资水平在 10 万～25 万美元之间。著名风险投资家彼得·泰尔（Peter Thiel）对创始人的工资水平表示强烈关注。他在斯坦福大学授课时说："如果你打算投资一家初创公司，那么你在评估时完全可以把所有的考量都归结为一个问题，即公司首席执行官的薪水是多少。如果答案超过了 15 万美元，那就不要投资了。"

中国天使投资人曾李青曾在微博上公开表示："过去五年统计数据告诉我们，创业者 CEO 工资和企业成功概率成反比。"（2013-03-30 10：05）他的观点得到投资人蔡文胜、清科倪正东的赞同。

很多创始人在初期（12 月之内）只拿很少的工资，甚至不拿工资。为了给投资人留下好的印象，创始人的工资水平可以按行使相似职能的员工工资作为参考。一般认为，天使轮阶段创始人的年工资在 12 万以内是可以接受的。

股权处置协议。在特定情况发生时如何处置股权是股东协议的重要内容，这主要包括四种情况：向第三方转让，所有者死亡，员工离职和投资人退出时的股权处置。通常情况下，股东协议会规定任何股东在向第三方转让股权之前，企业中的其他所有者享有优先权，并且规定此时适用的价格和数量（通常对现有股东有利，以对抗外部更有资金实力的第三方）。

在协议中列入股东死亡时的股权处置主要是为了防止在极端情况下股权由家属继承所导致的一些问题。如果协议规定由创始人购买死亡股东的股权，那么如何筹措这部分资金也应当有相当的安排，以免创始人由于资金困难而无法实际购买。

员工，特别是持有大量股份的骨干员工离职时，如何回购其股份也是股权处置的重要主题。通常协议会规定离职员工不得保留股份，因为股东们不大愿意员工在离职后享有他人努力的成果。此时，同样需要规定如何筹集资金来购买这部分股权，例如当企业资金紧张时允许使用分期支付的方式购买该员工持有的股份。协议还可以规定创始人提前离职情况下对投资人的补偿，例如创始人所持有的股份在工作满一年后才可以有 1/4 获得兑现，以后逐年增加 1/4。

投资人退出时的股权处置。天使投资人可能有权要求企业在约定时间后以约定价格回购其所持有的股权，以避免自己的资金长期锁定在一家创业企业的少数股权中。也有的协议规定当企业不再需要这些投资时，企业有权以约定的价格（包含了投资人满意的利润）从投资人手中回购股权。还有的协议对创始人向第三方出售股权做了特别的限制以保护投资人的利益。

保密协议和竞业禁止协议。这是常见于企业和员工之间的两类约束性协议，能够保护公司的商业秘密，避免员工离职导致企业在竞争中处于不利地位。保密协议（nondisclosure agreement）规定员工不得向第三方如供应商或客户提供公司商业秘密。竞业禁止协议（noncompete agreement）规定员工在职期间和离职后的一段时间（一般不超过 2 年）不得从事与原雇主竞争的业务。企业不得滥用保密协议和竞业禁止协议，在竞业禁止期间还应当向员工支付报酬。表 8.2 提供了一个保密和竞业禁止协议的典型内容。

表 8.2

保密和竞业禁止协议内容样本

1. 员工了解并认同，公司的顾客名单、交易信息、技术参数、技术方法和其他商业秘密都是公司的财产。在雇用合同存续期间以及在此之后，员工所掌握的上述保密信息都不得向第三方透露。员工应当采用合理谨慎的方法保证保密信息的安全，除非经过授权，不得允许任何人查阅和复制可能包含保密信息的业务记录和文件。
2. 员工了解并认同，由于其工作内容和过程涉及对公司有重要价值的保密信息，在其离职后使用这些信息可能导致损害公司和客户的利益和声誉，在离职后（　）年内，员工不得直接或间接，或通过任何组织从事任何与本公司直接竞争的业务。所谓直接竞争是指（　）（列出具体的地区和业务范围）。
3. 公司同意为履行竞业禁止的员工提供报酬，报酬的具体计算方法为（　）。
4. 如果员工违反保密和竞业禁止协议 1、2 条中的任何规定，员工同意就由此对公司造成的损失向公司支付（金额）作为赔偿。

避免法律纷争的手段

书面记录。在创业初期，合作伙伴间会尽量寻找共同点，而避免分歧。在这一时期，各方对自己的口头承诺也会表现出很好的遵守以取信于对方或其他合作伙伴。然而，随着经营走向复杂，利益关系也将变得复杂，在面临无法协调的冲突时，口头承诺由于当事人、记忆、场所和重复性的差异，其效力将受到挑战甚至失去效力。因此，对重要事项达成一致后，应当尽快写出备忘录或协议，由相关各方签署。在与供应商和客户合作时也应当一律签署书面合同。在创业初期，创业团队在经营指标的压力下往往急于成交。然而，越是初期交易，对客户和供应商越不了解，越有可能发生意外的不利情况。所有的供应和销售协议都应当是书面的，并且要对双方的权利、义务、产品和服务的品质、交货期和付款时间做出清楚无误的规定。

履行合约义务与透明沟通。及时、足额地履行自己的义务可以避免很大一部分法律纠纷，例如按时缴纳出资、按照承诺离开原职担负新企业的全职工作等。对于客户和供应商，在经营初期要特别注意遵守承诺以建立信誉。在遇到困难可能无法履约时，应当尽早向供应商和客户通报以避免更多损失。例如，供应商对于新企业可能缺乏支付能力通常有所准备。在面临现金支付困难时，通过积极和透明的沟通，向供应商展示企业（投入实际经营后）为争取销售而不得不将资源向研发和营销倾斜的事实以及未来的偿付能力，有可能争取到更大的商业信用或重新协议的机会。

聘请律师和会计师。律师和会计师会增加许多费用和办事手续，有些创业者会觉得这对于资金缺乏的新企业是一个无谓的负担。然而，专业人员有可能帮助你避免成本高昂的错误。例如，经常代理创业企业业务的律师和会计师对于这类企业的现金流问题往往比较熟悉，能够设计出合理的付款协议和分期付款策略。由律师和会计师协助制定的各项协议通常能够更清楚地定义创业者的要求，减少未来在经营决策中发生分歧时没有书面依据的困难。企业在设计 IT 管理系统时也需要咨询会计师的意见，以保证能够提供法律所要求的各项经营信息。否则，当企业积累起一定数量的信息之后再来重新整理，其成本会高得多。

8.3　创业企业的商业伦理与社会责任

今天，所有的企业都面临动态环境下的全球竞争，新创业企业的困难格外突出。创业者承受着赢利速度和回报率的压力，为股东创造价值往往压过对企业社会责任的要求。为了能够生存和实现那些不可能的业绩目标，创业者们不得不在巨大的压力之下做出决策，而人在压力之下往往难以做出明智的决策。更大的挑战来自企业国际化竞争，创业者必须学会尊重他们过去不了解的市场上的价值观、商业习俗和道德。只有那些真正了解自己的价值观并制定出伦理规范的创业者才能在应对挑战的同时保持自己的道德原则。

在公司治理规范和社会舆论的要求下，大企业通常都制定了书面的商业伦理守则和社会责任报告。对于创业企业，重要的不是书面的文件，而是创始人所倡导的愿景与价值观、商业伦理和社会责任。

商业伦理

简单地说，商业伦理（business ethics）就是人们在商业经营过程中判断对错的原则。人们的伦理原则来自成长环境中的文化、社会、政治和伦理规范。通常情况下，人们不会去思考自己的伦理，在判断时会根据直觉行事。只有面对两难的道德选择时才会思考怎样做是对的。有些人认为，只要遵循“己所不欲，勿施于人”的法则就可以解决道德两难困境。然而，现实中的商业道德问题往往十分复杂，存在大量灰色区域，很难用单一的伦理原则求解。

与大企业一样，创业企业同样不能豁免不伦理行为。常见的不伦理行为包括用企业的钱支付个人开支、隐瞒现金收入、对顾客进行价格欺骗、发布误导性的广告、故意拖延付款、欺骗顾客、员工和供应商。企业通过伦理行为建立起声誉往往需要很长的时间，但毁掉这种声誉却只需要很短的时间，并且毁掉的声誉将很难恢复。

创业者在商业伦理方面可能面临更多的困难，他们的企业往往处于起步阶段，业务活动不规范，缺乏系统和控制。创业者们忙于争取生存，不可能有很多时间和精力来关注商业伦理。此外，创业者很容易认为其他伙伴和他持有相同的价值观，即使出现问题也可能采用视而不见的做法。当然，这样做是错误的，不伦理的行为会污染企业的商业实践，导致更多不伦理的行为。在创业阶段，员工会根据企业创始人的行为来形成自己的伦理判断，对不伦理行为的容忍就是对员工的误导。

与其他社会成员一样，创业者在日常工作中面临的伦理决策主要可以归入四个类别：

- 个人价值观，例如诚实正直；
- 组织价值观，例如关心员工福利；
- 顾客满意，组织如何向顾客提供价值；
- 外部责任，组织对社区和环境的态度。

在伦理决策中，主要的问题是如何处理两难伦理困境。例如，顾客的采购决策者向公司索取贿赂。如果拒绝，则业务可能落入愿意支付贿赂的竞争对手手中。在处理两难伦理问题时，通常采用三种理论框架：

- 理想主义。这一理论方法认为应当基于人们的美德、诚信和价值观做出决策。
- 义务主义。这一理论方法强调义务、权利、合法和正义。
- 效用主义。这一理论主张根据不同选择的成本与收益做出决策。有些高管滥用效用主义原则为自己的不伦理行为辩护，以目的正当替代手段正当。

哲学家康德给出了伦理判断的另一种思路，人们可以通过问自己 4 个问题来判断自己的决策是否合乎伦理。

1. 决策是否能够让参与者全体得到最大的利益？
2. 决策是否尊重所有各方的权利？
3. 决策是正义的吗？有没有人会因为决策而受损害？
4. 我愿意让我的决策刊登在本地报纸上吗？

常见的伦理困境。常见的伦理困境可以分为四种，利益冲突、求生策略、利益相关人压力和打擦边球。**利益冲突**（conflicts of interest）是指个人的利益与职业义务相冲突的情形，令一位独立观察者有理由怀疑个人决策或行动受到个人利益的影响。例如，一家企业在某一个制造环节上雇用众多员工并且利润很高，然而这种制造过程对环境有危害。此时，企业所有者就会发生利益冲突的情形。**求生策略**（survival tactics）是指为了求得生存而不惜违反伦理原则的行为。平时以伦理原则自律似乎并不难，当企业发不出工资时，才是伦理原则经受严酷考验的时刻。**利益相关人压力**（stakeholder pressure）是指由于利益相关人的要求相互冲突所引进的困境。利益相关人是指所有与企业成功有利益关系的个人或组织，像投资人、股东、供应商、顾客、员工等，图 8.1 给出了一家企业利益相关人的图示。再小的公司也有许多利益相关人。例如，当公司决定上市时，创始人会发现他被许多人推着走，例如投资人（希望获利退出）、投资银行、会计师和律师（获得服务收入）等，似乎上市本身而不是公司利益才是最重要的。**打擦边球**（pushing the legal limit）是指创业者尽可能触碰法律边界而又避免违法。有些人会说，“我们是创业者，是天生的犯规者。”然而经常在法律边界游走的人终归会触犯法律，他们将为此付出代价。

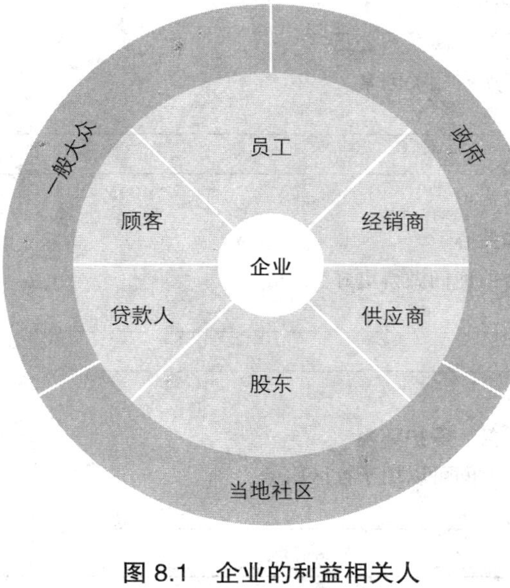

图 8.1 企业的利益相关人

伦理守则。伦理守则（code of ethics）是企业制订的书面的伦理规范，用来指导全体员工的伦理决策。创业企业人数不多，可以动员大家一起参加伦理守则的制订，有助于让全体员工清楚地认识公司的价值观和对待伦理问题的态度。表8.3列出了制定伦理守则时可参考的价值观要求。

表 8.3

企业的六大品格

约瑟夫森是一位商业伦理专家，他主张创业者在制定伦理守则时应当考虑将六项品格体现在企业经营以及企业与员工和他人的关系中。在下面的空白处试试写下你自己将如何展现这些品格。

可信任：忠诚、诚实和正直
例：我总是言出必行。

____

____

尊重：隐私、尊严和礼貌
例：我总是礼貌待人。

____

____

责任：勇于负责、追求卓越
例：我不会因为自己失败而责怪他人。

____

____

公平：不偏向、保持一贯、平等、谨慎、公正
例：在做出判断之前我会考虑所有相关因素。

____

____

关怀：同情心、友善、捐赠和关心
例：我会原谅下属的过错，帮助他们做得更好。

____

____

公民责任：遵守法律、社区服务、保护环境
例：我允许员工有一定的工作时间可以用于社区服务。

____

____

有效的伦理守则应当是含义确定、易于理解的。对于需要员工运用自己判断力的情况，还应当给出说明和例子。以下是伦理守则得到有效实施和长期保持的建议：

- 创业者在遵守伦理守则中起模范作用。在有些企业里，创业者在艰苦情况下坚守伦理的行为已经成为传奇。它们会成为企业文化的一部分，在未来的日子中自豪地不断重述。
- 通过培训、设置假定情景帮助员工理解伦理守则。例如，当最大的顾客对公司女员工有不尊重行为时怎么办?
- 创业者应当不断强调遵守伦理原则的重要性并给出最新的案例，还要定期对伦理守则的执行和培训进行评估。

企业还应当将自己的伦理守则向供应商和顾客进行沟通，展示自己的承诺和诚信。在企业内部则必须建立清晰的对不伦理行为的报告机制，还可以通过认可、奖励和晋升等方式表明企业对伦理行为的赞赏。在企业经营过程中，伦理问题是很难避免的。执行伦理守则的鲜明态度和诉诸全体员工的协作可以帮助企业有效地应对这些问题。

创业行动专题

三只松鼠的廉政家规

电子商务领域中的采购往往是行贿问题多发的环节。三只松鼠是著名的农产品电商，这家公司采用廉政家规的形式进行自律管理。

每位员工都有一份廉政档案，里面有《员工廉政承诺书》《入职廉政词》《廉政培训记录》。意向合作伙伴来到三只松鼠，先要上廉政培训，通过考试后才能和业务部门洽谈，培训和考试的核心内容是《松鼠廉政5P令》，由创始人章燎原亲自落笔：

“关于饮食，供应商伙伴原则上禁止和松鼠员工在公司外部就餐，如在外部就餐，伙伴方陪同人数不得超过3人，餐标不得超过50元/人/餐，禁止饮用含酒精的饮料；

“关于住宿，禁止向松鼠员工提出任何住宿邀请或暗示，松鼠员工住宿问题必须由其自行解决；

“……超出以上任何规定的行为，我们视为行贿！”

因为违反廉政规定的行为，三只松鼠曾终止过与多家合作商之间的合作。三只松鼠在2015年成立了内部廉政机构“松鼠廉政署”，规定任何员工都不能与跟三只松鼠有利益相关的个人或机构进行利益交涉。2017年5月，三只松鼠廉政署升级为特级组织，高于公司任何职能部门和其他独立组织。

社会责任

今天，人们对成功企业家的要求已经不限于创造利润，企业必须回馈它开展业务活动的社区，并通过社区服务回馈社会。据尼尔森公司对56个国家26000名消费者的在线调查，2/3的消费更愿意向实施社会责任行动的企业购买产品和服务，他们也更愿意在这些企业中工作（62%）、投资于这些企业（59%）。46%的受访者表示愿意为这些企业的产品支付更高的价格。[1]

企业社会责任（social responsibility）是指超越社会对企业的伦理、法律、商业和公众期望的运营方式。这意味着企业应当遵守法律、尊重环境、注意企业活动对利益相关人、产业和社群的影响。主动承担社会责任的企业认为，企业的回报不仅来自利润，同时也来自作为变革代理令社会变得更美好，以及在此过程中所创造的价值。企业社会责任也被称为三重底线战略：企业利润、环境责任和社会责任。

主动承担社会责任的企业能够收获许多利益，包括提高财务绩效、通过减少浪费和提高效率来降低成本、加强品牌和声誉、增加销售和顾客忠诚、提高生产率和品质、提高吸引和保留员工的能力以及减少常规性的监督。承担社会责任也不光是大企业的事情，小企业同样可以做到。首先要做的是建立目标，企业希望通过社会责任行动实现怎样的结果？创业企业应当专注于某一项目标而不要泛泛地支持多个目标，也可以考虑与专业的非营利机构合作以实现更大的影响。由非营利机构提供社会主题方面的专长，创业企业则提供技术专长和员工的志愿服务。其次，要让企业中的每位成员都能够参与。不仅员工，企业在适当的条件下还可以吸引顾客参与社会责任活动。选择与公司核心价值一致的目标和行动，创业企业将有许多机会与社区建立起积极的关系。例如：

- 捐赠产品、服务和收入。许多企业承诺将销售产品和服务所得收入中的一部分捐赠给某个需要帮助的群体。
- 提供专业支持。例如一家IT服务商利用编程方面的优势帮助公益超市改进IT管理系统。
- 直接贡献给社区。一家咖啡店请顾客投票给自己最喜欢的公益项目，获胜者得到现金奖励、免费面包、使用咖啡店空间做活动以及在店内放置广告的权利。

除了赚钱，企业还必须做到行为合乎伦理，并且对改进社会有所作为。创业者应当关注企业的伦理行为和社会责任行动。不同时期社会对企业伦理行为的要求可能改变，不同文化中对伦理行为的理解也可能差异很大，这些都增加了企业管理伦理行为的难度。无论如何，创业者和企业高管的行为都是最重要的，员工正是从他们的行为中领会公司对伦理行为的要求。

---

[1] http://www.nielsen.com/us/en/insights/news/2012/the-global-socially-conscious-consumer.html.

8.4　知识产权保护与商业秘密保护

知识产权（intellectual property）是指发挥创造性所获得的成果，例如发明、文献和艺术作品、符号、名称、形象和设计。对于企业，知识产权主要是专利、商业秘密、商标和版权。专利用来保护发明，商业秘密包括产权性的信息，可以是发票、顾客名单或独特的经营方式。商标是让本企业产品和服务区别于其他企业的关键，也是连锁店的核心价值。版权保护作者的原创作品，包括文献、音乐、艺术作品、软件和其他知识性作品。创业者不仅要懂得知识产权的价值，还要有保护知识产权的具体方案。知识产权保护是有成本的，在预算中要考虑这部分费用。

创业企业在构思新设想或设计新产品和新方法时，通常需要考虑两个问题：我能不能保护它？如何阻止竞争对手抄袭？如果竞争对手能够迅速地复制你的产品特征，那么前期的努力，包括金钱、时间和精力，以及广告和促销上的努力都将变成浪费。此外，抄袭还会导致市场价格下降，因为竞争对手不需要像你一样投入前期的费用。

专利

专利（patents）是专利权的简称，包括发明、实用新型和外观设计三种类型。发明是指对产品、方法或者其改进所提出的新的技术方案，是对原创性要求最高的专利。据国家知识产权局发布的 2012 年统计报告，全年共授权专利 125.5 万项，其中发明专利只有 2.2 万项。[1] 即使是发明，多数专利也并不属于技术上的重大突破，而是对现有材料进行新应用的产物。例如，一项专利保护装置 USB 连接线的扫描仪，USB 是一种用于将电脑和扫描仪连接起来的工具。通过 USB 接口可以将文件在两者间传递，电脑还可以通过 USB 接口为扫描仪提供电力，不再需要为扫描仪单独配置电源。这一发明专利的拥有者既没有发明 USB，也没有发明电脑，只是将两者的用途结合起来，就可以获得一项新的发明专利。

专利权是由政府授予专利权人在法定期间内享有专利使用的排他权。在中国，发明专利权期限为 20 年，实用新型专利权期限为 10 年，外观设计专利权期限为 10 年。专利权的取得要求专利人向公众公开其发明技术的内容，避免重复研发，促进社会技术进步。专利到期后，公众即可自由使用。

[1] http://www.sipo.gov.cn/ghfzs/zltjjb/jianbao/year2012/b/b1.html.

创业行动专题

特斯拉开放技术专利

在汽车制造这样的技术密集型产业中，专利是一种有效的竞争武器。它可以用来阻止竞争对手复制自己的技术，保持技术领先，或通过与竞争对手交叉授权使用而提升自己的竞争优势。可以说，所有知名汽车品牌都建立在大量的技术专利基础之上。这也可以解释为什么当特斯拉公司CEO马斯克在2014年6月12日宣布开放所有专利时，在产业界和社会引起了巨大的反响。[1]

作为一家技术公司，特斯拉最核心的技术是电池生产和快速充电。

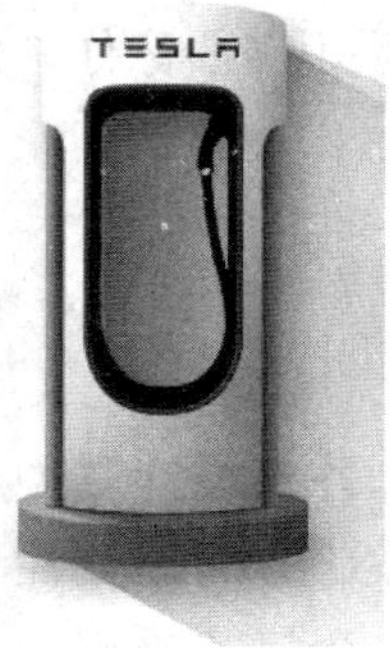

特斯拉曾经很在乎这些技术专利，它们可以阻止传统汽车公司在获得技术后通过制造、销售和营销上的规模优势把特斯拉挤出市场。对于特斯拉的惊人之举，马斯克自称受到开源运动的启发，只有这样做才能促进电动汽车技术的发展。但是，为什么特斯拉会在这一时间点做出决定？

在2014年，特斯拉已经成为电动车产业的领导品牌，它所拥有的客户认同和在长期生产过程中积累的技术细节不是竞争对手能够轻易复制的。大型传统汽车公司对发展电动车缺乏明确战略，即使获得技术也不大可能直接威胁到特斯拉。小型企业则缺乏品牌价值，更不可能直接与特斯拉竞争。既然开放专利不会为自己增加明显的竞争压力，那么不管这个行业里的其他公司如何利用这些专利，都会更快地促进这个产业规模的扩大。而特斯拉的真正困难恰恰是产业规模太小，电动车还不是消费者在选购汽车时的优先选择，这将给特斯拉的巨大投资带来很高的不确定性。当特斯拉决策层清楚地意识到最大的风险不是来自竞争对手，而是置身于一个没有规模的市场中，那么开放专利就是一个商业上十分理性的选择了。[2]

商业秘密

有些创业者选择不申请专利，而以商业秘密的形式保护自己的技术。**商业秘密**（trade secret）是有助于企业获得竞争优势的、由企业保密的知识，包括经营上的知识和技术知识。作为一种知识产权，商业秘密能够保护专利所保护的所有要素，甚至更多。顾客名单、稀缺材料供应商名单、低价高效的供应商名单都是商业秘密保护的范围。保密的工艺、配方、食谱、技术诀窍、生产诀窍、广告方案、营销计划和商业计划也都属于商业秘密保护的范围。

商业秘密的另一个好处是不必像专利必须满足特定的申请条件。只要是新理

[1] http://www.teslamotors.com/blog/all-our-patent-are-belong-you.

[2] http://www.yicai.com/news/2014/07/3988500.html.

念，只要其属于保密状态，就可以归类为商业秘密。此外，商业秘密不需要政府批准，只要企业声明其为秘密的并且采取措施加以保护即可成立。

与专利相比，商业秘密的一个缺点在于，只要竞争对手用公平的方法（如意外泄露、独立发明和反向工程）发现，就不能阻止它们使用。有些发明往往是同时出现的，商业秘密无法阻止同期发现的他人使用发明。此外，商业秘密的成本并不比专利低。因为公司需要时刻警惕商业秘密泄露的风险，还要与员工和供应商、客户签订各类保密协议。

绝大多数企业同时采用专利和商业秘密两种方法。在专利没有得到批准之前，商业秘密提供了基本的保护。有些企业将竞争对手可能很快掌握的技术申请专利（不担心公开），而将竞争对手尚不能掌握的技术作为商业秘密（担心专利公开后引来模仿）。

商业秘密成立的条件是作为秘密财产得到保护，这通常需要满足以下四个条件：

- 与所有员工、代理人、顾问、供应商和任何能够接触保密信息的人签署保密协议，要求他们未经许可不得泄露或使用保密信息。
- 采取适当的保密措施防止第三方进入商业秘密所在的场所。例如房间密码锁、竖立隔栏、设置保安人员、采用身份识别、签到簿、划定保密区等。
- 对保密文件加盖保密印章，放置在需要通过身份识别才能进入的房间或装置中。
- 让全体可能接触商业秘密的员工、顾问和其他人都知道这些信息属于商业秘密，这些信息对于公司的价值以及他们所承担的保密义务。

创业行动专题

发明专利，还是商业秘密

有一个例子可以说明发明与商业秘密的区别。一位美国女发明家设计了一种新的钥匙扣并申请了专利。这种钥匙扣的设计十分简单，也很容易复制。在等待专利审批期间，她将钥匙扣授权给一家企业生产。双方约定技术授权费为销售额的 5%，如果专利在 5 年后还没有得到批准，则授权费降为 2.5%。这项专利最后没有得到批准，技术授权费降为 2.5%。在此后的 14 年里，这家企业一直向权利人支付 2.5% 的授权费。由于竞争对手很快复制了这款产品，企业认为继续为此支付授权费是不合理的。然而法院的判决是，这家企业只要还在继续生产这款钥匙扣，就必须向权利人支付授权费。如果当初专利得到批准，企业只要 17 年（美国的专利保护期限）后就可以不再支付授权费。

商标

商标（trademark）是识别个人和企业的显著标志，包括文字、符号和其他信息及其组合。经过商标局审查批准的商标称为注册商标，通常以符号 ® 表示。商标注册人享受法律保护，其他个人和企业不得使用相同或可能导致消费者混淆的相似商标，商标的保护没有期限限制。商标包括产品商标和服务商标，华为、海尔是产品商标，而淘宝、腾讯则是服务商标。对于许多企业，商标比专利和商业秘密更有价值，例如可口可乐和麦当劳的商标价值远超其所使用的技术。此外，当 IBM 或苹果开发出一个新产品上市时，载有商标这一行为本身将赋予新产品巨大的市场价值。在设立商标时，应当避免描述性的词汇，这会妨碍其他人使用从而难以获得批准。例如，苹果罐头是一个通用的描述性名称，很难获得批准，但苹果电脑则是可用的商标名称。此外，在企业进入国际市场时，要注意商标名称或译音与当地习俗是否有冲突或与知名品牌是否相似。

著作权

著作权也称**版权**（copyright），是指个人和组织对自己创作的作品所享有的权利。著作权保护的作品类型十分广泛，包括图书、论文、图表、广告、使用手册、产品目录、包装和装饰图案、设计、照片、音乐、音频、视频和软件等。理念和功能不在著作权法保护的范围内，例如发明和广告创意不受著作权法保护。著作权保护的优点包括门槛低，自作品完成之时即受保护；保护期限长，其中署名权、修改权和保护作品完整权是永久的，公民作品著作权保护期限为公民死亡后 50 年。我国实行著作权自愿登记制度，著作权登记有助于确立著作权，保护著作权人的经济利益。

许可与技术转移

许可（license）是指将专利、商业秘密、版权和商标等企业的知识产权授权给他人使用以换取收入的协议或约定。许可的对象可以是产品（汽车）、商标（麦当劳）、软件（数据处理工具）、形象（迪斯尼作品）或文字（一套新文库）。许可可以是独家的，也可以是非独家的，独家许可的费用往往较高。许可的费用通常按被许可方销售额的一个约定比例来计算，例如 5%，许可方经常会要求被许可方提供预付金。销售目标是许可协议中一个基本的要素，许可方要求被许可方“尽最大努力销售”或事先商定一个销售指标，或者规定被许可方必须做出具体的努力（如动员的人工数量和开展活动的地区）。如果被许可方达不到许可协议中的要求，则许可方可以中止许可。在许可协议中还需要明确非竞争性和保密的要求。

知识产权审计

知识产权审计是对企业所拥有知识产权的系统性的判定和评估。知识产权属于无形资产，在日常经营中较难直接管理。然而，在知识经济时代，知识产权对于企业的战略重要性却在不断上升。知识产权审计通常包括以下几个部分的活动：

- 整理知识产权的记录
- 确定知识产权的归属
- 知识产权与企业战略的关系
- 内部政策与实践是否提供了充分的保护和处理原则
- 评估知识产权

知识产权审计还适用于企业收购其他企业或与其他企业达成战略性合作时的谨慎性调查，以避免由于侵害第三方知识产权而承担侵权责任。表 8.4 以软件企业为例列出了知识产权审计的要点。

表 8.4

软件企业的知识产权审计要点

1. 列出本公司开发、使用和购买的软件清单
2. 列出所有软件的著作权所有人和开发人
3. 按核心、二级和辅助三个级别对软件进行分类
4. 保存所有软件的开发过程和版本记录文档，作为原创性证明
5. 列出所有的保护形式，包括商标、域名和版权材料，如使用手册和营销材料
6. 核对员工合同和供应商合同，确定你对他们使用的软件是否拥有所有权
7. 核对是否对知识产权进行了标注（如加载商标和专利符号）
8. 核对许可协议中对知识产权的定义和保护
9. 检查本企业获得的第三方软件许可协议是否合法

本章小结

1. 创业者需要仔细考虑所经营的企业类型以及创业者对企业的个人目标来选择适当的企业法律形式，包括个体工商户、个人独资企业、合伙企业、有限责任公司和股份有限公司。

2. 在创业早期阶段制定分歧解决规则，可以避免股东间的纷争影响企业的经营，股东协议是其中最重要的文件。书面记录、切实履行义务、透明沟通和聘用专业人士也是创业企业避免法律纷争的方法。

3. 商业伦理是人们在商业经营过程中判断对错的原则。常见的伦理困境包括利益冲突、求生策略、利益相关人压力和打擦边球。

4. 有效的伦理守则应当是含义确定、易于理解的。对于需要员工运用自己判断力的情况，还应当给出说明和例子。

5. 企业社会责任是指超越社会对企业的伦理、法律、商业和公众期望的运营方式。主动承担社会责任对于企业有多方面的好处。

6. 知识产权是指发挥创造性所获得的成果，企业的知识产权主要是专利、商业秘密、商标和版权。

7. 专利保护发明，商业秘密保护产权性的信息，商标保护本企业产品和服务的显著标志，版权保护作者的原创作品。

8. 专利是专利权的简称，是由政府授予专利权人在法定期间内享有专利使用的排他权，包括发明、实用新型和外观设计三种类型。

9. 商业秘密是有助于企业获得竞争优势的、由企业保密的知识。商业秘密成立的条件是作为秘密财产得到保护。

10. 商标是识别个人和企业的显著标志。经过商标局审查批准的商标称为注册商标，通常以符号 ® 表示。注册商标受法律保护。

11. 著作权也称版权，是指个人和组织对自己创作的作品所享有的权利。

12. 许可是指将专利、商业秘密、版权和商标等企业的知识产权授权给他人使用以换取收入的协议或约定。许可的费用通常按被许可方销售额的一个约定比例来计算。

关键概念

有限责任公司　股份有限公司　初始协议　商业伦理　伦理守则　企业社会责任　知识产权　专利　商业秘密　商标　版权　许可

批判性思考与讨论题

1. 作为创业者，你倾向于采用哪种企业法律形式，你的选择标准是什么？

2. 在股东协议中，哪些内容是最重要的？

3. 什么情况下创业者更有可能选择合伙企业的形式？

4. 对比有限责任公司与股份有限公司的特点。

5. 举例说明哪些情况属于滥用保密协议和竞业禁止协议。

6. 求生策略可以作为违反（也许只是暂时）伦理原则的理由吗？

7. 你会建议创业企业采用哪些方法向供应商和顾客传递自己的伦理原则？

8. 与大企业相比，小企业承担社会责任时有哪些特点？

9. 与其他资产如房产、设备、库存相比，知识产权有怎样的特点？

10. 企业知识产权主要有哪些类型？以一家具体的企业为例说明。

11. 以一家家用电器企业为例子解释专利的三种类型。

12. 为什么有些企业选择不申请专利而采用商业秘密的形式来保护自己的知识产权？

13. 列出你心目最著名的品牌，查阅文献了解它的商标保护措施。

14. 忽视知识产权审计可能给企业带来哪些风险？

15. 近年来 IP 在影视创作中成为热门词汇，请从版权角度解释 IP 的价值和增值的路径。

报告与分享练习：创办新企业

以小组为单位，找出一个感兴趣的创业企业，从公司公开信息（如网站、年报）和媒体报道中查找资料，回答以下问题并向全班报告你们的发现：

1. 查询企业的注册形式和注册名称。是否采用了特殊的法律形式？
2. 公开报道中是否包括了企业初期股权分配和员工期权？
3. 请列出企业初期需要完成的主要协议。没有这些协议可能发生怎样的问题？
4. 在经营中，企业可能遭遇哪些特有的伦理问题？
5. 企业曾经使用哪些方式公布自己的伦理原则？
6. 如果企业曾经发生过伦理上有争议的事件，它属于哪一类伦理困境？分析企业处理伦理事件的决策模式。
7. 企业有哪些承担社会责任的行为？
8. 企业的主要知识产权有哪些？
9. 企业采取了哪些保护知识产权的行为？

结尾案例

神奇百货倒闭

初中女孩王凯歆在QQ空间做代购，将零食、休闲鞋、学生用品卖给同龄人。从淘宝网店扒图，发布在自己的QQ空间，议价，下单。收货地址从一个窗口拷贝到另一个窗口，只要抬价得当，白手就能赚钱。由于了解学生对新奇产品的需求，她的小店很快就开始在学生中风靡开来，月销售额一度达到50多万元。王凯歆还发展了加盟商，同样的手法教给别人，加盟费从100元涨到400元；又去街上派发零食，扫二维码做推广。

2015年1月，王凯歆参加西安的一次创业活动。她提出“拇指购物”的设想，做一款“90后轻社交购物平台”，拿到了活动的第四名并由此结识了投资人朱波。2015年6月，王凯歆创立神奇百货，朱波提供230万元天使资金，占股33%。2016年1月14日，17岁的王凯歆参加《我是独角兽》节目，大获成功。2016年1月底，神奇百货宣布获得2000万元A轮融资。在投资人的推动下，媒体对“神奇少女”“高中生CEO”进行了密集报道。

王凯歆认为，95后和00后购物的出发点是“娱乐性”，而非“实用性”。他们口味变化比较快，对品牌认知度和忠诚度很低，但增值服务空间很大。神奇百货的口号是“年轻人的购物新玩法”，APP中的货品标签则是“潮酷”、“二次元”、“逆袭女神”“奇葩杂货”这些“95后行话”。选品主打95后喜欢的零食、饰品、书包文具、二次元周边等商品，客单价集中在10～100元。此外，独特的日报板块每日推送趣味性的二次元系列主题以及潮流资讯，在每篇日报后会跟随几款相关的推荐产品。

核心业务还是像王凯歆从前在QQ空间上做的代购生意。在淘宝和阿里巴巴上搜寻迎合青少年的商品和店铺，对商品图片重新加工，添配文案，发布在自己的平台上。顾客下单后，再根据订单一件件去淘宝和阿里巴巴上买。代购本来能挣钱，但神奇百货为了吸引用户，原价转销还补贴运费。

“公司一开始的时候氛围非常好，我们经常一起加班到半夜一两点，业绩一直在增长。”在节目中，神奇百货宣布每日单量已经接近1000单。技术部的一名工作人员说，“1000单是周六、周天这种特殊日子……平均下来，一周每天400单到500单左右……客单价约是20块。”[1]

A轮融资后，寻找供货商成为神奇百货的工作重点。招商部员工每天要找120家淘宝店铺洽谈，淘宝上风格年轻的店铺几乎都搜罗尽了。他们希望淘宝店家给出更低的出货价，并且不再通过淘宝这样的第三方平台交易，但几乎没有店家愿意压低货价转向一个远小于淘宝的销货渠道。王凯歆承认，神奇百货在和传统供货商的谈判中，缺乏议价能力。

2016年春节，没有自建物流的问题又爆发出来，许多订单拖了两周都没法完成。复查淘宝上的物流信息、答复顾客、取消订单、申请退款都得靠人力，订单越积越多，用户差评如潮。

2016年，神奇百货员工先是扩张到50人，接着又扩张到80人，团队核心成员来自腾讯、唯品会、礼物说等。王凯歆说，自己只关注产品和运营，管理跟不上。空降了很多中层的管理人员，每个人都有不同的想法，做出来的产品脱离了神奇百货用户的需求。有投资人评论，“在A轮以前，每个爆款都是王凯歆自己选的。”A轮以后神奇百货做的不再是青少年电商了，“变成了另一个淘宝天猫。”

为了保持规模增长，神奇百货不得不从信息服务扩张到物流服务。资产变重，一个月要烧100多万。2016年6月，王决定裁员搬迁。粗暴的裁员方式引发员工反弹，媒体做了大量不利的报道。朱波认为，“如果有一名经验丰富的HR协助，员工虽然也不高兴，但不至于撕破脸”。两轮裁员后，公司未能走出困境。2016年10月，神奇百货官网已经无法打开。

投资人林劲峰分析，虽然王凯歆更懂得“95后”的消费特点，但“组织一个供应链，管理一个公司，组建研发团队，设计产品，没有相当的阅历，不会有好的经营基础”。朱波则抱怨，“90后的公司基本不开董事会。如果凯歆拿A轮时给她设定预算，超出预算追加的话，要通过董事会同意，就不会出现问题。这是个重大教训。”

讨论题：

1. 创业企业在公布经营数据和获得投资金额时往往会有夸大的情况，你如何看待这种做法？

2. 以90后和00后作为电商消费群体是一个现实的市场需求吗？

3. 在你看来，为什么投资人对神奇百货乐于宣传而疏于履行董事会责任？

开篇案例讨论题

1. 今日头条为了免于盗版的指责，采取了哪些策略？你还有哪些建议？

[1] http://www.sohu.com/a/76212709_389093.

2. 对于传统媒体，基于今日头条的做法，你有怎样的建议？

3. 在你看来，媒体通过起诉今日头条能够实现自己的目的吗？

4. 作为一家新企业，今日头条在商业伦理方面面临怎样的困境？

第 9 章

新企业的财务管理

钱就像是旅行中的加油站，没有油当然哪里也去不了，但旅行不是为了找加油站。

——蒂姆·欧莱利（Tim O'Reilly）

本章学习目标

- 会计与基本的财务报表
- 预计财务报表工具与使用
- 重要的财务比率及其含义
- 现金管理的工具与方法

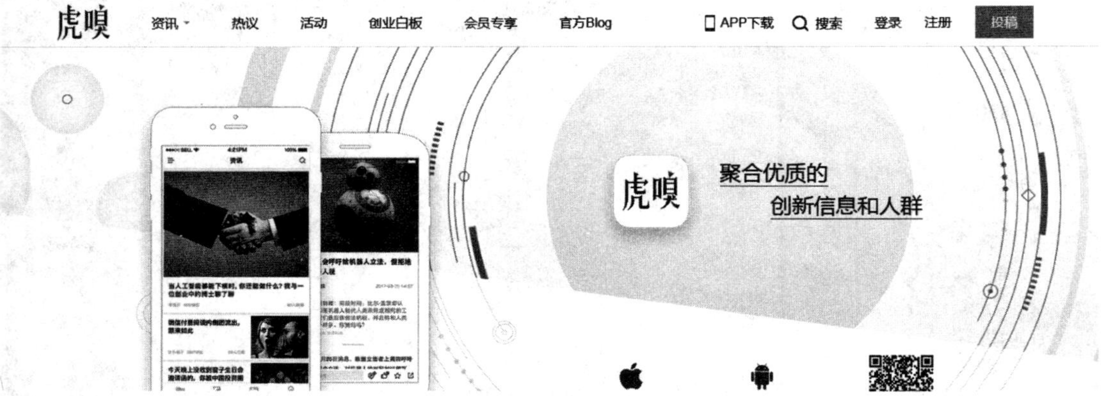

虎嗅的业务核心是内容和人群，赢利则来自将稿件内容的影响力和社群服务转化为收入。

开篇案例

虎嗅：科技新媒体的财务前景

2015 年 12 月挂牌新三板的虎嗅，被称作科技媒体第一股。虎嗅网是由《中国企业家》前执行总编李岷于 2012 年 5 月创立的个性化商业资讯网站，属于商业科技垂直媒体。虎嗅的口号是“聚合优质的创新信息与人群”，它的业务核心是内容和人群两个方面，通过丰富的优质内容供应吸引与粘住对创新敏感的人群。相比其他科技媒体，虎嗅最大的价值在于其编辑把关和议程设置的能力。有评论说，虎嗅上的稿子基本都好看，不少高产作者出去后，能成为商业品牌与传播机构的座上宾。

虎嗅的收入模式与传统媒体没有本质上的不同——主要是来自于为企业提供营销推广服务（包括广告和整合营销）及线下活动。2016 年，虎嗅增加了基于会员订阅的内容付费业务。会员服务包括向会员提供研究报告、有料内容抢先鲜、线下活动的专属折扣及其他增值服务。目前，虎嗅会员定价为 1288 元 / 年（1888 元 /2 年）。李岷说，大部分内容还是会免费，获得足够多的阅读量；极少内容会尝试收费，本质上不仅是内容付费，更多是为社群付费。

虎嗅历年服务营业收入（万元）

服务类别	2016 年	比例	2015 年	比例	2014 年	比例	2013 年	比例
广告发布	386	19.4%	353.2	21.4%	149.7	16%	31.4	9%
整合营销	889.7	44.8%	840.1	50.8%	567.8	61%	160.2	45.8%
线下活动	711.4	35.8%	459.6	27.8%	208.2	23%	158.2	45.2%

2016 年财报摘要：主营业务分析（万元）

项　目	2016 年	增　幅	2015 年	增　幅
资产负债				
货币资金	2083	–21%	2639	134%
应收账款	822	124%	368	238%
固定资产	23	–1%	23.3	0.7%
资产总计	3041	–4.5%	3185	8.3%
流动负债	466	68%	277	
负债总计	466	68%	277	
所有者权益	2574	–12%	2909	
利润构成				
营业收入	1987	20%	1653	79%
营业成本	865	9%	794	99%
毛利率	56%		52%	
管理费用	1176	69%	695	84%
销售费用	256	163%	97	49%
净利润	–334	–507%	82	25%
偿债能力				
资产负债率	15%		8.7%	
流动比率	6.5		11	

从年报数据来看，营业收入增长20%，但同期出现334万元亏损。公司的解释是研发和销售方面开支增长快于营业收入，导致利润减少。例如研发费用为636万元，较上年增长518万元，占营业收入的32%。研发的增长同时也导致人员薪酬的增加。销售费用大幅增加了163%，主要用于支付人员和营销费用。此外，由于大部分业务通过代理公司进行，导致应收账款大幅度增加124%，账期延长。

虎嗅曾经自嘲："商业模式单一、理财能力欠缺、亏损同比放大。"[1]作为科技类媒体，虎嗅通过企业影响力变现和社群收费来实现赢利，目前看来还非常困难。传统的在线广告业务面临着增长乏力的问题；而整合营销业务又在一定程度上与媒体本身的客观中立属性存在矛盾。会员服务目前仍是实验性质，未来能否支撑长期收入增长还有疑问。新业务如培训和投融资、视频内容、自媒体服务的市场规模也不确定。

在风险方面，虎嗅更关注网络广告的投放专业性，避免网络入口多元化和内容形态多元化导致的分流。为了坚持独立立场，虎嗅和不少公司的公关产生过冲突，这也是品牌潜在风险之一。

财务管理也许并不是多数创业者擅长的业务，但忽视财务管理却是创业者无法承受的成本。财务管理工具可以帮助创业者们预期变化、制定适当的战略以保持企业运营。本章首先介绍了基本的财务管理框架，包括资产负债表、利润表和现金流量表。接下来探讨了如何运用这些工具制作预计财务报表，帮助企业做出可靠的财务预测。比率分析是监测财务健康状况的重要工具，现金管理则关系到企业运营的安全。

9.1 财务管理的基本工具

对于创业者，一份精心设计、现实可行的财务计划的重要性显而易见。投资人和贷款人在决定向新企业提供资金之前都需要审核财务报告。财务计划有助于创业者更有效地管理企业，避开可能遭遇的陷阱。在创业初期忽视财务计划的创业者更有可能遭受失败的结果。在现实中，许多创业者专注于产品和经营的细节而对财务计划缺乏准备。造成这种现象的原因之一是创业者往往缺少必要的财务训练、知识和技能。在创业者中间，有很大一部分不能准确地回答会计术语的含义。[2]

会计的定义

会计（accounting）是指系统性地收集、分析和报告财务信息的过程。会计

[1] https://www.huxiu.com/article/188456.html.

[2] https://www.mainstreet.com/article/most-small-business-owners-lack-necessary-accounting-skills.

活动是企业经营的基本需要，没有会计活动，企业将无法了解自己的赢利水平、应当缴纳的税收和现金状况。会计活动不仅可以帮助企业了解过去的经营状况，还可以帮助企业作出未来的决策，是企业内部最重要的职能之一。作为现代企业经营者，必须掌握阅读、理解和分析会计报告和财务报告的技能。

会计活动是一个系统性的过程。在这个过程中，会计人员首先要记录财务活动，包括销售、购买等各种发生资金变动的活动。接下来，会计人员将这些活动进行归类，例如将购买归入一类而将销售归入另一类。最后，经过分析和整理的会计信息以财务报表的形式呈现给管理者、金融机构、投资者和政府用于决策。图 9.1 对会计系统进行了描述。

输入：会计录入	处理	输出：财务报表
销售账户	会计分录：日记账	资产负债表
购买账户	记录分类账	利润表
运输费用账户	账目汇总	现金流量表
人工费用账户		
银行账户		
差旅费用账户		
娱乐费用账户		

图 9.1　会计系统

管理者、员工、贷款人、供应商、利益相关人和政府机构都依赖会计信息作出自己的决策。会计信息的结果通常体现为三张报表：资产负债表、利润表和现金流量表，它们简要地汇总了企业在一定期间的活动。会计报表可能是非常扼要的，成千上万宗交易被简化为短短几行数据。会计报表同时还是标准的，无论你经营的是小型企业还是大型的上市公司，只要遵循《企业会计准则》的要求，报表的形式都是一样的，这也为企业间会计信息的对比提供了条件。

资产负债表

为会计核算而将连续的企业经营活动人为划分为相等的区间，称为**会计期间**，通常与公历年一致。财务报表反映会计期间期初与期末数据的变化。**资产负债表**（balance sheet）是以金额表示的某一会计期末企业的资产、负债和所有者权益数据的汇总。表 9.1 给出了一家假定的名为新奇特的服装公司在 2 个会计年度期末的资产负债表。根据会计恒等式，资产 = 负债 + 所有者权益，资产负债表中所报告的资产必须等于负债加所有者权益。

表 9.1

新奇特公司资产负债表（单位：元）

	第一年 12 月 31 日	第二年 12 月 31 日
资产		
流动资产		
货币资金	50000	50000
应收款项	82000	144000
存货	185000	230000
预付款项	5000	5000
流动资产合计	322000	429000
非流动资产		
长期股权投资		
固定资产	120000	96000
无形资产		
非流动资产合计	120000	96000
资产总计	442000	525000
负债和所有者权益		
流动负债		
短期应付票据	60000	42400
一年内到期的长期负债	30000	30000
应付款项	102000	146000
预提费用	7900	13500
应交税金	2400	4200
应付股利	0	0
流动负债合计	182300	236100
长期负债	120000	100000
负债合计	322300	336100
所有者权益		
实收资本	100000	100000
未分配收益	19700	88900
所有者权益合计	119700	188900
负债和所有者权益总计	442000	525000

对比不同期间的资产负债表，可以获得关于企业资产、负债和所有者权益变化的信息。资产负债表的第一部分提供了企业资产价值的信息（按购买成本而不是当前的市场价格）。资产按流动性高低顺序排列，分为流动资产和非流动资产。**流动资产**（current assets）是指可以在一年以内变现或使用期在一年以内的资产，包括货币资金，可交易的金融资产（股票、债券等）、应收票据和应收款项、存货、预付款项等。**非流动资产**（non-current assets）是流动资产之外的资产，主要包

括长期应收款、长期投资、固定资产、无形资产等。

资产负债表的第二部分是负债，公司对外部所欠的钱。**流动负债**（current liability）是指一年内或公司运营周期内必须偿付的债务，而非流动负债是指偿付期在一年以上的债务。在这一部分还包括了所有者权益（owner's equity），这是指投资人在公司中所拥有的价值。所有者权益是资产负债表中的平衡项目，反映公司所有者对公司投入的资本加上尚未分配给投资人的累积利润。

利润表

利润表（income statement）用于比较企业在一定期间的收入和费用，用来判断企业是赚钱还是亏损。表 9.2 给出了新奇特公司过去两年的利润表。利润表首先记录企业全年通过销售产品和服务所获得的营业收入。**营业成本**（cost of sales）是在此期间公司为已销售的产品和服务所支付的总成本。营业成本是相对于营业收入的概念，没有营业收入也就无所谓营业成本。营业收入减去营业成本得到**毛利**（gross profit）如果一家企业的毛利为负值，表明它的销售收入无法支持销售成本，很可能会出现亏损。毛利除以销售收入的结果称为**毛利率**（gross profit margin），通常以百分比表示，这是一个非常重要的财务指标。如果一家企业的毛利率水平很低，那么它很可能也会发生亏损。企业毛利率下降会导致企业难以投资于能够产生销售收入的活动，例如营销、广告和商务拓展。

表 9.2

新奇特公司利润表（单位：元）

	第一年	第二年
营业收入	1000000	1500000
营业成本	-750000	-1050000
毛利	250000	450000
销售费用	-50000	-75000
管理费用	-130000	-180000
财务费用	-20000	-20000
营业利润	50000	175000
其他收入和支出	3000	5000
税前净利润	53000	180000
所得税费用	-12900	-45000
净利润	39100	135000

一些亏损企业的领导人错误地以为企业亏损的原因是销售不足，他们的反应是不惜代价地增加销售。但是，许多时候企业亏损的原因是毛利率太低，在这种情况下销售越多可能亏损越大。企业将逐渐耗尽现金，无法支付应付款项，甚至

破产。解决方法包括提高价格、降低生产或采购成本、拒绝低毛利率的订单或增加高毛利率的产品。投资人经常会比较同一行业中不同企业的毛利率，作为考察企业经营水平的指标。

营业费用（operating expenses）是营业成本之外的所有经营成本，包括销售费用、管理费用和财务费用。**折旧**（depreciation）是固定资产使用期间所分摊的成本，可以理解为企业为储蓄而支出的费用，属于管理费用。与营业成本不同，即使企业没有任何营业收入，仍然会有营业费用发生。压缩下来的营业费用将直接转化为利润，哪怕只是一小部分的费用压缩也会带来很大的利润增加。其他收入和支出包括公司出租出售资产、投资和借贷等所产生的收入和取得这些收入所支出的成本。**净利润**位于利润表的最后一行，因此经常被称为**底线**（bottom line）。

成本削减是企业经营中经常听到的用词，它可以增加利润。但企业领导者在做出削减成本决策时还应当仔细权衡，寻求战略性的解决方案，而不是一味按比例压缩。例如，开发费用和营销费用的压缩可能导致企业未来竞争力的减弱。此外，削减一些金额微不足道的福利对于成本节省可能没有多大意义，但会影响员工的士气。重要的是，如果要求员工削减福利而管理层却仍然保持以往的开支水平，就会破坏领导者的信用。

现金流量表

现金流量表（statement of cash flows）报告企业在会计期间中的经营、投资和筹资活动如何影响它的现金余额。一些小型企业使用现金预算来代替现金流量表，投资人、贷款人或债权人有时也会要求查看现金流量表。表 9.3 是新奇特公司两年来的现金流量表。

表 9.3

新奇特公司的现金流量表（单位：元）

	第一年	第二年
经营活动现金流量		
销售商品、提供劳务收到的现金	918000	1438000
利息收入	3000	5000
付给供应商的现金	（853000）	（1091000）
付给员工的现金	（100000）	（150000）
其他营业开支现金	（49300）	（84400）
支付利息	（17800）	（15000）
支付税金	（12900）	（45000）
经营活动现金流量净额	（118000）	67600
投资活动现金流量		
房产、工厂和设备投资	（150000）	0

续表

	第一年	第二年
其他资产增加或减少	（10000）	（1000）
其他投资活动	0	0
投资活动现金流量净额	（160000）	（1000）
筹资活动现金流量		
销售普通股	75000	0
短期借款增加或减少	90000	（17600）
长期借款增加	120000	（30000）
分配股利支付的现金	0	0
筹资活动现金流量净额	285000	（47600）
现金净增加额	10000	19000

现金流量表反映了公司付出或收入现金的信息，它主要围绕三项活动进行计算：经营、投资和筹资。经营活动良好的企业现金流量应当为正，企业使用经营活动中产生的现金可以支持其日常经营。如果为负数，则企业将需要外部资金来维持经营。投资活动通常消耗现金，例如采购新设备，投资活动所需要的现金来自经营活动、以往的现金储备或筹资活动。筹资活动描述企业如何获得外部资金用于补充经营活动和投资活动导致的负现金流量。现金流量表的底部“现金净增加额”是整个企业经营、投资和筹资活动的净结果。

发达国家的统计数据显示，70% 以上的企业在倒闭时是有赢利的。[1] 与此相似的说法是，每 5 家破产倒闭企业，有 4 家是赢利的，只有 1 家是亏损的。可见，企业主要是因为缺乏现金而倒闭，而不是因为赢利不足。现金流分析对于企业，特别是小企业，具有特别的重要性。即使一家企业销售和利润状况都很好，它仍然可能会发生现金不足的问题。例如，为了满足客户的要求，企业购入或生产出越来越多的产品品种，这意味着企业为此消耗大量的现金，在实现销售或收回款项之前企业即可能因为现金不足而无法运营。表现在现金流量表中，就是来自经营活动的现金流量呈现很大的负数，企业会在本会计期间耗尽期初看上去为数足够的货币资金。同样，如果企业给予客户慷慨的账期，也可能导致自己现金不足。生产和销售季节性产品或服务的企业也需要特别关注现金流分析，提前进行筹资的准备（银行贷款或短期票据），从而保证自己在需要现金的时候（例如假期销售旺季）不至于因为现金不足而影响经营。在创业阶段，企业可能需要按月编制现金流量表，对企业现金状况进行更加严格的监控。

[1] http://www.finpacific.com/cashflow.html。

9.2 财务预测与预计财务报表

财务预测过程帮助创业者将商业目标转化为现实指标。财务预测包括企业未来期望的利润水平，为了实现预期利润将需要做到多少销售额，此时企业的固定成本和可变成本分别是多少，这些都是创业企业制定财务计划所不可缺少的信息。财务预测的主要方法是预计财务报表。**预计财务报表**（pro forma statements）是对企业近期的赢利能力和整体财务状况的估算，它是商业计划的一部分，用来说服投资人、贷款人提供启动企业所需要的资金。对于创业者，预计财务报表有助于企业提升财务优势，实现健康的成长。

创业企业的预计财务报表

创业企业预计财务报表主要包括预计利润表和预计资产负债表。对于创业企业，困难在于缺乏企业经营的历史数据。创业者通常依靠公开出版物获得相同行业中类似企业的经营数据。考虑到产业变化迅速，通常预计财务报表的预测期间不超过 2 年。对于投资者，重要的是创业者能够提供的收入与预算的现实数据，以及企业将在什么时候开始获利。

创业者需要考虑的一个最关键的财务问题是，企业究竟需要多少资金才能顺利启动并维持经营，直到经营活动能够产生正的现金流。企业启动所需要的资金数量取决于经营活动的类型、所在地、库存要求、销售数量和其他因素。新企业需要足够数量的资金支付设备租赁、员工工资、广告和营销、保险、差旅等。创业者常犯的错误是在制定财务计划时过于乐观，未能意识到创业期间费用支出很可能远远高于收入的增长，而亏损和现金枯竭的时间往往比预期更长。

预计利润表

利润表预计的第一步是销售预测。可以直接从销售预测开始，也可以从预期利润开始推算。许多创业者会选择后者，先确定一个利润目标，然后估算为此需要实现的销售量。当然，由此得出的销售额还必须与营销计划中的数据保持一致，财务预计必须是现实的。第二步是计算为实现上述销售额所要支付的费用。即使是小企业也必须获得足够的利润，以满足投资人对资金回报的要求。创业者的收入包括合理的工资和投资回报，也要纳入预计利润表。第三步是将预测期间的利润与销售目标结合起来，创业者可以参考公开出版物上相似企业的数据。例如，假定快餐店预期利润为 30 万元，而同行数据显示平均利润率为 6%，则为获得预期利润需要实现 500 万元的销售额。这并不代表企业将能够实现预期的销售额，创业者还需要确认销售额是否合理。更为谨慎的做法是将销售额分解到每个月，得到 41.6 万的平均值，必要时还可以分解到日。有经验的经营者都知道，应当对不同月份有不同预期，从而避免单纯罗列数字可能带来的误导。在此基础上，创业者可以较为现实地编制预计利润表。

在销售额估算完成后，接下来就是费用的估算。相对于销售额，费用的估算可以更加现实并且也应当做到现实。创业者可能通过网络查询、电话查询和实地访问等各种方式获得准确的租赁、工资、水电等数据。表 9.4 提供了创业企业常见管理费用项目准备的示例。

9.4

企业常见管理费用项目准备示例

月度开支项目	基于年度销售额 ××× 的月度开支（元）	在创业前应当准备的现金数额（元）	说　明
管理者工资			2 个月
员工工资和福利			3 个月
租金			3 个月
广告			3 个月
交通快递			3 个月
消耗材料			3 个月
电话和网络			3 个月
水电物业			3 个月
保险			由保险公司决定
税金			4 个月
利息			3 个月
日常开支			3 个月
法律与专业服务			3 个月
小额开支			3 个月
开业一次性费用			
设备与家具			应当单列表格统计后得出
装修与安装			供应商协商
初始库存			与供应商协商
预付费用			与供应商协商
注册、执照与许可费与服务			政府收费与专业服务价格
开业广告与促销			创业者评估
应收款项			准备授予顾客的信用额度
现金			用于支付未预期到的开支
其他			应当单列表格统计后得出
开业前需要准备的现金总额			

预计资产负债表

绝大多数创业者的焦点放在企业的赢利能力上，但是，用来获得利润的资产也是非常重要的。创业企业需要特别警惕资本不足的问题，创业者应当在预计资产负债表时列出未来可能需要的每一项资产以及可能承担的各项负债。

资产。现金是企业最重要的资产项目，现金资产流动性最高，可以快速地转换为其他有形资产。创业企业应当在手上保留多少现金？这个问题没有一定的答案。一种经验方法是，公司持有的现金应当在一个存货周期中能够支付所有的费用（不包括折旧，它是非现金费用）。例如，假定企业营业收入为1000万元，经营费用20万元，其中折旧为2万元（营业收入的2%），存货一年周转四次，则企业所需要的现金为：

现金＝现金费用 / 存货年周转率＝（20−2）/4=45000（元）

从上面的算式中可以看出现金需要与库存周转之间反向的关系，企业库存周转速度越快，对现金的需要越少。

创业企业面临的另一个重要决策是应当保持多少存货。存货水平的计算公式是存货水平 = 营业成本 / 存货年周转率。假定企业营业成本为75万元，存货年周转率为4次，则企业存货水平 =75/4=18.75（万元）。通常在资产部分还要考虑留出一部分小额流动资产。固定资产主要是家具和办公设备等。

负债。创业企业的负债主要包括供应商提供的信用和长期借款，例如部分存货可能是赊账的，有些服务费用也可能延期支付。资产和负债之间的差额则是企业所有者的权益。表9.5是新企业预计资产负债表的基本项目。

表 9.5

新企业预计资产负债表的基本项目

资　产	负　债
流动资产	流动负债
货币资金	应付款项
存货	应付票据
小额资产	流动负债合计
流动资产合计	长期负债
非流动资产	负债合计
固定资产	所有者权益
非流动资产合计	所有者权益合计
资产总计	负债和所有者权益总计

数据与经营的逻辑

创业者都知道，企业必须赚钱才能生存。但是，许多创业者未能花时间来研究，在自己的商业模式中究竟是哪些要素在影响企业的利润。一般来说，以下四项要素决定着企业能否实现有吸引力的利润：收入驱动因子、毛利、销售额和营运杠杆，如图 9.2 所示。

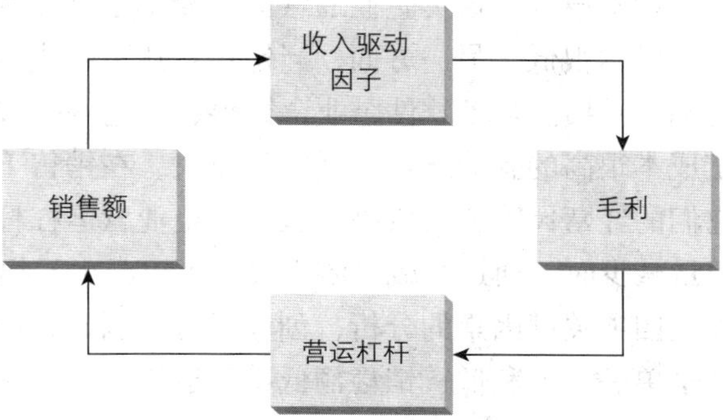

图 9.2　企业商业模式中决定利润的关键要素

收入驱动因子（revenue drivers）是指企业获得收入的所有方法。一家书店的收入驱动因子包括图书销售、非图书产品销售（文具、纪念品等）、咖啡店销售、会员服务收入、团购服务收入。企业需要了解每个驱动因子对销售收入的总体贡献以及因子之间的相互影响。近年来实体书店销售受到网上书店的影响，许多书店意识到，消费者店内图书购买量下降是难以扭转的趋势。它们开始重视店内非图书销售产品和服务的收入，这部分收入对书店的贡献增加到 50% 以上。腾讯和 Facebook 都是网络社交服务商，但腾讯的收入主要来自个人用户的增值服务业务（例如游戏），而 Facebook 的收入主要来自广告。网络广告市场的改变（用户对计费方式的要求和预算变化）对于 Facebook 的影响可能远远大于对腾讯的影响。对于互联网企业，当主要收入从网页端转向移动端时，来自移动端收入的增长速度决定着企业的未来，一些创业企业甚至不提供网页端的服务。创业者应当不断评估每个驱动因子对总收入的影响以及相互间的影响。

毛利（margins）反映收入驱动因子对企业赢利能力的贡献，它等于顾客支付的价格减去企业向顾客提供产品和服务的成本。显然，企业提高毛利的方法要么是提高价格，要么是降低成本。华为向市场上推出高端配置的手机，通过提高产品的价格提升了毛利。永辉超市通过独特的管理方法降低生鲜商品的损耗，通过降低成本的方法提高了这一品类的毛利。与增值服务相比，电商的毛利较低，腾讯出售电商业务有助于提高整个企业的毛利。

销售额（volumes）取决于交易的数量和每笔交易的金额。对于快餐店，交易的金额大致固定，企业更关注如何增加交易的数量，服务方面侧重标准化。而对于高档服装店，交易数量不会很高，销售额更多取决于每笔交易的金额，服务方面侧重个性化。

营运杠杆（operating leverages）是指企业销售额的变化对利润的影响。营运杠杆越高，销售变化对利润的影响越大。有些企业生产产品和服务的成本很低，例如微软的操作系统复制成本很低，当销售额超过成本后，增加销售几乎直接转化为利润。用管理术语讲，这类企业通常固定成本很高，例如开发软件需要很大的投资，但可变成本很低。另一方面，当销售额达不到成本时，销售的微小减少就会导致企业陷入亏损。除了软件企业，饮料、家电、IT 设备、钢铁厂、汽车厂和矿业等固定成本很高的企业通常营运杠杆较大，在销售下降时，这类企业无法削减成本，它们的经营风险相对较高。服务型企业营运杠杆可能相对较低，例如旅行社顾客数量减少时，通过裁减导游人数，可以减少亏损。

通过对以上四项关键因素的分析，创业者可以制定相应的竞争战略。如果企业收入驱动因子单一、毛利低、销售额低、营运杠杆高，表明企业的经营状况不佳，应当设法改进。

- 有没有可能增加新的收入驱动因子，例如通过国际化扩大市场？
- 有没有可能增加交易数量或交易金额？
- 如何降低固定成本？可以增加连锁店吗？
- 如何提高产品和服务的价格，例如提供增值服务？
- 如何提高企业的效率？
- 如何提高毛利水平，例如增加高毛利的交易和减少低毛利的客户？

9.3 财务比率分析

预计财务报表可以用来判断企业的经营潜力、赢利能力、投资价值、偿付债务的能力。为了提高分析的效力，通常会将本企业的数据与其他企业进行对比分析，在对比分析中使用的主要工具是比率分析。**财务比率**（financial ratio）是指财务报表中两项要素之间的比率关系。财务比率分析有助于创业者发现问题，控制财务风险，例如库存水平、运营开支、回款速度、付款速度、经营效率等。投资人和贷款人也会分析这些比率，他们不仅注意比率的数值，还会注意比率的变化，并同其他公司进行对比。主要的财务比率分为四类，流动性比率、杠杆比率、营运比例、赢利能力比率，如图 9.3 所示。接下来我们还将具体介绍常用的 10 项财务比率指标。当然，这些指标并没有穷尽企业的财务分析比率，有时投资人也会根据自己的需要和企业的特点要求提供其他财务比率数据。

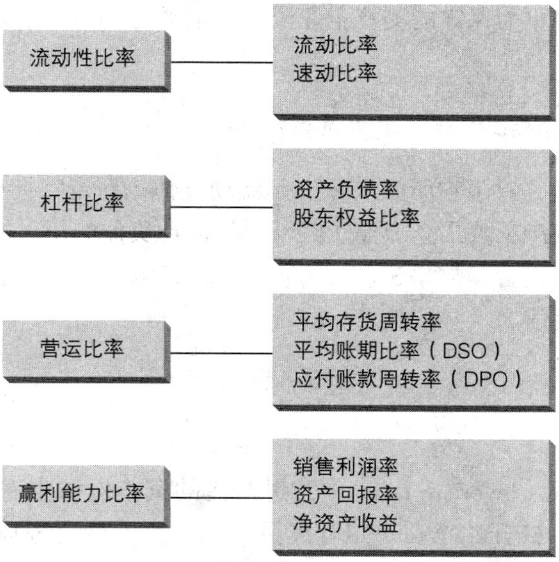

图 9.3　企业主要财务比率类别

流动性比率

流动性比率（liquidity ratios），显示企业对到期负债的偿付能力。流动性比率高的企业不仅能够支付到期的债务，还能够用自有的资金来迅速捕捉商业机会。流动性比率的主要指标是流动比率与速动比率。

流动比率（current ratio）等于流动资产除以流动负债。流动资产是能够快速转化为现金的资产，包括货币资金、应收款项、存货等。流动负债是一年内到期的负债，包括短期应付票据、应付款项、应交税金和应付股利。例如，新奇特公司的流动比率为：

流动比率 = 流动资产 / 流动负债 =322000/182300=1.75

这就是说，对于它所欠的每一元流动负债，新奇特公司拥有 1.75 元流动资产可以用来偿付。流动比率也称营运资本比率，是最常用的衡量企业短期现金状况的指标，财务专家通常建议企业将流动比率保持在 2 以获得较安全的营运资本数量。流动比率不一定越高越好，例如企业持有过多的现金或存货数量过多也会导致流动比率上升，但这意味着资源没有得到充分利用。

速动比率。流动比率的一个缺点是只能显现流动资产的数量而不能揭示流动资产的质量。例如，企业持有大量过期的应收款项或销售不动的存货，此时尽管流动比率较高，但企业仍然可能陷入困境。速动比率（quick ratio，acid test ratio），也称酸性测试比率，是指企业持有的现金、交易性金融资产和应收款项之和（速动资产）除以流动负债。速动比率只计算流动资产中能够“快速”转化为现金的部分，是一种更为保守的测算企业流动性水平的指标。例如，新奇特公司的速动比率为：

速动比率＝速动资产／流动资产＝13200/18500=0.725

这就是说，对于它所欠的每一元流动负债，新奇特拥有0.725元速动资产来偿付。速动资产反映出企业停止经营时对流动负债的偿付能力。一般认为，速动比率为1比较适合。如果速动比率低于1，表明企业需要依赖存货和未来销售才能偿付流动负债。

杠杆比率

杠杆比率（leverage ratios）衡量企业的资本资源中有多少依赖股东，有多少依赖债务。杠杆比率在一定程度可以描述企业的财务风险。一般来说，杠杆比率较低的创业企业在经济危机期间受影响相对较小，但在经济繁荣期间回报率也较低。相反，杠杆比率高的创业企业在经济危机期间容易受到贷款人要求加速偿付的不利影响，存在由于现金无法偿付债务而破产的风险。但在经济繁荣时期，这样的企业赢利潜力相对较高。杠杆比率的主要指标包括资产负债率和股东权益比率。

资产负债率（debt-to-asset ratio）衡量企业的运营在多大程度上依靠负债，计算方式是以企业的总负债除以总资产。例如，新奇特公司的资产负债率为：

资产负债率＝总负债／总资产＝322300/442000=73%

这一数字说明在新奇特公司的资产中有73%是属于债权人的。一般来说。这个数字越高，表明企业更多是依靠债权人的资本来经营，因此债权人的风险越大。改善这一比率的方法是减少负债或增加股东的投资。股东往往希望提高这一比率，这样可以避免股东增加资本支出或不得不引进更多股东。在相同的利润水平下，资产负债率越高，股东的回报率越高。

股东权益比率（equity ratio）是反映资产中所有者投入份额的指标，计算方式是所有者权益除以总资产。资产负债率和股东权益比率从不同角度反映同一项指标。例如，新奇特公司的股东权益比率为：

股东权益比率＝所有者权益／总资产＝1－资产负债率＝27%

营运比率

营运比率（operation ratios）主要反映企业是否有效地利用了资源，能够反映企业在行业中的竞争力。企业运营效率越高，需要的资本数量越少。营运比率的主要指标包括平均存货周转率、平均账期比率和应付账款周转率。

平均存货周转率（average inventory turnover ratio）反映企业在一年内平均存货全部销售的次数。这一指标告诉创业者他们的存货管理是否有效率。创业者通过监控这一指标判断存货水平是否适当，存货的出货速度是否正常。平均存货是指期初存货和期末存货的平均值。例如，新奇特公司第 2 年的平均存货周转率为：

平均存货周转率 = 营业成本 / 平均存货 =1050000/［（185000+230000）/2］=5.06

新奇特公司的平均存货周转率为 5.06 次，或者 72 天周转一次。平均存货周转率反映企业销售速度，帮助企业平衡好适当的存货水平，既不能太多（降低效率），也不能太少（影响销售）。企业平均存货周转率高于同行业其他企业，通常意味着企业效率高，只要保持较少的存货就可以，从而占用较少的资本。这一指标低于同行业通常意味着企业产品不受欢迎或过时、存货太多或销售流程不合理。不同行业之间平均存货周转率相差很大，最合理的比较是同本行业中规模相似的企业进行对比。此外，由于这一指标不能反映逐日的存货周转，可能忽略季节性因素对存货水平的要求。

平均账期比率（average collection period ratio），也称应收账款周转天数（DSO，days of sales outstanding），表示企业需要多长时间才能收回应收账款。它的计算方式是以营业收入（或信用销售收入）除以应收款项。例如，新奇特公司的平均账期比率为：

平均账期比率 = 营业收入 / 应收款项 =12.2（次 / 年）

也就是在 1 年内应收款项可以周转 12.2 次。DSO 的计算则是用一年的天数除以这个比率，例如，新奇特公司第一年的 DSO 为：

DSO=365/12.2=30（天）

也就是说，新奇特公司在销售后 30 天就可以将款项收回。DSO 越低，表明从销售到收回款项的期限越短，相对而言坏账的风险更低。创业者需要注意将 DSO 数据与行业中其他企业进行对比，还要考虑公司本身的信用政策。经验规则是，企业的 DSO 应当不超过信用条件的 1/3。例如，假定按净价计价（所谓优惠价格）的账期为 30 天，则企业的 DSO 应当不超过 40 天。超过则表明企业在销售记录或催账方面有缺陷。有时企业为了追求销售增长可能会放宽收款期限，但这会导致销售越多，企业现金消耗越大，相当于企业为客户提供融资。DSO 升高可能导致企业因为现金流困难而陷入危机。

创业行动专题

减少 DSO 所节省的资金

创业者往往对及时回收应收款项的重要性估计不足。在经营中，催收自然不如销售那样有趣。然而，如果创业者重视催收并且真的能够做到减少 DSO（应收账款周转天数），企业将实现明显的资金节省。以下公式告诉你如何计算减少 DSO 能够带来的资金节省：

节省的金额 =（营业收入 × 企业借款的年利率 × 减少的 DSO 天数）/365

例如，你的企业的 DSO 是 50 天，也就是销售完成 50 天后可以收到款项。假定前一年时你的 DSO 是 58 天，今年一共提前了 8 天。假定今年的营业收入为 150 万元（全部是账期销售），你的贷款利息是 8%，那么这 8 天的提前可以帮助你的公司节省的资金额为节省的金额 =（营业收入 × 企业借款的年利率 × 减少的 DSO 天数）/365=150 万 *0.08*8/365=2630（元）

也就是说，缩短 DSO 天数为天可以为企业节省出 2640 元成本。当然，如果 DSO 延长，则企业必须额外支付 2640 元的成本。

> 精细化管理，为缩短 DSO 一分钟、二分钟去努力。
>
> ——任正非

应付账款周转率（average payable period ratio），也称**应付账款周转天数**（days payable putstanding，DPO），描述一家企业支付其应付账款所需要的天数。与应收账款周转天数一样，DPO 用天数来表示，它的计算公式是：

应付账款周转率＝总采购额 / 应付款项

假定新奇特公司第一年总采购额为 90 万元，则应付账款周转率为 900000/102000=8.82，DSO 的计算公式为

DPO=365/ 应付账款周转率 =41（天）

这就是说，新奇特公司会在采购完成后 41 天向供应商支付款项。理想的情况是 DPO 的天数与企业将存货转化为销售或现金的天数相匹配或长于后者，让企业能够使用供应商的资金。一般来说，企业希望尽可能延长这个期限，这样就可以通过占压供应商的款项来作为企业的营运资金。观察像亚马逊、京东、苏宁这样的大型零售企业，你会发现它们的 DPO 通常显著高于 DSO。这样可以保证在扩大销售额时，不需要持续流入现金。但是，如果这个期限太长，超过供应商提供的正常信用期限，可能表明企业在经营中过分依赖供应商，会降低企业的信用，进而影响企业的经营。

赢利能力比率

赢利能力比率（profitability ratios）描述企业的获利能力，表明企业管理的效

率，也即运用资源获得利润的能力。

销售利润率（net profit on sales ratio，profit margin on sales）衡量公司从每一元销售中所获得的利润。这里的利润是指净利润，即营业收入减去营业成本、各项费用和所得税。对于新奇特公司，第一年的销售利润率为：

销售利润率＝净利润 / 营业收入 =39100/1000000=0.0391=3.91%

不同行业销售利润率差别很大，投资人和贷款人也会关注企业销售利润率水平与同行业其他企业相比的结果。如果企业的销售利润率显著低于行业平均水平，其原因可能是销售价格过低或成本过高，无论哪一种原因，创业者都必须仔细分析并做出改进的决策。

资产回报率（return on assests，ROA）衡量企业从每一元资产中所能够获得的利润。这一指标描述企业使用资产获取利润的效率。它的计算公式为：

ROA（资产回报率）＝净利润 / 总资产 =39100/442000=0.0884=8.84%

新奇特公司能够从它的资产中获得 8.84% 的 ROA。这个数据能够反映不同行业的资本密集程度。ROA 小于 5% 通常属于资金密集型产业，如需要投入巨额资本的制造业。ROA 大于 20% 则属于低资本密度产业，如商业和服务业。

净资产收益率（return on equity，ROE，也称权益报酬率）衡量股东投资的获利能力，是反映企业赢利和管理水平的最重要的指标之一。净资产收益率的计算公式为：

ROE（净资产收益率）＝净利率 / 权益资产（所有者权益净值）=39100/119700 =0.327=32.7%

新奇特公司第一年的 ROI 为 32.7%。ROE 反映股东投资企业所能够获得的利润，股东会将这一数值与投资其他资产进行对比。对于企业，ROE 一般应当高于资本的成本，否则股东就会损失合理的收益。

关键经营数据

财务比率分析有助于创业者了解企业的绩效，在潜在问题演化为危机之前采取措施。然而，不同行业间甚至同一行业不同领域间的财务比率差别很大。创业者还必须了解，在本企业经营活动中，哪些是衡量经营成功的关键数据。关键经营数据（critical numbers）不限于财务数据，以下是一些企业关键经营数据的例子。

- 对于客运公司，面向商务乘客的豪华大巴的上座率；
- 餐厅原材料成本占销售额的比例，许多餐厅将这一比例控制在 30% 以内；
- 服务企业收费服务订户续订比例；
- 酒店的客房入住率；

- APP 的安装量和保有数量；
- 零售店的客单数和客单价。

在与同行业中其他企业的数据进行对比时，创业者不仅要关注是否存在差异，更要研究这些差异对于企业的意义（符合企业战略或表示企业经营问题）以及企业应当如何行动来利用或改变这些差异。需要注意的是，即使在同一个行业中，两家不同企业所关注的关键数据也可能是不同的。例如，海底捞在考核店面时将员工满意度作为最重要的指标，因为火锅店的产品是相对标准的，员工满意度可以转化为顾客满意，从而提高顾客忠诚。创业者还必须将自己对企业关键数据的要求和理解传达给员工，通过不断反馈保持企业的正确方向。

9.4 创业企业的现金管理

在本章前面部分，我们已经讨论了现金管理的重要性。创业企业在初期经营中获得的销售收入通常不足以支付开支，即使企业销售额超过了成本和费用开支，销售产生的现金流入仍然可能失之太晚，给企业带来失败的威胁。

现金管理

现金管理（cash management）是指预测、催收、分配、投资和计划企业经营所需要的现金。现金管理的重点在于时间点（timing）的把握，监控企业收取现金和支付现金的时间点，因为贷款人、员工、供应商都要求企业按时支付现金。通常新企业都是“现金海绵”，仅有的现金总是不够用。这是因为新企业的“现金引擎”往往还没有充分发动起来，现金流入赶不上快速增长的费用。在企业快速成长时，尤其需要监控现金。销售增长意味着必须增加人手、库存、设备、研发，所有这些都会增加企业的现金需求，而此时增加的销售未必能够带来相应的现金。从企业开始运营，创业者就必须严格管理现金，图 9.4 描述了创业者应当注意的 5 项现金管理要求。

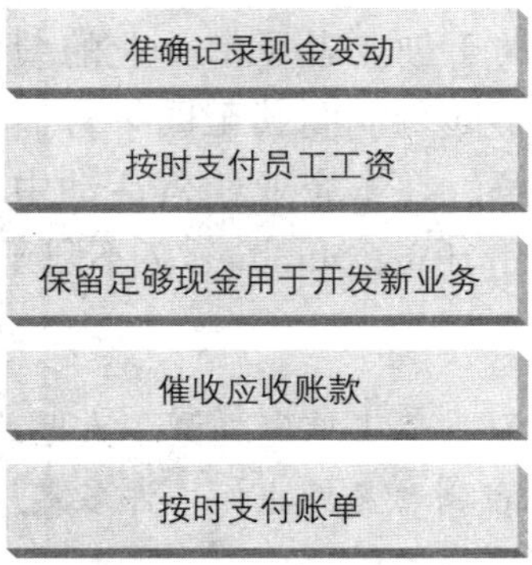

图 9.4 创业者应当注意的现金管理要求

有效管理现金的第一步是分析企业的**现金循环周期**（cash flow cycle），从支付供应商现金到收回顾客现金所需要的时间，如图 9.5 所示。现金循环周期越长，企业越有可能遭遇现金危机。通过分析现金循环周期中的各项要素，设法缩短现金循环天数，有助于创业者避免现金危机。

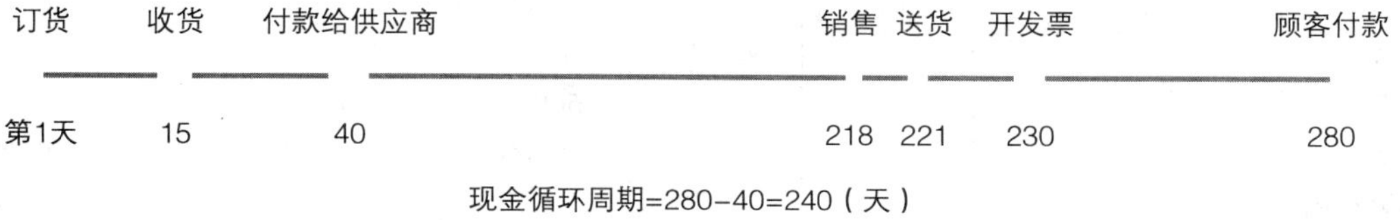

图 9.5　现金循环周期

现金预算

在企业经营过程中，由于现金流入与流出的时间和额度不匹配，企业经常处于现金不足或过剩的状态。创业者如何判断企业需要多少现金？不同的企业可能会有完全不同的要求，取决于企业的规模、销售、收款、费用和其他因素。**现金预算**（cash budget）是指逐周或逐月计算本企业未来收入的现金和支出的现金。通常情况下，创业企业应当逐月制定第一年的预算，同时准备未来 1 ～ 2 年中每个季度的现金预算。现金预算必须考虑季节性因素对现金的影响，企业销售波动越大，则现金预算的周期应当越短。假如企业的销售在短期内会发生剧烈的波动，那么创业者应当考虑制定逐周而不是逐月的现金预算。管理现金流的关键不仅仅是掌握现金流入和流出的数量，更重要的是现金流入和流出的时间点。

现金预算基于现金会计，所有的业务，只有当涉及现金收付时才予以记录。信用销售的销售发生时不会记入现金预算，只有在收款时才记录，同样，信用购买也是在付款时才记录。由于折旧、坏账准备和其他非现金项目不涉及现金收付，它们将不会出现在现金预算中。现金预算需要不断评估，发现预算与实际间的差额及其原因，以获得不断改进，表 9.6 描述了一家企业 4 个月的现金预算。

表 9.6
一家企业 4 个月的现金预算

项　目	10 月	11 月	12 月	1 月	2 月	3 月	4 月
总销售	400000	440000	500000	400000	200000	300000	400000
信用销售	300000	330000	375000	300000	150000	225000	300000
收到现金							
60% 第 1 月				225000	180000	90000	135000
30% 第 2 月				99000	90000	112500	90000
5% 第 3 月				15000	16500	18750	15000
现金销售				100000	50000	75000	100000
增加资本				0	0	0	80000
现金收入总计				439000	336500	296250	420000

续表

项　目	10月	11月	12月	1月	2月	3月	4月
支出现金							
采购				180000	240000	300000	300000
租金				30000	30000	30000	30000
水电				850	850	850	850
利息				50000	0	0	0
税费				50000	0	0	50000
小额费用				100	100	100	100
工资				50000	40000	40000	40000
现金支付总计				360950	310950	370950	420950
期末现金				78050	25550	（74700）	（950）
借入现金				0	0	20000	0
现金余额			10000	88050	113600	58900	57950

表注：本企业现金预算基本假定为每月现金余额不低于5万元。销售中信用销售比例为75%，现金比例为25%。信用销售收款比例为第1月60%、第2月30%、第3月5%，3个月以上为无法回收。

现金预算的步骤

现金预算主要包括五个步骤，最低现金余额估算、销售预测、现金收入预测、现金支付预测和月末现金余额预测，如图9.6所示。

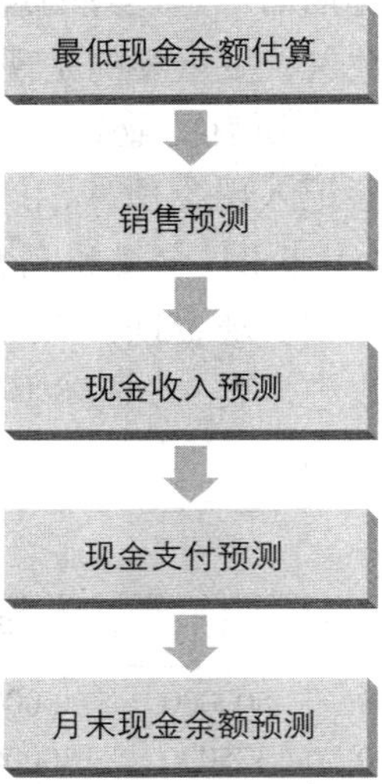

图9.6　现金预算的5个步骤

最低现金余额估算。即使是同一行业中的企业，最低现金余额的要求也可能是不一样的。曾经有财务顾问主张最低现金余额不低于流动负债的1/4，但这一比例并不适用于所有的企业。最可靠的估算还是来自以往的经验，主要是保证在预计到的现金支付之外的意外支付。例如，根据经验，也许企业应当至少保留相当于5天销售额的现金。此外，还要考虑季节性因素，企业在旺季通常需要准备更多的现金。

销售预测。现金预算的核心是销售预测。对于绝大多数企业，现金主要来自销售，销售收入在未来转化为现金收入用于现金支付。销售预测往往以过去的经验数据为依据，特别要注意销售收入的季节性波动。由于缺乏历史数据，创业企业第一年的销售预测比较困难。可以采用的方法包括收集同类企业的销售数据，例如通过行业调查报告、行业报道等获得分析线索，聘请专业人士如管理顾问也可以获得专门的市场调查报告。考虑到企业经营中的不确定性，专家们建议企业在进行销售预测时准备三个情景：乐观情景、正常情景和悲观情景（运用 excel 数据表，准备三种情景的工作量并不大）。注意，乐观情景下企业也可能会遇到现金短缺的问题。通过对极端情景进行分析，创业者可以对企业将会遇到的各种现金状况有所准备，避免现金危机。

现金收入预测。大多数企业在销售中使用信用销售，这意味着从销售到企业实际收回现金有一个时间上的延后。在现金预算中，决定现金收入的要素是销售和账期。现金收入预测的重点是通过对应收款项（已经形成销售但尚未收回现金）的分析判断有多少销售将在当期转化为现金收入。创业者往往乐于看到销售实现，而对应收款项积累过程中消耗的现金不够重视。然而，过期应收款项收回现金的可能性会随着时间推移而急剧下降（如图 9.7 所示）。企业应当基于现实可能计算应收款项收回现金的可能性。在前例中，企业估计 25% 为现金销售。在信用销售中，销售第 1 个月后收回 60%，第 2 个月收回 30%，第 3 个月收回 5%。当然，除销售外企业还可能有其他现金收入来源，例如利息、租金和股利等，所有这些都要计算在内。

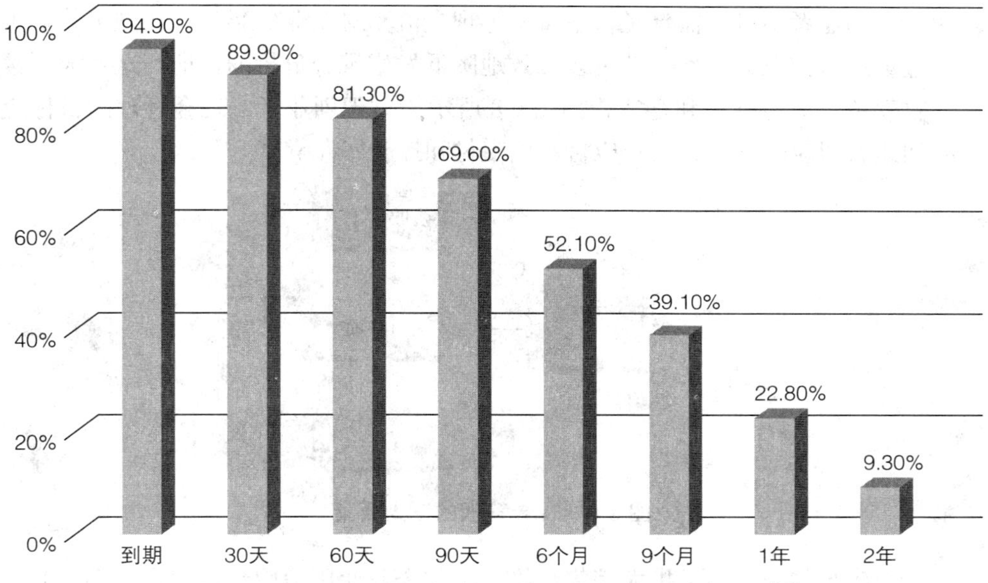

图 9.7　过期应收款项回收率随着时间推移急剧下降 [1]

[1] Commercial collection agency association, Commercial law league of America. Collectability of delinquent commercial debts at time intervals after the due date.10-18-2004.

现金支付预测。多数企业对于现金支付的预测较为准确，像租金、工资、贷款等项目往往是固定期限和固定金额的。在现金支付预测中，重要的是将金额记录到支付发生的那个月份，而不是交易发生的月份。不同企业现金支付的额度、频率等也可能有很大差别，但通常会包括原材料采购、工资福利、租金、税金、贷款偿付、利息、营销、通信、物流等。低估现金支付是创业者最常犯的错误之一。有些财务专家建议，企业在计算现金支付的基础上增加 25% ～ 50% 作为紧急支付准备，就是考虑到在实际运营中，现金支付通常高于预测水平。

月末现金余额预测。月末现金余额的预测包括三大要素：月初现金余额、本月现金收入和本月现金支付，其中月初余额是指现金预算开始时企业所持有的现金。

$$\text{月末现金余额} = \text{月初现金余额} + \text{本月现金收入} - \text{月末现金余额}$$

月末现金余额同时也是下一个月现金预算的月初现金余额。月末现金余额为正值表示本月现金有剩余，负值表示本月现金不足，此时企业必须设法筹集现金，例如催收、增加资本或借贷。正常情况下，企业月末现金余额总是不断变动，反映经营活动中的季节性因素影响。创业者应当关注相对长期的变化趋势，不断增加的现金余额意味着企业可以利用它们扩大经营或用于其他投资。相反，不断减少或负值的现金余额提醒创业者可能发生现金危机。

现金管理的三大要素

创业者不可能监督经营中每一笔现金流动对企业的影响。在现金管理中，通过重点监控三大要素，就可以有效地降低发生现金危机的可能。这三大要素是应收款项、应付款项和存货，如图 9.8 所示。对于创业者，现金管理的目标应当是加速收回应收款项、延长应付款项支付和控制好存货。

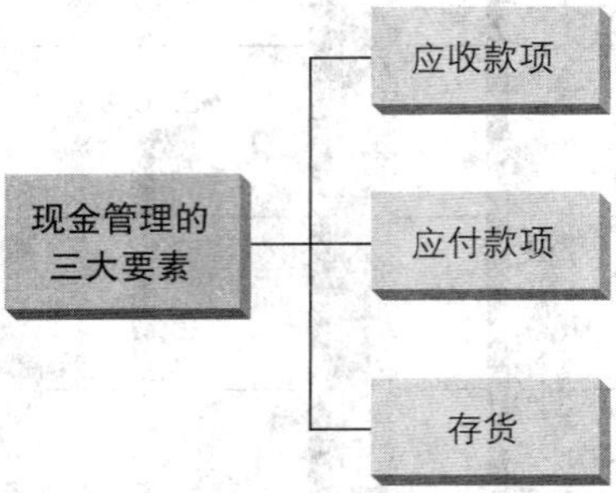

图 9.8　现金管理的三大要素

应收款项。为了扩大销售，绝大多数企业使用信用销售。在许多行业中，如果拒绝信用销售，顾客就会转向竞争对手。创业者应当了解信用销售给企业带来的成本。信用销售意味着需要更多的沟通核对、更多的人员投入和现金投入。信用销售相当于借钱给购买者，企业还需要承担违约的风险。只要采用信用销售，总会遇到最后不付钱的顾客。既然信用销售是不可避免的，企业有必要设计出可靠的信用管理系统来支持现金管理。有效的信用管理应当能够平衡吸引顾客和保障现金流的目标，包括以下几个步骤：

- 信用申请。在授予信用之前应当审核每位顾客的信用水平，包括顾客的基本信息和以往的信用记录。特别注意前 20 位销售额最高顾客的信用信息，它们往往代表 80% 的企业销售收入。
- 向顾客提供书面的信用政策，特别是信用额度和预付比例（根据不同顾客的信用水平，信用额度和预付比例是不一样的），还应当说明顾客违约的后果。企业应当尽可能在事先做出具体的规定，避免在问题发生后找不到约定的处理条款。例如信用期限如何计算（发票日还是收货日），加速付款享有怎样的折扣，超期付款费用如何计算。一般来说，如果坏账比例超过 5%，则表明信用政策太宽，需要调整。
- 尽量缩短对账周期。通常，顾客在对账后才能进入付款流程，企业应当在合同允许的范围内尽可能缩短对账周期。一旦发生拖欠，企业应当即刻采取行动。可以采用书面通知加电话沟通的组合方式，争取对方承诺至少分期解决并且确定偿付期限。正如前面所介绍的，随着违约拖欠的时间变长，回收现金的可能性急剧下降。同时通知销售部门停止继续向这家顾客销售或要求一定比例的预付做为继续销售的担保。

应付款项。企业在应付款项管理上的目标是尽可能延长支付的时间，以不损害信用为原则。在理想情况下，企业通过信用进行购买，在销售并回收现金之后再向供应商支付。这相当于企业获得无息贷款。戴尔公司实行按订单生产，要求用户先付钱，而它利用自己的采购优势在收到用户现金后 33 天才向供应商支付。新企业通常不可能有这样好的条件，它们必须精心设计自己的支付计划。在遇到现金支付困难时，企业需要同供应商协商延长付款。在管理应付款项时，可以考虑以下几点：

- 建立付款时间原则。例如坚持 45 天后付款，即使不能完全做到，但往往能够有效地延长付款时间。
- 制定精密的付款计划。确认并准确记录付款项目，避免随意提前或在催促下提前支付。
- 设定优先项。有些付款项目必须按时支付，另一些则有拖延的可能，明确优先项在现金紧张时（例如需要大批量集中支付）为企业提供了有效的指导。
- 表现一致性。企业应当避免大幅度的摇摆，例如无计划的提前支付或延后支付。供应商愿意与表现一致的顾客合作，哪怕有所拖延，只要保证每次能够支付，则供应商往往可以接受。
- 注意警示信号。当发现在现有系统下支付吃力或不得不反复使用延后支付手段时，创业者应当意识到是企业经营中发生了问题。

存货。存货占用大量的现金。许多企业在存货上的问题不是存货过多或过少，而是存货结构不合理。有些存货数量不足，而有些存货则处于积压状态。此外，存货是有成本的，有些企业的存货成本（利息、仓储费用、运输费用和员工成本）达到存货价值的25%～30%。有经验的创业者善于管理存货结构，根据补货的速度保持不同项目的存货水平。对于周转速度较慢的存货，则应当加速处理，以免长期占用现金并损害赢利。

本章小结

1. 会计是系统性地收集、分析和报告财务信息的过程。会计信息的结果通常体现为三张报表：资产负债表、利润表和现金流量表。

2. 资产负债表是以金额表示的某一会计期末企业的资产、负债和所有者权益数据的汇总。利润表用于比较企业在一定期间的收入和费用，反映企业赢利水平。现金流量表报告企业在会计期间的经营、投资和筹资活动如何影响它的现金余额。

3. 预计财务报表是对企业近期的赢利能力和整体财务状况的估算，包括预计利润表和预计资产负债表。企业能否实现有吸引力的利润主要取决于收入驱动因子、毛利、销售额和营运杠杆。

4. 财务比率是财务报表中两项要素之间的比率关系。流动性比率显示企业对到期负债的偿付能力。杠杆比率衡量企业的资本资源中有多少依赖股东，有多少依赖债务。营运比率反映企业是否有效地利用了资源。赢利能力比率描述企业运用资源获得利润的能力。创业者还必须了解衡量企业经营成功的关键数据。

5. 现金管理是指预测、催收、分配、投资和计划企业经营所需要的现金。现金管理的重点是时间点的把握。

6. 现金循环周期是从支付供应商现金到收回顾客现金所需要的时间，企业应当努力设法缩短现金循环天数。

7. 现金预算是指逐周或逐月计算本企业未来收入的现金和支出的现金，主要包括五个步骤：最低现金余额估算、销售预测、现金收入预测、现金支付预测和月末现金余额预测。

8. 现金管理重点监控的三大要素是应收款项、应付款项和存货。

关键概念

会计　资产负债表　利润表　现金流量表　预计财务报表　收入驱动因子　流动性比率　杠杆比率　营运比率　赢利能力比率　关键经营数据　现金管理　现金预算

批判性思考与讨论题

1. 资产负债表和利润表的主要用途有何不同?

2. 简述制定预计利润表和预计资产负债表的主要步骤。

3. 什么是毛利率? 提高毛利率有哪些方法?

4. 编制现金流量表时考虑的三项主要活动是什么?

5. 在经营活动中，现金消耗的主要原因可能有哪些?

6. 在没有经营数据时，企业应当如何进行收入和支出预测?

7. 创业企业管理者应当如何使用财务比率数据?

8. 为什么创业企业管理者要特别关注有效的现金管理?

9. 解释企业管理中现金余额与利润的区别。

10. 简述现金预算的步骤。

11. 简述管理创业企业应收账款、应付账款和存货的基本原则。

12. 一位互联网创业者说，他的企业租赁设备和技术，因为“我们的核心业务是使用它们而不是拥有它们”。试分析这样做的利弊，如何克服其中的弊端。

报告与分享练习：真实企业的财务数据

以小组为单位，找出一个感兴趣的创业企业，从公司公开信息（如网站、年报）和媒体报道中查找资料，回答以下问题并向全班报告你们的发现：

1. 请分析企业近三年总资产、总负债、所有者权益的变化。（企业已经在三板上市或连续发布财务报表）

2. 从近年来企业的利润表来看，影响其变化的主要因素是什么?

3. 描述企业近年来获得现金的来源和未来现金流的健康程度。

4. 企业年报的管理层说明中对未来财务状况的预计有哪些不合理的地方?

5. 从收入驱动因子、毛利、销售额和营运杠杆来看，企业经营的前景如何? 与管理层的解释一致吗?

6. 作为投资人，这家企业的哪些财务比率值得重视? 为什么?

7. 这家企业的关键经营数据有哪几项? 为什么?

8. 近三年财务报表期末企业的现金余额是多少，这样的余额水平对于本企业是适合的吗?

结尾案例

易到：价格大战要准备多少钱?

易到用车创立于2010年，通过400免费电话和互联网提供专车服务。专车是以高于出租车价格提供的高档出行预约服务。在传统汽车租赁公司，用车需要提前几天预订，在易到则可以实时预订。易到率先将价格从按天收费改为按小时计费，以批量价格买断产品，从租赁公司的定价中赚取差价。易到移动APP一经推出，订单数量就迅速超过了电话和网页订单。2011年9月，易到将用车的价格砍去2/3，之后用户迅猛增长。

由于专车价格相对较高，早期易到靠以前传统租赁公司的企业客户们支撑。在易到所有用户构成中，有40%～50%的企业用户。这些企业用户是易到的核心优势与现金流，也拉着易到陷入了先行者的困局。企业用户在订车时最看重的是服务与准时到达，其次才是价格。

2014年之前，中国的叫车领域几乎是易到独大的。据艾瑞咨询《2014中国智能用车市场研究报告》，易到用车占中国智能用车市场近90%的份额。2014年年初，Uber宣布进入中国；2014年下半年，快的和滴滴也先后推出了专车服务；2015年年初，神州专车正式问世。用周航的话说，“整个行业马上进入了超级白热化的状态。”

随着百度入股Uber、滴滴和快的合并，巨头掀起了补贴大战。从资金量来说，易到处于不利的地位。百度入股Uber近6亿美元，而在滴滴、快的合并时，根据双方公开的D轮融资额显示，合计还有15亿美元的资金。而截至2015年6月，易到数轮融资共计只有2亿美元左右。滴滴和其他竞争对手迅速挤占了市场。据2015年第二季度易观智库的专车行业报告，滴滴、优步、神州分别占据活跃用户覆盖率的前三名，滴滴占有率82.3%。易到占有率仅有2.7%。

周航认为，一个订单需要一辆车和一个司机来服务，这一成本并不会随着订单的增多而带来明显下降，通过价格战增加用户在商业上没有创造价值。然而，他所设想的对价格不敏感的高端客户并不现实，大批用户转向竞争对手的打折券。易到对烧钱没有做好准备，只能眼看对手吞食市场。周航在采访中说，“如果你有钱，你可以决定参与或是不参与，但是没钱你连决定的权力都没有。”

2014年上半年，共有6家投资机构找到周航，希望参与新一轮融资，总金额3亿美金。但是周航拒绝了，他认为易到没必要拿股权去换那么多钱。经过2014年的资本大战，2015年成了易到格外艰难的一年。据周航估计，2015年国内专车行业烧掉超过200亿人民币。易到日订单量一度跌到只有2万，同期滴滴日订单高达700万。

2015年6月，易到股东携程向易到用车追加了1亿美元的融资。2015年下半年，易到背负着一个月2000万的运营成本，几乎烧完了之前拿到的融资，账面上的现金眼看着只能烧到年底。在携程的介绍下，周航拜访了多个国内、国际顶级的投资机构。然而此时整个行业已经陷入红海，滴滴与Uber融资时均提前与投资方签署排他协议，使得优质资本向周航与易到关闭了大门。

易到在资金方面陷入困境的另一个原因是缺乏股东支持。在易到，几乎所有投资机构的股权比例都持平在10%左右。这种结构有利于易到通过管理层控制董事会。也正因为投资人都是小股东，在易到面临重大挑战时也就没有人站出来。

2015年10月，乐视控股宣布，乐视汽车获得易到用车70%的股权，成为控股股东。在乐视主导下，易到启动了“充多少赠多少”的大规模补贴活动，用户数量一度回升到50万。2017年4月，易到爆出无法提现的危机，以周航为首的创始团队宣布辞职。

结尾案例讨论题：

1. 在你看来，易到在现金管理方面有哪些决策上的困难，你有怎样的建议？

2. 从易到的案例来看，创业者对于运营资金的估算需要注意哪些因素？

3. 哪些因素可能阻碍了投资人对易到继续进行投资？

开篇案例讨论题

1. 从虎嗅 2016 年年报中，你可以发现哪些亮点？

2. 针对财务报表，你对于虎嗅管理层可能提出哪些疑问？

3. 与同类企业相比，从财务角度看虎嗅有哪些优点和隐患？

第 10 章

创业企业的财务资源

资本从来都不是稀缺的，真正稀缺的是愿景。

——沃尔特·迪斯尼

本章学习目标

- 创业企业的资金需求计划
- 股权资金的主要来源与特点
- 企业上市的选择
- 债权资金的来源与特点

美图的软件应用致力于满足个人用户的图像处理需求。

开篇案例

美图上市

美图是一家以应用软件知名的企业，使用户能够简便地编辑和美化其照片及视频，并在社交媒体上分享其创作。这家成立不过 8 年的公司有不少令人印象深刻的成就，特别是美图秀秀和美拍等产品。截至 2016 年 10 月 31 日，其应用已在中国及海外超过 11 亿个独立设备上激活。2013 年推出专为自拍设计的美图手机，这也是公司实现变现的首个重大举措。2016 年 12 月 18 日，美图在香港上市。下表是美图经营业务数据及比例的概要，来自美图招股说明书及 2016 年年报（单位：人民币万元）。

	2013		2014		2015		2016 实际	
智能硬件	5131	59.7%	42836	87.8%	66712	89.9%	147390	93.4%
互联网业务及其他	3457	40.3%	5969	12.2%	7469	10.1	10468	6.6%
合　计	8588		48805	增长 468%	74181	增长 52%	157858	增长 112.8%

得益于创始人蔡文胜在投资界的名望，美图在上市前已经获得了大量投资。2013 年 11 月，创新工场以 500 万美元投了美图公司的天使轮。2014 年 3 月，美图公司获得 IDG 和启明创投的投资；同年 6 月，又获得了老虎基金领投，策源、H　Capital、富士康跟投；同年 12 月，获得华夏基金投资。

美图当前营业收入主要来自智能手机销售，2016 年占比高达 93.4%。另一个收入来源是互联网服务及其他，2016 年收入较 2015 年同比增长 40.1%。增长主要来自广告收入和在美拍上销售虚拟道具所得收入的大幅增长。例如，美拍的虚拟道具销售业务充值总金额从 2016 年上半年的 130 万元，大幅增长到 2016 年下半年的 4430 万元。

CFO 颜劲良说，美图在香港上市并不顺利。首先，美图是第一家在“没有正向现金流”（2016 年经营活动现金流出 6 亿元）的情况下上市的企业。其次，市场上还有一些由于误读造成的负面声音。如美图巨亏了 62 亿元等（主要源自香港上市特殊的会计准则，实际数额是 7 亿元）。还有不少声音认为美图是工具公司，靠硬件赚钱，并非互联网公司等。“我们在全球路演的时候见了 100 多个不同的对冲基金、长线基金，但基本上没有太多下单的。”选择香港上市，是因为与美国相比，中国互联网公司的商业模式将能够在香港获得更多认可。

2017 年 1 月，美图月活跃用户总数约 5.20 亿，即同比增长约 32%。同时，短视频和直播美拍等业务用户参与度上升，至 2016 年年底，用户已上传逾 5.10 亿个视频。2016 年，美图影像应用处理逾 680 亿张照片。虽然用户基数庞大，但从整体财务数据而言，美图仍未摆脱亏损现状。2015 年亏损 7.1 亿元，2016 年亏损 5.4 亿元。投资人承认美图的流量很有吸引力，也相信流量有机会变现。然而，变现的过程可能影响到用户体验，美图需要在变现与用户体验中找到平衡。

人工智能可能是美图未来竞争优势的基础。除内部实验室，美图还投资专注智能图像识别和视觉交互技术的亮风台，收购了专注于3D照片和视频技术开发的Bellus 3D和Inc.等。美图的优势之一是基于海量数据建立的模型，数据越多，准确性就越高。例如美妆相机可以靠一张照片构建出人脸3D模型，实现真实唇膏试色等。

2017年年初，美拍升级推荐算法，不仅匹配与用户兴趣相契合的视频，而且能够预测及培养其新的兴趣。基于内容分发，美拍将平台上具有相同兴趣的用户聚合起来，形成基于兴趣的视频社交关系链。这个算法机制，也能够帮助品牌广告主把短视频内容营销信息，精准送达给目标用户。

国际市场也是一种可能，美图月活里面有9000万是非中国区的用户。美图在巴西、中国香港、印度、印尼、日本、新加坡及美国7个国家及地区共设立8个海外办事处。

蔡文胜对美图当前的股价并不满意，在纽交所上市的相机软件公司Snapchat市场估值为250亿美元，活跃用户只有2亿多，2016年亏损约5.2亿美元。尽管美图用户更多，亏损更少，可是估值只有Snapchat的五分之一。

绝大多数创业者主要从传统渠道获得资金。不过，随着创业成为整个社会关注的对象，新的市场化的资金支持方式也在不断出现。本章讨论创业资金的获得途径和不同途径的特点。首先介绍了创业者如何分析创业资金的需要，制定资本需求计划和了解基本的融资方式。接下来重点探讨了股权融资的主要形式，计划公开上市的企业应当如何做出相关选择。债权投资的主要途径和特点在最后一节进行了讨论。

10.1 创业企业的资金需要

创业者的资金难题

创业者必须筹集到足够的资金才能支持企业的运营。在全世界，创业资金的取得都是一个难题。宏观经济与资本市场起伏不定，导致市场上资金价格出现大幅度波动，威胁到创业者对资金成本的估算。银行可能要求担保，风险投资公司追求的是大额交易，私人投资者对新企业疑虑重重，只有极少数成功而幸运的企业能够上市。

面对创业资金难题，创业者应当考虑遵守以下原则：

- 谨慎选择资金的来源，将这一决策与决定企业法律形式或经营地点放在同等重要的地位上。不要在资金压力下匆忙接受第一家资金来源，要考虑这一资金来源对企业的长期影响。
- 投入充分的时间和精力。市场上总是有资金的，但需要有发现的眼光。创业者必须研究哪些资金最适合自己，企业在不同的发展阶段需要怎样的资金来源。
- 运用创造力。与企业经营、设计产品和服务一样，寻找资金也需要运用创造力。
- 使用互联网。网络上有许多向初创企业提供资金的中介服务，这些服务往往是低成本和手续便捷的。

- 在接触投资人和贷款人前做好准备。每次机会都是宝贵的，在陈述时尽量做到清晰、简明和有说服力。
- 接受“适合的”资金而不是“容易的”资金。来自不适当投资人的资金可能对创业企业造成难以估量的损害。有许多时候，投资人对未来的设想和要求与创业者是完全不一样的。
- 替投资人考虑如何退出。通常情况下，投资人提供资金的目的是为了寻求回报并收回投资。向投资人说明退出时有哪些选择有助于争取投资。

许多创业者选择通过多种渠道获得资金，在此过程中他们还可以获得来自不同投资人的其他资源和支持。对于所有的创业者，寻求资金都是一项严峻的考验，需要投入大量的时间、精力，需要发挥创造力，有时还需要一点运气。政府也在努力帮助创业企业获得资金，2015 年，国务院决定设立总值 600 亿元的中小企业基金。这支基金将采用市场化的方法管理，改变了过去由政府直接实行补贴的扶持政策。

创业企业的资本需求计划

创业企业对资本的需求往往超出创业者的预期。创业者常常将一半以上的工作时间花在寻求资本上，并且这样的状态可能持续很久。到哪里去寻找资金？这个问题的答案取决于创业企业的业务性质和商业计划。一家网络技术企业和一家餐饮可能接触相同的投资人和贷款人，但更有可能向不同的投资渠道寻求资金，因为判断这两家企业投资和贷款回收的前景需要不同的专业能力。此外，在创业企业发展的不同阶段，也可能需要不同的资金来源，如表 10.1 所示。

表 10.1

创业企业不同发展阶段常见的资本资金来源

阶　段	发起阶段	早期阶段	扩张阶段	赢利阶段
资金来源	企业处于概念论证阶段，没有实际运营。	产品和服务已经形成，尚未取得显著的销售收入。	开始成规模销售产品和服务，开始建立顾客基础。	拥有稳定的顾客基础，实现赢利。
个人储蓄	H	H	H	H
未分配利润积累	U	U	U	H
朋友和家庭	H	H	P	P
天使投资	H	H	P	U
合伙人	H	H	P	U
风险投资	U	P	H	H
私募资本	U	P	P	H
首次公开发行（IPO）	U	U	P	H

注：H 表示很有可能，P 表示有可能，U 表示不大可能。

股权融资和债权融资

股权融资（equity financing）是吸引投资人向创业企业投资成为企业所有者的过程。如果企业成功，投资人将与创业者和其他投资人共同分享利润，如果企业失败，投资人可能损失其投资。因此，股权资本也称风险资本。对于创业者，股权融资最主要的好处是不用归还。不过，创业者需要与投资者分享利润。此外投资人还会根据持有股份的比例（或其他协定）对企业的经营拥有决策权。

对于创业者，选择股权融资最大的缺点是与外人分享企业的所有权。许多创业者对企业投入了个人感情，失去企业控制权甚至分享企业控制权都是很难接受的。还有一些创业者在失去控制权之后被迫离开自己亲手创立的企业 1985 年，苹果公司创始人、CEO 乔布斯被董事会解雇。在创业初期，创始人往往为了获得股权资本而放弃过多的股份。

债权融资（debt financing）是向外部机构或个人借钱支持企业经营、按约定条件归还款项和利息的过程。创业企业债权融资（借钱）的对象远多于股权投资的对象，包括家庭成员、朋友、供应商和金融机构等。对于创业者，债权融资的好处是仍然可以对企业拥有完全的所有权。另一方面，企业债务是必须按照约定条件来偿还的，而不论企业经营状况如何。创业企业通常信用水平不高，缺乏有价值的抵押品，贷款人会要求高于大企业的利率。在无法按约定偿付到期债务时，企业可能被迫停业清算。

股权融资和债权融资各有利弊。在有选择的情况下，创业者一般更可能偏向债权融资。因为保持对企业的控制权是最主要的创业者激励因素之一。

白手创业

创业企业没有任何经营记录，往往只有产品概念而没有市场检验。在这种情况下，吸引外部投资通常人并不现实。因此，在创业者最初的资金来源中，个人储蓄是最基本的。投资人和贷款人通常期望创业者将自己的个人储蓄投入新企业，作为对企业前途信心的一种证明。

主要依靠创业团队内部资源而不借助外部资源的创业原则称为**白手创业**（bootstrapping），这些资源包括储蓄、信用卡、住房抵押、家庭朋友借款或投资、个人借款、贸易信贷、易货交易等一切能够用来支付创业企业运营的资金。白手创业的融资方式是与需要大量资本投资的创业相对而言的，它的好处包括：

- 不必在寻求资源上浪费时间
- 减少会议和审批，企业决策机制简化
- 先行市场测试，有利于未来获得投资
- 避免初始阶段的股权稀释，有利于保护创业者对企业的控制权

- 养成节省的企业文化和鼓励创造性的商业模式

白手创业意味着创业者需要在经营中采取一切可能的方法争取资金和节约资金。在实践中，白手创业者常用的方法包括快速成交、压缩人力成本、租赁共享以及使用他人的资金等。

快速成交。对于创业者，抓住时机快速成交并履行合同非常重要。这意味着企业得以建立经营记录，获得有价值的顾客和市场反馈。成交也是对商业模式可行性的检验，是未来争取投资和信用的有效证明。快速成交的方法可以是灵活多样的，包括建立网站、网店、产品或样品陈列、产品和服务试用、参加贸易会展和寄售等。

压缩人力成本。创业企业最大的开支项目往往是人员开支，员工的最低工资和福利是由法律规定的。创业企业应当尽可能减少人员，聘用实习生、自由职业者、临时工、劳务派遣人员，或者通过网络聘用较为廉价的海外工作人员都是可行的替代方案。

租赁或共享。即使是新企业也需要使用一些必要的办公设施，尽可能选择租赁而不是购买可以帮助企业节省宝贵的资金。与其他创业企业或现有的企业分享办公场地也是常见的减少资金支出的办法。

创业行动专题

社会企业的融资

许多致力解决社会问题的社会企业无法提供有吸引力的回报。与传统创业企业相比，社会企业融资尤其困难，需要创业者发挥更多的创造力。

世界厕所组织（WTO）是一家设立在新加坡的非营利机构，其使命是改进全球厕所和卫生条件，解决低收入群体缺乏符合卫生条件的厕所问题。2009 年，WTO 发起了 SaniShop，一家基于特许经营模式的社会企业。在这一模式下，WTO 培训当地贫困人员生产和销售成本低于 40 美元、每个家庭都负担得起的小型厕所设备系统。新模式意味着原来的顾客变成了 SaniShop 的销售代理，他们得到营销工具的支持，能够获得佣金，享受灵活的付款机制。SaniShop 在解决社会问题的同时还为当地带来了就业机会，更重要的是，这一模式具有赢利性和可持续性，为吸引社会资金创造了条件。

影响力投资（impact investing）是社会企业获得投资的一种新兴形式。例如，一些银行和保险公司向社区银行提供存款资金和股权投资，后者再将资金借给社会企业。这样的设计可以帮助投资人在获得回报的同时帮助解决社会问题。社会投资基金（social investment funds）汇集不同来源的资金（捐赠、基金会、金融机构和企业），然后借给回报率低于市场平均水平但拥有正面社会影响力的社会企业。

使用他人的资金。请求顾客先行支付和向供应商要求账期相当于占用他人的资金，也是白手创业者不得不使用的一个基本方法。这样做并不容易，创业者可能不得不亲自打电话催收或到大企业中拜访各个部门打通各种关系以求早日完成支付前的审批。与供应商建立良好关系对缓解创业者资金压力十分有效，供应商也希望创业者成功并成为他们的忠诚顾客。可以考虑向多家供应商申请小额信用，事先了解不同供应商的政策。与批发商合作有助于提升销售的效率，但创业者应当自己承担对批发商顾客（零售商）的服务，收集来自顾客的反馈。

使用白手创业的方法争取企业生存常常会涉及商业伦理的问题。白手创业意味着创业者要尽可能让自己的企业看上去更加成功，从而在市场上获得利益。然而建立这样的形象也可能需要付出代价，创业者必须严格掌握企业推广与说谎之间的界限。例如，虚构公司创始人和公司历史都是严重违反商业伦理的行为。对于产品和服务销售数量、下载数量、日活跃用户数量、市场份额、市场排名的夸大其词同样会误导消费者和投资人。

10.2 股权资金的来源

接受资金、出让股权是创业企业获得资金的主要方法。在企业成长的不同阶段，股权资金提供者承担着不同的风险，也会有不同的要求，图 10.1 描述了不同阶段资金提供者对风险的预期。

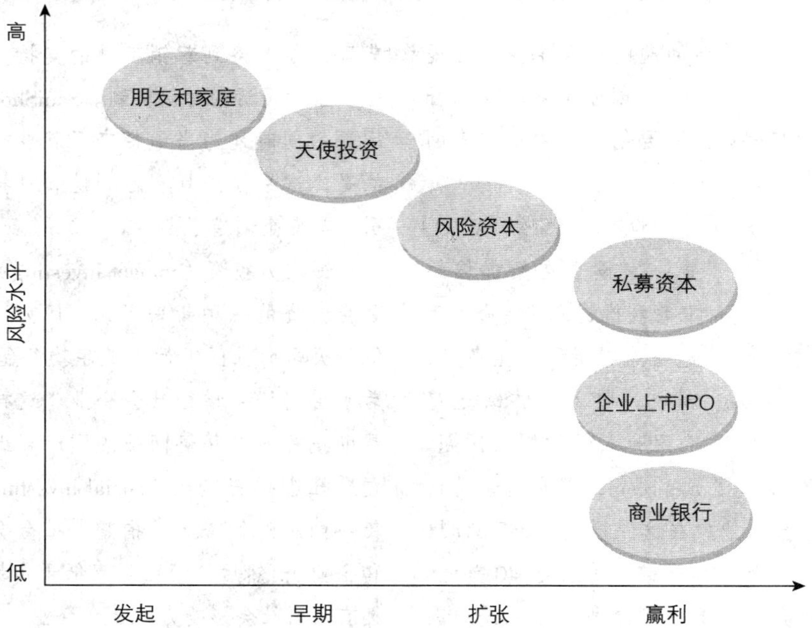

图 10.1 企业不同成长阶段的资金提供者与他们所承担的风险

朋友和家庭

朋友和家庭是常见的创业资金来源，包括股权融资和债权融资，这些资金可以支持企业初期的运营并且构成吸引投资人和贷款人的部分信用证明。然而，专家建议创业者谨慎使用这一成本高昂的资金来源。如果企业经营失败，创业者可能需要用一生的时间来偿还。此外，由于误解和过高的期望无法实现，还会导致朋友和家庭矛盾。许多创业者试图避免向朋友和家庭借钱或要求投资，不过有时这是他们唯一的资金来源。在这种情况下，创业者应当如实描绘企业前景，避免误导朋友和家庭成员。最好的办法是在商言商，将所有的条件以书面形式记录下来，未来在企业发生财务危机或各方对资金性质理解方面发生分歧时作为依据。表 10.2 列出了朋友和家庭融资的注意事项。

表 10.2

创业者向朋友和家庭成员融资的注意事项

- 投资可能对所有人产生影响。会不会让人觉得勉强？出资会不会给某些人带来压力？万一创业失败会对他们造成怎样的损失？
- 在商言商的态度。不要因为是亲近的朋友和家人而模糊资金的性质，明确这是一桩生意而不是馈赠或支援。提供书面合约，写明资金数额和条件，避免日后由于记忆和误解而引起纷争。
- 提供现实的说明。许多朋友和亲人是因为和创业者的关系而提供资金，他们很可能不理解企业打算如何赚钱以及可能遇到的风险。
- 先行说明。在接受金钱之前说明细节，金额多少，是借款还是投资。如果是投资，如何退出。如果是借款，如何归还。如果企业倒闭怎么办？
- 不要接受超出对方承受能力的数额。企业当然需要资金，但也要考虑如果投资失败对他人的影响。如果损失可能超出对方承受能力，应当拒绝这样的资金，以免给自己和他人造成灾难。
- 制定还款计划或退出方案。创业企业对资金的需求通常比预计时间更长，迅速还款的承诺是不现实的，应当事先向借款人或投资人解释这一点。同时，也要向对方说明未来将如何获利退出。
- 保持沟通。不论企业经营形势如何，创业者都应当与投资人保持信息交流。投资人可以接受坏消息，但不能接受隐瞒和歪曲信息。

天使投资

即使掏空自己的口袋，也向朋友和家庭求助，创业企业仍然可能处于种子资金不足的状况。在这种情况下，创业者将不得不寻求外部资金来源。**天使投资人**（angel investor）通过投资初创企业以换取企业股权，通常是富有的投资人或他们所成立的投资机构。许多企业在初创阶段获得天使投资人的资金，包括百度、腾讯、阿里巴巴等著名的公司。

在许多情况下，企业寻求天使投资人的帮助不限于经济性的资源。天使投资人往往自己也是成功的企业家或创业者，他们可以向创业者提供自己的经验、协助招募人才和获得技术等资源。天使投资人根据自己对行业机会和创业团队的评估，很可能在创业企业刚刚开始获得收入甚至还没有产生收入之前介入投资。例如，前金山 CEO 雷军作为天使投资人，曾经投资了大约 20 家公司，包括卓越网、凡客诚品、拉卡拉、长城会、UC 优视、多玩、乐淘和可牛等成功案例。

天使投资是创业企业早期最重要的资金来源。有调查发现，天使投资的总金额与风险投资差不多，但前者投资的企业数量是后者的 20 倍。这也意味着，天使投资是一个高度零散的资金市场。在美国，天使投资的额度通常在 1 万至 200 万美元，而风险投资的额度则是 300 万至 1000 万美元。在我国，60% 的天使投资额度在 300 万元人民币以下，还有 20% 在 300 万～ 500 万之间。[1]

由于创业企业在初期通常还没有办法检验其业务概念，投资人能够用于做出决定的信息严重缺乏。因此，风险资本在这一阶段通常不会投资，天使投资成为创业者最有希望获得的成长资金。据美国 Pepperdine 大学的调查，32% 的天使投资人根据直觉做出投资估值决定。[2] 自然，天使投资的失败率很高，超过 50%。不过其中也有一部分非常成功，据估计有 7% 的天使投资在 5 ～ 10 年间将能够获得 10 倍的回报。

尽管市场上有许多天使投资人，有些甚至还十分知名。但竞争同样激烈，创业者往往很难获得天使投资人的注意。天使投资中合作投资的比例非常高，这意味着只要有一个天使投资人认可你的创业计划，你赢得所需要资金的机会将大大增加。业内人士推荐曾经是最主要的渠道，随着创业者社区平台的日益完善，天使投资人利用网络资源自行搜寻项目的比例也不断提高。有超过 50% 的天使投资人通过自行挖掘、创业者自荐、创业者平台以及第三方机构来得到项目。随着投资业务变得复杂，许多天使投资人将资金汇集起来，发起设立天使投资基金，能够将多位投资人的经验、技能和人脉结合起来，提高项目的成功率。

在评估创业项目时，天使投资人很重视的因素包括：

- 管理团队的素质。“我们投资的是人，”他们经常这样说。
- 有定义明确的利基市场，企业有机会成为市场上的主导者。
- 拥有清晰的竞争优势。

天使投资人也会要求创业者提供研究报告，证明企业产品和服务存在足够大的、能够赢利市场。当然，天使投资人带给创业企业的业务建议和人脉关系，这

[1] http://research.chinaventure.com.cn/report_947.html.

[2] Everett，Craig R.，“2017 Private Capital Markets Report”（2017）. Pepperdine University Graziadio School of Business and Management. http://digitalcommons.pepperdine.edu/gsbm_pcm_pcmr/10.

些资源和金钱一样宝贵。

天使投资人对创业企业的投资往往出于个人对产业和商业概念拥有巨大潜力的信念，天使投资人不指望企业的股利和利息，而是希望企业能够实现价值增长。与风险投资相比，天使投资期望的回报率更低。天使投资通常要求占创业企业 15% ～ 30% 的股权，而将主要的股权留给创业者。天使投资的退出机制主要包括企业公开上市和企业出售给（通常是）大企业。天使投资也称为“有耐心的钱”，在获利退出之前往往乐于等待长达 5 ～ 7 年的时间。

风险资本

风险资本（venture capital，VC）是私人性质的营利组织，它们的主要业务是购买有很高成长潜力和利润潜力的新企业股权。风险资本所追求的通常是在 5 ～ 7 年内实现 300% ～ 500% 的回报率。美国硅谷和波士顿高技术走廊是世界上最知名的风险资本企业集中的地区，还有许多大学设立了专门的风险投资基金支持其教员、学生、校友和其他人创办的有巨大潜力的企业。很多著名的企业在成长过程中得益于风险资本的支持，包括苹果、google、亚马逊、阿里巴巴、腾讯和百度等。在中国，风险投资者最看好的投资方向是 TMT（电信、媒体和科技），占总投资的 50%。[1] 不过，只要有充分的潜力，其他投资方向一样可以获得风险资本的投入。传统的餐饮、酒店、超市、医疗服务近年来同样有不少成功的投资案例，如永辉超市、和睦家医院等都是成功的案例。

投资规模。不同的风险资本公司对于投资额度有不同的政策。大致而言，常见投资的规模在 500 万～ 3000 万之间。风险资本通常对太低的投资需求不感兴趣，因为它们审核投资的成本相对很高。对于前景看好的企业，投资则没有上限。风险资本审核程序严格，投资企业往往不足审核总数的 1%。大约 90% 的投资申请从开始就被拒绝，通常是因为不符合风险投资的标准或要求。在剩下的 10% 中，风险投资公司会进行深入的尽职调查，再选择出最后的 1%。

所有权。绝大多数风险资本采用购买股权或可转换优先股（未来能够以一定的条件转化为普通股）的方式。有些风险资本购买的股份少于 50%，但也有许多风险资本购买超过 50% 的股份，导致企业的创始人居于少数股股东的地位。创业者必须周详考虑引进资本和失去控股权对自己的影响。一位风险投资人这样问创业者，“你愿意持有一家无价值企业 80% 的股份，还是愿意持有一家价值 5 亿美元企业 50% 的股份？”

[1] Pricewatercooper.moneytree report china 2014 Q1/Q2.

创业行动专题

VC 们的交流用语

VC 们在与创业者交谈时经常会使用一些单词，风险投资专家桂曙光曾经给出过一个这样的例子："张总，我们几个 partner 研究了一下你这个 deal。总体来说，你们 business model 有创新，cashflow 和 revenue 很健康，你们的 founder 和 team 我们也很满意。我们打算投 3 个 million，给你的 post valuation 按 8 倍 forward P/E，稍后我会给你一份 term sheet。你们研究一下，签了字我们就开始做 DD，再报 IC 批准。如果顺利的话，2 个月之后就可以 close 了。"显然，为了有效沟通，创业者有必要了解一些常用术语。

Deal：项目，也就是有待投资的企业。

Business Model：企业获得收入和实现赢利的基本逻辑。

Cashflow：现金流。企业通过经营（营业活动）、投资（买卖长期资产与金融等）和筹资（借贷、股权买卖）获得的现金。企业需要有足够的现金才能维持经营、偿还贷款和支付股利。

P/E：市盈率，也常称为倍数，等于企业每股价格 / 每股利润。如果企业所从事的行业中有许多企业已经上市，可以参考股票市场上的 P/E 倍数，不过 VC 通常会在此基础上打折扣。例如股市同类企业平均市盈率为 30 倍，VC 给未上市企业的倍数可能只有 15 倍。

Valuation：企业估值。VC 根据企业估值结果将投资换算为股份，常用的方法是根据 P/E 值计算。估值分为投资前估值和投资后估值（post valuation），投资后估值是指 VC 进入后的企业估值。假定企业利润为 100 万元，投资后估值为 8 倍 P/E，企业估值为 800 万元，VC 投资 300 万元将占企业股份的 37.5%。

Option：期权，允许持有者在未来以某个特定价格购买公司股份的权利，通常用来授予公司高管或核心成员，鼓励他们受聘并努力创造绩效。当公司股份价格超过期权价格时，他们将可以行权获利。VC 会要求企业设置一个期权池（例如 20%），在上面的例子，VC 投资后创始团队所占的股份不是 62.5%，而是 42.5%。如果 P/E 太低，创始人手中的股份价值会缩水。

Term Sheet：投资意向书，包括大量复杂的条款。签署 Term Sheet 表明双方就投资协议主要条款达成一致。

DD：Due Diligence，尽职调查，包括对创业企业市场、业务、人员、财务、法律等方面。

投资的阶段。风险资本很少在企业初创时进行投资，95% 以上的风险资本投资于企业早期和扩张阶段（包括上市前的投资）。风险资本的另一个特点是往往会在企业发展的不同阶段对同一家企业进行多次投资。通常情况下，一家企业从开创到上市要经过多次投资，在早期之后的阶段中经常会看到同一家风险资本的身影。例如，红杉基金对大众点评、北森测评、雪球网和奇虎 360 等都有多轮投资的记录。

创业行动专题

VC 们的交流用语翻译版

张总，我们几个合伙人研究了一下你的项目，总体来说，你们的商业模式有创新，现金流和收入状况很健康，创始人和团队我们也很满意。我们打算投资 300 万美元，公司在我们投资后的估值按下一年度（预期）利润的 8 倍计算，我会马上给你一份投资意向书。你们研究一下，签署之后，我们就可以开始做尽职调查，再报投资委员会批准。顺利的话，两个月后钱就可以到账了。

咨询与关系。除了投资资金，风险资本还可以向企业提供管理方面的建议以及各种企业关系，例如供应商、急需人才、顾客和其他资本资源的有用网络。他们有充分的激励这样做，因为他们希望自己所投资的企业得到健康的发展，从而提高企业的价值。例如风险资本公司“今日资本”在向众多企业提供资金的同时也提供了管理上的帮助。在投资中华英才网之后，他们帮助企业从华为招募销售人员，使得销售收入成倍增长。在投资京东之后，她说服董事会开始引进外部高管，并且接受外部高管工资高于内部高管。

控制权。风险资本投入资金之后，通常在新企业中会获得一定的股份。有时，风险资本通过投资获得了主要的股份和控股权。在绝大多数情况下，风险资本乐于让创始团队拥有企业管理权，只要他们能够证明自己是称职的、能够保持企业增长。不过在现实中，更常见的情景却是风险资本派出董事进入企业董事会，甚至向企业派出高管来保护自己的投资。在投资前，风险资本在协议中通常会要求拥有更换 CEO 的权利。在这个意义，风险资本不是被动的投资人。据哈佛大学教授 Noam Wasserman 调查，企业成立 3 年后大约只有 50% 的创业者仍然担任 CEO 职务。如果这家企业曾经接受风险资本，这一比例将显著上升。[1] 当风险资本投资人介入企业管理时，从人员招募、销售促进、选择律师或广告代理直到日常运营，他们很可能与创始团队发生摩擦。风险资本认为，他们这样做是迫不得已，因为创始团队不胜任自己的工作，无法实现预期的增长。而创始团队则往往认为自己的努力没有得到承认，风险资本抹杀了创业者的贡献。

风险资本的审核机制。创业者往往对风险资本审核机制的严格性估计不足。风险资本最关注的是两个方面的指标：投资回报率和退出的便捷性。风险资本花费大量的资源用来判断企业成功的机会，他们主要对企业的以下几个方面进行周密的考察：

---

[1] Wasserman.Noam.The Founder's Delimmas.Princeton University Press.2013.

- 管理水平。仅有好的业务概念还不足以说服风险资本，企业必须拥有一支将概念转化为有效实际运营的管理团队。风险资本信奉“管理出效益”，在他们看来，企业成功最关键的要素是管理团队的能力。他们希望企业高管认同企业愿景并且有经验、有能力将愿景转变为现实。风险资本看好的管理层应当是有经验、有技能、有承诺以及能够建立起有效的团队。
- 企业竞争力。风险投资希望投资的企业能够与竞争对手有所区别，可以是创新的产品或服务，满足了过去未能满足的需求，甚至独特的营销方法或研发模式。总之，企业必须拥有成为市场领导者的潜力。
- 产业成长性。风险资本青睐热门产业，这些产业成长迅速，拥有巨大的赢利前景。特别是那些尚未得到充分开发的产业，新企业有希望在未来 3 ～ 5 年内实现销售收入超过 10 亿元。例如，Uber 和 Airbnb 的经营模式可以在世界上许多地方复制，这意味着企业拥有巨大的成长空间，是风险投资最喜欢的企业类型。
- 可靠的退出战略。风险资本追求高回报，他们不仅要考察企业的增长潜力，还要考虑在适当的时间退出，收回投资和利润。在理想情况下，这一期限通常是 3 ～ 5 年。退出的策略主要是公开上市（通过证券市场出售股份）和企业出售给大公司（出售股份）。例如，阿里巴巴全资收购高德地图，此前投资高德的 KPCB、联想投资、红杉等风险投资获得了退出的机会。不仅风险资本，创业者本身也应当考虑退出战略，一些连续创业者就是在退出之前的创业项目之后开始新创业历程的。

表 10.3

风险投资眼中的创业者常见用语

创业者通常对自己的商业计划或新企业高度自信，在介绍企业特点时倾向于做乐观的表述。以下列出了媒体总结的一些创业者在向风险投资人介绍企业时常用的乐观用语：

探索获得市场的战略：产品现在还没有用户。

赢利路径清晰：距离赢利可能还需要好几年。

基本符合预期：收入比预期低 25%。

互联网商业模式：发现了一批足够傻瓜的顾客群体。

挑战性的一年：竞争对手吃掉了我们的市场份额。

显著领先于计划：在过去一个季度中曾经有一个月实现了预期目标。

公司根本性的优势：正在亏钱，但请注意我们如何控制亏损。

核心业务：产品线已经过时。

及时修订预算：财务计划已经陷入混乱。

循环性产业：去年亏损严重。

创业型 CEO：无法控制，近乎疯狂。

面临挑战：销售下滑，还没有好的对策。

面临前所未有的经济和结构性转变：外部环境不好，只好尽人事，知天命。

续表

高度杠杆化的网络关系：已经不起作用，不过朋友中有做得好的。
已经有了基本内容：2 年后将有可能形成清晰的战略。
大力投资于研发：竭力追赶竞争对手。
控制中的下滑：情况已经糟糕透顶。
销售周期长：还没有找到愿意付钱的顾客。
重大市场机会：最后的希望。
利基战略：在市场上无足轻重。
位于生产学习曲线上：还没有掌握能够实现利润的生产方法。
被动投资人：每年打来一个电话问我们是否还活着。
积极的结果：今年的亏损比去年少。
重新聚焦：搞砸了过去的机会，现在不得不大量裁员。
重新定位：最近刚刚注销了一大笔投资。
选择性投资战略：董事会花在游艇上的钱超过花在飞机上的钱。
稍微落后于计划：收入比预期少 75%。
战略性投资人：愿意花可笑价格购买公司股份的投资人。
有史以来绩效最佳的季度：不要再挑剔前三个季度的亏损。
产品错失市场机会：没有人会买这个产品。
结果尚有待于观察：到目前为止情况糟糕。
有技能、有激励、愿意奉献的团队：已经炒掉了绝大多数员工，剩下的人应当为保住了工作而庆幸。
转折的机会：注定会失败的努力。
我们是独特的：竞争对手不超过 6 个。
产量敏感：需要巨大的固定资产投资。
机会窗口：如果再不来钱，公司就会破产。
与管理层密切合作：每月通一次电话。
面对挑战的一年：尽管还不知道答案，至少我们知道问题是什么。

创造性的融资方法

创业者不会放弃任何有助于吸引资金的选择，今天的创业者有更多的创造性选择，例如创业比赛和众筹。重庆奇火锅是著名的央视创业大赛“赢在中国”2007 赛季的第一名，获得 1000 万元风投。在此之前，创始人谢莉曾经赢得 2003 年雪花啤酒餐饮大赛的奖项，2006 年获得中国饭店协会创业基金赛冠军和 100 万元创业基金。可以说，奇火锅是在大赛中成名和成长起来的。同程网是“赢在中国”2006 年的获奖者，今天，同程已经成为旅游在线服务产业的主要竞争者之一。对于创业者，参加创业大赛的另一个重要价值是建立人际网络、检验商业计划和提高品牌声誉。

众筹（crowdfunding）是指通过互联网发布创业项目并获得众多投资人资

金的融资方式。与传统金融通过中介（例如银行）实现融资不同，众筹属于直接融资。早期众筹主要是帮助艺术家等小众群体为其特殊趣味项目争取资金支持，后来逐渐扩大到所有的创业类项目。今天，百度、阿里巴巴、腾讯、京东等著名企业都发起了众筹平台。众筹的优点之一是投资不局限于项目的商业价值，许多投资人是出于理念或个人喜爱而支持一些经济上可能无利可图的项目。

创业行动专题

京东众筹：产品众筹和股权众筹

众筹听上去是一个理想的支持创业的工具，但在实施中会遇到许多困难。例如，众筹会不会触碰非法集资的范围，是否违反公司法和证券法相关规定。众筹中存在严重的信息不对称，如何保障投资人的利益？

2014 年，京东产品众筹上线，用户付款后得到产品和服务的承诺，也要承担产品和服务失败的成本。得益于京东在 3C 产品方面的营销能力，京东产品众筹在一年内成为市场排名第一，以科技类产品为特色。[1] 也因为京东本身销售产品，市场对产品众筹曾经有一些非议，认为这是一种产品营销形式。

2015 年，京东股权众筹上线。与产品众筹相比，股权众筹的投资和风险特性突出。在众筹市场上，国内投资人更偏向关注回报而忽视风险。股权众筹需要对投资人进行筛选，避免风险承受能力不足的投资人进场。京东还采用领投 & 跟投的模式，由经验丰富的专业投资人作为“领投人”，其他投资人选择跟投。领投人主要是专业机构，也包括著名的投资人和创业者。例如，58 同城创始人姚劲波曾经担任在线商旅导购平台“直订网”领投人。

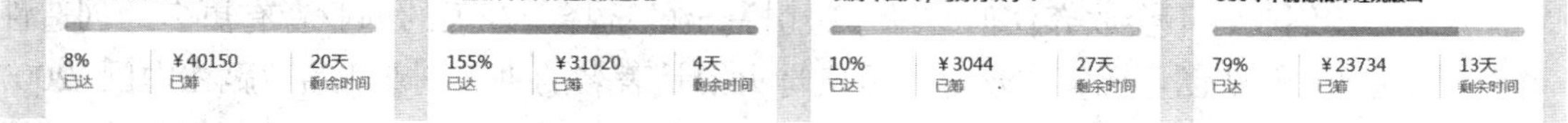

[1] https://qmz.me/2016/ 数据分析实践：京东众筹。

10.3　公开上市

创造上市条件

作为创业者，你可能经常听到 IPO 这个词。IPO（initial public offering）是指企业首次向公众出售股份以募集资本。企业在国内 IPO 需要符合法定条件并得到中国证券监督管理委员会的批准，完成 IPO 的企业可以在证券交易所上市交易。企业通过 IPO 能够在短时间内募集大量的资本，阿里巴巴在美国上市时募集资金超过 200 亿美元。另一方面，由于需要满足极为严格的监管要求，IPO 也是一种成本高昂、费时费力的过程。企业上市将给企业经营活动带来很大的影响，创业者在上市前应当考虑这一决策对企业、员工、股东和股票价格的影响。图 10.2 描述了企业上市前基本的准备工作流程。

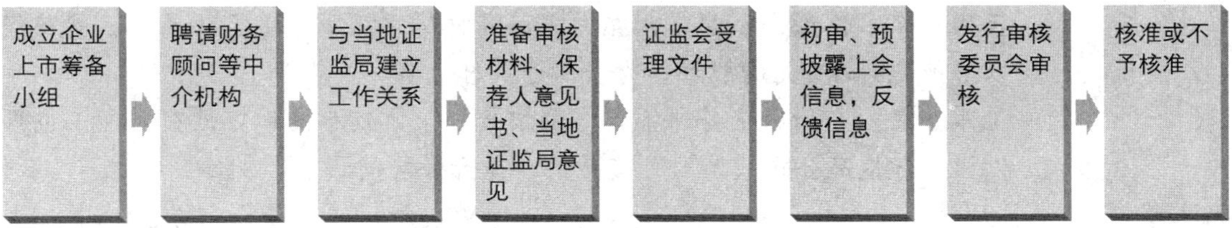

图 10.2　企业上市前的准备工作流程

根据证监会的统计，全国 A 股上市企业总数不过 3000 余家。绝大多数企业没有上市，特别是小企业和没有销售业绩的企业几乎很难上市。企业上市需要投资银行协助股票承销（帮助企业在最短的时间内将股票卖给投资人），投资银行在选择企业时通常考虑以下因素：

- 持续保持较高的成长率。无论企业从事哪个产业，这都是成功上市的首要条件。
- 巨大的赢利潜力。许多企业可能仍然未能实现赢利，但只要它的市场空间足够大，并且在行业中处于领先地位，同样可以得到投资银行的帮助，像京东、去哪儿、途牛都是这样的例子。
- 经过审计的财务报表，符合证监会的要求。由于会计丑闻频频发作，对申请上市公司财务报表的审核变得更加严格。
- 有经验、有效能的管理团队以及强大的董事会。

上市的优点和缺点

上市不是企业获得资金的唯一途径，准备通过 IPO 上市筹集资金的创业者还要权衡上市的优点与缺点。一般来说，上市可以给企业带来以下好处。

- 快速筹集数额巨大的资本。2016 年，沪深股市 IPO 共计 227 宗，融资总额 149 亿元，平均融资金额为 9.88 亿元。上市筹集的资本可以用于支持研发方面的重大开支、投资厂房设备、偿付债务或补充营运资本。
- 提升企业形象。在企业上市期间往往会有许多媒体报道，提高企业知名度。此外，企业上市过程中必须满足一定的条件，通过审核往往意味着上市公司拥有更好的声誉、加强了企业的竞争力。
- 扩大企业财务资源。上市可能会提高企业的市值，扩大股权基础。财务地位的改善有助于企业获得更多样化的资本资源，包括债务资本和权益资本。
- 吸引和保留关键员工。上市公司经常使用期权作为激励工具用于招募和保留关键员工。期权有助于激发员工对组织的忠诚和建立主人翁意识。当然，小企业也可以用股份赠予或员工利润分享计划吸引关键员工。
- 使用股票作为收购工具。收购其他企业需要支付大量现金，通常需要以债务的形式筹集。上市公司则可以用股票代替现金用于收购，避免企业背上巨额负债。例如，联想集团在向 google 收购摩托罗拉手机业务时，就曾经以价值 7.9 亿美元的股票作为一部分支付价格。
- 上市交易。在股票交易所上市，哪怕是一个比较小的地方性交易所，也可以极大地提高公司股票的可交易性，提升公司的形象。

然而，上市也可能对企业带来一些不便和烦恼。企业上市的缺点包括：

- 创始人所有权的稀释。上市意味着大量的股份会流失到外部机构和投资人手中，尽管创业人可能仍然持有多数股份，但在未来继续出售股票后还是会有遭遇恶意收购的风险。
- 失去控制权。如果在上市过程中出售了过多的股份，创业者就会失去对企业的控制权。当股东们对企业管理不满意时，整个管理团队，包括创业者本人，都可能被多数股东投票逐出公司。
- 泄露隐私。公司上市固然可以提高知名度，但在此过程中也必须披露许多公司经营信息。特别是一些例行披露的文件，如季报、半年报和年报等往往刊载公司的经营数据，对公司的市场竞争有可能产生不利的影响。许多创业者将失去企业控制权和泄露隐私作为企业不上市的主要原因。
- 上市费用。企业上市费用包括推荐人、承销商、会计师、律师和公告费用等，通常占募集资本的 5%。如果企业募集资本数量较少，这一比例可能会上升到 20%。上市隐含费用还包括管理层为此付出的大量精力，用于报告编制和向投资人进行说明。此外，上市企业在改制为股份有限公司的过程中往往要补缴部分税款。
- 成本增加。上市公司必须满足公开信息要求，企业需要为此支付很高的成本，例如将大量人力（包括高管的时间）投入报告准备和发布，聘用审计师和律师等专业人员。

- 对股东的责任。企业上市后，其经营状况和和股票价格波动将受到股东们的极大关注。如果企业经营不好，股东还可能起诉管理层经营不当或隐瞒关键信息。
- 短期业绩压力。由于经营数据影响公司股票价值，在股东的压力下，上市企业可能不得不追求短期绩效。其结果是牺牲对于长期有重要影响的研发或品牌建设投入，这对于管理者是一个很难的决策。
- 上市时机。企业上市的时机选择有时是个难题。企业往往希望在证券市场行情较好时上市，有助于提高股票发行价格和募集资本的数量。然而证券市场起伏不定，在行情不好时，企业将不得不放弃上市，为准备上市而支付的费用付之流水。2015 年年初，A 股市场大幅上涨。一些中国企业试图从美国股市退市回到 A 股上市，但在付出极高费用退市后却发现中国股市再次陷入下跌，A 股上市可能无利可图。

创业行动专题

证券市场上的各种“板”

财经新闻中经常会出现一板、二板、三板甚至四板的说法，这些所谓的“板”是什么意思呢？一板，也称主板，是在上海和深圳两大证券交易所上市交易的股票。由于主板上市的审核条件比较严格，为了向投资人提供更多投资机会，让暂时达不到主板要求的企业（特别是高技术企业）获得融资，又设立了准入门槛相对低一些的二板，也称创业板。在我国，属于一板和二板范围的包括主板、中小企业板和创业板。主板和二板市场的共同特点是面向公众，投资人没有资格限制，因此上市企业需要承担更严格的信息披露义务，接受更严格的监管。

三板是指向特定机构和合格投资人发行股票的交易市场，也称场外交易市场，因为这些企业不在上海和深圳证券交易所上市交易。三板市场不是面向公众的，其筹资规模相对较小，对企业监管要求也相对宽松。我国的三板市场是全国中小企业股份转让系统。四板是指地方性的产权交易市场，如天津股权交易所、深圳前海股权交易所。

承销商的选择

成功 IPO 的前提是选择一个正确的承销商（投资银行）。**承销商**（underwriter）有两个主要作用：帮助企业准备上市文件，向广大投资人推荐企业股票和销售股票。承销商与企业高管一起工作，按照证监会要求准备各种申请上市过程中所需要的文件，组织路演向投资人推销企业股票、帮助企业决定股票发行的价格并且提供上市后的各项服务。在等待审核期间，承销商会组织**路演**（road show），也就是召集潜在投资人的会议。路演的对象是证券公司和机构投资人，路演的目的是在潜在投资人中间激发 IPO 投资兴趣。在会上，企业将介绍公司的主要特点、管理层和募股方案。路演通常会在投资人所在的重点城市逐个进行。路演是非常繁重的工作，管理层可能不得不一天跑 2 ～ 3 个城市，连续 2 ～ 4 周不能休息。

上市审核完成后，承销商的主要任务就是通过其他投资银行网络尽可能销售企业股票。通常情况下，承销商会建议企业在 IPO 时出售 25% ～ 40% 的股份。出售股票数量太少，达不到销售规模，承销商无利可图。承销商还会与企业商议股票发行价格。价格太高，销售额度受影响，达不到募资目标。价格太低，即使销量大，企业可能同样达不到募资目标。阿里巴巴在美国上市时，曾经因为需求高涨将发行价格从 60 ～ 66 美元提高到 66 ～ 68 美元，最后确定为 68 美元。

10.4 债权资金的来源

债权融资（debt financing）是指创业企业通过举债的方式获得营运资金并按约定偿还本金与利息。与股权投资相比，贷款的风险相对较小，因此市场上提供贷款的投资人较多。但是，由于创业企业往往缺乏必要的担保，申请贷款十分困难。此外，由于小企业信用相对较低，贷款利率通常较高。银行向创业企业提供的贷款比优惠利率（向信用最好的客户贷款时的利率）至少高 2 个百分点，如果

创业行动专题

海外上市的红筹模式

除了争取在国内的上海和深圳证券交易所上市外，许多创业企业选择了在海外上市，包括大多数知名的互联网企业。国内企业海外上市需要经过证监会等部门的行政审批，为了绕开行政审批，多数企业采用“红筹模式”。其具体作法是：（1）在海外（英属维尔京、开曼群岛、百慕大群岛或香港）注册境外公司；（2）由境外公司以股权、现金等方式收购国内公司，国内公司变成外商独资企业（绕开行政审批）；（3）以境外公司在海外上市。

通过红筹模式设立境外公司吸引风险资本或海外上市的优点主要有：

- 避开严格的国内上市审核程序，尽快获得资本。
- 避开外汇管制，方便风险资本退出。
- 资本经营灵活，例如可以方便地在海外市场举债和调度外汇。
- 境外公司法律地位清晰，投资者权益保障更好，有助于吸引投资者。
- 管理与经营更加灵活。

采用民间贷款，则利率还会更高。政府和商业银行采取了许多措施，力图减少企业获得贷款的障碍。

尽管有上面所说的种种不便，许多创业者还是会选择债务融资，因为与股权融资相比，这种融资方法更有利于创业者保持对企业的控制权。常见的债务融资渠道包括银行贷款、供应商信用融资、信用卡、私人机构贷款、个人贷款等。不同的贷款人有不同的要求，创业者需要针对不同的贷款人设计不同的对策来争取贷款。

商业银行贷款

商业银行是金融系统的核心，向企业发放大量各类贷款。许多创业企业在成长过程中会需要向银行申请贷款，这些贷款额度通常较小，不超过 100 万元。在金融机构中，银行属于相对保守的类型，它们更喜欢贷款给成熟的企业而不是高风险的创业企业。一般来说，成立时间不足 3 年的企业获得银行贷款的机会可能降低一半。这是因为银行需要根据企业以往的经营数据和当前的市场地位来判断未来偿还贷款的可能性。银行会要求企业提供经营稳定性的数据，以及未来能否产生足够的现金流支付贷款。银行在贷款前还会审核创业者本人是否投资于企业、公司现金流水平以及抵押品（例如贷款发放后在银行账户上保留一定金额的存款）。当然，如果创业者已经获得了政府的认可和资助，对于取得银行贷款也会有很大的帮助。

银行在评估贷款申请时最重视的因素是企业在经营中能否产生正的现金流，这决定了未来企业从哪里获得资金用来偿还贷款。即使贷款是有抵押的，银行最不希望得到的结果就是企业无法偿还贷款，被迫由银行拍卖抵押品（手续烦琐而价格低廉）。有时，银行会要求创业者提供个人财产的担保，在企业遭遇破产清盘时银行可以要求创业者个人偿付贷款。对于有限责任公司，企业所有者本来对公司债务不负有个人义务。通过要求提供个人担保，银行减少了企业经营风险可能造成的损失。当企业经营形势明朗后，银行可能会撤销对个人担保的要求。

短期贷款。短期贷款的期限通常在一年以内，是银行向小企业提供的最典型的贷款品种。贷款用途一般是为了满足企业短期经营需要，补充资本不足。例如建立库存、扩大产出、为顾客提供信用或者现金购买取得折扣价格。企业实现经营收回款项后可以偿付贷款。短期贷款包括：

- 传统商业贷款。通常为期 3 ～ 6 个月，这类贷款不需要抵押，以免增加业务成本，到期后企业向银行归还贷款。创业企业通常无法提供必需的资信证明，因而不符合银行此类贷款的条件。
- 授信额度（credit line）。银行向客户提供的一种灵活便捷、可循环使用的授信产品，只要授信余额不超过对应的业务品种指标，无论累计发放金额和发放次数为多少，均可快速向客户提供短期授信。授信额度期限通常不超过1年，到期重新申请。授信额度可以是有抵押或无抵押的，抵押品可以是应收账款、库存、设备或无形资产。授信额度的好处是手续快捷方便，不必另行经过贷款审核程序。在企业急需资金时（例如销售旺季提前到来）可以迅速获得贷款。一般来说，银行倾向于向成熟企业提供授信额度，创业企业较难获得。

中长期贷款。中长期贷款是指期限在1年以上的贷款，通常用于购买设备等资本性开支和长期投资，贷款往往要按月或季度逐步归还。与短期贷款相比，创业企业更加难以获得中长期贷款。在向中小企业提供贷款服务时，银行往往要求企业间相互提供担保，也就是联保。创业企业可以考虑与自己有业务关系的企业联保来获得贷款。

非银行债权资金来源

在银行之外，还有一些金融服务机构能够提供债权性资金，它们也是创业者可以考虑的资金来源对象。

金融租赁（financial leasing）。金融租赁是一种金融中介服务，通常是由金融租赁公司将企业经营中所需要的设备购买下来，然后与承租企业签订合同，由后者按约定方式支付租金。金融租赁企业不以占有设备为目的，而是以收取的租金（相当于利息）和其他费用作为利润。对于承租企业，这项业务相当于以租代买，减轻了企业的资金压力。传统上，金融租赁主要用于大型设备，例如飞机、船舶等。近年来，许多创业企业和中小企业也开始使用金融租赁服务，例如货运、美容店、洗车店或农业生产企业通过金融租赁获得资金购买设备。金融租赁业务中担保物价值明确，不需要像银行贷款那样对企业进行复杂的审核，申请程序和手续相对便捷。缺点是小企业金融租赁时承担的利率较高，年息通常超过15%。金融租赁对应企业经营中实际需要使用的设备，属于金融资源流入实体经济的业务，因此国家在政策上给予较大的支持。

资产性贷款人（asset-based lenders）。资产性贷款人是指可以接受企业特定资产作为抵押提供债务资金的贷款人，这些资产包括企业的房产、设备、应收账款、存货甚至订单。有些企业由于所在行业的特点持有大量此类资产，例如制造商、批发商和分销商等。即使企业财务报表不符合银行贷款要求，企业凭这些资产仍然可以从市场上获得贷款。在这类贷款中，最关键的因素是折扣率（advance rate），也就是相对于资产金额给出的贷款金额。例如，某企业1万元的应收账款折扣率为70%，则这笔应收账款抵押可以得到7000元贷款。

应收账款是资产性贷款人最有可能选择的抵押资产，通常的折扣率为

55% ～ 85%。存货是另一种可用于获得贷款的抵押资产，由于存货往往是相对难以变现的原材料，贷款人通常对这类资产给予较低的折扣率（低于 50%）。此外，贷款人通常不会接受单独的存货抵押，而把存货与应收账款结合起来。企业也可以用已经获得的订单作为抵押，如果贷款人认为（订单）顾客信用较好，能够按时付款，就可能向企业发放贷款。这类贷款利率通常很高，期限不超过 60 天。

以资产为抵押的贷款能够帮助企业从银行之外获得更多的资金。这类贷款可以根据企业的需要临时安排，额度也相对灵活，在银行收紧贷款政策时往往成为企业重要的资金来源。这类贷款的缺点是成本高，利率水平可能远远高于银行贷款。同时，贷款人还会要求对企业经营进行监督，例如定期检查存货实际水平和企业往来支付记录。对于创业企业，资产性贷款人只是过渡性的资金来源，在企业建立起信用后，应当尽可能转移到通过银行授信获得资金。

贸易信用（trade credit）。贸易信用是指企业不向供应商支付预付金额而获得产品和服务的安排。贸易信用实际上就是按约定拖欠货款，相当于供应商提供的无息贷款，期限多在 30 ～ 90 天。大多数小企业在经营过程中依赖贸易信用获得融资。贸易信用的前提是按照约定偿付货款，保持信用，尽可能从多家供应商处获得信用。

小额贷款公司（micro-credit company）。小额贷款公司是向个人或小企业提供小额贷款服务的金融中介机构。与银行相比，小额贷款公司审批手续简便灵活，可以发放抵押贷款，也可以发放无抵押的信用贷款。小额贷款的抵押品主要是应收账款，也可以是其他资产或租赁服务，包括上面提到的所有形式。由于小企业的风险相对较高，小额贷款公司通常有独特的风险控制机制。它们不依赖企业财务报表，而是通过对企业业务和企业主的了解，包括以往信用和上下游业务关系的掌握，来管理企业贷款的风险。小额贷款公司发放的贷款额度不大，一般在 50 万元以内，期限较短，大约 6 个月到 1 年。小额贷款公司贷款发放快速，期限和偿付方式灵活。小额贷款的缺点主要是利率较高，年利率经常超过 20%。

近年来，一种称为 P2P 的小额贷款模式流行开来。P2P（peer to peer）是一种利用互联网技术沟通资金借贷的融资平台，具有民间借贷和理财的性质。创业者或小企业向 P2P 在线平台提交贷款申请，投资人通过平台审核贷款申请者信息，向需要资金的企业提供贷款。申请 P2P 贷款可以是信用贷款，也可以是抵押贷款，能够在网上快速成交。P2P 平台往往引入第三方提供贷款担保，平台本身不参与借贷，属于金融信息服务。由于贷款风险大，P2P 贷款利率相对较高。

创业行动专题

创业贷款与创业补贴

为了鼓励创业，政府制定了许多帮助创业者获得资金的政策，创业贷款是其中最为直接的一种。创业贷款并非由政府直接发放，而是通过某种机制协助创业者获得银行和金融机构的贷款。常见的作法是由政府设立创业鼓励基金，符合条件的创业者在向金融机构申请贷款时可以获得贴息（例如政府负责偿付50%的贷款利息），以此减轻创业者贷款的财务负担。贴息贷款通常需要提供抵押品或担保。政府创业基金还可能向创业者提供贷款担保，解决由于缺乏抵押品和担保而无法获得贷款的困难。创业贷款通常额度不高（不超过10万元），期限相对较短（不超过2年），主要功能是帮助创业企业进入实际运营，在建立信用后通过商业渠道获得后续资金。创业贷款的另一个优点是对贷款用途限制较少。

创业补贴是指政府为鼓励创业而向创业企业提供的补贴或税费减免政策，特别是地方政府出于产业调整或其他目的可能向某类创业者提供特殊的优惠政策。深圳市向初创企业提供最高5万元的创业补贴，对企业应缴纳社会保险中企业缴纳部分提供时间不超过3年的补贴，在规定园区内创办的企业可以获得为期3年的租金补贴，吸收户籍人口就业的创业企业可以获得不超过3万元的创业带动就业补贴。

本章小结

1. 创业企业对资本的需求往往超出创业者的预期。创业企业在发展的不同阶段需要不同的资金来源。

2. 股权融资是吸引投资人向创业企业投资成为企业所有者的过程。债权融资是向外部机构或个人借钱支持企业经营、按约定条件归还款项和利息的过程。

3. 白手创业者依靠创业团队内部资源而不借助外部资源。

4. 朋友和家庭是常见的创业资金来源。天使投资人通过投资初创企业来换取企业股权。

5. 风险资本购买有很高成长潜力和利润潜力的新企业股权，创业者应当了解风险资本的投资规模、投资阶段、咨询与关系、审核程序。

6. IPO是指企业首次向公众出售股份以募集资本，完成IPO企业可以在证券交易所上市交易。创业者要权衡上市的优点与缺点。

7. 承销商帮助企业准备上市文件，向广大投资人推荐企业股票和销售股票。

8. 商业银行提供的贷款分为短期贷款和中长期贷款。非银行债务资金来源包括金融租赁、资产性贷款人、贸易信用、小额贷款公司等。

关键概念

股权融资　债权融资　白手创业　天使投资　风险资本　众筹　IPO　承销商　路演

批判性思考与讨论题

1. 为什么创业企业筹集资金如此困难？

2. 什么是资本？请举出三个例子说明创业企业可能需要的资本。

3. 什么是股权融资？股权融资与债权融资相比有哪些优点和缺点？

4. 创业企业有哪些常见的股权融资形式？

5. 在接受来自朋友和家庭的投资时，创业者应当遵循哪些原则？

6. 什么是天使投资人？哪些人可能成为天使投资人？创业者应当如何吸引天使投资人？

7. 哪些企业最有可能受到风险投资青睐？风险投资在选择投资对象时遵循哪些原则？

8. 风险投资在选择投资对象时会经过哪些步骤？

9. 创业者在接受风险投资时应当注意哪些问题？

10. 简述企业 IPO 的优点和缺点。

11. 承销商如何帮助企业 IPO ？

12. 创业企业通过商业银行可能获得哪些类型的贷款？

13. 什么是贸易信用，它对于创业企业有何作用？

14. 什么是资产性贷款人？它们有何优点与缺点？

15. 小额贷款公司的优点和缺点有哪些？

报告与分享练习：财务资源的取得与使用

以小组为单位，找出一个感兴趣的创业企业，从公司公开信息（如网站、年报）和媒体报道中查找资料，回答以下问题并向全班报告你们的发现：

1. 企业初期创业资金来源与比例。

2. 这家企业曾经获得过天使投资吗？获得过 VC 投资吗？条件如何？

3. 这家企业通过天使投资或 VC 获得过哪些帮助？

4. 除投资之外，企业是否获得过其他的财务资源？你可以提供哪些建议？

5. 企业是否考虑上市？上市的主要目的是什么？

6. 企业如何平衡资金需求与创业团队控制权？

网络练习

登录红杉资本网站（http：//www.sequoiacap.cn），查询这家风险投资基金投资了哪些处于初创阶段、成长阶段和已经上市的企业。阅读它对期望投资企业的要求（见“提交商业计划”栏目），以它所投资的某一家企业分析创业团队如何满足其要求，并对这家企业提出改进要求的建议。

结尾案例

基美影业：转型的代价

2013年基美影业在新三板上市，融资9000万元。它的目标是“成为一家具有优秀影片制作能力和优质IP运营管理的电影内容供应商”。

基美影业前期主要业务是进口“买断片”，即国内片商以固定价格买断影片的放映权，国外片商不参与中国票房分成。这些电影俗称“批片”，通常比国外滞后几个月甚至半年的时间上映。基美影业承担的职能跟电影发行差不多，沟通影院提高排片量、对影片进行全方位宣传等。

由于不具备进口片发行资质，基美只能跟中影、华夏签订协议，以“协助推广”的身份参与进口片在华发行，分享发行收益。“买断片”给基美影业带来了丰厚的利润。2014年，两部“买断片”《超体》和《暴力街区》让基美影业实现营业收入1.54亿元，同比增长218%；净利润5308.21万元，同比增长556%。

近几年，随着国内买家对买断片的投入越来越早，“买断片”的竞争压力越来越大。2015年，基美在收入上涨的同时利润却同比下降31%。2014年，基美影业开始转型，参与投资影片的拍摄和制作。与推广相比，影视制作失败的风险极大，而成本则非常高。数据显示，基美影业2016年收入同比下降46%，成本大幅上升108%。

为了降低制作风险，基美影业选择与国外知名的电影公司合作。2012年，基美影业成为欧罗巴在中国的独家合作伙伴；2015年5月，双方续签5年合作协议。2016年9月29日，基美影业投资6000万欧元（合人民币4.5亿元），认购法国欧罗巴电影公司27.89%的股份，成为欧罗巴的第二大股东。欧罗巴电影公司由知名导演吕克·贝松于1999年创立，历年出品的电影全球票房总和约40亿美元。

2016年，基美向电影产业链上游发展，独立开发、制作、发行了国产电影《魔轮》《超级快递》，与欧罗巴公司联合投资制作、发行了中外合拍片《勇士之门》。然而，2016年公司参与投资的4部电影表现均不如人意，其中仅《九条命》的票房最终超过1亿元，而由公司主要拍摄制作的《魔轮》，票房仅为784.2万元。同时，国内电影行业增长趋势放缓。

2017年6月，基美影业股价暴跌，市值最低只有8.84亿元，而历史最高为38亿元。基美影业依然表示有信心，“转型的方向是正确的，业务的布局是扎实的，基美影业的投资价值自然会在未来彰显出来。”公司拥有约50余部中外影片版权及10多部中英文剧本储备，欧罗巴影业还拥有600多部影片的版权，未来这些影片都会交由基美影业在中国运营。投资分析师许杉认为，发行与投资制作所需具备的专业性并不相同，同时投资制作所面临的风险也更高，若想实现转型并非易事。

2014年超出市场预期的业绩支持基美影业在2015年成功进行多次融资。5月和6月，基美定向增发募集资金约4.2亿元，12月，定向增发募集资金约6亿元，当年总额高达10亿元。有了资金储备，公司才有选择余地，可以用于自己制作，也可以选择像投资欧罗巴这样间接参与制作。在2016年报的重要风险事项中，公司第一次提出了电影制作成本增加的风险。

基美影业的经营性现金流量一直处于流出状态。2013–2016 年，公司经营性现金净流量分别为 –2495 万元、–1097 万元、–1.96 亿元、–1.62 亿元。2016 年年末，基美影业货币资金为 3.22 亿元。投资影片屡屡失利，让基美影业的资金链承压加剧。2016 年 11 月 4 日，基美影业发布公告，拟向招商银行申请人民币 8000 万元综合授信额度；与股东高敬东签订 5000 万元借款协议；向深圳市招银前海金融资产交易中心贷款 2000 万元，用于该公司定向的电影发行费用。2017 年 7 月，欧罗巴投资 2.1 亿美元的《星际特工》全球上映。

董事长高敬东说，“一部国际电影作品不仅是娱乐产品，还是一个结构性金融产品……最好的电影能够做到 100% 预售……海外银行根据预售合同，就可以将资金给到制作公司……我们投入的 20 亿资金，最后可以做 50 亿、100 亿的电影……海外分账、预售、对中国市场的把握，从不同维度为我们的国际电影投资降低了风险。”[1]

表 1

基美影业 2013–2016 年主要财务数据（单位：人民币万元）

	2016	2015	2014	2013
营业收入	10440	19337	15406	4839
增长率	–46%	26%	218%	23%
营业成本	26171	12554	4748	1474
增长率	108%	164%	222%	15%
毛利率	–150%	35%	69%	69%
净利润	–26569	3607	5308	808
增长率	–836%	–32%	556%	–31%
资产总计	113924	130648	23560	16387
负债总计	16496	6651	3820	1955
短期借款	10564	2792	–	50
长期借款	–	–	–	–
流动比率	3.95	18.94	6	8.08
现金流净额	–16160	–19588	–1097	–2495
应收账款周转率	1.13	1.83	2.53	1.87
存货周转率	1.51	1.01	2.07	1.86

结尾案例讨论题：

1. 基美影业的融资方式有怎样的特点？
2. 基美影业的财务风险主要有哪些表现？
3. 作为基美影业的 CFO，你将如何说服投资人继续支持企业经营？

[1] http://finance.sina.com.cn/roll/2016-02-25/doc-ifxpvzah8038627.shtml.

开篇案例讨论题

1. 美图选择上市的优点和缺点。

2. 请列出你作为投资人准备向美图管理层提出的三个问题。

3. 在你看来，美图认为股价被低估的理由合理吗？

创　业　管　理

第 11 章

组织与领导

很多时候，管理的作用只是增加了员工工作的难度。

——彼得·德鲁克

没有比聘用和发展员工更重要的事。公司最终依赖的不是战略，而是员工。

——劳伦斯·博西迪（Lawrence Bossidy）

本章学习目标

- 什么是领导，领导与管理的区别
- 企业文化对于企业的重要性
- 如何运用基于团队的管理
- 人才招募对于企业的重要性以及有效招募的步骤
- 员工激励的主要方法
- 绩效评估的主要步骤

晨星公司相信员工在工作中完全可以自主做出合理的决策，而不再需要经理的监督。

开篇案例

晨星公司的自我管理

晨星公司是世界上最大的西红柿加工企业，1970 年由鲁弗（Chris Rufer）创立。公司拥有 400 名员工，三家工厂，年收入 6 亿美元。

早在公司规模还很小时，鲁弗和员工就决心创建一家不同寻常的组织，一家自我管理的企业。在这家企业里，没有经理，所有员工自己决定做什么工作和需要哪些资源。

管理层可以取消，管理的职能却不能。为此，晨星采用了一种特殊的方法，每位员工都要提交自己的同事支持承诺表（CLOU，Colleague Letter of Understanding），它的职能是在同事间建立起责任和权利关系。在起草过程中，员工必须征得与其共同工作的员工的认可，通常需要 10 人以上。同事支持承诺表每年填写一次，年终进行评审。主要内容包括：

1. 个人使命。用于说明本人在组织内的基本目标。例如，“按照顾客要求，以低成本和有利环境安全的方法供应番茄酱产品”。

2. 活动。为了实现个人使命，员工同意应当完成的工作任务。

3. 指标。用于衡量任务完成程度的关键指标。

4. 时间。需要多少时间才能完成工作任务。

5. 同事。受你工作影响的同事必须签字同意这份文件。

在晨星看来，同事间的承诺比工作合同和主管监督更加有效。每位员工都是自己的管理者，自己决定使命、工作任务和同事关系，行使计划、组织、领导和控制职能。当一个新的任务出现时，愿意承担主动性的员工可以通过更新自己的使命来领导这一任务，从而保持企业对市场需求的灵敏。简言之，CLOU 并不是取消管理，而是试图用同事间的关系代替管理。

2007 年，晨星建立了数字化的 CLOU 工具。所有员工的 CLOU 都可以在线查询，也可以在发生分歧时检索文件，而 CLOU 指标的完成情况则随时反映在员工的 CLOU 记录中。在线 CLOU 也使得员工互评变得更有效，每个员工必须对他的所有“同事”做出反馈。

鲁弗说，既然人们对个人生活中的许多问题有能力做出决策，那么就没有理由怀疑他们在工作中也可以自己做出决策。

- 谁来安排工作？用个人使命代替老板。员工为达成使命自行争取必要的培训、资源和协作。

- 谁来分配资源？员工可以自行决定设备购买，不需要上级批准，大宗购买则通过定期会议进行协调。如果投资需要超过公司现金，购买自行停止。财务部门的任务是寻求资金，而不是分配资金。招募新员工也由未来的同事们自己决定，“我不希望给员工借口，说他们不能取得成功是因为没有设备或同事不给力”，鲁弗说。

- 没有晋升，如何激励员工？员工竞争的是在公司内部的影响力，而不是晋升机会。承担的责任越大，影响力越大，薪酬也越高。薪酬标准和员工的薪酬水平由专门委员会在年终决定。增加影响力的途径包括提高专业能力，主动发起变革等。例如，有一半员工接受了供应商谈判技巧的培训。公司希望通过员工发展将决策权下放而不是集中到上层。

- 谁来审核开支和费用？尽管不需要老板批准，员工在资本支出前仍然需要得到同事的支持，包括投资回报和可行性计算。同样，需要招募新人的员工也要说服同事支持。

有经验和有影响力的员工要充当教练，帮助新员工获得必要的支持。每位员工的CLOU都是公开的，每个事业单位的详细财务情况每周公布一次。如果某项费用增加了，所有人都会知道。

- 谁来解决冲突？如果谈判不能达成一致，则双方可以寻找一位共同认可的调停人进行仲裁。在仲裁不成的情况下，由6名员工组成委员会进行仲裁。不服仲裁结果可以上诉到总裁，这种情况很少出现。

自我管理当然不是没有成本的。例如，不是所有的人都能够适应这样的管理风格。鲁弗估计，新员工至少要经过一年时间才能适应自我管理。这会增加人员招募的成本。晨星在招募时会花2个小时的时间向申请人介绍自我管理，并且要经过10～12名员工的面试。即使如此，入职前已经有层级制组织工作经验的员工在2年内的离职率仍然高达50%。

坚持原则是另一个重大挑战。在层级制组织中，经理负责处理绩效不良的员工。在晨星，如果员工不愿意面对冲突，那么很可能会导致好人主义，损害绩效。晨星公司在员工培训中非常强调员工在工作中必须有指出问题的勇气。[1]

联想创始人柳传志曾经将员工管理的目标概括为三类：基层员工要求有责任心，中层员工要求有上进心，高层员工要求有事业心。而为了实现这些目标，企业需要有组织制度的领导力保障。本章首先介绍了作为领导的创业者的工作和责任，接下来讨论了员工招募的主要方法。在企业内部，创业者应当支持形成良好的沟通机制。最后，我们探讨了如何提高员工的激励水平，创造超越期望的绩效。

11.1　创业企业的领导

作为领导者的创业者

在创业过程中，创业者需要扮演多种角色，承担不同的任务与责任，其中最为重要的角色就是领导者。**领导**（leadership）是影响和激励他人努力实现共同目标的过程，为此，领导者需要向他人授权。没有管理经验的创业者往往倾向于采用独裁式的领导风格，依靠命令和控制来维持企业运营。这样做在过去也许是可行的，然而今天的员工大多拥有良好的教育和技能，拥有合理的判断力，他们可能期望自己的雇主采取更可接受的领导风格，特别是高技术创业企业中的知识工作者。令人失望的领导可能导致企业失去团队中最有价值的员工，在竞争中处于不利地位。在创业企业中，领导者快速收集信息和做出决策有助于他们与市场上现有的企业进行有效竞争。为此，创业者必须向员工提供必要的资源，特别是授予他们解决问题和利用机会的自由。有效能的领导者不是将权力集中在自己手

[1] https://hbr.org/2011/12/first-lets-fire-all-the-managers.

上，而是授权员工运用自己的判断做出对企业最有利的决策。

由于竞争加剧和环境的复杂性，今天的领导者已经不可能获得所有做出决策所需要的信息。许多人将领导比做乐队指挥，只是今天的领导者不大可能像交响乐队的指挥那样对乐曲总谱了然于心，可以对每一位乐队成员、对演奏中的所有细节做出规定。现实中的领导者也许更像是爵士乐队的队长，好的爵士乐队通常不以循规蹈矩而是以自由发挥获得成功。这种成功源自领导者的灵活性、敏捷反应和管理技能。一般而言，好的领导者应当具备以下特性：

- 创新能力：作为领导者，必须勇于突破舒适区，接受新观念，避免自满。
- 事业激情：作为领导者，创业者应当让团队成员感受到他的激情并由此获得鼓舞。
- 承担风险：承担风险是领导者工作的一部分，好的领导者勇于承担风险。
- 适应能力：领导者必须坚守企业核心价值观，但在不同情况下和面对不同对象时，必须灵活调整领导风格。

领导与管理

领导与管理不同，尽管两者对于企业的成功都非常重要。管理者与领导者的区别之一是管理者力求维持组织的秩序和稳定，而领导者则热爱和管理变革。也就是说，管理者更强调规范，而领导者更重视鼓舞人心。在创业企业中，领导意味着激发热情，管理则是保持企业运行。在启动阶段，领导能力更加重要。创业者既要承担管理职能，还要保持所有人专注于领导所追求的企业使命和目标，这对于企业的生存至关重要。

研究表明，世界上不存在一个普适的领导风格。有时领导者需要表现出参与性，鼓励员工参与决策。在另一些情况下，领导者需要表现出权威性，迅速做出决策并排除阻力实施决策。今天，员工更愿意接受的领导风格是“仆人式领导”（servant leadership）。仆人式领导首先视自己为员工的仆人，然后才是领导。这意味着将员工的利益和关心放在前面，更关注向员工授权而不是将权力集中到自己手上。

创业行动专题

有效领导者的行为

企业经营初期，资源匮乏和信息不足是常见情形，而对决策和激励的要求却空前迫切，对创业者的领导力提出了极大的挑战，有效的领导者表现出以下行为：

- 为企业建立价值观和信念并保持激情。员工在做出决定时会以领导者的行为作为榜样。
- 建立符合伦理的企业文化。领导者会经受考验，他们必须坚持企业的伦理准则，即使在企业陷入困境的时候。

● 定义并强化他们为企业制定的愿景。领导者应当在企业中不断地沟通和强化这一愿景，清晰的目标是组织成功的重要因素。

● 为员工制定挑战性的目标，员工们希望能够为更大的目标做贡献。

● 以身作则。如果领导者不能做到言行一致，员工们一定会发现并且立即在组织中传播开来。例如，哪怕是对伦理准则的小小偏离也会对企业的伦理气氛造成极大的负面影响。

● 在组织中建立起信任。诚实、公开沟通和一贯的领导风格有助于在企业中建立信任的气氛。受到员工信任的领导往往具备三个特点：有能力、前后一致（在任何情景下可依靠）和关心员工。

● 向员工提供充足的资源。除了完成任务所必需的物质资源，还包括无形资源，如培训、指导等。创造出支持员工实现目标的企业气氛。这意味着让员工得到充分的激励、培训，并且赋予他们实现目标所需要的自由。

● 与员工保持有效沟通。除了对企业目标的沟通外，领导者还要鼓励员工反馈并认真听取他们的反馈。有效沟通必须是双向的。

● 奖励承担风险的决策。有效的领导者理解，在高度竞争的环境下，企业必须在信息不完备的情况下做出决策，只有勇于承担风险才能成功。有效的领导者不会惩罚因为承担风险做出变革而遭遇失败的员工，而是将失败视为创新过程中的一个自然部分，同时坚信创新是成功的必经之路。

● 做变革的发起者。在激烈变化的竞争环境中，领导者必须保持警惕，为颠覆性变革做好准备，包括重新制定企业的经营政策、过程和流程。

● 培养领导人才。有效的领导者致力于在组织中寻找和培养领导人才，愿意花时间帮助未来的领导者成长。

领导者与管理者的另一个区别是管理者可以通过新的任命在工作中“继承”下属，也就是通过组织程序合法成为管理者。而领导者需要通过自己的努力才能“赢得”追随者，是员工而不是职位决定创业者能否成为“领导者”。没有追随，就没有领导。精明的领导者意识到，自己的成功取决于员工的成功，毕竟是员工在完成日常工作、执行战略并努力实现绩效。有效的领导者能够建立起帮助员工取得成功的组织环境，为此他们需要履行以下四项职责：

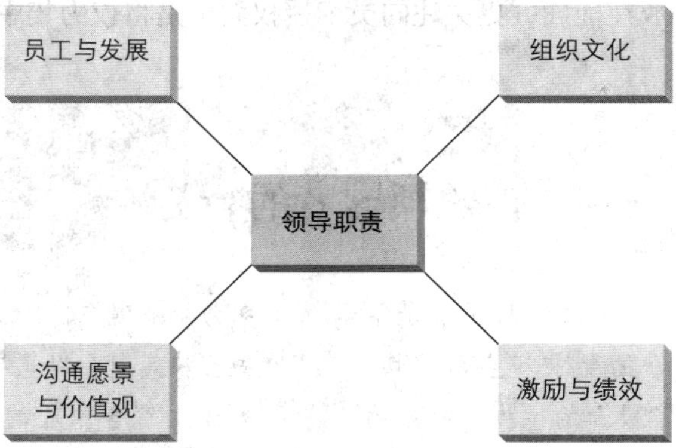

图 11.1　领导者的基本职责

- 雇用正确的员工，提高员工的能力；
- 建立组织文化和结构，鼓励员工发展潜力；
- 有效沟通企业的愿景与价值观，建立信任的工作气氛；
- 激励员工实现更高的绩效。

企业文化

正如我们在第二章所讨论的，**企业文化**（company culture）是一组成员共享的价值观，是“我们做事的方式”。它帮助组织成员理解，什么是可接受的，什么是不可接受的。这些价值观并不是书面的，它们体现在员工的日常活动之中。企业文化的表现是多方面的：员工如何工作，如何对待顾客，员工的穿着甚至他们所使用的语言。一个来到组织的外人很快就可以体会到企业独特的文化，即使他还不能清楚地描述它们。相似的组织之间可能有完全不同的文化，例如北大和清华都是著名高校，但两者的文化截然不同。

对于许多创业企业，企业文化可能是最主要的竞争优势之一。积极的企业文化对组织的财务结果有直接和正面的影响。企业文化中的一个重要方面是创业者所设定的绩效目标以及如何衡量员工是否做到。如果创业者重视诚信、尊重和顾客服务，他就必须设立能够反映这些核心价值观的考核方法。京东非常重视顾客体验，早期京东商品介绍页面图片偏少，表面看似乎不利于顾客了解产品，实际上却是考虑到图片加载会导致顾客等待时间延长，反面破坏了用户体验。

保持企业文化的努力始于员工招募。除了报酬和工作条件之外，招聘过程还应当关注寻找那些能够认同公司价值观的员工。培养正确的企业文化有助于企业提高竞争优势，吸引和保留高质量的员工队伍，创造出员工能够发展和成长的工作环境。新一代员工往往更喜欢轻松、开放的企业文化，许多创业企业通过建立非传统的、更注重趣味的企业文化吸引年轻员工，例如随意的穿着、个性化的工位装饰、团队工作、弹性上班时间、远程工作、免费午餐、公司活动等。此外，招聘认同企业文化的员工可以减少员工流失，降低企业的成本。

企业成长和变革文化。随着企业成长，公司的文化可能会发生一些改变。典型的情况是流程变得正规，运营变得复杂，工作更加结构化，沟通变得困难，公司的人格也开始改变。创业者发现已经很难认识公司里所有的员工，对于员工之间的工作关系也变得不大了解。除非创业者能够下功夫保持企业文化，否则公司很快就会变得让创始人认不出来。在成长过程中丧失原有企业文化可能导致公司失去竞争优势。

创业行动专题

扎克伯格对企业文化的描述

当Facebook公司开始成长的时候，人员增加很快。CEO扎克伯格对保持企业文化感到担心，他花了很长时间去咨询微软、苹果等打造过出色企业文化的公司CEO以及关键高管。经过访谈，他整理出一些很好的建议。他决定给那些注定要成为“我们的人”的招募对象，写下一组简洁的描述。扎克伯格最终写下了这些描述：

1. 高IQ
2. 强烈的目标意识
3. 对成功的持续关注
4. 有进取心和求胜心
5. 高审美、完美主义倾向
6. 喜欢改变和打破成规
7. 对更好做事有新想法
8. 高度正直
9. 身边的人都是优秀者
10. 较之认知价值更关心创造实际价值

基于团队的管理

随着企业规模的扩大，创业者将发现自己已经无法像过去那样干预企业经营的每一个决策。此时，创业者将不得不接受通过委派和授权赋予员工决策权的现实。成功的企业在这一阶段必须实现从单一领导者决策向团队决策的转变。由于市场竞争加剧和企业面对问题的复杂性提高，依靠个人或单个部门的力量已经很难胜任要求，企业不得不在内部建立多种形式的跨部门团队并赋予团队解决问题的权力。然而，从传统的管理模式转向团队管理意味着管理风格上的重大转变。

自我管理的工作团队（self-directed work team）是指来自企业中不同职能部门的员工所组成的、拥有共同目标的工作群体。团队的运作基本上不需要上级主管监督，它们接收了过去只有经理才拥有的决策权和安排工作的权利。有些团队是临时性的，一旦问题解决就会解散，员工返回各自职能部门。另一些团队则永久保留下来，成为组织结构的一部分。自我管理的团队权限包括分配工作任务、制定任务时间表、采购原材料、评估和采购设备、决定员工聘用、解雇和解决问题等。最适合由团队来完成的工作任务是那些各个工作环节相互依赖、需要大量成员间互动的任务。

在建立团队和运行团队的过程中，管理者仍然会介入团队工作和业务，但他的角色已经不再是从前那种垄断信息和权力、做出所有决定的老板。在团队管理中，管理者的角色是教练。他们向团队成员授权，分享信息并支持团队做出决定。

具体的工作将由团队成员自行决定如何完成，管理者作为协调者提供支持和服务，协助团队在组织内部发挥作用、完成任务。

今天，企业变得对团队越来越重视，这主要是出于竞争的压力。成功运用团队的企业往往在质量、交付时间、成本、顾客满意、员工激励与士气方面获得重大的改进。另一方面。团队管理并不容易，我们在任何地方都可以观察到低效的甚至是失败的团队。依赖团队管理还可能导致决策质量下降，甚至发生团队在决策时恰恰选择了所有成员都认为最不理想决策的情形。为什么会出现团队失败的情况？以下列出了一些团队工作中常见的错误。

- 向团队赋予不适当的任务。团队成员缺乏完成任务所需要的技能，也没有提供充分的培训。
- 创建团队后未能为团队分配具体的、有意义的绩效目标。
- 团队成员之前绩效低下，未能仔细分析其原因，以为组建团队就能解决所有问题。
- 未能在团队成员间建立公正的报酬体系。

成功的团队不是自然的结果。研究发现，成功团队的发展通常会经过四个阶段，即形成阶段、现实阶段、重整阶段和绩效阶段。每个阶段都有各自不同的特点，需要不同的领导关注（图 11.2 给出了团队发展的四个主要步骤）。

	形成阶段	现实阶段	重整阶段	绩效阶段
特点	• 期望很高 • 不清楚团队目标和各自角色 • 焦虑、依赖领导 • 回避任务	• 认识到完成任务所需要的时间和努力 • 遇到障碍 • 遇到挫折 • 发生冲突	• 重新设置目标和角色 • 建立信任和协作 • 进步 • 形成结构	• 卷入、开放和团队协作 • 坚持流程和完成任务
领导关注	• 帮助团队认清任务 • 提供目标与结构 • 指导和规定责任	• 强调任务与过程 • 理清期望与角色 • 鼓励开放讨论并表示关切 • 提供适当的技能的资源	• 专注于过程 • 促进参与和团队决策 • 鼓励同事间支持 • 提供反馈	• 专注于监督和反馈 • 让团队承担起解决问题和决策的责任

图 11.2　团队发展的四个阶段

为了支持团队的成功，创业者可以考虑采用以下方法：

- 判断团队是否适合公司需要和任务的需要。例如绘制一张企业内部的工作流程图表，观察哪些工作具备相互依赖、高度复杂和需要互动的特点？运用团队完成这些工作将有可能提高企业的绩效。

- 围绕自然的工作流程组建团队并赋予具体的工作任务。建立挑战性、具体、可衡量的指标有助于激发团队的士气。
- 向团队成员和团队领导提供充分的培训和支持。团队工作需要一组与以往不同的技能，团队成员需要学习如何沟通、解决冲突、相互支持和作为团队的问题解决方法。团队成员需要通过培训、观察等学习过程后才能掌握这些要领。
- 在决定团队绩效衡量指标、衡量周期以及如何衡量时邀请团队成员共同参与。
- 至少部分团队成员的报酬应当联系团队绩效来决定。报酬仍然会基于个人发放，但报酬中应当包括部分与团队绩效相联系。

11.2 员工招募

员工招募决策对于企业很重要，对于新企业尤其重要，每一位新员工都可能对企业命运有重大影响。在创业企业中，每一位新员工的加入都是决定企业方向的时刻，是进步还是退步。相反，如果企业招聘了错误的员工，对企业文化的影响损害可能持续多年。错误的招聘还会给企业带来沉重的成本，大多数员工流失都是错误招聘的结果。另一方面，创业企业在员工招聘时需要同大企业竞争，由于并不占有优势，竞争压力可能导致创业者做出错误的决策。

创业者常犯的错误之一是花很多时间决定购买哪些办公设备，却没有在员工招聘上投入足够的精力。常见的招聘错误包括：

- 依赖应聘者的个人资料判断其能力，而不是要求他们证明自己拥有这些能力。
- 未能遵循前后一贯的、基于证据的选拔程序。许多管理者只用 30 分钟就做出了聘用决定，另一些管理者则凭借直觉做出决定。
- 管理者未能向应聘者清楚地说明未来工作的实际内容和性质。

如何招募到优秀人才

新企业在招聘方面很容易犯错误，因为它们往往缺乏人力资源方面的专业能力，也没有经过长期使用并完善的招募机制。为了招聘到优秀的员工，创业者在组建创业团队时可以考虑以下原则：

招募最优秀的人才。优秀的创业者总是寻找最优秀的人才，愿意将比自己聪明和更有才干的人纳入创业团队，这是提高团队质量最有效的方法。

将招募提高到企业的战略地位。招募是建立高质量团队的第一步，创业者需要在招募阶段投入时间和精力，选拔正确的团队成员是最节省企业成本的方法。有远见的创业者随时都在关注市场上的优秀人才，因为这样的资源非常稀缺。小企业在招募中还必须发挥创造力，以对抗大企业的竞争，这意味着领导者必须表现出坚定的意愿和采用战略性的方法。

创业行动专题

人员招募的小窍门

从公司内部开始。现有员工队伍是最好的资源之一，内部晋升有助于保持员工士气，促进绩效提高。领导者往往对现有员工更加了解，有助于巩固企业文化。

鼓励员工推荐。许多公司向推荐候选人并得到聘用的员工提供奖金。员工推荐通常意味着员工对企业的认可，扩大了企业员工的来源。员工会希望与自己喜欢或尊敬的人一起工作，员工推荐有助于降低人员流失。

使用多种渠道进行招聘。网上招聘已经成为主流，除了专门的招聘网站外，社交圈也是发布招募信息的重要渠道。一些企业员工将工作和企业活动的视频发布到网站上，也可以起到鼓励招募的作用。

校园招聘。校园招聘适用于入门级员工的招聘，往往效率较高。校园招聘的一个特点是必须派出适当的人员，因为学生对第一印象特别重视，创业者亲自到场解释可以提高招聘的效果。

与学校等机构建立长期合作。通过向学校等机构长期提供实习机会，可以扩大新员工的来源。

招募短期工。小企业要做好准备聘用短期工或兼职员工。

建立员工价值主张。企业不仅要向员工提供有竞争力的工资和福利，还要为理想的员工到本企业来工作提供理由，也就是员工价值主张（employee value proposition）。例如，灵活的工作时间、密切的人际关系是员工愿意加入创业企业的理由之一。

工作说明与工作规范

开始招聘之前的准备工作在很大程度决定着招聘的质量。首先是**工作分析**（job analysis），也就是明确工作的性质和职责，胜任者应当具备怎样的技能和经验。工作分析的第一步是制定**工作说明**（job description），关于工作内容、职责、报告关系、工作环境、技术、方法，甚至材料与设备等的书面文件。结果导向的工作说明将清楚描述组织对员工的工作要求和绩效期望。详细的工作说明包括职位名称、工作概述、职责、上下级及公司内关系、工作环境和工作术语定义。如果没有工作说明，管理者在招聘时往往只注意自己所熟悉或喜欢的经验与技能。

工作分析的第二步是制定**工作规范**（job specification），描述工作所需要的资质和品格的书面文件，通常包括教育背景、技能和经验。工作规范帮助创业者理解应当招聘什么样的人，也为申请人提供了参考标准，它相当于理想招聘对象的“成功档案”（表 11.1 给出了华为公司招聘要求中的工作说明和工作规范的例子）。例如，假定要招募的员工是在家工作，那么对他的沟通能力、解决问题能力和工作伦理的要求就会更高。制定工作规范的方法之一是研究本公司或行业中优秀员工的品格特点（表 11.2 给出了一个工作任务与品格对照的例子）。

表 11.1

华为公司招聘要求中的工作说明和工作规范

职位 标准技术专家(标准高级工程师) 职位编码 T090605-1

职责：

1. 代表华为公司参加国内外通信标准会议。
2. 管理标准项目，制订和实施工作策略。
3. 分析国际、国内标准，跟踪国内外标准工作动态，输出标准策略建议。
4. 开发或者预开发标准，在国内外标准会议上推广公司的标准观点。
5. 运用标准工作经验支撑产品设计、预研决策。

职位要求：

1. 通信、电子或计算机类专业，熟悉前沿通信技术者重点考虑。
2. 三年以上通信产品研发工作经验。
3. 具备良好的策划能力和敏锐的技术嗅觉。
4. 精湛的技术英语听、说、读、写能力。
5. 具备良好的团队协作及协调沟通能力，责任心强，工作认真、细致，有较强的成就导向，具备良好的主动性、积极性和敬业精神。
6. 具有通信行业外资或合资企业工作经验者、具有标准化工作经验者优先考虑。

工作地点：深圳　有效期：2006-08-28 至 2008-08-31

表 11.2

工作任务与品格特点之间的关联

工作任务	品格特点
制造销售机会和促成销售	外向，沟通能力，待人友善，有说服力
每周完成 15 次陌生拜访	自我驱动，坚定，乐观，独立，自信
分析顾客需求、推荐合适产品	倾听能力，直觉，耐心，同理心
向顾客提供产品功能和组合选择	有条理，出色的演讲技能，以顾客为导向
准备和解释财务数据，谈判财务协议	诚信，数字导向，擅长与数字打交道，理解基本的财务工作
保留现有顾客	擅长建立关系，以顾客为中心

阅读简历和核对推荐人。许多管理者对简历重视不够，他们阅读一份简历的时间可能不足一分钟，匆忙会导致决策质量下降。核对简历中记载的推荐人也是一个容易被忽视的流程，认真对待这一环节有助于保护企业和顾客。除了联系申请人提供的推荐人，创业者还应当尽可能联系其他对申请人工作绩效、习惯和品格比较了解的外部人士核对简历信息。

面试

在准备好工作说明和工作规范后，企业可以开始安排面试。面试中的一个常见错误是管理者准备不足，特别是对申请人资质和工作适合性了解不够。在面试过程中，面试官的谈话通常不应当超过 25%，而将 75% 的谈话时间交给申请人（表 11.3 列出了一些面试中问题的例子）。

表 11.3

招聘销售代表面试问题例子

品格特征	问 题
外向，待人友善，有说服力，自我驱动，乐观，独立，自信	如何劝说不情愿的潜在顾客购买？请给出一个例子。
倾听能力，直觉，耐心，同理心，有条理，出色的演讲技能，以顾客为导向	如果你的同事，另一位销售代表的顾客拒绝率比其他人更高并且更难与顾客约定见面的话，你会给她怎样的建议？
诚信，擅长建立关系，以顾客为中心	如果有人质疑你讲的是否真实，你会有怎样的感受？请给出一个例子说明你在这样情况下会怎样做。

面试的实施。面试的第一步是破冰，为申请人创造出轻松自然的环境。第二步是提问，提问要使用准备好的题目以保持一致性。在这一阶段，面试官的主要任务是倾听和记录，根据申请人的回答提出进一步的问题，还要观察申请人的非言语性表现（身体语言）。面试时可以使用**情境化面试**（situational interview）的方法，给出一个工作中可能遇到的问题，请申请人提出解决方案，例如如何应对一位愤怒的顾客，或在道德两难情况下如何决策。

创业行动专题

提高面试效果的小窍门

- 邀请其他人参加面试，特别是那些未来可能与申请人共同工作的员工。他们往往可以提供不同角度的观察。
- 准备一系列核心问题，在面试每位申请人时使用相同的问题。相同的问题可以保证面试过程的一致性，同时也不排斥针对申请人个人的具体问题。
- 询问开放性问题。避免答案为简单的“是”或“否”的问题，鼓励申请人谈论他们过去的工作过程和结果，从中观察申请人是否具备企业所期望的经验或品格。例如，有时询问一个人的爱好可以发现重要的品格特点。
- 提出假设的情境。在面试中可以提出与工作相关的假设情境，通过申请者的回答了解他的工作习惯与态度。
- 询问申请人过去工作中有哪些能够证明其能力与品格特点的例子。在做招募决定时，一个常见的错误是未能从申请人本人的谈话中获得足够的信息。
- 了解申请人近期在工作上的成功与挫折。申请人从失败中所学到的可能同样重要。
- 设置非正式的面试氛围。观察申请人在非正式场合下的行为表现，例如引导申请人参观办公室，或在公共空间（茶水间）中与员工相处，让其他人也有机会观察。例如，有时行政人员会敏感地发现申请人的人际交往特点。

近年来，许多公司还采用**同事面试**（peer-to-peer）的方法。申请人逐一与未来将一起工作的同事见面，交谈公司与工作事宜，这些员工再将他们的看法反馈给公司。创业企业规模通常不大，同事间能否和谐相处非常重要，那些不能通过同事面试的申请人很可能无法在组织中顺利工作。当然，这一过程也让申请人有机会对企业文化有更多的了解。参加同事面试的员工应当事先进行培训，面试交谈应当以工作为中心。

向申请人介绍公司。面试也是激发申请人对未来工作热情的重要机会。面试官应当鼓励申请人提出与工作有关的问题，利用这一机会解释未来工作的价值。优秀的申请人往往还有其他工作机会，创业者应当让申请人在完成面试后渴望到公司来工作。当然，一定要感谢申请人考虑这个工作并且说明下一步的情况，例如做出录用决定的时间和通知方式。

背景核查。对于陌生的申请人，背景核查包括犯罪记录、驾照记录等，企业往往因为没有时间或节省费用而忽略背景核查，这有可能给企业带来重大损失。对社交媒体账号进行搜索也可以获得许多有用的背景信息。

11.3 有效沟通

有效沟通是公司运营的生命线，它能够加强公司的愿景，建立起公司与员工间的情感联系，促进流程改进，鼓励变革，还可能通过改变员工行为提高公司绩效。创业者的重要角色之一是在企业中传播价值观、信念和原则。创业者还应当帮助员工理解他们角色的重要性，以及他们的工作如何为企业的整体成功做出贡献。有效的沟通能够提升企业绩效，还可以增加员工参与和减少员工流失。

改进沟通

创业者的首要任务是向企业中的每一位成员传达企业的愿景，授权员工在企业文化的框架内做出决策以实现愿景。有调查发现，领导者工作时间中有80%涉及某种形式的沟通。创业者在沟通中不仅要发送信息，还包括与内部与外部的各种人士交换意见。创业者应当在组织内部鼓励各个层面和各个部门间的活跃交流，从提供话题到引导讨论都是他的工作。

有效沟通的障碍。创业者最不喜欢的情况就是要求员工做某事，结果却没有任何反应。在这种情况下，创业者常常会怪罪员工激励不足或缺乏工作伦理，但实际的情况也许是沟通上的问题。在绝大多数情况下，员工之所以没有像领导者所期待的那样做，既不是因为激励不足也不代表他不愿意努力工作，而是因为以下的原因：

- 他们不知道应当做什么。
- 他们不知道应当怎样做。
- 他们没有权力做。
- 他们没有接到反馈，不知道做得好还是不好。
- 他们做了，但没有任何反应，甚至受到了惩罚。
- 他们意识到，不论自己做得如何，都不会有人关心。

导致上述所有这一切的原因，是创业者与员工之间的沟通困难。创业者必须克服的沟通障碍包括：

- 管理者与员工不能无拘束地谈话。例如，不论是大公司还是小公司，CEO 和高管通常都无法从员工那里听到导致问题和糟糕绩效的真实原因。下属都不愿意自己成为给上级带来坏消息的那个人。如此日复一日，这家企业的向上沟通就会陷入窒息。
- 沟通中意义传达模棱两可。现代企业中员工背景差异很大，同样的语句对于不同的人可能有着完全不同的含义。例如，创业者要求员工尽可能早点处理好某位顾客的问题。在他看来，员工应当立即处理，当天完成。然而员工也许认为自己还有其他任务，在本周内完成就可以了。
- 信息过载导致意义流失。来自微信、电子邮件、电话、面对面沟通和其他各类渠道的信息蜂拥而来，员工陷入信息轰炸。在这种情况下，员工忽略某些指令是完全有可能的。
- 在沟通过程中发生了选择性倾听。人们只愿意听自己想听的，结果可能导致沟通紊乱。
- 防卫机制的阻碍。在面对批评和对抗性信息时，人们本能地选择防卫性的姿态，对信息行批判、否定和歪曲以保护自尊。
- 身体语言与言语表现不一致，令信息接受者误解。身体语言是指信息发布者的仪态、姿势、面部表情等。如果身体语言与言语不一致，信息接收者会陷入困惑，通常他们会相信身体语言。

克服沟通障碍。创业者可以考虑采用以下方法克服沟通中的障碍：

- 在发布前进一步澄清信息内容与意图。仔细思考你希望对方获得怎样的信息，理解并采取行动，尽可能更清楚、更简洁。
- 尽可能使用面对面沟通。面对面沟通能够得到即时的反馈，从而减少误解。
- 运用同理心。站在接收者角度思考对方会如何看待这一信息。
- 照顾你的听众。对投资人使用的语言和风格与内部员工沟通应当是不一样的。
- 组织好所要传递的信息。提供必要的背景资料，让接收者能够轻松地理解。
- 鼓励反馈。优秀的领导者总是不断鼓励员工随时反馈，以确定沟通的信息得到正确的理解。英特尔经常举办跨级会议，让员工与高两个级别的管理者对话。

- 在办公室以外的地方沟通。当管理者走出办公室，到员工工作的地方进行沟通，他们更有可能进行有意义的交谈。
- 说出真相。说谎是摧毁领导者信用最有效的手段。
- 不要犹豫是否应当向员工报告公司的业务、绩效和影响公司经营的因素。创业者往往假定员工不会关注这些细节。事实是，员工关心自己受雇工作的企业，他们想要知道企业的方向和计划。

倾听

在讨论沟通话题时，倾听并不占有突出的地位，然而倾听是沟通过程最基本的要素。创业者必须倾听在一线与顾客直接接触的员工，他们最了解顾客的需要。为顾客提供服务的员工是公司日常活动中的专家，他们最接近问题，也最接近机会。能否成功地倾听他们的声音，在很大程度上决定着公司的成功与成长。很多时候，员工人一开始就知道某个项目注定会失败，然而他们缺少发出声音的渠道。另一方面，一线员工也是创新和创造性解决方案的供应者。通过有效的倾听，创业者可以支持员工抓住他们所发现的机会并采取行动。

希望提高倾听能力的创业者可以关注有效倾听的四个要素：

- 讲述者的意图是什么
- 有哪些细节可以支持讲述者的意图
- 从讲述者的谈话中可以得到怎样的结论
- 讲述者身体语言和声音中是否传达了其他隐含的意思

组织中的非正式沟通：传言

不论沟通信息技术有了多么大的进步，传言（grapevine）作为组织内部的非正式沟通将仍然是最重要的沟通形式之一。更值得注意的是，不管领导者做出多大的努力，任何组织都不可能消除传言。传言往往包含有关组织的关键信息，其可信性比看上去更高。传言在组织中扩散的速度很快，沟通效率高。当组织中正式信息发布不足时，传言就会蓬勃发展起来。很多时候，员工都是先通过传言获得公司即将发生的重大变化，然后才从正式的沟通渠道得到确认。组织中的高管往往认为自己能够很好地控制信息，而意识不到传言这种非正式沟通的效率。事实上，即时通信工具如微信、微博等对传言起到了促进的作用。

精明的创业者理解员工对传言的需要反映了他们渴望获得有价值的信息。善于利用传言的创业者可以通过这种形式获得即时的反馈，而不必通过正式的发布程序。当管理层将自己纳入传言网络，他们很可能得到非常多的非正式的（因此也往往更加真实的）反馈意见。务实的领导者承认传言存在的合理性，并且利用这一网络发布和接收信息。透明是消除传言消极影响的最好处方。

11.4 员工激励

激励（motivation）是员工为完成任务所投入的努力程度，它表现为员工对工作的热情。在创业企业的管理中，一项特别困难的挑战就是如何激励员工实现更高的绩效。我们经常会看到这样的情景，有些员工颇有才华，然而激励不足，不愿意为提高绩效做出额外的努力。本节将讨论四个主要的激励主题：授权、奖励、报酬以及反馈。

授权

授权是一个基本的激励手段。**授权**（empowerment）是指向组织中各个层级的员工授予充分的权力、自由和责任，让他们拥有控制工作、制定决策和采取行动以实现公司目标的权力。得到充分授权的员工表现出更高的激励水平和主动性，授权还会影响员工的自信和遭遇挫折后的韧性。得到授权的员工能够承担起做出决策的责任，愿意将决策付诸实施，他们为自己所做的事而感到振奋，更有可能实现管理者与员工双方共同制定的目标。授权是前面所讨论的自我管理团队的重要补充。

有效授权的前提是，组织相信员工在工作中带来了具有极大潜力的才干、技能、知识和能力。员工们愿意甚至渴望将这些有价值的资源投入到工作中。只不过在许多企业里，压迫性的管理风格和设计不佳的工作安排窒息了员工的热情，损害了员工的激励。明智的创业者不仅认识到员工身上所具备的能力，还能够采取措施帮助员工发展这些能力，让员工拥有使用这些能力的自由与权力。能够与员工分享信息、责任、权力的创业者有机会将自己的（以及企业的）成功放大很多倍。

有效授权不仅能够给企业带来改变，同样也会给员工带来改变。向员工充分授权的企业能够实现生产力的提高，品质和顾客满意度的改善，士气更高，员工激励水平提升。得到授权的员工有机会参与多种不同的工作，更能体验到工作的乐趣和挑战。授权让员工能够尽可能地发挥自己的创造力、想象力、知识和技能。

当然，不是所有的员工都欢迎授权。有些员工还可能抵抗授权，他们更喜欢任务明确的工作，不愿意在 8 小时外做更多的贡献。开展员工授权的组织因此可能会流失部分员工，这些员工不愿意也做不到自己承担决策的责任。大多数员工会欢迎授权并且通过授权实现成长，其中有些员工会在授权的过程中脱颖而出，为企业带来惊喜。创业者在授权过程中可以考虑以下原则：

- 有信心将员工能够承担的责任和运用的权力全部授予。也许开始时限于完成简单任务所需要的授权，当员工能力和信心增加后，他们会乐于承担更多的责任。
- 扮演教练和支持者的角色。授权之后，创业者应当尝试摆脱决策责任，让员工有决策和施展的空间。
- 承认授权后员工犯错误的可能。最不可取的就是惩罚因为勇于承担责任而犯错的员工，所有人都会因此认识到冒风险是不值得的，这对企业的创新能力将是重大的打击。
- 培训员工不断提升技能。授权对员工能力提出了更高的要求，企业应当向员工提供培训支持，特别是解决问题、沟通、团队协作和技术技能。
- 倾听员工的想法、建议和方案。得到授权的员工是各自工作中的专家，他们往往有许多深刻的见解和创新的设想，创业者的任务是鼓励他们表达这些新的思想。当企业在决策中吸收这些想法之后，员工对企业的参与程度将得到提高，他们更愿意帮助经理和同事解决问题，更加主动，更愿意在工作之外帮助企业并且更乐意提供新的建议。
- 认可员工的贡献。对员工的积极表现做出认可和感谢是创业者最重要的任务。员工认可应当满足频繁、具体和及时三大要求，认可的形式可以是金钱奖励或精神鼓励以及两者的结合。只有充分的奖励才能保证组织得到来自员工的持续的想法、建议和方案。
- 与员工分享信息。信息即权力，成功的创业者努力保证员工拥有决策所需要的信息。公司管理中的信息透明有助于员工理解提高生产力、改进质量、降低成本和提高顾客满意度的紧迫性。

奖励与报酬

奖励（rewards）可以分为内部奖励和外部奖励。**内部奖励**是员工从工作本身所获得的满足，例如成就感和智力运用所带来的愉悦。**外部奖励**是基于员工行为结果和绩效的奖励，主要表现为来自企业的报酬、福利和奖金等。企业通常会设计许多外部奖励的方法来激励员工，重要的是按照员工的需要和特点来设计奖励系统。有效的奖励系统能够发掘出那些对于员工特别重要的因素。创业者应当花力气找出哪些因素能够让员工“进入燃点”，围绕这些燃点设计奖励制度。

有些研究表明，比起定期的现金奖金，小额、频繁的奖励更加有效。在这一意义上，小企业同样可以做到有效的外部奖励。根据持续强化理论，公司中绝大多数员工每年至少应当有一次奖励。此外，每周都应当设法奖励公司中5%的员工。这些奖励不仅指物质上的奖励，也包括来自领导人的鼓励，例如感谢信和祝贺信。

影响企业奖励制度的另一项因素是战略。当企业发生战略改变时，奖励制度也必须随之变革以支持战略。例如，百度在2015年宣布员工奖励方案，获得最高奖励的员工奖金为其 50 个月工资。这样高的奖励幅度引起广泛的议论，在奖励决定的背后则是百度对于通过技术投入和创新赢得竞争优势的企业战略。联想集团 CEO 杨元庆连续两年将自己获得的 2000 万元奖金用于奖励基层员工，希望通过分享奖金的行为激励员工为联想争夺 PC 市场第一名的竞争做出贡献。

金钱报酬是最常见的奖励形式，现金奖励在一定阶段非常有效，但其持续性通常不是很长。许多企业采用**基于绩效的奖励制度**（pay for performance），员工所获得的报酬取决于他们在工作中的实际表现。这种奖励制度试图将员工收入与生产力联系起来，生产力越高，收入越多。在公司层面上，创业者的任务是将所有员工的收入与整个公司的绩效水平联系起来，从而员工努力的方向与公司的目标能够有效结合。基于绩效的奖励制度的一个特殊方法是员工利润分享计划，公司事先确定将利润的一定比例用于奖励员工。

基于绩效的奖励制度成功的前提，是员工能够清楚地看到自己的努力与奖励之间的联系。在创业企业中，员工人数较少，通常能够直接观察到他们的工作对公司利润和市场成功的贡献，有时甚至每天都可以看出企业的进步，这是小企业与大企业相比的一个优势。不论是大企业还是小企业，基于绩效的奖励制度的成功都需要遵循以下原则：

- 真正以绩效为基础。奖励的内容必须是清楚的，而作为奖励前提的目标与员工的绩效有密切的联系。
- 相关。奖励制度的设计必须保证员工能够清楚他们的日常工作与奖励之间的关系，无论他们的是工作是销售、生产、研发或是其他任务。
- 简单。奖励系统应当是简单的，员工能够理解并且信服。复杂的系统往往会带来迷惑，损害了奖励的效果。
- 公平。必须让员工感受到奖励是公平的，否则可能产生破坏激励的作用。
- 包容。在奖励系统中的设计中运用创造力，让所有的员工而不只是一小部分员工获得奖励。
- 及时。奖励要及时，年度奖励往往缺乏及时性。奖励的时效性越强，所奖励的行为越有可能得到强化。

成功的创业者不会单纯依赖金钱作为奖励，非财务性奖励同样能够有效地激励员工。在小企业里，员工间的工作关系较为密切，创业者的及时反馈本身就是重要的奖励。最有意义的奖励往往也是最简单的奖励，例如表扬、认可、尊重、反馈和晋升。有效的奖励可以不必是昂贵的，但应当是有创意的，并且与员工绩效直接相联。一家企业的高管在员工超额完成任务后为员工洗车，另一家零售服务企业评选当日优秀员工，累积 8 次优秀员工就可以获得一天休假。

当员工完成一件超出预期的工作时，创业者应当是第一个向他表示祝贺的人。这不仅对于受到表扬的员工很重要，也向其他员工发出积极的信号。相反，未能对员工和他们的成就表示及时认可则是破坏高绩效的罪魁祸首。这表明创业者实际上并不在乎员工的额外努力，或者无法分辨好的工作表现与平庸的表现。无论哪种情况，领导者的不作为都会摧毁员工追求卓越的热情。

在设计奖励系统时，还必须将奖励的内容与员工的兴趣和口味匹配起来。有些员工可能喜欢运动，有些喜欢文艺。企业对员工的爱好了解越多，越有可能设计出更符合员工个人口味的奖励。

随着整体收入水平的提高，未来的员工奖励将更加突出非财务性奖励。创业者的任务是努力在企业中营造出一种激励性的工作氛围，让员工乐于在企业工作并获得自豪感。企业应当让员工享受自己的工作并且感受到工作的挑战、兴奋和奖励。在这种氛围中，员工更有可能像企业所有者那样工作。非财务性奖励能够让员工认识到自己工作的重要性以及来自企业的对于卓越绩效的关注、欣赏和认可。

绩效反馈

创业者不仅要关注员工的工作绩效，更重要的是确保员工努力的方向符合公司目标。在员工努力的过程中不断提供反馈是一种有效的激励方法。为了加强公司愿景与实际运营之间的联系，创业应当建立起一套具体的绩效衡量指标，能够定期进行评估。对于组织绩效中的每一个关键方面，例如质量、财务绩效、市场地位、生产力、员工发展，创业者必须制定具体的衡量指标，使得企业的日常运营责任与企业的战略方向保持一致，将短期运营活动与长期战略目标结合起来。在绝大多数组织中，管理层考核什么，他们也就会得到什么。这些衡量指标建立了评价员工绩效和组织成就的标准。

提供反馈本身也有象征意义，它至少说明创业者心中有着意义明确的目标，因此对于企业、创业团队和员工应当达到的绩效标准十分清楚。成功的创业者不仅向员工提出要求，他们还会给自己设定挑战性的目标。通过不断设定新的、看来似乎难于实现的目标，创业者推动企业和员工共同成长。作为激励工具的反馈应当遵循一定的程序，图 11.3 描述了有效反馈回路。

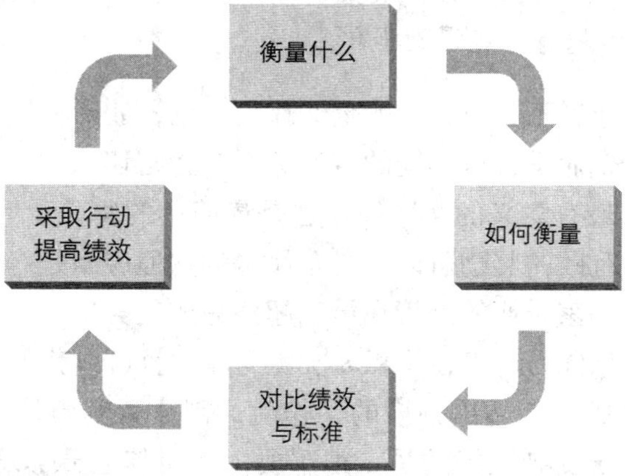

图 11.3 有效反馈的回路

衡量什么。有效反馈的第一步是决定企业希望衡量的是什么。企业通常会制定一系列的指标，完成这些指标对于企业的成功至关重要。创业者在经营过程中会专注于“关键数据”，这些关键数据通常包括销售额、利润、利润率、现金流等财务指标。不过，在这些指标的背后，则是更多的日常经营指标。它们决定着财务指标的表现，这些才是企业真正的关键数据。创业者的任务则是找出这些关键指标是什么。

如何衡量。创业者在确定了关键数据之后，还必须解决如何衡量这些数据的问题。有些时候，所要衡量的关键数据决定了衡量的方式，收集和分析数据的任务并不复杂。而在另一些时候，衡量对象可能是无形的，难于定量化。例如，企业可能认为社区的支持和合作是关键指标，但这些指标并不是显而易见的。为此，企业需要邀请社区代表、一线员工等各方面的利益代表讨论相应的指标设计方法，防止随意确定的指标未能衡量真实情况所带来的误导。有些企业认为员工满意度很重要，设计了“快乐指数”来定期衡量这种相对抽象的概念。

对比绩效与标准。经过一段时间的实际运营，企业需要根据事先确定的日期和标准判断绩效的变化。其结果可能是超越标准、符合标准或低于标准。如果低于标准，就意味着企业应当采取措施改进。创业者应当关注低于标准的绩效，发现低绩效的原因。其目的不是找出谁应当为此承担责任，而是找出导致低绩效的组织原因并设法提高。绩效水平持续超过标准也是值得关注的现象，也许是因为设定方法不合理，使得绩效标准过低。另一种可能则是企业有待于发现正在形成中的一种新的竞争力。当捷豹发现一款新产品应用“清理大师”APP 的海外下载量急剧上升时，它意识到了一个新市场机会。

采取行动提高绩效。当创业者与员工发现绩效“缺口”之后，接下来的挑战是制定行动计划并实施行动以提高绩效。通常情况下，总会有一些可供选择的方案，关键是找出能够快速、有效解决问题的方案。

绩效评估

绩效评估（performance appraisal）是将员工的实际绩效与期望绩效标准进行对比的评估过程，是企业向员工提供反馈的最常见形式。在绝大多数情况下，绩效评估是为了达成以下三个目标：

- 让员工知道企业对自己绩效水平的看法，这是激励员工的重要手段。
- 创业者和员工有机会讨论如何发展员工的技能，改进绩效。
- 作为加薪、奖金和晋升的依据。

绩效评估的首要用途是鼓励和帮助员工提高绩效。然而，许多创业者并不了解绩效评估的成功规则。在绩效评估过程中，经常会发生令人不愉快的争执。其结果是，非但没有激发，反而破坏了员工的热情，让管理者陷入困扰，损害了组织内部的信任和士气。在一些企业中，绩效评估甚至是经理们最不愿意从事的一项工作。在绩效评估中，常见的抱怨包括目标和标准不清晰，管理者对员工的绩效并不真正了解，管理者对绩效评估准备不足。诚意不足或诚信不足，以及管理层在描述绩效时使用了模棱两可、含混的用语。

人们经常批评绩效评估的周期太长，通常一年只有一次。这意味着员工无法得到及时的绩效反馈，而日常的反馈可能更加公正。最不可取的作法是收集员工的负面信息，然后利用绩效评估的机会一次性告诉员工。告诉员工他在6个月前所做的一件错事导致公司流失了一位重要顾客，真的有必要吗？这样做的结果只是让员工灰心丧气甚至产生对抗心理，但对于提高激励却没有任何好处，也不大

创业行动专题

评估中的注意事项

有效的绩效评估需要创业者事先做好充分的准备。以下列出了绩效评估准备时的一些注意事项。

- 建立起有意义、可衡量和结果导向的绩效标准。标准应当列出清晰的行为要求，而不是对品格和特点的描述。哪些行为才能称为绩效？绩效标准还应当是可衡量的，例如顾客满意指标、按时发货的百分比等，而不是主观标准，如领导潜力、主动性、解决问题的能力等。
- 事先列出打算在绩效评估中讨论的要点，包括员工的优点和弱点，以及讨论帮助员工提高绩效的计划。
- 请员工根据绩效标准自我评估。有些企业让员工对照标准给自己计分（例如在多个行为维度上按1～5计分），然后与管理者讨论他的分数与上级分数的差异。
- 评估应当是具体的。许多员工抱怨，管理者的评论过于一般化，没有提供任何价值。管理者应当明确说明哪些行为是组织期望的，而哪些是不期望的。
- 记录员工的关键行为，包括正面的或负面的。工作记录是来自管理者的直接观察，能够提供有说服力的支持。
- 讨论员工的优点与弱点。避免列举员工过去一年的错误，而将绩效评估作为认可员工优点、努力和成就的机会，明确表达对于员工努力工作和成绩的欣赏，同时制定计划帮助员工发展。
- 将目标结合到评估中。绩效标准中最好能够结合员工所认可的组织目标。
- 保持评估过程中的建设性。评估不应当是让员工感到痛苦的过程，不要渲染以往的失败。评估的目的是找出可以改进的具体方面，帮助员工建立有意义的新目标并且制定实现目标的战略。
- 专注于行为、行动和结果。如果偏离这些有形的结果而讨论能力、态度等主观印象，评估过程就可能转变为对抗性的，无法实现预定的目标。
- 避免意外。绩效评估的内容对于员工应当不是意外，员工的不当行为应当在发生时予以纠正，而不是等到绩效评估时再来议论。
- 面向未来。在绩效评估中，有经验的管理者会将20%的时间用来讨论以往的绩效，80%的时间用来讨论未来的目标和计划。

可能提高未来的员工绩效。年度绩效评估的作用相当于一年中偶尔疯狂锻炼一两次，却希望能够借此保持身体强健。

缺乏持续评估相当于让员工在黑暗中摸索。管理者应当在问题发生时给予员工反馈，而不是将这些问题记下来等到年终再来讨论。在工作进行过程中所提供的持续反馈，不论是正面的还是负面的，对于员工提高绩效都会更有帮助，最终提高员工的绩效和水平。

有些企业让员工相互评估，称为员工互评。也有的企业让员工评估自己的上级，称为向上评估。这些技术统称为**360 度评估**（360-degree feedback）。员工互评的合理性在于，一起工作的员工最了解自己同事的工作绩效。此外，他们的观察还可以补充管理者在评估中所忽视的行为。员工互评的缺点是可能引发预期不到的矛盾，或者让平庸的老好人获利，还有的员工不愿意在评估中说出评价他人的真心话。向上评价同样会产生这类问题，包括人身攻击。

有效的绩效评估应当是诚实、清楚和有尊严的。创业者在企业成长的过程中需要发展出有效的反馈技能，同时通过授权帮助员工实现个人发展。

本章小结

1. 领导是影响和激励他人努力实现共同目标的过程。有效的领导者应当具备创新能力、事业激情、承担风险和适应能力。

2. 企业文化是一组成员共享的价值观，企业文化能够为企业带来竞争优势。

3. 自我管理的工作团队是来自企业中不同职能部门的员工所组成的、拥有共同目标的工作群体。

4. 优秀的创业者总是寻找最优秀的人才，将招募提高到企业的战略地位。

5. 员工招募始于工作分析，包括工作说明和工作规范。

6. 有效的沟通能够提升企业绩效，创业者必须克服企业中阻碍沟通的障碍。

7. 激励是员工为完成任务所投入的努力程度。激励的主要方法是授权、奖励与报酬以及反馈。

8. 许多企业采用基于绩效的奖励制度，将员工收入与生产力联系起来，

9. 绩效评估是将员工的实际绩效与期望绩效标准进行对比的评估过程。绩效评估的目的是提供反馈、计划改进和作为奖励的依据。

关键概念

领导　企业文化　自我管理的团队　工作说明　工作规范　情境化面试　同事面试　有效沟通　传言　激励　授权　奖励　基于绩效的奖励制度　绩效反馈　绩效评估　360 度评估

批判性思考与讨论题

1. 什么是领导？领导与管理的区别有哪些？

2. 有效的领导表现出哪些行为？

3. 为什么创业企业的员工招募特别重要？创业者如何避免招募错误？

4. 什么是工作说明？什么是工作规范？它们在招募过程中的作用如何？

5. 列出有效面试的步骤。

6. 除了传统面试方法，还可以采用哪些方法？

7. 什么是企业文化？企业文化对于企业成功有何意义？企业成长对企业文化可能有怎样的影响？

8. 企业在转向团队管理的过程中可能会犯哪些错误？如何避免这些错误？

9. 团队形成过程中会经过哪些阶段？

10. 什么是授权？授权对员工有哪些益处？对企业有哪些益处？

11. 创业者应当如何进行有效的授权？

12. 金钱是最有效的激励工具吗？解释基于绩效的奖励制度的原理。

13. 创业企业还可以采用哪些激励工具？它们的有效程度如何？

14. 一家出售环境友好产品的零售企业认为企业社会责任是它的“关键指标”，帮助这家企业设计衡量其成功的“社会责任指数”。

15. 什么是绩效评估？绩效评估主要步骤有哪些？

16. 绩效评估中的常见错误有哪些？如何避免这些错误？

报告与分享练习：领导、招募、激励与绩效

以小组为单位，找出一个感兴趣的创业企业，从公司公开信息（如网站、年报）和媒体报道中查找资料，回答以下问题并向全班报告你们的发现：

1. 从企业创始人所做的工作来看，哪些属于管理者，哪些属于领导者？

2. 这家企业对自己的文化是如何描述的？他们又是如何管理文化的？

3. 简述企业的人才结构，包括比例与来源。

4. 这家企业的员工招募中有怎样的特点？

5. 描述企业创始人的沟通风格。

6. 企业采用了哪些方法对员工进行奖励？

7. 简要介绍企业的绩效评估体系。

结尾案例

Uber 备受争议的企业文化

Uber 是一家在线叫车服务公司，在 70 个国家和地区运营，估值 700 亿美元。这家公司的企业文化特别注重绩效导向，入职员工要签署一份共有 14 条的公司价值观，其中包括“精英主义”、行动优先、“有原则的对抗”等。Uber 鼓励员工通过努力和成就获得晋升，

哪怕为此得罪同事也在所不惜。

在员工入职培训中，Uber 曾经出过一个题目。如果竞争对手将在 4 周内推出拼车服务，Uber 在此之前来不及发布一款功能可靠的服务，这种情况下 Uber 应当怎样做？正确的答案（也是 Uber 实际做的）是将不完美的服务先上线，在市场上与对手正面竞争。而等待产品完善后再上市的做法则并非行动优先的“Uber 之道”。[1] 一位接受培训的员工决定放弃，他不想加入“推出不可靠产品只为领先竞争对手”的公司。

Uber 的业务是对传统出租车行业的颠覆，这意味着在经营中往往与许多现有利益主体产生矛盾，包括出租车公司、司机，也包括市政管理部门。Uber 采取了好战的业务拓展方式，蔑视当地法律，抨击竞争对手，来达到快速扩张的目的。可以说，Uber 成长的历史就是与各种市场力量斗争的历史。不过，这样的文化也导致了内部的冲突，员工往往援引公司价值观为自己的自利行为辩护。公司对绩效突出的员工表现过于迁就，对员工不当行为的投诉处理不及时。

一位求职者在面试时提到自己对公司文化的担心，Uber 的面试官给了他肯定的答复。“我们的文化的确很强势，我们不在乎踩着别人上升，这是实现绩效的好办法。”这名求职者撤回了申请，“为了绩效就有理由容忍混蛋行为，我不喜欢在那样的环境中工作。”

2017 年 2 月，一名离职工程师 Susan Fowler 发表博客，曝光了她在公司工作时的经历。她详细介绍了曾遭受主管歧视和性骚扰，向公司人力资源部举报却遭到忽视。人力资源部门经常为绩效突出员工的不当行为寻找借口，因为他们有能力提高企业的业绩。有时候被多次投诉的主管会调动到其他地区工作，但是解雇并不常见。“尽管性骚扰证据确凿，但人力资源部门和管理层的措施却只是警告而已。”

Fowler 提到了公司内部的激烈竞争，似乎每个经理都在和同事竞争。他们试图取代直系上司，从而接替上司的工作。这些经理并没有隐藏他们的所作所为，甚至在会议上吹嘘，把这些告诉自己的直属下属。Fowler 还直接指控公司上层对这种情况负有责任。

Uber 公司高级副总裁 Emil Michael 曾经表示，公司打算花费 100 万美元招募一群“反对派研究员”，挖掘曾经批评过 Uber 的记者的私生活。创始人卡拉尼克为 Michael 辩护，相信他会从错误中吸取教训，并且在后来的年会中将 Michael 作为公司 14 项价值观的代表介绍给全体员工。

Uber 还卷入多起争议事件。在美国，Uber 被批评夸大专车司机的安全背景审查，欺骗消费者；在招募过程中，夸大未来的潜在收入，导致购买车辆加盟的司机受损失。此外，Uber 还和多地监管部门发生纠纷。监管人员指责专车司机未取得牌照随意营业，且未购买保险，给乘客造成风险等。对公司打击最大的是来自谷歌的诉讼，后者指控 Uber 窃取自动驾驶技术。

对当前的企业文化，公司高层也发出了不同的声音。2017 年 3 月，总裁 Jeff Jones 任职不到一年即提出辞职，“我现在仍然不确定引导我职业生涯的对于领导力的信仰和方式是否与我在 Uber 的所见和所

---

[1] https://www.theguardian.com/technology/2017/mar/07/uber-work-culture-travis-kalanick-susan-fowler-controversy.

经历的不一致。”[1] 为了平息争议，Uber请来美国前司法部长对公司进行内部调查，开除了20多名违反规定或行为不当的员工。2017年6月21日，创始人卡拉尼克宣布辞去CEO职务。

讨论题：

1. Uber创始人卡拉尼克对于企业文化负有怎样的责任?

2. 特别注重绩效的企业都会出现同样的情况吗？为什么?

3. Uber公司文化的变革应当涉及哪些方面?

开篇案例讨论题

1. 请描述自我管理对企业的利益。

2. 请描述什么样的员工更有可能愿意在晨星工作。

3. 请列出自我管理可能的一些弊端。

有兴趣了解CLOU的同学，可以扫描下面的二维码下载CLOU的英文样本。

[1] http://m.yicai.com/news/5250028.html.

创　业　管　理

第 12 章

营销战略

最不满意的顾客是你最好的学习对象。

——比尔·盖茨

我知道广告费有一半被浪费了，但不知道是哪一半。

——J. 沃纳梅克

本章学习目标

- 市场的选择
- 营销的 4P
- 品牌要素和品牌的建立
- 人员销售的管理

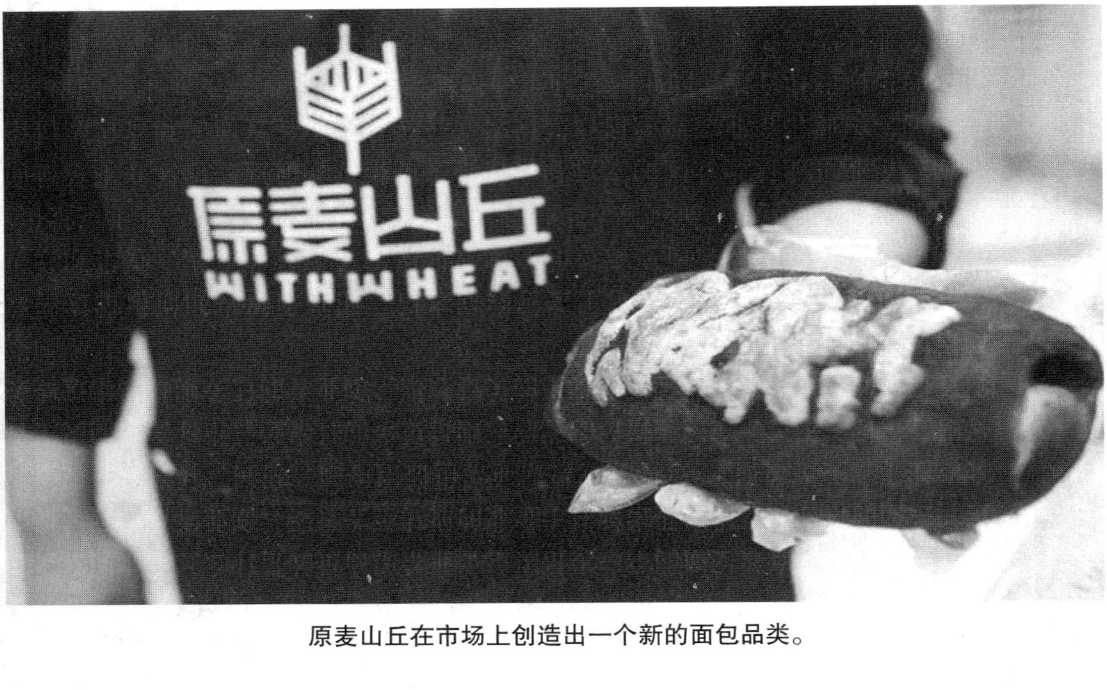

原麦山丘在市场上创造出一个新的面包品类。

开篇案例

原麦山丘：只做面包一个品类

原麦山丘创始人梁庭铨发现，中国市场上现有的面包基本是用日式甜面团研发出来的。日式面包高糖高油高热量，另一方面，大而硬的欧式面包更健康，却不符合中国人的口味习惯。原麦山丘希望抓住这个市场机会，让烘焙业有一个改变。

原麦山丘最终选择了软欧包。软欧包拥有欧式面包的外观和麦香，但口感软嫩弹牙。相比于日式面包，软欧包少糖少油，但也不同于内里只有面粉的欧式面包，而是加入了凤梨、乳酪、麻薯、抹茶这些让口感和味道更贴近“中国胃”的馅料。主厨林育玮解释，原麦山丘给希望吃起来健康、没有负担，又追求口味和口感的消费者提供新的选择和体验。梁庭铨说，低糖、低油、低盐的面包可不像炒菜时少放点糖油盐那么简单，发酵和烘焙面包的工艺和技术全都改变了。这也是原麦山丘形成的一个高门槛。

原麦山丘不断推出新品，三个月一次。每一次出新品，主厨都会准备6款面包，每一款面包可能都做了1～3种微调整，不同的形状、不同的表皮颜色、不同品种的原料。这6款面包要经历至少7次的内部封测会。每一款面包都会经历两轮的投票，一轮看外观是否吸引顾客，另一轮看口味是否吸引顾客。内部封测会之后，原麦山丘会邀请评论人、美食专家、媒体人、忠诚顾客来参加新品品鉴会，从6款面包中投票最终选出3款。此外，还会提前一周进行大量的店内试吃，收集顾客的反馈。推出3款新品后，一定会淘汰3款旧的面包。梁庭铨认为，原麦山丘面包的竞争力是在那些还没有开发出来的面包上。

2013年10月，原麦山丘第一家门店开业，地址在中关村，一个媒体和营销传播非常快的地方。开业之前3个月，公司派出试吃的团队到附近所有的办公室里面进行试吃。全部免费，同时派发免费咖啡券。

原麦山丘的店面请了日本建筑设计师专门设计。与一般面包店尽量将面包铺满空间的做法相异，原麦山丘整个店只在中央摆一个岛型玻璃柜。低矮的大玻璃柜十分抢眼，引导人们将消费活动聚焦在它的周围。橘黄色的灯光聚焦在玻璃柜里木制货架上的大颗面包上，色泽光亮，像商场里的时尚精品那样吸引顾客眼球、刺激购买欲望。把台湾的服务理念带到店里来，为每个顾客主动提供贴心的面包分切服务。

原麦山丘放弃了烘焙行业每到晚上就开始促销和打折的惯例，提供大量免费试吃和舒服的环境，消费者可以像逛精品店一样地挑选面包。每个门店都有试吃的KPI，让顾客能享受到大分量的、品类丰富的试吃。

在谈到店面设计和购买体验时，梁庭铨说，“我们不以自己是烘焙业和餐饮业自居，而是用一部分零售业的概念做这件事。”“当客人进到我们门店的时候，哪个面包在哪个角度让眼睛看到它是最好看的、最能引起购买欲望的，这是我们摆放面包的一个原则。”为了研究面包店最吸引人的麦香，他们还请了爱马仕的调香师来调整店内的气味。

原麦山丘的门店大多在中高端的商业区或者写字楼，附近的客流本身消费水平较高，以女性居多，食物外观和营销更有可能打动这些消费者。原麦山丘在北京前10家店每个月的流水“基本都在100多万”。客单为50上下，传统面包店为十多元。由于销售额高，

门店租金的比例可以控制在16%。

原麦山丘几乎只卖面包一个品类，90%以上的店面收入来自面包。单一品类有助于强化面包专家的形象。公司还教授顾客如何保存面包，不放入面包最容易老化的冷藏室而是放入冷冻室，之后拿出在室温解冻或烤箱以及微波炉加温。

原麦山丘的面包个头几乎比普通面包大出一倍。林育玮说，这既能够延缓烘焙产品的老化速度，也让陈列在视觉上更有冲击力，还可以鼓励分享。在社交网络上，以“原麦山丘”为关键词，你可以搜到人们用它的面包和手掌，甚至和脸比大小的图片。

原麦山丘还擅长结合食物制造话题，例如，每一家门店开店时都做一天的“只能吃，不能买”的免费试吃。从早上10点开始，吃完为止，每次开店前在微博和微信上都有非常火爆的传播。试吃的那一天顾客会在门口排长长的队，店家给排队的人送上卡片（如图），文案则完全来自顾客的访谈和留言。顾客可以参与产品的开发，选出自己最喜欢的3款。还可以给新品取名字，如果名字被用上，享受一整年的免费面包。“还有面包袋的设计，纯手工帆布袋，都是将原麦山丘符号化，给买面包的人一种身份上的认同感。”

创业者经常犯的错误之一是对自己的产品或服务过分乐观。事实上，由于惰性的存在，顾客可能会拒绝多数新产品。创业企业的营销格外困难，他们不仅缺乏营销的资金，常常也缺少营销的专业经验。大企业可以聘用营销专家并且拥有充足的营销预算，小企业则不得不依靠创造力开展营销。

人们经常将营销与广告和促销联系在一起，但营销的范围要广泛得多。**营销**（marketing）是企业向顾客提供产品和服务以满足和超越顾客期望的各项活动。营销的目标是确定顾客的需要和满足这些需要，从而让产品能够自己销售出去。不同的企业经营不同的产品和服务，它们采取的营销策略也是不同的。

本章首先介绍了创业企业在选择市场时应当注意的要素，接下来讨论了经典的营销4P理论及其对创业企业的意义。品牌帮助创业企业与顾客建立长期的关系，是企业营销成果的重要体现，本章对品牌要素和品牌的建设提供了分析工具。人员销售的成功在很大程度上取决于管理和激励制度。

12.1 选择市场

了解顾客

在开发产品时，有些创业者执着于自己的直觉和成功的信念。然而更加可行的方法是进行细致的市场分析。**营销调研**（marketing research）是收集和分析可行信息以提高决策效果的活动。创业者通过营销调研来解决的问题包括：

- 顾客最重视哪些产品特性？
- 产品设计、定价与促销如何影响顾客购买意愿？
- 顾客在哪里购买这类产品？
- 市场在未来将发生怎样的变化？

营销调研同样需要第 4 章介绍的一手数据和二手数据。不论使用哪种方法，都要注意这些方法的局限性。有些一手数据收集方式的成本不高，是创业企业经常使用的，例如顾客访谈和焦点小组，还可以与商学院合作将营销调研作为学生作业。表 12.1 列出了通过焦点小组进行营销调研中可以使用的一些问题。

表 12.1

营销调研焦点小组访谈中的常用问题

访谈进展	问题示例
导入阶段	● 请回忆你上次购买 X 产品时的情景。哪些因素激发或促成了你的购买？ ● 你使用 X 产品的频率有多高？
融洽阶段	● 在你看来，为什么市场会有如此多同类产品？
深度挖掘	● 有一个新的想法。在你看来，这个想法与市场上现有的有什么不同？ ● 这个新产品缺少哪些特性？
结束	● 如果想让你接受这款产品，你还需要知道哪些信息？ ● 这次焦点访谈的过程和你预想的一样吗？

如果顾客访谈或焦点小组表明顾客有可能接受创业者对产品和服务的新想法，这将鼓励创业企业由此出发追求市场机会。当然，创业者还必须了解顾客决策的过程以及如何影响顾客的选择。在顾客选择决策的不同阶段采用正确的沟通方式，将产品的信息传达给目标顾客。图 12.1 描述了营销在顾客决策过程中的作用。

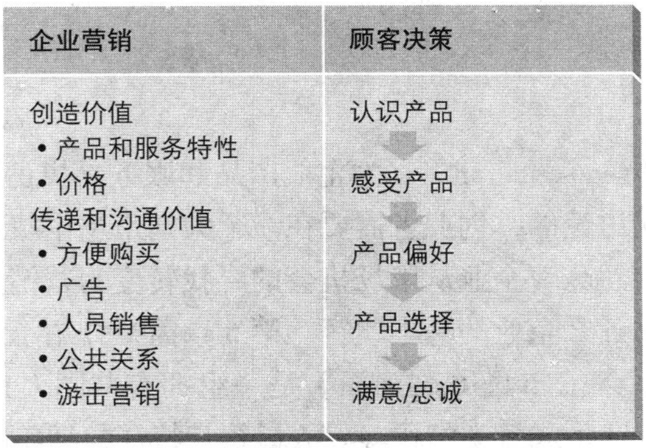

图 12.1　营销在顾客购买决策过程中的作用

创业行动专题

通过测试了解用户的实际行为

网页和APP页面上一些小的设计调整往往能够影响用户的行为选择，给企业带来实际的收益。北京吆喝科技有限公司是一家A/B测试云服务提供商，可以针对原生APP（iOS、Android）、PC端网页（Web）、H5着陆页或微信小程序的优化测试。

墨迹天气是一款气象服务APP，为了扩大产品的社交传播，产品部门希望新版本可以提高分享按钮的转化率。为此他们策划了三套优化方案，用来验证哪种分享图标的样式效果最好。在决定新版本执行哪个优化方案之前，他们希望有具体、客观的数据来了解不同方案对分享点击率的影响，从而做出产品的最终决策。

方案一：原始版本，分享图标样式为两条直线连接的三个空心圆。

方案二：相比原始版本，分享图标为圆形由空心变为实心。

方案三：分享图标为长方形上部空出 + 向上的箭头。

方案四：分享图标为长方形右上角空出 + 向右上方的箭头。

通过随机向4个方案各分配25%的流量，试验持续了两周。方案3最终胜出，相比其他版本，方案3中分享图标的点击率上涨了近20%，这对用户量过亿的墨迹天气来说，是一个不小的提升。

方案1　　方案2　　方案3　　方案4

市场细分与定位

市场细分（segmentation）是为企业产品和服务寻找正确顾客的过程。正如我们在第4章中所讨论的，创业者需要在一个大的市场中找到能够让企业发展起来的利基市场。这意味着企业从市场机会的寻找转变为营销战略的实施，在此过程中必须重新定义什么企业的基本顾客。第5章简要介绍了细分市场的概念。用营销的术语来说，**细分市场**（segment）是一组拥有共同人口统计与消费心态（通常称生活方式特征）或行为的顾客。人口统计特征包括年龄、教育、性别、收入，生活方式特征包括活跃程度、个性化、风险承担和时间压力倾向。行为特征包括品牌忠诚以及是否愿意采用新产品等消费者特征。

创业者在找出机会最大的细分市场后，下一步的工作是分析细分市场概况。在定义市场时通常会结合人口统计、生活方式特征分析在内的多种方法，例如新一代收入水平较高、讲求科学育儿，同时也讲求个人生活质量的母亲。其他进行市场细分的方法包括顾客在哪里生活（所在地区）、多长时间使用或购买一次（使用产品的频率）、他们最看重哪些产品功能（特性偏好）。

完成市场细分之后，创业者接下来要选择对自己最有利的目标市场，企业将服务于这个目标市场的顾客。在选择时，创业者会考虑目标市场的规模、成长速度和利润潜力。目标市场的选择还要体现企业的特有能力和长期目标。例如，携程网早期的目标市场是短途商旅顾客，他们对住宿条件的要求（地点方便、房间整洁、上网方便、不需要高档消费设施）形成了一个独特的市场。抓住这部分顾客后，还可以开拓其他市场，例如机票、旅游等。然而，有时企业会发现很难判断哪些顾客真正代表目标市场，因此还需要进一步的研究、测试和试错。携程在为目标市场顾客服务的过程中，发现他们对电话服务的质量要求很高。为此，携程在呼叫中心投入大量资源。而竞争对手去哪儿却将年轻的、熟悉电脑操作的白领出差群体作为目标市场顾客的代表。他们更习惯通过智能手机管理订单，不依赖电话服务。在商旅市场转向移动端服务竞争的过程中，去哪儿取得了更加有利的地位。

市场细分和目标市场描绘了企业顾客的概貌，**定位**（positioning）则反映在顾客心目中企业的产品与竞争对手相比所处的位置。定位描述企业与某一产品属性方面的关联，当然应当是顾客所关心的一种属性。这些属性可以是价格、质量或便利等，能够按从高到低排成顺序。图 12.2 描述了按价格和质量排列的葡萄酒产地在人们心目中的定位。

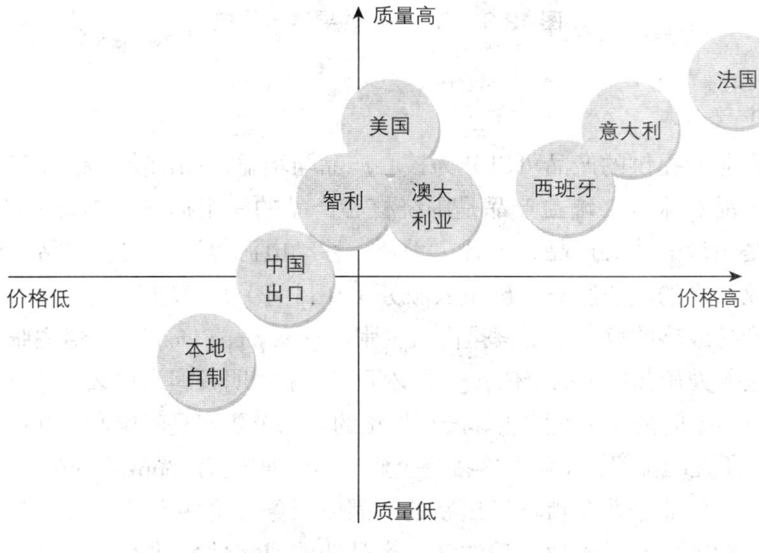

图 12.2 葡萄酒产地市场定位

12.2 创业企业的营销 4P

创业者总是高度重视营销，因为企业必须拥有顾客基础才能持续经营，营销的核心是吸引和保留顾客。创业者需要考虑向顾客提供什么（产品和服务的设计、定价），产品和服务如何进入市场（直销还是借助分销商），如何向市场解释产品和服务（营销沟通）。这些活动构成了市场营销的 4P：产品（product）、价格（price）、渠道（place）、促销（promotion）。营销 4P 为企业提供了实现营销目标的工具，在很大程度上也塑造了公司的战略。图 12.3 描述了营销 4P 的基本要素。

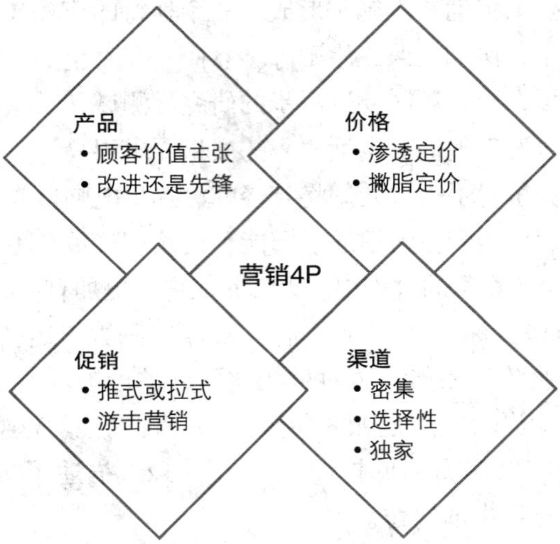

图 12.3 营销 4P 的要素与构成

产品战略

企业所提供的产品可以分为核心产品与增益产品两类。**核心产品**是企业最基础的产品和服务，**增益产品**是围绕核心产品的一组拥有外围特征的产品或服务。手机是小米的核心产品，电视、手环、移动电源等则是增益产品。销售和送达产品是亚马逊的核心服务，出租云服务（在目前）则是增益产品。

产品战略的第一个要素是价值主张（value proposition）。**价值主张**是企业通过产品和服务为顾客提供的价值，企业必须清楚地说明顾客为什么要购买自己的产品和服务而不是向其他企业购买。产品战略的第二个要素是明确产品和服务在产品生命周期中所处的位置，了解顾客接受企业产品的速度。产品战略的第三个要素是质量。

许多创业企业向市场推出新的产品或服务，这些产品和服务能否生存取决于它们为顾客创造的价值。请注意，产品功能或特性多并不等于价值高，除非顾客赋予这些功能或特性超过竞争对手的价值。企业产品的价值主张提炼的过程也称

定位声明，主要包括四项要素：目标群体和需求、品牌、概念和独特点。创业者必须了解哪些特性是顾客认为重要的，在每一项特性上企业（与竞争对手）产品在顾客心目中的排名。对于顾客眼中重要而企业表现不佳的产品特性必须予以改进，而对于重要性不高的特性则可以保持观察。图 12.4 给出了产品或服务特性重要性、绩效与企业行动之间的关系。

		低绩效	高绩效
特性的重要性	高	提高	保持
	低	观察	不强调

图 12.4 产品特性重要性—绩效分析

理解产品战略的另一个维度是产品生命周期。产品生命周期的四个阶段是导入期、成长期、成熟期和衰退期。产品生命周期的概念有助于我们理解产品需要怎样的营销战略。在导入阶段，企业必须教育顾客和保证有力的分销。在成长阶段，营销的重心是顾客忠诚和建立品牌。在成熟阶段，最重要的是差异化，而在衰退阶段，最关键的任务是营销的效率（表 12.2）。

表 12.2

产品生命周期不同阶段适用的产品营销战略

产品生命周期	导入期	成长期	成熟期	衰退期
产品营销战略	教育顾客 建立分销	顾客忠诚 建立品牌	差异化	营销效率

新产品可以分为企业的新产品和市场上的新产品，企业的营销决策需要平衡不同风险—回报之间的取舍。先锋、激进创新的产品代表着一种新的技术突破或市场上从未出现过的产品。尽管先锋产品风险很大，但一旦成功则回报巨大。另一方面，企业还必须开发渐进创新的产品，也就是对现有产品的改善，或扩大产品线。开发渐进的新产品风险相对较小，但回报通常也不会特别大。不论采用哪种产品开发方式，迅速上市对于建立竞争优势是非常关键的，今天的企业可以采用高效的新产品开发流程来实现这一目标。

在准备上市高度创新性产品时，企业需要对顾客的行为保持关注。对于新产品，特别是技术产品，顾客如何接受是一个主要的营销影响因素。产品扩散曲线（图 12.5）以图形的方式描述了顾客是如何接受一款新产品的，它将顾客群体划分为创新者、早期接受者、早期大众、晚期大众和滞后者几大类型。创业企业需要根据不同群体的特点进行营销设计。

具体到某一个产品，扩散速度或顾客接受的速度会受到许多因素的影响。如果产品的风险看上去较高或产品使用过程较为复杂，或产品与当前产品与互补设备兼容性不好，市场接受的速度都会变得很慢。

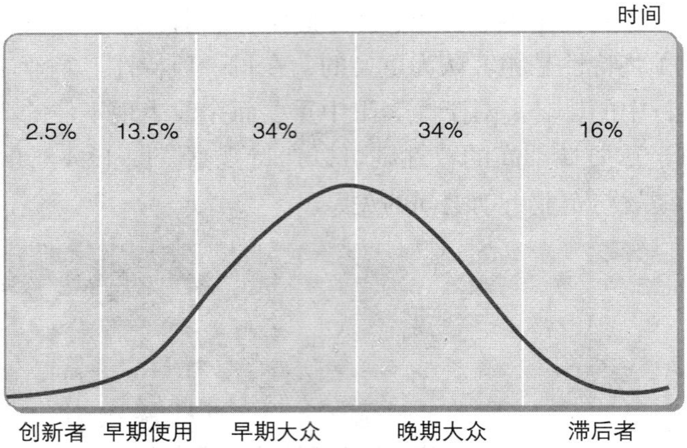

图 12.5 产品扩散曲线

在开发新产品时，企业常犯的错误之一是过于关注自己对产品的看法，而忽视顾客对产品的看法。解决这一问题的方法之一是邀请顾客参与产品设计，通过观察顾客如何使用产品获得改进产品的启发。互联网企业经常发布一些并不完善的产品，通过顾客的使用收集批评意见来做出改进。例如，小米 MIUI 手机操作系统的更新频率可以达到每周一次，改进的依据主要来自大量小米粉丝在 MIUI 论坛上的反馈。这种快速的更新在提高产品质量的同时，也提高了顾客服务的满意度。

质量是最为重要的产品特性，是产品战略的核心要素。质量是企业产品区别与其他产品的显著特征，也是建立口碑的前提。在顾客对企业产品不够熟悉的时候，质量是推动营销传播最有力的因素。蛋糕店、面包店不仅宣传自己所用原材料特点（产地和品质），还经常举办新产品试吃活动，以此建立顾客对产品质量的口碑。

创业行动专题

海尔“智能电脑”

研发人员通常对自己的产品有较为深入的了解，但研发人员会自然地从技术角度展开认识，与用户对产品的认识可能完全不同。资深 IT 设计师马宁伟先生曾经回忆自己在海尔集团从事 IT 设计时遇到的经历。

成功产品的改进有时并不需要技术上实现突破。“海尔智能” PC 的创意是在普通 PC 的基础上增加定时开机和关机的功能，PC 前面板上有一片 LCD 屏显示时钟。这是一个简单的单片机控制板，普通工程师就可以设计。在研发人员看来，这样的产品没有什么技术含量。然而这一产品上市后大获成功，马先生所在的部门靠来自这一产品的收益维持了半年运营。当时 PC 还属于比较贵重的家电，用户对 PC 还不熟悉。自动开关机成为一个令人关注的产品特点，也就是产品定位说明中所说的顾客认为重要的特性。

成功的产品改进有时也并不需要增加成本。早期电视关机时，屏幕中心会有一个聚焦的光点一闪，给人的视觉感受不好。海尔设计出推拉幕式彩电，关机时屏幕会显示从两边向中间慢慢拉拢，不再有光斑一闪。这一改进使得海尔的产品能够比同类彩电多卖 200 元。实际上，这一功能没有增加任何成本，只是在芯片中写了一段程序。它的成功同样是来自洞悉顾客的价值判断，在顾客眼中这是一个重要的产品特点。

定价战略

定价是企业最复杂的决策之一，即使是成熟的企业也经常感到困惑。图 12.6 描述了企业不同的定价机制。

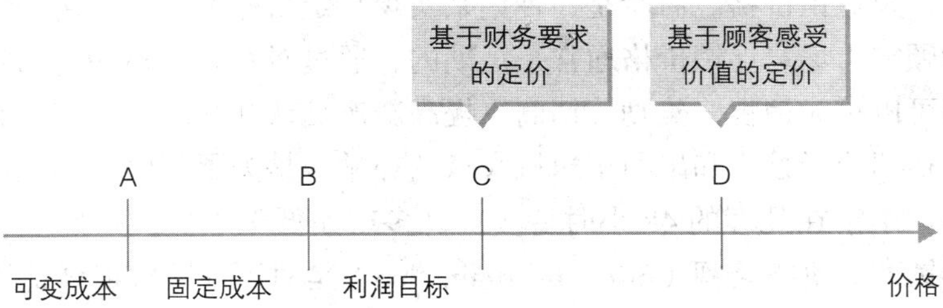

图 12.6　产品定价机制

创业企业在生产和提供服务过程中会发生许多成本。有些成本是固定成本，不论企业生产多少产品，这部分成本都是必须支出的，例如厂房设备等。有些成本是可变成本，如果不生产产品就不会发生，例如材料费、销售佣金等。产品的价格应当至少高于可变成本（图 12.6 中的 A 点），否则每增加一个销售单位，企业的亏损都会扩大。为了做到持续经营，产品和服务的价格不仅应当能够支付可变成本和固定成本之和（B 点），还应当更高一些以获得足够的利润（C 点）。在互联网泡沫期间，有不少企业获得了相当高的知名度和大量的注册用户。然而这些企业的产品价格不足以支付成本，用户数量的增长反而增加了亏损程度，不得不退出经营。

多数企业的定价原则是成本加成的定价，在生产成本的基础上加上期望的利润。定价过高显然是不适当的，会阻碍顾客的购买热情，减少销售数量和销售收入。与成本定价相关的定价方法是竞争定价，通常是跟随市场上领导品牌的定价水平，竞争对手之间的利润水平相差不大。这种定价方法的缺点是企业往往定价过低，不能赚取充足的利润。从长期来看，这会损害企业的赢利能力。

除了成本加成和竞争定价之外，有的企业还采用**顾客感受价值**（perceived value pricing）定价法，也就是图 12.6 中的 D 点。奢侈品品牌通常采用这一定价法，例如高端的矿泉水、皮包和服饰等。人们都知道这些产品的价格远远超出其生产成本。然而由于拥有些产品成为身份或地位的象征，高定价对于顾客反而是合理的。企业在向市场推出全新的、顾客易于接受的产品时也可以考虑采用这一定价方法。这一定价法通常需要品牌来建立保护，否则竞争对手的产品上市时很可能采取降价的方法争取市场，迫使领先企业跟随降价。

对于拥有定价灵活性的企业，在竞争市场中其营销决策的要素还包括进入市场的定价策略，分为撇脂定价与渗透定价两种。**撇脂定价**（price skimming）是指相对定价较高以获得充分利润的定价策略，采用这一方法的企业愿意忍受高定价导致的限制市场规模的不利结果。**渗透定价**（price penetrating）是指相对定价较低以迅速争取用户数量增长的定价策略，采用这一方法的企业愿意忍受低定价带来的低利润。推出创新产品的创业企业通常会选择撇脂定价法，因为决定顾客购买的主要因素是产品教育，仅凭低价未必能够吸引到大量的顾客。渗透定价法更适用于成熟企业，它们已经拥有非常健全的分销系统，成本较低。

企业的展示价格策略可以采取不同的方式。例如分为固定和标准的基本价格水平以及促销价格。后者是一种用来实现特定目标的工具，例如将产品引入一个新的顾客市场。促销价格通常是短期的，通过对基本价格的折扣吸引顾客。价格促销可以扩大销售，奖励分销商，提高新产品认知和清理库存。滴滴打车在推广产品初期给予顾客和出租车司机大量的补贴，是为了帮助市场认识手机打车的新产品。李宁在凡客的 48 小时特卖，许多产品低至 1 折，则是为了清理库存和奖励分销商。**价格歧视**（price discrimination）是对不同顾客群体适用不同价格的定价策略。许多企业对会员提供折扣价格，航空公司则对常旅客实行特殊价格优惠。

分销战略

创业企业初期往往很难建立起有效的分销体系。图 12.7 描述了传统企业对消费者产品和企业产品的分销结构。成熟企业在推广新产品时可能在产品、定价和广告上采用新方法，但分销渠道一般不会改变。创业企业进入某一分销渠道则会困难得多，例如超市的货架已经被现有企业瓜分完毕，新企业要付出巨大的代价才能获得上架展示和销售的机会。

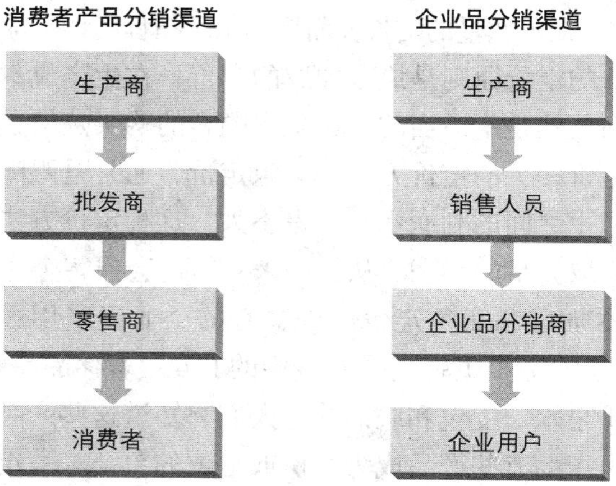

图 12.7 传统分销渠道

服务企业同样会遇到分销渠道的问题，例如新航空公司的机票销售，新的 APP 如何让用户了解。对于像麦当劳这样的大企业，一次选址错误可能不算什么，但对于新企业，初次选址错误可能导致企业的失败。

分销渠道的另一个特点是相互依赖。创业企业可能特别依赖分销渠道中其他企业的服务，例如批发商对新企业产品的态度对企业成功影响很大。电子商务中的小企业自然会依赖外部企业提供快递、仓储等服务，生产企业品的公司需要销售代理帮助它们打开产品市场。一些生产商不仅依赖分销商销售产品，它们将产品的售后服务也外包给分销商，苏宁电器为许多电器企业提供售后服务。企业应当留意不要让中间商成为阻碍顾客信息反馈的障碍，可以通过论坛和投诉等直接收集顾客信息以保持对市场反应的敏感。

企业的分销策略主要可以分为三种：密集分销、选择分销和独家分销。**密集分销**通常是快速消费品的分销选择。例如矿泉水可能在超市、电商、便利店、体育场、电影院、自动销售机等一切有机会销售的地方进行销售。**选择分销**是在特定的分销商 / 销售渠道中进行销售，最常见的是地区销售代理。选择分销能够起到保护价格的作用，例如有些产品只在电商渠道销售，可以避免电商价格战损害线下代理商的价格。**独家分销**是只有一家分销商的分销方式，这种分销方式有利于提高分销商的激励。

电子商务的兴起为企业提供了去中介化的选择，一些企业采取网上直销的方法以避免对分销的依赖。不过多数企业仍然采用混合式的销售方法，既有本企业网站直销，也会通过其他分销企业进行销售。创业企业必须深入理解分销商的行为和激励，让分销商获得充分的激励来销售本企业的产品和服务，同时保持对顾客的有效互动。

创业行动专题

电子商务常见误解

今天，创业而没有在线业务几乎不可想象。然而，与线下业务一样，电子商务只是一种工具，并不是成功的保证。创业者要特别警惕以下这些对电子商务的误解：

1. 只要完成网站或 APP 的设计，上线后顾客自然就会来。与线下商店一样，只有持续的推广才能吸引足够数量的在线顾客访问或下载。

2. 在线顾客更容易获得满足。在线顾客更挑剔，对服务响应的延迟等缺陷更没有耐心。

3. 获得在线收入很容易。电子商务不是财富机器，网上竞争远比实体店更加激烈，成功需要大量的投入和专业诀窍。

4. 网民隐私不重要。许多电子商务企业收集消费者个人信息，保护消费者隐私是这些企业的责任，担心隐私保护可能是阻碍消费者使用企业服务的重要因素。

5. 电子商务中最重要的是技术。技术的确重要，但更重要的是理解顾客需求并以此基础上为顾客创造价值。不是开发适合某项技术的商业服务，而是让技术为商业模式服务。

6. 炫酷的网站比简单的网站更赚钱。对于在线业务，“多”并不意味着好。例如，在网速不高的环境下，网页上图片过多反而破坏用户体验。

7. 界面吸引人就能成功。在线业务的成功更多取决于后台的保障，例如库存管理和物流服务等。

8. 现在做电子商务已经太晚了。电子商务的时间还不长，许多潜在机会仍然没有得到充分利用。电子商务的一个优点是可以让顾客帮助你改进，不要期待完成一个完美的设计，而应当尽快将产品上市检验。

营销沟通（促销）战略

营销沟通（Marketing Communication）是企业向市场传递信息的过程，包括企业产品、服务和企业本身。营销沟通组合中包括五大要素：人员销售、广告、销售促销、公共关系和直销（图 12.8）。

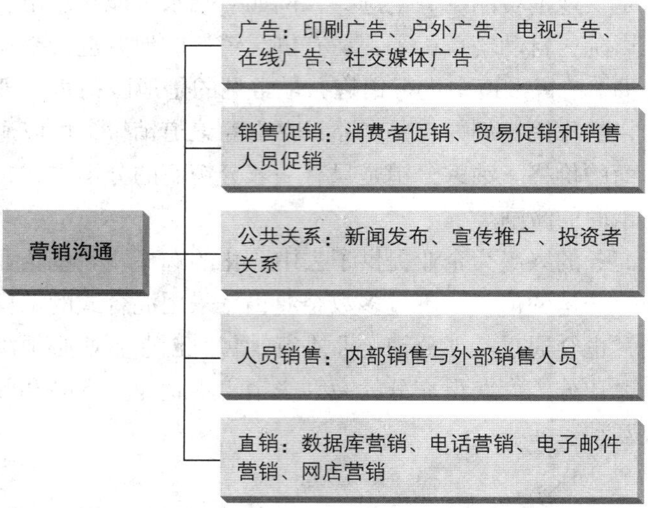

图 12.8 营销沟通的要素

在决定营销沟通工具选择时，企业要回答的最重要的问题是"什么是最有效的与顾客沟通并影响其行为的方式？"企业使用怎样的营销沟通组合取决于它的产品和营销目标。一般而言，消费品营销采用大众营销的方式，例如广告和销售促销。而企业品销售则采用更加定制化和互动的方式，例如人员销售。企业通常会采用多种营销沟通方式，因此协调各种营销沟通工具的过程也经常被称为**整合营销沟通**（integrated marketing communication）。

推式战略和拉式战略是两种基本的营销战略。**推式**（push）战略是指运用销售促销、贸易展示和人员销售等方式将产品推向渠道。**拉式**（pull）战略则是激发终端用户的需求，由用户购买行为拉动产品进入渠道。拉式战略的工具包括直接吸引消费者的广告、消费者销售促销 / 店内特价等。新的电影大片上市前，出品方或代理方往往会做大量的广告宣传，引起观众注意，吸引观众进入电影院，拉动观影消费。

广告。成熟企业往往预算充足，可以综合运用各种营销沟通工具。例如在广告投放时既可以运用传统的电视、路牌、印刷广告，也可以使用新兴的网络广告、社交媒体广告、视频广告等。在直销方面，可以使用的工具包括电话营销、邮件营销和微信朋友圈促销等。

创业企业受到预算限制，不得不采用一切价格可以承受、效果可以测量的广告形式。事实上，适时利用低成本广告是创业企业营销沟通成功的特点。淘宝发展早期在广告投放时受到eBay易趣的压制，大型门户网站不接受淘宝的广告，迫使淘宝转向小型网站和个人网站等低价的非传统广告渠道，结果反而取得意外的成功。2008年金融危机爆发，门户网站广告卖不出去，价格便宜，京东和凡客抓住时机购买流量，实现了销售收入的跨越式发展。

销售促销。销售促销（sales promotion）包括消费者促销、贸易促销和销售人员促销。消费者促销是支持拉式战略的、直接向消费者提供的促销激励。贸易促销是向合作伙伴或分销商提供的促销激励。销售人员促销是向销售人员或分销商的销售人员提供的促销激励。销售促销可以分为价格促销和非价格促销，价格促销包括折扣、返还、积分兑换等，非价格促销包括试用样品、礼物等。

销售促销与广告不同。一般来说，销售促销能够带来更直接的销售增长，而广告则能够产生更加持久的品牌效果。近年来，企业对销售促销更加重视，电子商务和社交媒体为一对一的销售促销提供了低成本的选择。

公共关系。许多创业者将公共关系作为战略沟通工具并且取得非常好的效果。公共关系主要包括宣传推广和企业沟通。年仅19岁的创业者梅根·格拉塞尔（Megan Grassell）是Yellowberry的创始人，这家公司主要向十几岁的女孩出售适合她们年龄的文胸，并传达各种积极向上的信息。当传统零售店拒绝Yellowberry的产品后，她转而运用社交媒体进行宣传，“我们的产品重心，不是穿给他人看的，而是真正关心如何更好地适合一个年轻女生的身体，以及呈现她们由内而外的自然美。”宣传推广（publicity）是创业者最有力的营销沟通工具，可能起到数百万广告投入所不能起到的作用。这是因为来自公共关系的信息被人们看作比广告更加真实。在Yellowberry的例子中，许多媒体的报道激发了人们的好奇心，极大地促进了销售。当然，公共关系并不是免费的，需要创业者花费大量的时间和精力来管理和推动。阿里巴巴和京东对假货传闻的反映则是企业沟通的例子，其结果影响消费者的购物行为。

人员销售。企业品销售通常采用人员销售的方式。例如联想和戴尔在面向机构用户销售时通常使用自己和经销商的销售人员进行推销。企业需要评估适当的销售队伍的规模、报酬和销售政策。人员销售队伍可以按地区、产品线、产业或顾客类型来组织，报酬通常是基本工资加佣金，奖励则是基于完成或超出业绩（销售额或利润）。有时创业者还会亲自担任推销的工作，例如特斯拉创始人马斯克经常驾驶自己的电动汽车并向大众展示。

直销。在地区性市场上，直销可能是一种有效的销售手段。传统的直销主要是电话营销、邮件营销等。随着网络技术的发展，低成本的一对一营销成为可能。今天，基于数据库和消费行为分析的直销已经能够做到高度个性化，提供精准的营销沟通。

创业行动专题

搜索引擎营销

搜索引擎营销（search engine marketing, SEM）也称搜索引擎优化（SEO），是增加顾客搜索时企业网页可见性的工具。对于通过网络销售产品或服务，以及通过网站帮助其他企业销售的创业企业，最重要的因素是让顾客看见自己。今天，在线营销的企业必须了解本公司在搜索引擎上的定位。

在网页上使用一些特定的关键词有助于优化搜索结果，提高顾客发现本公司网站的机会。随着网页排名上升，企业的网络广告收入将增加。不过，像Google这样的搜索引擎通常会非常具体地规定关键词的使用原则。一旦企业违反，就会被排除在网页排名系统（pagerank）之外，顾客将无法搜索到企业网页。

企业可以聘用专业的SEM公司或使用SEM软件来提高本公司网页的搜索结果。常见的作法则是向搜索引擎网站购买关键词，根据点击数量付费。以接受海外顾客婚纱订购为主要业务的兰亭集势非常擅长使用关键词搜索来提高网站流量。2016年，美国用于SEM的支出高达650亿美元。[1]

今天，访问在线网站的流量中来自移动端（手机和平板电脑）的比例已经接近电脑[2]，而移动端用户很可能不是从搜索引擎来到购物网站的。他们往往是从社交媒体工具中得知产品信息，例如在微博或微信好友的分享中提到或推荐。这意味着创业企业不像过去一样依赖SOE，而可以通过有效的社交媒体传播（如话题等）增加外部导入的流量。

12.3 建立品牌

品牌（brand）是顾客心目中与企业相联系的一系列的特性。有些品牌联想是正面的，例如珍贵、品质、快速、实惠，有些品牌联想是负面的，例如昂贵、不可靠、不方便、服务差等。在企业争取市场接受的过程中，品牌建设是最基础的工作。尽管在创业初期可能根本谈不上品牌，创业者必须努力实现产品和服务的差异化，在顾客心目中建立自身的独特性和特殊价值。

[1] https://www.mediapost.com/publications/article/273956/report-companies-will-spend-65-billion-on-seo-in.html.

[2] https://www.shopify.com/blog/15206517-mobile-now-accounts-for-50-3-of-all-ecommerce-traffic.

理解顾客和倾听顾客

某些创业者可能习惯于依靠直觉来做出决定，但直觉往往有局限性。例如，在成功推出第一个产品之后，创业者往往会高估市场对后续产品的需求，导致挫折。这在很大程度上是因为创业者依赖直觉做出判断。因此，随着企业的成长，创业者需要继续保持与顾客的接触。例如，马云、马化腾、刘强东等都很重视通过顾客反馈来监测产品和服务的质量。

创业者最需要的顾客信息包括购买行为，以及与产品设计、定价和分销相关的顾客期望。他们还需要关于如何与顾客沟通以及影响顾客的有效方法。创业者还需要获得营销活动有效性的信息，来决定如何改进未来企业的营销组合，建立与顾客之间的密切关系。追求高成长战略的创业者则必须不断寻找新的顾客细分，这同样需要对顾客的深入理解。

理解顾客的方法很多，有时需要正规的调研，有时可以运用非正规的系统来采集信息。

- 交易性调查，了解顾客对公司的满意度
- 新顾客和流失顾客调查，了解顾客为什么选择或离开公司
- 焦点小组访谈，采集特定主题的信息
- 顾客咨询委员会，定期收集顾客反馈与建议
- 顾客服务评估，定期进行一对一评估
- 顾客投诉 / 评议采集，记录和追踪顾客投诉
- 总体市场调查，既评估顾客也评估非顾客

建设品牌

品牌建设包括建立品牌意识和品牌资产。**品牌意识**（brand awareness）是指顾客在一定暗示下认识和回忆品牌的能力。促进品牌意识的营销活动同时也是建立品牌形象的过程，其结果则是消费者对品牌的感受。品牌意识主要通过广告和公关来建立，品牌形象主要取决于企业通过其产品、沟通和员工所传达的自身形象。**品牌资产**（brand equity）是品牌意识和品牌形象在顾客身上反映出的效果。品牌资产体现为顾客愿意为某一品牌的产品支付溢价，也就是高于可见功能的价格。例如，苹果的竞争对手在某些产品功能或特性方面可能与苹果相同甚至更高，但它们向顾客索取的价格却低于苹果，这一差价就来自苹果的品牌资产。品牌资产可能为正，也可能为负。正的品牌资产是品牌对竞争对手所享有的营销优势。

口碑与品牌。创业企业可能缺乏足够的预算通过广告建立品牌，**口碑传播**（word of mouth）是一种低成本、有效的方式。京东在发展初期没有做过广告，

创业行动专题

保留现有顾客的重要性

长期、忠诚的顾客是企业经营的支撑，高的顾客保留率能够转化为出色的财务绩效。有研究表明，回头客的购买金额远远高于新顾客，而向新顾客推销的成本往往比现有顾客高数倍[1]。成功营销的简单公式是：保留现有顾客，加强与他们的关系，吸引像他们一样的新顾客。好的顾客体验将提高顾客重复购买的意愿、减少向竞争对手购买的意愿并更有可能向朋友和同事推荐。创业者可以采用以下方法来提高顾客保留率。

- 经常与忠诚顾客接触。
- 让公司的名字在顾客面前出现。
- 奖励现有的顾客。设计出只有他们才享有的福利，如促销或折扣。
- 给予现有顾客能够让他们吃惊的奖励。淘宝店经常会在发货时给顾客附送一些小礼物。
- 建立数据库，长期跟踪顾客的行为和需求。
- 不要认为顾客的购买是理所当然的。不要给竞争对手争取顾客的理由。

完全依赖口碑进行推广。口碑传播可以集中于产品和服务带来的新体验，例如京东早期的“月黑风高”促销活动，从产品到时间选择都适应了程序员为主体的消费者的行为习惯，得到广泛的传播。口碑传播的另一个优点是为品牌注入了与消费者独特体验相联系的具体内容。例如干果品牌维吉达尼在促销时通常会与新疆某家农户的具体需求联系起来，这些关键词给品牌注入了丰富的内涵。当创业企业缺乏产品与服务历史时，创始人通过采访讲故事，也是建立口碑的一种方式。锤子科技创始人罗永浩每年的剧场演说为他的产品带来了大量的口碑传播。

游击营销

游击营销（guerrilla marketing）是非传统的、草根和捕捉式的营销，意在获得消费者的注意和建立对品牌的意识。游击营销常用于引发市场议论或建立口碑。营销预算紧缺的创业者经常使用游击营销以吸引顾客的关注，特别是较为年轻的、不喜欢传统媒体的顾客。顾客的认可是将口碑力量转化为广告信息的有效方法。在网络上，顾客的产品评论能够方便地保存和传播。今天，越来越多的顾客依赖其他顾客的评论获得产品的信息。因此，创业者应当在网站主页和微信公众号等工具中列出顾客的认可和评论。名优创品在店内使用了扫码送（购物）袋的方式，迅速积累微信公众号的订阅用户，然后通过微信向这些

[1] http://www.flowtown.com/blog/the-value-of-an-existing-customer#ixzz12k1JvufP.

用户推荐新产品。

游击营销努力在市场噪声之上传递信息并产生独特影响。游击营销能够激发人们讨论产品和公司的热情，将他们有效地转变为品牌的“传道者”。游击营销的结果包括戏剧性、兴趣和正面的情感，这些都对品牌有极好的作用。例如，品尝是烘焙产品最常用的营销方式。但原麦山丘能够将品尝转化为社交媒体上的大量议论，从而获得在噪声中浮现的效果。由于传统企业也开始介入游击营销，这种营销方式的成本开始上升。创业者应当像开发新产品一样运用创意，来制定游击营销的方案，表 12.3 对此给出了一些建议。京东在创业早期组织了 20 名核心用户体验活动，由刘强东亲自带队。这些用户 DIY 水平高、消费能力强，有很好的口碑传播能力。

表 12.3

游击营销可以采用的一些原则

1. 寻找利基市场。大公司运营成本很高，在一些利基市场上可能无法获利，有技术专长的创业企业在这类市场上会形成优势。名优创品的产品单价多在 10 ～ 30 元，但敢于在大型商场中开店。
2. 善用宣传推广。来自媒体的报道具有更高的客观性，创业者应当尽可能利用一切媒体报道机会，例如举办讲座、发表专业论文等。
3. 在销售中增加娱乐和幽默。产品丰富和低价已经不足以吸引消费者，创业者应当为消费者提供更有趣的购买理由。许多淘宝店主非常善于向顾客提供娱乐性的体验。
4. 用“走心”的概念和活动吸引顾客。“南方”黑芝麻糊在口味和创新上并不见得胜过其他品牌，但它在广告中唤起的童年记忆令人无法忘怀。
5. 制作在线视频。许多在线视频网站提供免费的展示机会，成功的视频可能吸引数量巨大的观众。趣味性是营销视频制作的主要原则，另一个重要的原则是简短。2016 年，秒拍短视频服务的市场排名第一。日均播放量为 20.4 亿，单个短视频播放量排名第一的达到 2.36 亿次。
6. 尽可能让顾客方便。例如，无理由退货可以减少购买时的顾虑，或将减少顾客等待时间作为最优先的战略。

12.4　人员销售

人员销售

广告与宣传可以激发购买，人员销售则用于实现销售。人员销售（personal selling）是销售人员与潜在顾客之间以实现销售为目标的接触。人员销售的成功取决于销售人员能否将顾客需求与公司的产品和服务匹配起来，表 12.4 列出了优秀销售人员的一些特点。

表 12.4

优秀销售人员的特点

1. 乐观、对机会高度敏感。
2. 所销售产品和服务的专家。
3. 专注于最有机会的客户。
4. 计划周密。
5. 沟通方式直截了当。
6. 从顾客角度看待销售拜访。
7. 能够证明自己销售的产品和服务的利益。
8. 好的倾听者。
9. 善于引用以往成功案例。
10. 将产品资料留给顾客。
11. 将自己视为问题解决者而不是推销员。
12. 用顾客满意而不是销售量来衡量成功。

销售过程设计

为了实现有效的销售，企业应当设计出自己独特的销售系统。普通产品的销售系统通常包括以下从准备起到成交的 7 个步骤。

1. 准备。在销售拜访前所做的准备对销售成功非常重要。准备主要是利用公开资料和个人关系了解对方企业的需求特点、决策过程、与竞争对手的交易和决策者的个人特点。

2. 接触。在正式拜访前通过各种沟通方式建立和睦的关系，顾客通常不会从他们不喜欢或不信任的人手中购买。

3. 访谈。请潜在顾客多介绍他的想法，借此可以更好地理解顾客的需求、偏好与问题。以同情的态度倾听并且通过不断的提问澄清理解对方的意图，在完成访谈之前甚至不需要介绍自己的企业和产品。

4. 证明、解释和展示。清楚地介绍产品和特性和利益，指出这些特性和利益如何满足潜在顾客的需求，有助于解决他们的问题。

5. 验证。提供证据，提及其他满意顾客的经验以及这类顾客的数量。来自其他顾客的证言是最有力的。

6. 谈判。注意听取顾客的反对意见，反对是销售人员最好的朋友，它们代表着顾客在提交订单前必须解决的问题。最重要的是判断哪些是真正的反对以及如何处理。

7. 成交。要求顾客做出决定。明智的销售人员知道应当在什么时候停止推销，请求顾客做出决定。

复杂销售。有些产品的销售周期比较长、过程比较复杂，例如应用软件。复杂销售系统的设计还应当包括以下内容：

1. 了解决策制定程度、决策者、预算和时间框架。
2. 与购买决策相关的组织事项（应当先拜访谁）。
3. 关键人士以及如何争取他们的帮助。
4. 增值建议和选择成本。
5. 量化的利益指标。
6. 决策者的动机与主要影响因素。

当然，获得上述信息并不容易。销售人员还需要从对方组织中获得智囊和支持者，智囊可以回答销售过程中的各种问题（如期限、预算、决策者以及探测性问题的答案）。支持者是购买方的倾向于购买本企业产品的决策者（或决策者之一），销售人员需要帮助支持者说服他的同事。

销售人员的培训

对销售人员和销售伙伴进行培训能够提高组织的竞争力。创业企业不能浪费时间，因此培训的目标必须非常清晰，例如掌握产品知识，了解竞争对手，获取客户信息，提高销售技巧。

- 产品知识。掌握企业产品功能方面的知识比较容易，但学会让购买者下决心购买所需要的知识更加重要。通过亲身体验了解产品特点，是一个有效的方法。让销售人员在顾客那里进行工作体验，也是发现顾客需求的重要手段。
- 竞争知识。销售人员需要掌握市场上所有同类产品的优势和缺点，并由此制定有效的竞争策略。例如，大企业可能决策流程复杂，而创业企业层级较少，可以更快地做出附加服务或价格折让方面的决策以争取顾客。
- 客户知识。很多时候，并不是产品和服务最好的销售人员，而是最了解客户的销售人员最终获得订单。客户的信息还必须不断更新，以调整销售政策、发现新的销售或增值服务的机会。
- 销售技巧。可以通过外部培训提高沟通能力、展示技能等，创业企业可能更多依赖内部培训以提高培训后的成交比例。企业通过培训帮助销售人员提高展示技能、理解顾客行为、缩短销售周期。由创业者和销售人员一起拜访顾客的现场指导是最有效的培训方式之一。

销售人员的报酬

销售人员的报酬包括工资、佣金以及奖金，额外福利与费用报销也是报酬的一部分。一个好的报酬计划应当体现企业和销售人员的需求，报酬的设计力求简单明了，从而销售人员能够获得清楚的、及时的激励。报酬还应当是稳定的，保证销售人员的最低收入。

报酬可以是固定的，也可以是更多基于绩效的。已有的、得到大量广告支持的产品，循环性销售的、销售过程复杂的、高价格的、采用团队销售的产品等适合固定报酬。销售人员对于销售过程的影响越深，绩效报酬的比例通常越高。许多企业对新产品支付较高的绩效报酬，而对比较成熟的产品则支付较低的绩效报酬。一般来说，公司外部的销售人员几乎完全采取绩效报酬。

佣金是一种与销售数量直接挂钩的报酬方式。佣金强调订单的重要性，鼓励销售人员采取积极措施以争取更多的订单。新企业经常采用这种方式，因为企业初期销量通常不大，所以销售成本不高。佣金的缺点是过于强调短期销售而忽视长期关系的建立。奖金是对显著超出收入或利润目标所给予的奖励。企业通常会在年底发放奖金，按季度发放奖金有助于建立绩效与奖励之间更密切的联系。工资、佣金和奖金组合是使用非常广泛的销售奖励形式。新企业在发放绩效报酬时通常会分为两部分，一半按时发放，另一半延迟发放，以便减少人员流动，促进长期目标。

非货币激励。销售人员和创业者一样，需要不断得到他人的认同和承认。金钱只是激励方式的一种，创业者应当向销售人员提供不断的非货币鼓励和奖励，从基本的“谢谢”到本月最佳员工评选。培训、管理人员的态度、良好的沟通、对他们工作的欣赏以及主动解决问题都可以让销售人员感到自己有用、重要和有价值。

绩效评估。创业企业需要密切关注销售数据，分析销售人员的成果、行为、技能、知识和个性等。管理者应当与销售人员一起进行评估，频率可以为每周或每月一次。评估表是一个简单有效的工具，如表 12.5 所示。评估表适用于不同的客户（消费者、工业用户或政府部门）、不同的产品（耐用品和非耐用品）、不同的销售类型（复杂销售与重复购买、关系销售和咨询销售）。

表 12.5

销售人员绩效评估表

● 销售成果	● 时间管理
● 销售质量	● 行政管理
● 销售活动	● 成本管理
● 销售技能	● 客户关系
● 业务知识（产品、竞争、客户以及市场）	● 企业关系
● 自我管理能力	● 个性特征

本章小结

1. 营销调研是收集和分析可行性信息以提高决策效果的活动。顾客访谈和焦点小组是常用的收集一手顾客信息的方法。

2. 市场细分是为企业产品和服务寻找正确顾客的过程。定位反映在顾客心目中企业的产品与竞争对手相比所处的位置。

3. 市场营销的 4P 是指产品、价格、渠道和促销。产品战略的三个要素是价值主张、产品生命周期和质量。

4. 定价的主要方法包括成本加成、竞争定价和顾客感受价值定价法。进入市场的定价策略包括撇脂定价与渗透定价两种。

5. 分销策略主要分为密集分销、选择分销和独家分销。

6. 营销沟通是企业向市场传递信息的过程，营销沟通组合中包括五大要素：人员销售、广告、销售促销、公共关系和直销。

7. 品牌意识是指顾客在一定暗示下认识和回忆品牌的能力。品牌资产是品牌意识和品牌形象在顾客身上反映出的效果。

8. 游击营销是非传统的、草根和捕捉式的营销，意在获得消费者的注意和建立对品牌的意识。

9. 人员销售是销售人员与潜在顾客之间以实现销售为目标的接触。

10. 销售系统通常包括从准备直到成交的 7 个步骤，复杂销售需要额外的销售系统。销售人员培训包括产品知识、竞争知识、客户知识、销售技巧等。

11. 销售人员的报酬包括工资、佣金以及奖金。非货币激励是重要的激励方式。

关键概念

营销调研　市场细分　定位　营销 4P　产品生命周期　顾客感受价值　分销策略　营销沟通　品牌　游击营销　人员销售过程

批判性思考与讨论题

1. 什么是目标市场？目标市场对于创业企业的重要性如何？

2. 市场细分为什么重要？你可以举出几种市场细分的方法？

3. 假定你要开设一家“轰趴”店，请问你将如何做出以下决策：市场细分、目标市场、定位？

4. 什么是利基市场？教育产业中有哪些利基市场？

5. 什么是企业的定位战略？请以同一行业中不同企业的例子说明。

6. 简述营销 4P 的含义。

7. 假定某创业者发明了一种新型空气净化器，净化效果显著高于市场上的产品。这位创业者不了解定价的战略，请向他解释成本加成定价、竞争定价和顾客感受价值定价的区别。

8. 访问屈臣氏网站，评估其营销战略中的 4P 并给出理由。

9. 企业是否应当坚持自己的营销战略，

即使没有产生直接的回报？为什么？

10. 访问两家同一行业中公司的网站，从主页信息来看，它们沟通的有效性如何？

11. 什么是品牌？请举出某个你经常购买的品牌，描述在你心目中这个品牌代表着什么。再试图用最少的词汇重新给出品牌定义。

12. 在品牌建设过程中应当考虑哪些关键因素？

13. 假定你准备开办一个高中生补习服务项目，请提出你的社交媒体方案：如何建立品牌、如何吸引顾客、如何引导订单流入？

14. 创业企业的营销战略与大企业的营销战略可能有哪些不同？

15. 为社区中的一家小餐厅设计游击营销方案。

16. 请举例分享你在淘宝店购物时遇到过哪些有趣的体验，这些体验对于品牌和销售有怎样的影响？

17. 如何通过人员销售与顾客建立长期关系？

18. 销售人员报酬中固定报酬与绩效报酬的比例受哪些因素影响？

19. 你可以设想哪些销售人员的非货币激励方式？

20. 你将如何设定销售人员绩效评估的周期？为什么？

报告与分享练习：营销选择与决策

以小组为单位，找出一个感兴趣的创业企业，从公司公开信息（如网站、年报）和媒体报道中查找资料，回答以下问题并向全班报告你们的发现：

1. 描述企业的细分市场与定位。

2. 绘制企业主要产品特性重要性—绩效分析图。

3. 企业的定价策略是什么？为什么采用这样的策略？

4. 企业使用了哪些促销方法？成本如何？

5. 企业在运用公共关系中有哪些成功的例子？

6. 你会如何描述这家企业的品牌形象？

7. 描述企业的分销战略如何支持产品或服务分销。

8. 创业者通过故事带给顾客哪些重要的品牌联想？

9. 根据企业信息填写下方的营销机会识别表。

企业营销机会识别表

思考点	思考的结果
你如何了解你的顾客？ 你使用哪些二手资料？ 你收集了哪些原始资料？ 你如何进行市场细分？ 你将如何对产品定价？ 你将如何分销产品？ 有哪些分销渠道可供使用？哪些渠道最好？如何增加新渠道？ 你的营销沟通战略是什么？如何组合最有效的广告、公关、人员销售和直销组合？ 你可以采用哪些游击营销方式来获取口碑？如何让产品从噪声中显现出来？ 描述你希望建立怎样的品牌？在起步阶段应当如何建立品牌？在成长阶段应当如何建立品牌？	

结尾案例

凡客：品牌的复苏

2007 年，陈年创建凡客，模仿 PPG 在线衬衫销售模式。产品只有两款经典白衬衫，通过在线广告引流获取用户。成功的网络营销让凡客迅速成为城市白领熟知的服装品牌，产品线拓展到了 T 恤、帆布鞋、女装等品类。

2010 年，“凡客体”横空出世，充斥地铁和公交广告牌。“我只代表我自己，我是凡客”。韩寒和王珞丹以非主流的姿态触动了年轻人的内心。凡客成为一种独特的文化现象，凡客卖的不再是 T 恤，而是一种“平民时尚”的生活态度。

凡客在 2008 年的收入是 1 亿多元，2009 年 4 亿多元,2010 年就到了 18 亿元。2010 年，凡客卖出 3000 多万件服装，总销售额突破 20 亿元，同比增长 300%。销售额每年爆发式增长，四年内融资 6 次，金额高达 4.22 亿美元。品牌优势明显，年轻化的大学生和白领追求时尚，对产品质量要求不那么苛刻，而且复购率高。

陈年开始被这些数字推着往前走，追求更大的规模和更快的增长率。凡客在 2011 年 1 月份制定了 60 亿元的营业额目标，到 3 月份这个数字就提升到 100 亿元。为了完成销售目标，凡客疯狂进货，疯狂招人，员工人数最多时达到 1.3 万人，拥有 30 多条产品线。“我每天都有新念头，什么都想要，什么品类都想做，”陈年反思说。“整个中国制造都开始堆到我门口……贴上凡客牌就敢卖。”

在韩寒、王珞丹之后，凡客启用拥有更多粉丝的李宇春、黄晓明作为代言人。“那时我们真是想讨好所有人，让所有人来买凡客。”凡客高级副总裁王春焕说，2011 年花在广告投入上的费用已达到 5 亿元。

粉丝们发现，凡客卖的东西越来越杂，T 恤、家电、数码、百货、拖把、菜刀、镊子……扩张过快，品质难以跟上，造成用户流失，进而库存高企。业内人士批评说，凡客的产品甚至不如凡客的包装盒。2011 年年底，凡客库存达 14.45 亿元，总亏损近 6 亿元，营收为 32 亿元。突然之间，人们对凡客的任何东西都没有兴趣了……标榜“文艺”和青春狂热的不羁品牌就此沉沦。

此后一年多，凡客清库存、大裁员。顶峰时期 1.3 万员工只留下 300 人，2016 年仅剩 180 人。2016 年 4 月 7 日，沉寂了两年的陈年发微博说：凡客十几亿元的债务和近 20 亿元的库存问题都已解决。

如今的凡客强调“不卖便宜货”，希望通过提升产品品质重振销售。新上市的 VT 定价 68 元，以前 VT 的价格是 29 元。陈年不断向周围的人讲述“阿克苏长绒棉”、“鹰爪扣”、“100 支”等专业技术参数，就像手机厂商比拼 CPU 类型和跑分数值一样。批评者认为凡客正在陷入“唯技术论”，失去了创造品牌和引导时尚的能力。2014 年，凡客以一款衬衫宣布品牌重建，接下来花了三年时间积累口碑，让用户得到最基本的追求——品质。

在陈年看来，品牌就是正确的自我表达。2016 年，凡客推出了马尔克斯、穆旦、张爱玲系列，将作家的文字作为设计师的灵感，设计为图案之后，印到 T 恤上。这些文化灵感都来源于陈年自己的偏好。凡客内部质疑这些是否太过小众，陈年说：“凡客只做我喜欢和懂的。”有媒体问，不需要做市场调查吗？陈年说，“我们表面好像在做市场调研……其实都不过是敷衍，所以不如回到我喜欢”。

“张爱玲与马尔克斯在中国有几千万读者群，无论是我们或年轻一代人，都有喜欢他们的人。”曾在凡客负责品牌营销的沈威风支持陈年，因为这符合凡客品牌的气质，给了她一个购买的理由。“我愿意把‘沉默的，是爱情’这样的句子，写在自己的身上。”4月7日，新款主题产品上市，凡客官网全站流量和销售比同期增长5倍。一直到4月11日，日均流量和销售依旧维持在2～3倍。

凡客与歌手朴树启动了一系列合作，回归曾经的韩寒、王珞丹思路。陈年说，凡客的小众是我们一开始就意识到的，但是在经过了（2016年）春夏的销售以后，这三个主题的销售（穆旦、张爱玲、马尔克斯），是普通的其他图案销售的三到五倍。

对于未来，凡客表示打算做好衬衫和T恤为代表的基本款产品，并延续文艺风。陈年总结说，凡客的独特性是以品质为基础，有一定的品牌调性、合理的性价比、适度丰富的产品线。品牌调性则是：不讨好，不商量，我喜欢就好。“当我们过去想讨好所有人的时候，稍有风吹草动，我们自己就特别紧张。实际上我们不可能讨好所有人，做自己就好。”

讨论题：

1. 在你看来，凡客早期对品牌的理解有哪些误区？

2. 凡客将基本产品VT定价68元是否合理？

3. 凡客品牌的调性对哪些人有吸引力，凡客有哪些机会提升品牌的价值？

开篇案例讨论题

1. 原麦山丘的产品战略是什么？在竞争上有何优势？

2. 原麦山丘的选址如何结合营销战略？

3. 描述原麦山丘品牌战略中最成功的三个因素。

附录

顾客访谈设计

事先准备

- 我们应当对谁访谈?
- 我们可以询问哪些信息?
- 问题应当是开放的还是结构化的?
- 问题应当如何排列顺序?

总体方案(根据研究需求进行定制)

1. 开场问题(介绍与热身):简述研究的目的、介绍自己、保证对回答保密、说明大约需要多长时间。

请回忆上次你购买和使用这一产品的时候。哪些因素促成了你的行动。你采取了哪些行动以获取产品或服务?你的购物体验产生了什么结果?

2. 目前的作法

目前你如何购买或使用有兴趣的产品或服务?你是如何做出购买决定的?你购买产品服务的频率如何?在哪里购买?

3. 对产品和服务的熟悉 / 意识

在最后决定购买之前你考虑过哪些其他产品 / 服务 / 经销商选择?

4. 重要特性

在购买这类产品时,你会注意哪些特性?哪些特性你最重视?

5. 顾客的感受

你会如何对比不同的产品和服务?在所有的这些特性方面,你认为本公司产品 / 服务与竞争对手相比表现如何?

6. 对产品 / 服务的总体喜爱与满意

询问本公司产品在同类竞争产品中的满意水平或喜爱排名。

7. 产品模型导入 / 介绍

目的：获得对产品概念的反馈，以及有助于识别额外决策驱动因素的看法。

你对这一产品概念有哪些喜欢的地方？有哪些不喜欢的地方？在对产品的介绍中是否有某些你认为重要的因素我们还没有讨论到？产品概念是否改变了你在选择产品或服务时对不同因素重要性的评判？

目的：探寻新产品或服务的购买意愿

受访者购买和使用新产品的兴趣或意愿如何？愿意支付的价格水平如何？

我们想了解你是否可能购买这一产品？

一定会　可能会　可能会也可能不会　不大会　肯定不会

我们想知道你愿意为购买这一产品付多少钱？我愿意付

请注意同类产品的价格为______，现在，请再考虑你愿意为这一产品支付多少钱。

我愿意付

8. 媒体习惯

通常你是怎样找到产品或服务的？你最喜欢的媒体是哪些？

9. 人口统计信息

个人信息应当在访谈最后收集，如年龄、收入、职位、性别、教育等

10. 总结

还有没有其他评论或看法？

谢谢您的时间！

4

第四部分

创业成长

第 13 章

成长战略

人们不是拒绝变革，而是拒绝自己被变革。

——彼得·圣吉

本章学习目标

- 企业通过成长创造价值的原理
- 在成长过程中如何做好控制和发现机会
- 企业从内部成长的主要方法
- 企业从外部成长的主要方法
- 国际成长为企业带来的特殊挑战

新通联的产品属于传统产业，企业需要发现新的成长机会。

开篇案例

新通联：传统产业的战略成长

1994 年，曹文洁从母亲手中接过新通联的经营。这是一家木器厂，主要业务是生产包装木箱，年收入 800 万元。对于大多数企业来说，包装仅仅是一次性的损耗品，只要能满足交货期，价格低廉，对质量要求并不高，因此木箱加工行业进入门槛极低。

当时，外资企业开始大举进入中国。外资企业使用的包装是“木托盘 + 纸箱”：产品装入纸箱，放在木托盘上，外面用缠绕膜封住。这种包装模式不再使用传统的木箱，而是使用大量的木托盘。大多数包装企业只是做木箱，做托盘的很少。曹文洁却从中看到了巨大的机会和发展的趋势，将业务重心转向木托盘。她还开设了一家纸箱厂，能够为客户提供配套服务，吸引了很多客户，纸箱厂当年就收回了成本。

为了提高和外资企业合作的机会，曹文洁引入了 ISO9000 标准，新通联也是国内第一家获得熏蒸热处理认证（以符合出口要求）的企业。1999 年，新通联包揽了上海 80% 的出口木托盘生意。“那时候生意好到客户开车排队，拿着支票上门提货，”曹文洁回忆道。

2006 年，日资企业柯尼卡美能达（简称柯美）在无锡建立了一个生产复印机的工厂，新通联成为包装供应商。柯美要求产品不良率控制在万分之一以内，一个箱子要经过 20 多道检查工序。纸板上面有任何斑点、印刷油墨不均匀、操作工人的手印，或流程中绳子的拉痕等，都会当作不合格产品剔除。“当时我们送过去的纸箱几乎有一半会被拒收……与我们一起参与供货的包装公司大多都做不了而退出了。”

经过谈判，柯美对新通联开展了“纳入不良为零”的供应商支援活动。从日本本部派出现场管理专家深入工厂，和员工一起梳理流程，改进工艺。三个月后，在没有增加制造成本的情况下，产品合格率由 50% 提高到了 99.99%。无论是合格率还是质量稳定性均超出了顾客期望。这次成功给公司带来了巨大利益，整体管理水平和士气也得到了提升，当年公司业绩实现了 100% 增长，达到一亿元左右。一年过后，很多来自上海的供应商被无锡当地的供应商替代了，新通联却一直保持着合作。由于柯美的认可，在华东地区的日资企业佳能、理光、富士施乐、三菱重工、三菱电梯、富士通将军、日立相继成为客户。

2007 年，新通联与霍尼韦尔合作，开始实践“一站式服务”——从包装业务向上延伸，为客户量身订做包装设计，并把产品送到客户的流水线，包装、入库、库存管理，并协助发货。向下延伸，除了纸箱和托盘外，还提供包装使用的发泡、纸浆膜、EPE、吸塑、防静电、干燥剂等各种材料，统一采购降低成本，保证质量。

以一台复印机为例，其外包装起码包括 5 种产品：产品零件上的各种标签、塑料袋、白色泡沫板、木托盘和外面的纸盒。传统的做法是，复印机生产企业向不同的厂商采购上述 5 种产品，入库后由自己的工人进行包装。在新通联创新模式下，这些企业将上述所有环节，全都交给新通联。这是个双赢的创新。企业可以减少人员和管理负担，新通联则可以提高服务价值。

一站式服务推出使得新通联在竞争中处

于强势地位，在和客户的谈判中也有了很大的灵活性。2008 年，新通联的销售收入增加到了 2.9 亿元，服务的企业也从电子产品类扩展到博世、联合电子、霍尼韦尔、伟世通、江森、三菱重工等汽车零部件企业。

2009 年，新通联开始跟随顾客向外扩张，进入了苏州、芜湖、重庆、武汉等市场。例如在武汉建厂就是为了争取霍尼韦尔和施耐德在武汉新设工厂的业务。

一站式服务推出几年后，竞争对手纷纷效仿，行业整体利润水平下降。作为劳动密集企业，新通联还面临着近年来劳动力成本迅速上升的压力。"如果新通联能提供的服务，别人也能提供，那新通联只能在竞争中败下阵来，"潘文洁说。

在经过初期经营的考验后，创业企业通常已经有了基本的产品和市场，接下来的任务就是企业的成长。本章从企业成长的原理开始，介绍了规模经济和范围经济的基本概念。保持控制和寻求机会是企业成长中的特别挑战。成长可以是内部的，也可以是外部的，越来越多的企业还选择了国际市场的成长空间。

13.1 企业为什么追求成长

成长（growth）是指企业规模的扩大，包括产品、产量、市场以及市场份额的增加和扩大。成长需要消耗额外的资源，需要企业努力建立新的能力。同时，成长也是有风险的，很多创业企业在成长的过程中失败。那么，企业为什么要选择成长？答案是成长符合企业的利益，甚至是企业生存的前提。

规模经济

规模经济（economies of scale）是与大规模产出相联系的单位成本下降。如果随着产出扩大，单位成本显著下降，企业将可以通过保持低价、提高销量来获得利益。大规模生产的通过生产数量的增长摊薄固定成本。固定成本是无论产出多少都要支付的成本。当奥运会结束后，大型的运动场馆由于使用率不高很快会出现巨额的亏损，因为不论这些场馆是否使用都要支付庞大的维护成本。全国性啤酒品牌在央视的广告投入动辄以亿元计，但分摊到销售的每升啤酒上不过一两分钱，可能远远低于地方品牌。同样，微信的研发费用可能高得惊人，但相对庞大的用户数量而言，平均开发成本反而低于一般的手机应用。

规模经济的另一个来源是，当生产规模足够大时，劳动分工和专业化可以提高生产率。由美国福特汽车公司首创的大规模生产技术装配线实现了更高水平的劳动分工和专业化，将生产一辆轿车的成本从 3000 美元下降为 900 美元。图 13.1 描述了规模经济的概念，随着产出增加，单位成本下降。需要注意的是，当

规模超过图中 Q_1 点之后，生产数量的增加反而导致成本上升。这主要是由于大型企业会发生官僚主义和管理效率降低。

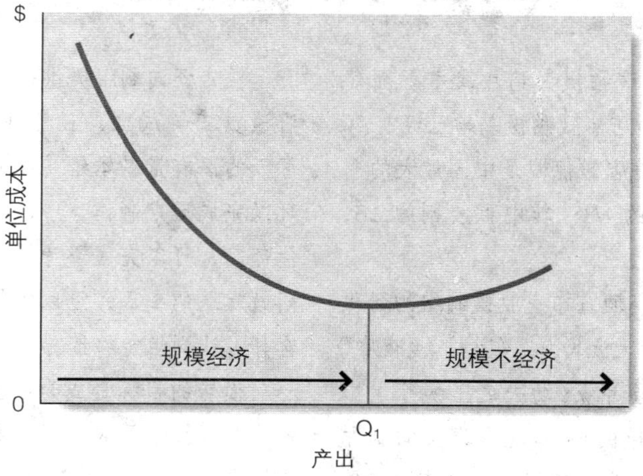

图 13.1　规模经济与规模不经济

范围经济

范围经济（economies of scope）是指随着企业成长，产品或服务间协同所带来的成本降低。当两种或更多产品的生产比单独生产的成本更低时，就会产生范围经济。旅行社通常提供从机票、车票、门票、住宿到餐饮的一揽子服务，因此可以提供较大折扣的旅游服务价格。电子商务公司往往同时经营金融业务，因为电子商务的消费记录可以作为信用记录支持借贷业务的审核。

市场影响力与企业生存。大型企业，特别是市场领导者，通常拥有更大的市场权力，包括定价权、媒体权力、采购权力、销售渠道上的权力以及招募优秀人才的优先权。市场领导者还能够从行业整体的增长中获得利益。在很多情况下，是否能够快速成长为大型企业决定了企业的生存。例如，电商行业可容纳的企业数量非常有限。如果不能实现快速增长，夺取尽可能大的顾客基础，很可能会被竞争对手打败。另一种常见的情况是现有的大型企业迅速反应，推出与创业企业类似的竞争产品并利用其市场地位进行竞争。例如，1994 年网景浏览器上市后取得了很大的成功，尽管微软在 1995 年就开发出 IE1.0 进行对抗，但用户仍然继续支持网景。然而，当微软决定将 Win98 与新的 IE 浏览器捆绑销售后，网景的市场份额迅速下降，很快就不得不退出市场。对于创业企业，利用领先优势迅速提高市场份额是对抗现有大型企业竞争的一种有力策略，这可以解释为什么许多新企业以销售增长而不是利润增长作为优先目标。

创业行动专题

横店影视城的范围经济

以1996年谢晋导演拍摄《鸦片战争》而建设的广州街为发端，横店影视拍摄基地已经有20多年的历史。现在，横店影视城是中国最大的影视拍摄基地，电视剧的1/3，其中古装剧的2/3，是在横店拍摄的。

2000年，横店影视城宣布免收摄制组的场租费，来拍摄的剧组数量大大增加。《英雄》《夜宴》《无极》《满城尽带黄金甲》《功夫之王》等电影均是在横店影视城拍摄的。《雪花秘扇》的制片人邓文迪评价横店："便宜，工资低，横店的布景很漂亮，用这个价格在美国根本造不出来。"

横店还向剧组提供一站式服务。2002年，横店演员工会成立，目前注册的演员有2.8万名，每天的保有量基本维持在五六千人左右。在横店可以完成后期制作，广电总局还在这里设立了审片部门，可以完成影片的申请报批。横店还有专门做戏服的工厂，可以方便地租赁设备，如发电车等。让剧组能够带着演员来，带着作品走。

横店的目标是成为中国"规模最宏大，要素最集聚，技术最先进，成本最低廉"的影视文化基地。

13.2 成长中的控制与机会

成长对于企业如此重要，创业企业在商业计划书中通常都会有专门的部分讨论成长的方案。然而，在现实中，许多创业者所犯的错误却往往是高估了企业的成长能力。因为成长需要额外的资源支持，企业必须保证自己有能力提供高速成长所需要的资源。一个典型的情况是，在创业初期，创业者自己能够亲力亲为进行细节管理。但随着公司的成长，创业者将不得不进行授权。此时，是否拥有足够多称职专业的员工，成为限制企业成长的因素。而当员工数量增长到一定程度，能否保持创业企业的文化又会成为新的挑战。对于创业企业，在成长中需要特别关注控制与机会。

组织的控制

控制是企业成长中的核心因素，与企业利润关系最为直接。初创企业往往管理松散，控制措施不力，绩效评估与结果问责制度不健全。初创企业经常会将销售看得比利润更重要，在争取新客户时只看重成交而不做成本上的考虑。在突然出现的成长机会面前，一切计划都被打乱，运营管理往往跟不上。经常会发生库存告急、应收账款拖延、现金告罄以及供应商威胁停止供货等现象。由于缺乏有效的管理系统，企业无法制定最优化的运营决策。决策失误导致大量资源浪费，例如经常会发生多头订货以及订货价格不一致的现象。

成长阶段的创业者们发现自己的时间总是不够用，光是解决日常经营问题就已经花掉了几乎所有的时间。在这种情况下，多数创业者不会停下来反思，回过头来开发和实施严格的流程，招募和培训适当的员工，确保所有的职能正常运转。然而，如果一家企业想要发展壮大，做好执行是基本前提。因此，在完成初创工作之后，创业者的关键任务就是建立起有效的运营。其中首要的，是建立控制系统来实施控制，记录和评估绩效。

建立控制系统。创业企业初期的控制系统应当是相对简单的，帮助员工快速和方便地理解自己的工作。哪怕一个简易的管理系统也能够减少工作中的差错，引导员工和管理层习惯于控制的行为和逻辑。有效的控制系统应当包括以下工具：

- 应收账款和收款政策
- 库存管理系统
- 应付账款政策
- 绩效与支出评估
- 用于跟踪现金、应收账款、库存、应付账款、支出和绩效的指标

管理成本意味着对开支和费用实行监督并做出必要的决策。成长中的公司销售收入快速增加，与此同时营销和行政费用也会急剧上升。这些费用中有许多是合理的，企业需要通过不断的营销投入来拉动销售，也需要聘用更多的人手用于支持扩大的业务活动。创业者需要注意的是，这些费用的增长是否超出合理的限度，以及如何更有效地使用这些支出。例如你可能需要对采购开支和采购的结构进行定量分析，初创时的采购模式未必适用于成长阶段较大规模的采购活动。

成长阶段的企业往往开始增加产品的种类、扩大市场，创业者需要分析不同产品、不同市场的绩效，以决定哪些产品和市场在为企业赚取利润，而哪些只是在消耗企业的资源。以这些分析为基础，创业者要做出上市或停止产品、进入或退出市场的选择，将有限的资源运用于能够产生利润、有助于企业持续成长的方向。

跟踪绩效。创业企业如何判断自己的绩效指标是否合理？成熟企业常用的方法是通过行业公开数据跟踪本企业的运营指标是否健康，然而创业企业可能不适用这些指标。例如，创业企业需要迅速建立品牌知名度，其营销费用占总费用的比例可能远远高于成熟企业，这是合理的选择。创业企业可以考虑依时间维度来进行指标分析，如观察企业应收账款账期的变化，如果平均账期开始延长，说明企业在实际收款中出现了放松的情形。如果库存发生连续和大幅度上升，则提示企业产品积压的风险上升。如果这些变化不是企业经营战略意图的体现，则需要仔细研究造成这些现象的原因，考虑要不要实施政策上的调整。在设计绩效跟踪系统时，简单和低成本地获取信息是主要的考虑因素。一家咨询公司的老板用简单的 excel 表格跟踪企业绩效。他以员工姓名为纵轴、以周为横轴，如果该周员工开出咨询费发票，则在空格上写上 B（billing）。这个表

格简易而直观，老板只要看一眼上面填写 B 的格子数量，就可以知道自己企业的经营状况了。对于创业企业，基本的预算工具只要能够正确地反映现金、库存、生产工期、员工人数需要、销售和利润目标就足够了。随着企业的成长，创业者可以将这些工具加以完善。

当然，一味强调控制的企业恐怕是无法快速成长的。创业者必须平衡必要的控制与创业精神，避免让控制和复制成功做法的愿望阻碍企业的成长，这就需要创业者关注组织的机会。

组织的机会

在初创期，企业谈不到有机会选择的问题，只能抓住任何可得的生存希望进行奋斗。然而，当企业进入成长期之后，创业者就需要考虑企业的发展战略，决定企业在本产业中的哪一个细分市场中竞争，如何为这一细分市场中的顾客创造价值，如何培养企业在这一领域中的竞争优势。组织定义发展战略的途径是建立特定的组织能力以及运用这种能力在竞争中实现差异化。而发展战略则决定着组织如何营销和销售产品，如何看待扩大业务的机会。

在成长的初期阶段，企业通常采用**聚焦**（focus）战略，也就是只在一个非常具体的细分市场上进行竞争。例如京东的早期业务围绕着向自组装电脑的用户提供低价、正版的 PC 部件。发展战略是通过在这个细分市场上扩大销量，建立起声誉，向 PC 硬件供应商索要更优惠的供货条件。在成长早期，创业企业常犯的错误是未能确认哪些是自己最擅长的业务。聚焦战略可以指导企业在纷乱的市场机会中找准自己的路径，有助于判断哪些机会应当争取，哪些机会只能放弃。同时，企业还要围绕战略聚焦建立组织能力，向市场上的其他利益相关人提供企业清晰的形象。京东早期通过战略聚焦成功地在庞大的自组装人群中建立起高品质、低价格的形象，并通过这一核心人群将自己的品牌形象扩展到普通电脑部件购买者。

在成长的后期，企业通常已经确认了自己的独特能力，能够运用这一能力来追求战略机会。企业往往在这一阶段大幅度改进产品或增加新的产品线，通过改进产品来保持对原有顾客的吸引力，也需要增加新的产品来扩大自己的市场范围和收入来源。不过，当企业将产品扩大到其他企业的业务领地中之后，往往会引起原有企业的报复，爆发激烈的竞争。需要做好准备，承受巨大压力。京东在成长的后期将快速送达的物流服务作为自己的核心能力，通过大力投资于区域性物流中心来提升这一能力，使之成为超越竞争对手的长期优势。同时，京东将产品的类别从传统的 3C 扩大到家电。在此过程中，京东与传统的家电连锁企业如苏宁国美等产生了竞争冲突，多次爆发价格战。收购和兼并也是这一阶段企业常用的巩固核心业务能力和扩大相关业务的方法。

创业行动专题

天涯错过的成长机会

1999 年，邢明在海口创立了天涯社区。天涯 BBS 采用民主、宽松的治理方法，许多版面是应用户需求而开设的，例如股票论坛、关天茶舍、煮酒论史等。天涯擅长以社会议题的讨论，同时又不触犯内容管制，吸引了大批有一定专业水准的网民。2005 年，天涯已经是中文社区类网站第一名。

随着业务量的增加，网站出现了资金不足的困难。此时，搜狐和新浪都想收购天涯，但邢明不愿意。2006 年，联想和清科提供了天使投资。接下来，谷歌的投资给了天涯很高的市场声誉。此后，天涯准备在创业板上市。然而由于上市路径选择不当，直到 2009 年才完成准备，而此时资本市场已经变得非常不利。

天涯的优势逐渐被竞争对手超越。早期 BBS 以文字为主，是因为受限于网速。随着网速的提高，图片、视频类内容开始分流像天涯这样的论坛用户。在大众 BBS 方面，百度贴吧更能够吸引用户。博客和微博的出现意味着新的社区形态，追求影响力的作者也开始流失。在专业内容方面，不仅有东方财富、雪球、豆瓣、果壳这种垂直网站，还有知乎这样提供高质量内容的应用。

有人说，天涯错过了 BBS 的黄金期，创业 7 年后才开始得到融资。由于长期处于低投入、低产出的运营状态，无法将流量和用户的优势转化为新产品的动力。在用户的使用习惯从 PC 转向移动端的过程中，天涯往日的光彩渐渐褪色。

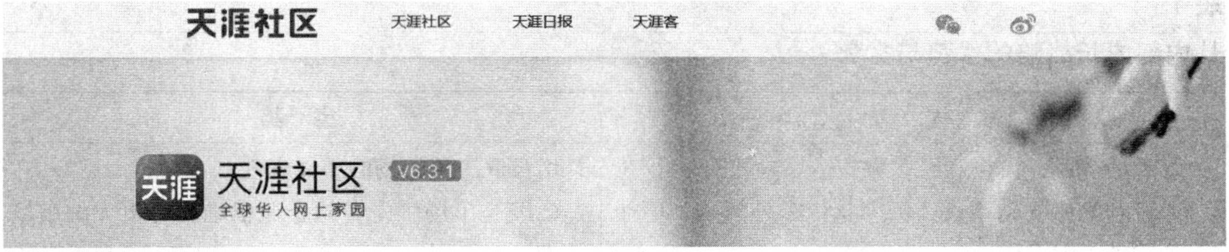

13.3 从内部成长

成长战略是扩大企业业务规模的计划，每家企业都要根据自己的特点和环境来制定成长战略。成长战略可以分为两类，内部成长和外部成长。**内部成长**是指通过企业内部的努力，如开发新产品、围绕产品增长以及向国际市场渗透等战略提高企业的销售额和利润。内部成长的特点是运用企业内部资源（能力、专业技能、业务实践和员工）实现业务增长，也称为**有机增长**（organic growth）。相反，**外部成长**是指通过并购、联盟等方式来实现的增长，它的特点是需要运用企业以外的资源。

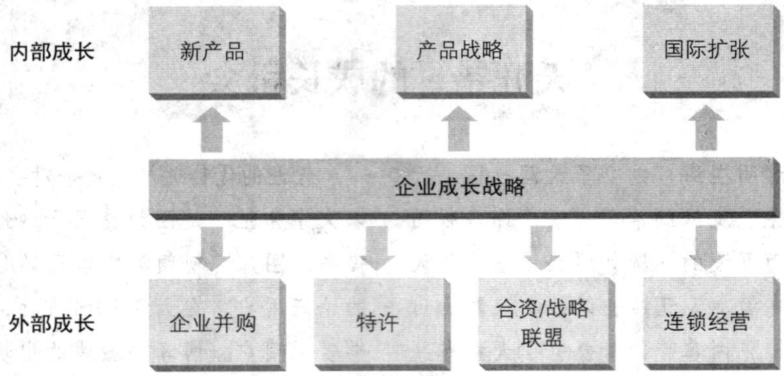

图 13.2 内部成长与外部成长

内部成长常常被认为是更健康的增长方式，较少依赖外部资源。因此，我们经常会看到一些企业在报告业绩时自豪地声称自己实现了有机增长。然而，内部成长往往是有限度的。例如，产品本身是有生命周期的。那些依赖少数畅销产品或特定销售市场的企业会发现，多数目标顾客已经购买过自己的产品。来自新顾客的购买越来越少，企业销售依赖老顾客的更新和提价。此时，企业就会进入内部成长的极限。表 13.1 总结了企业内部成长战略的优势与劣势。要想实现可持续的内部成长，就要求企业不断开发新产品或为已有产品找到新市场。

表 13.1

从内部成长战略的优势与劣势

优 势	劣 势
1. 熟悉的产品、市场和经营方式，风险相对较小	1. 增长取决于市场的整体表现
2. 通过利润来支持增长，而不是依靠外部的（更加不确定的）财务资源	2. 已经是市场领先者的企业很难获得更大的市场份额
3. 有助于发挥优势，提升核心能力	3. 增长速度有可能达不到股东的期望
4. 未来增长速度和前景更加稳固、更加可预期	4. 有可能错过重要的市场机会
5. 有助于保持组织文化和鼓励内部创新	

新产品开发

新产品开发是企业设计、生产和销售新产品以增加销售额和利润的过程，创业企业可以通过新产品开发上市来实现内部成长。新产品既包括过去所没有的、独创的产品和服务，也包括现有产品和服务的改进版。

产品改进的情况是多数的，独创的产品和服务则数量较少。独创产品开发周期较长，成本也会很高。通常情况下，独创产品不是创业计划的结果，而是头脑风暴、创新活动或问题解决作业的结果。许多新产品的成功程度甚至连开发企业本身都没有想到，例如百度贴吧、腾讯的微信、奇虎的 360 安全卫士、捷豹的清洁大师等，都是在本企业主流产品和主要业务之外实现的突破。创业企业必须营造出一种鼓励创新、“跳出盒子”思考的氛围，以增加企业获得独创产品的机会。

另一方面，独创产品需要投入大量的资源，并且其结果是不确定的，因此企业开发独创产品的风险很大。《哈佛商业评论》的一篇文章指出，在美国市场上新推出包装食品和零售商品的失败率高达 75%，作者总结了产品失败的常见原因（表 13.2）。

表 13.2

新产品失败的 5 项主要原因[1]

1. 对产品成功缺乏准备。在产品上市并获得成功后企业无法提供消费者需要的数量，或服务质量下降。
2. 产品未能实现宣布的功能。
3. 新产品独特性不够，无法说服购买者做出选择。
4. 新产品教育不足，消费者无法快速掌握使用方法。
5. 革命性产品，但没有买家。

其他内部成长方法

除了开发新产品，企业还可以采用改进原有产品、提高市场渗透和地理扩张的方法来实现内部成长。

改进产品。创业企业不能靠愿望来实现独创产品的成功开发，很多时候即使有开发新产品的明确计划也未必能够实现。在新产品取得成功之前，企业要考虑将产品改进与产品开发结合起来，通过产品改进来获得足够的现金收入，等待重大创新出现。产品改进的灵感主要来自销售人员、产品研发人员和管理人员在市场上对用户需求的观察和理解。创业企业经常召开由上述人员参加的周会，讨论可以对产品和服务做哪些改进以提高企业竞争力。由于企业对原有产品的设计以及产品的顾客反馈比较熟悉，产品改进往往不需要对企业的结构和预算做很大的变动，能够利用现有的资源很快地完成设计和生产。产品改进的另一个好处是营销成本相对不高，因为顾客对产品已经有一定的了解。

在许多时候，产品和服务本身的改进可能带来新的成功。例如微博的发布受到字数限制，新浪用长微博这项技术改进帮助需要发布更长信息的用户，受到很大的欢迎。互联网产品往往会在很短的时间内进行反复迭代，不断改进用户的体验，例如微软 Xbox One 游戏机的操作系统每月就会更新一次，提升玩家的感受。

改进产品的另一种常见做法是扩大产品线。创业企业在初始阶段往往只有一款标准产品用于所有顾客。在产品成功后企业可以通过对现有产品功能的提高或删减，设计出针对不同用户的版本，例如在标准版的基础上增加 VIP 版或低端入门版。在相对成熟的产品市场上，企业由于规模化实现了成本降低，有能力争取满足每一类细分顾客的需求。扩大产品线以满足不同顾客需求是最常见的竞争手段，家电、手

[1] https://hbr.org/2011/04/why-most-product-launches-fail.

机、电脑和电信服务商通常都会提供众多各具特色的产品线或服务套餐。

提高市场渗透。提高市场渗透是创业企业成长的主要方法，企业从原有的顾客群体和市场区域逐渐扩张。企业可以发掘产品现有市场的潜力，例如增加顾客购买的数量或吸引更多的顾客购买。采用这一战略，企业在自己所熟悉的市场上继续发展，可以实现相对稳健的成长。提高市场渗透的常用手段包括：

- 产品促销。许多消费品不断进行打折或优惠促销，以此吸引用户增加购买频率和购买金额，方便面产品往往提供量贩装以增加顾客的购买量。原麦山丘号称在北京20人以上的美食活动中都会提供面包试吃。
- 扩大用户范围。通过用户教育介绍产品的其他用途，例如将户外使用的防水防摔的手电筒出售给家庭用于日常使用，强调产品的优势吸引非传统顾客以扩大销售。
- 从竞争对手处吸引顾客。全家便利店近年来取得成功的一个主要原因来自优质的便当产品，成为与其他便利店竞争时的有力武器。有机食品的用户数量相对较少，一些有机农场联合有机食品供应商举办产品集市争取顾客。
- 吸引从未使用产品的顾客。有些顾客可能因为价格原因从未光顾过本企业产品和服务，还有一些顾客是因为学习曲线过于陡峭或转换成本太高。通过免费体验、升级或赠送等方式可以让这样的顾客了解产品。例如教育类企业往往大量开设公开课或提供试用期。

地理扩张。企业在取得早期成功后往往将现有的产品和服务扩大到新的地区。例如产品代理商与大型商场签订新的店铺，为更多商圈提供销售和服务，餐厅或健身馆去其他城市开设分店，连锁经营则是地理扩张最常见的形式。创业者需要注意，地理扩张不能简单地设想为按分店数量、市场规模等比扩大。不同地区市场条件不同，顾客偏好也可能不一样，地理扩张不等于自动成长。一般来说，地理扩张成功的要素包括

- 在初始地区首先取得成功。初始地区的经营有助于企业积累经验和复制经验，培养骨干员工，作为扩张的基础。许多企业在地理扩张时会将初始地区的员工派往新的地区，海底捞火锅店开设的第一家外地分店是西安，从总店派出的员工对新店的成功起到决定性的作用。
- 考虑新地区独特的市场条件。初始地区的成功因素未必在新地区同样发生作用。例如初始地区也许经过一个较长的市场培养阶段，有较从容的试错。而在新地区却需要尽快实现销售规模，为此必须投入广告和促销来打开市场。与上海相比，北京的便利店密度明显较低，这就给其他社区服务类企业提供了市场空间。
- 支持新地区的市场需求。在地理扩张时，保持标准化和支持本地需求之间可能发生矛盾，创业者需要作出判断，哪些是与品质有关的因此不能妥协

的要求，哪些是与本地需求有关的应当灵活调整的操作。永辉超市以生鲜知名，但不同地区的生鲜品种却有本地化调整。在福州主打海鲜，在重庆主打火锅底料，在北京主打面食等，以契合当地消费习惯。

13.3 从外部成长

采用外部成长战略的企业在市场上寻找机会进行合并、收购、战略联盟、合资公司、许可和连锁经营等。与内部成长相比，外部成长通常速度较快并且能够利用不同组织间的协力实现目标。新闻报道的并购或战略联盟往往与大企业的名字联系在一起，但小企业同样可以采用外部成长的方式，包括与大企业间的合作。例如，果壳网是一家新兴的具有科普特色的教育机构，它通过与好未来、Courseera 等大企业建立联盟来实现外部成长。表 13.3 对比了选择外部成长的优势和劣势。

表 13.3

从外部成长的优势与劣势

优　势	劣　势
1. 更高的增长速度，例如通过并购可以快速取得品牌、产品、技术和市场资源	1. 企业文化和价值观冲突
2. 减少竞争，提升市场份额	2. 增加企业运营和管理流程的问题
3. 实现规模效应	3. 官僚主义导致规模不经济
4. 业务分散，可以避免单一行业的周期性影响	4. 引发政府反托拉斯管制

并购成长

合并（merger）是将两家以上的企业合并为一家的整合过程，收购（acquisition）是指一家企业买下另一家企业的整合过程。以视频网站为例，优酷和土豆在 2012 年宣布合并，而盛大科技则收购了另一家视频网站酷 6 网。企业可以选择在本行业内并购，也可以选择跨行业并购。

垂直整合和水平整合。企业在本行业内的并购主要包括垂直整合和水平整合两种。**垂直并购**（vertical integration）是指企业沿着产业链的上游或下游进行并购。通过并购产业链上游的企业，创业企业可以获得经营所必需的原材料或服务的控制权，以保证供应和降低成本。例如，2015 年在线旅游网站途牛网收购两家拥有台湾跟团旅游牌照的旅行社。对于在线旅游网站，旅行社的产品属于上游。收购上游企业有助于途牛保证在线旅游产品的供应，同时也可以降低企业成本，提高利润。

与此相似，并购产业链下游的企业则有助于企业控制产品的市场。例如，生产碳粉的企业可能收购位于其下游的可再生硒鼓生产商。由于国内可再生硒鼓生

创业行动专题

苹果公司收购创业企业

人们也许以为，像苹果这样的大公司可以自己解决一切技术问题。实际上，苹果频繁地收购大量的小规模公司，通过收购获取这些小公司的人才和知识产权。例如，苹果公司的大量人工智能业务人才都是通过并购相关的小公司而获得。苹果曾经以两亿美元的价格收购了位于西雅图的机器学习初创企业 Turi，该企业由华盛顿大学的一位教授创建。苹果首席执行官蒂姆·库克在 2016 年表示，“我们平均每隔三到四周就收购一家公司，我们还将继续这样做。”许多像苹果这样的大公司通过收购获得自己所急需的技术和人才。从创业者和投资人的角度，这也是通过出售股权和业务实现获利退出的方法之一。

产需要牌照，收购有助于企业获得稳定和可持续的市场。1997 年开始，格力电器要求省级经销商进行合并，一个省只设一家经销商，并由格力控股。这一举措是为了制止当时家电行业普遍存在的经销商之间的无序竞争所导致的混乱的价格体系和产品冲货，使企业能够更加准确地掌握市场信息，并通过对经销商的管理提高利润。并购产业链下游企业的另一个好处是企业可以与顾客直接接触，不必经过中间环节，从而能够提高质量和顾客满意度。

水平整合（horizontal integration）是指在本行业内部通过收购竞争对手或以新的品牌生产同类产品。2016 年，滴滴宣布收购优步中国业务，是典型的水平整合。滴滴和优步中国的业务几乎完全相同，通过收购，滴滴消除了最有力的竞争对手，有助于企业提高利润。另一种水平整合是将生产集中到某家企业。例如格兰仕生产效率非常高，许多国际家电品牌的微波炉生产商无法与格兰仕竞争而不得不退出市场。现在，格兰仕生产了全球一半的微波炉，成功整合了全球微波炉的生产。

跨行业的整合。创业企业也可以考虑在本行业之外寻找并购的对象，跨行业的整合也称为**多元化**（diversification）。2014 年，户外用品生产商探路者宣布收购户外活动平台绿野网。收购双方的业务不属于上下游关系，也不具有直接的竞争关系。但它们的业务具有相关性，同属于户外运动服务，这样的跨行业整合称为**相关多元化**。企业也可能采用与自己业务几乎无关的并购，例如恒大地产曾经经营粮油、乳制品及矿泉水业务，这样的跨行业整合称为**不相关多元化**。一般认为，不相关多元化的风险相对较高。

战略联盟与合资公司

战略联盟（strategic alliance），也称战略合作伙伴，是指一家以上的企业通过协议联合追求某些共同目标的经营方式。在战略联盟中，参与的企业相互间仍然是独立的。在快餐业中，麦当劳与可口可乐，肯德基与百事可乐就是战略联盟。由于技术开发的风险和未来市场风险的提高，技术性战略联盟也变得越来越普遍，例如许多汽车企业与创业企业建立了无人驾驶车的技术开发联盟。

一些创业企业决定专注在自己最擅长的业务中，而将其他业务流程通过战略联盟的形式委托给其他企业。例如，有的企业擅长设计和开发，它们可能会将制造业务、物流甚至销售**外包**（outsource）给战略联盟中的合作伙伴来完成。这类企业通常会建立起一个网络结构，自己居于网络的中心，而其他合作方则围绕本企业的需求形成紧密配合的生态系统。例如耐克公司专注运动鞋的设计和开发，将生产外包给合作企业。像宜家、沃尔玛这样的企业对于供应商有非常严格的要求，它们本身专注于销售，同时在全球范围内寻找质量最好、成本最低的供应商构成自己的产品生产网络。

战略联盟是创业企业常用的成长方式，通过专注于核心业务，创业企业可以保证核心业务有足够的投资和人力，而不必将投资和人力分散到其他业务中。一些企业为了降低成本还采用了非核心业务海外外包。日本顾客在打戴尔电脑的客服电话时，接听的可能是大连的电话呼叫中心员工，企业的成本由此大幅度下降。当然，这样做也是有代价的。外包公司的员工（往往是临时工）可能不会像本企业员工那样对产品熟悉和有热情，企业也可能因此失去与顾客最密切的联系，无法及时采集到顾客的真实反馈。例如，惠普低端电脑曾经因为多种质量问题而被央视315节目曝光。造成这一现象的原因之一是惠普将客户服务外包给其他企业，总部不了解哪些产品在市场上发生问题，没能及时解决，导致大量的顾客投诉。这意味着，企业在管理战略联盟时，应当对合作伙伴给予更有力的激励，让它们清楚地看到参与这一联盟并且提供高质量产品和服务对自己的价值。

合资公司。**合资公司**（joint venture）是由两家以上的企业共同拥有、独立运营的企业。无论是制造业还是服务业，传统行业还是新兴行业，有关合资公司成立的新闻几乎天天都可以听到。建立合资企业的好处包括降低风险、优势互补、实现规模经济、交换市场等。例如，互联网保险公司众安保险是由平安、阿里巴巴和腾讯等合资成立的，从这些股东名单就可以看出合资公司的市场野心。合资公司与战略联盟的优点有些相似，但参与合资公司的企业受合资公司章程的约束，相互间的承诺程度更高。

另一类常见的合资公司是对创业公司的投资，例如，2015年，百度投资了至少15家公司，阿里13家；腾讯11家，像Google、Facebook、微软、思科、亚马逊、沃尔玛都与新兴创业企业建立合资企业。急于参与投资的也包括那些幸运地获得了融资的创业企业，例如O2O服务概念创业企业e袋洗刚刚完成A轮融资（估值5亿美元）就开始投资无忧保姆、陪爸妈、奶牛妈妈，希望通过合资公司扩展社区资源，以对抗BAT等大公司的竞争压力。

创业行动专题

安卓系统：成功带来的问题

2005 年，Google 公司收购了成立仅 22 个月的 IT 企业 Android 公司及其研发团队。2007 年，谷歌展示了基于这次收购技术所开发的安卓（Android）操作系统。Google 同时宣布与数十家硬件开发商、软件开发商和电信运营商组成联盟，共同开发和完善操作系统和应用软件。与苹果和微软不同，Google 对安卓操作系统采用了开源的政策，公布了源代码。这意味着，任何厂商都可以在安卓系统基础上开发自己的操作系统并进行销售。对于 Google，这样做的好处是可以吸引大量的企业参与安卓系统的市场建设，提供足够数量的应用软件和硬件满足消费者的需求。Google 可以节省投资，也无须为此雇佣大批的人力，而开发失败的风险则由参与的企业自行承担。2011 年，安卓已经成为智能手机市场占有率第一的操作系统。今天，市场上每销售 5 部手机，其中会有 4 部安装了安卓系统。

当然，采用这一战略，Google 也要付出一些代价。例如，由于对自己的产品缺乏控制，与苹果操作系统相比，安卓系统应用的体验相对不好，安全性也有疑问。Google 定期对安卓操作系统进行升级，而联盟成员则可能出于成本的原因不能很快升级，导致市场上低版本大量留存，新版本的优势无法体现，影响安卓的竞争前景。为此，Google 发起了 Nexus 计划，不定期推出安装最新版安卓系统和应用的手机（nexus）以引导市场。近来，Google 开始把一些基础的系统组件都通过应用商店 Google Play 来更新。这样即便系统版本没升级，但很多基础的系统框架和组件已经升到最新版本了。Google 希望在某种程度上可以解决碎片化，减少由于开发商众多所带来的问题。

通过许可成长

许可也是一种外部成长的方式。**许可**（licensing）是指通过正式协议向外部组织授权使用企业的知识产权。根据许可协议，被许可方可以使用许可方的品牌、技术进行产品的生产、销售或用于创造一款新的产品。例如，卡特彼勒是一家以机械设备和动力系统为产品的美国公司。消费者在许多商店里购买到 CAT 品牌的鞋子等产品都不是卡特彼勒自己生产，而是由卡特彼勒的品牌许可商设计生产的。2014 年，这些产品的销售额为 21 亿美元。所有产品都要体现卡特彼勒公司可靠、实用和安全的价值观。显然，这样的安排对双方都是有利的。在安排许可时，创业企业需要考虑以下要素：

- 许可什么。是品牌、专利、工艺还是销售权？
- 被许可人的利益是什么。所许可的价值是什么？
- 确定许可的价格和条件。如何计价，期限如何等等。
- 对被许可者的审核。被许可者是否有能力合理使用许可？
- 制定许可协议。规定许可者和被许可者的权利和义务。

13.4 国际成长

国际成长的利益

今天，没有人会再问企业是否需要国际成长，而只会问什么时候和如何实现国际成长。许多创业企业甚至在制定商业计划时就已经开始考虑国际市场，其收入预测中相当大一部分来自国际市场。此外，创业者还必须考虑从其他国家获得供应商、部件甚至网络。企业通过国际成长来扩大销售市场、降低生产和服务的成本，国际化还可以帮助企业寻找战略合作伙伴，通过互补产品和服务来提升竞争优势。像华为这样成熟的全球企业，海外收入占总收入的 70%。

国际创业企业（international new venture）是指在多个国家销售产品或服务以获得竞争优势的创业企业。这样的企业从一开始就以国际市场为目标，而不限于本国市场。例如，深圳大疆公司成立于 2006 年，10 年之内已经占据国际消费级无人机市场 70% 的份额。成立于 2010 年的猎豹移动，其 50% 的收入来自海外。这类企业也称为原生国际企业。

当然，国际成长是一种高风险的成长方式。即使在熟悉的本国市场建立起顾客基础和分销渠道也不是一件容易的事，在海外市场做到这些则会更加困难。例如，与当地销售商或合作伙伴建立信任和关系都需要很长时间。此外，由于汇率浮动和外汇管制政策的影响，投资和利润汇回也很不容易。文化差异也是企业在国际成长中经常会遇到的风险。

许多创业是从接受海外订单开始国际化业务的，而真正的国际成长还有很长的路。一般来说，成功的国际成长需要具备以下要素：

- 从一开始就建立全球性的使命
- 富于国际业务经验的管理团队
- 强健的国际商务网络
- 领先的技术或独特的无形资产（如专有知识）
- 密切相关的产品和服务延伸（从核心产品和服务衍生出新的创新产品）
- 全球性的、高度协同的组织结构

海外市场的选择。世界上有 200 多个国家，对于企业，不同国家的赢利潜力差别很大。在选择海外市场时应当考虑长期潜力。一个国家对企业的吸引力取决于收益、成本和风险之间的平衡。一个国家对企业的长期经济利益取决于市场规模、消费者当前的购买力以及未来的购买力。有些国家人口众多，但由于收入水平不高，购买力不强，实际上市场并不大。在经济发达、政治稳定的国家开展业务的风险相对较小。另一个重要因素是企业的商业模式在外国市场上创造的价值。如果企业能够提供本地市场上有需求但无法生产的产品，则其产品的价值将大于已经存在竞争产品的价值。当肯德基刚刚进入中国时，由于独特的商业模式和经营理念，人们甚至愿意排队等很久来获得进店消费的机会。尽管在美国，肯德基只是一种普通快餐。但对于中国年轻人，吃肯德基一度成为时尚。

国际成长的方式

企业有 5 种主要的方式进入国际市场：出口、许可、特许、合资公司和全球子公司。每一种进入的方式都有其优点和缺点 .

国际电子商务。今天，任何企业都可以利用自己的网站开展国际业务。当然，首先要建立一个能够吸引国际顾客的网站，这包括提供语言和支付上的便利以及对其他国际顾客需要的理解。香港创业者 Ken Lee 创建了 lots of buttons 网站，面向国际市场提供各种扣子。这家公司网上销售每月的订单可以达到 1.5 万美元。也有的企业选择利用像阿里巴巴这样的海外销售平台开展国际电子商务，使用平台的优点包括相对低成本的共享服务，例如多语种的电子商务服务。

出口。**出口**（export）是最常见的全球扩张方式。出口有两项独特的优势，首先是可以试探国际市场，有助于通过学习积累经验。其次是不必在东道国投入巨资建立生产设施和分销渠道。企业仍然在母国进行制造，这样可以享受集中制造的规模效应，一些电子设备企业往往采用这样的方式实现国际成长。出口也有缺点，例如本国可能不一定是生产成本最低的地点，或者运输成本较高。此外，出口往往要通过代理商，而代理商的利益未必与企业利益完全一致。例如，英国服装品牌巴宝莉在 2010 年支付 1 亿英镑违约金，以收回中国市场的代理权。

许可。**国际许可**（license）是指国外被许可方按照协议价格向许可方购买在本国制造产品的权利。制造所需要的投资由被许可方负责。许可的优势是不需要承担开发海外市场的成本与风险，对于不愿意投入资本和担心海外市场风险的企业较为适合。许可的缺点是无法严密控制海外市场的运营，不利于实现规模经济。

特许。**特许**（franchise）是一种特殊的许可形式，特许方将无形资产的使用权出售给被特许方，帮助被特许方经营，同时要求被特许方严格遵守经营规则。特许主要适用于服务企业，例如麦当劳这样的快餐店。麦当劳对于特许店的经营有严格的管理，包括菜单、烹调方法、员工政策等。特许的优点是可以低成本地建立全球网络，因为许可方不需要投资，也不承担成本与风险。特许的缺点主要包括品质控制困难，例如人们有理由希望在全球各地的星巴克提供的服务质量是相同的。然而由于地理上的阻隔，特许方有时很难发现被特许方品质不佳的情况，这会影响全球品牌形象。

合资公司。**合资公司**（joint venture）是由两家以上企业共同投资创建的企业，国际合资公司是指外国企业与当地企业合资。我们对合资公司非常熟悉，许多世界 500 强企业与中国本地公司成立了合资公司，例如几乎所有的国际汽车品牌都在中国建立了合资公司。合资公司的主要优点是可以结合本企业的技术专业和本地企业的经营知识，特别是在当地开展经营存在政治或经济制约时。日本富士和美国施乐合作成立的复印机生产企业富士施乐是合资公司的典范。这家公司成立于 1962 年，至今仍然是复印机行业的领先企业。合资公司的缺点是缺乏控制，可能较难配合企业实现总体战略。

全资子公司。**全资子公司**（wholly owned enterprise）是母公司拥有 100% 股份的公司。在海外市场建立子公司可以采取重新建立新机构的方法，也可以收购现有的公司。全资子公司最主要的优点是可以实现严密控制，能够更好地保守企业的技术秘密，更好地实现全球战略协调。企业也可以选择先成立合资公司以学习市场经验，然后将合资公司转为全资子公司。例如，许多国际企业在进入中国一段时间后将合资公司改变为全资子公司。当然，建立全资子公司的成本和风险会很高。

妨碍国际贸易的因素

国际市场有时对创业者并不友好，许多国家会采取一些妨碍国际贸易的措施。它们这样做主要是为了保护本国企业免受国外竞争，尽管如此，各国间的贸易仍然在不断扩大，像世界贸易组织这样的机构则力图通过国际间的谈判促进国际贸易。

关税。**关税**（tarrif）是政府对进口产品或服务征收的一种税。关税提高了进口产品的价格，以此保护本国产品和服务的生产商。例如，中国对高端消费品征收较高的关税，这导致了国内市场上进口商品销售受到抑制。近年来，出国旅游的中国顾客在海外大量购买高档消费品，主要是因为海外零售店价格（由于无关税）相对较低。

配额。**配额**（quotas）是对一定时期从某国进口总量的限定，属于非关税壁垒。比如，每年中国进口大片的数额为 34 部。韩国对进口大米实行配额管理，以保护本国农民的利益。日本对进口鞋类产品实行配额，超过配额部分将提高关税，以此来保护本国制鞋业。

反倾销税。**倾销**（dumping）是指以低于成本的价格向其他国家大量销售产品。进口国认为倾销的行为损害了本国企业的竞争力，目前已经有 60 多个国家颁布了反倾销法。例如，2009 年开始美国对从中国进口的小轿车和轻卡车轮胎实施超过 30% 的惩罚性反倾销税，而正常关税只有 4%。这一措施导致中国对美国轮胎出口一度下降 60%。

文化障碍。**文化**是指一国居民共享的信仰、价值观、观点等。国家间的文化差异是国际贸易的障碍因素。企业在销售产品和服务时还要考虑语言、商业哲学、商业惯例和传统。缺乏对东道国文化和商业惯例理解可能对企业开展国际业务带来难以克服的障碍。以手机为例，印度智能手机市场上销售的主要是低价格的手机，小米手机在性价比上具有相对优势。与国内市场相比，印度市场更依赖传统线下销售，而小米的长处却是线上销售。随着印度电子商务市场的扩大，小米的处境也在逐渐改善。

创业行动专题

微信红包：文化障碍阻碍本地成功在海外复制

微信在国内的巨大成功得益于对中国用户需求的精准把握，然而这也使得这一产品的中国印记特别清晰。当微信寻求海外发展时，中国印记可能成为阻碍其扩张的一个障碍。例如，在微信发展史上，红包功能的推出对于微信的推广和用户群体的扩大起到了关键性的作用。微信当然希望将这一卓越功能在海外进行复制。从技术上讲，海外红包和国内红包没有本质区别，困难在于文化接受。前任微信产品经理 Dan Grover 抱怨说，红包在英文中很难找到精准对应。把红包叫作"Lucky Money"，感觉像在赌博；翻译成"Red Envelope"（红色信封），香港用户不喜欢；翻译成"Red Packet"，马来西亚的用户又不能理解，因为马来西亚虽然有"红包"的文化，但它是绿色的。"Red Envelope"和"Red Packet"同样不适用于日本，因为日本人的"红包"是用白色信封包着的。

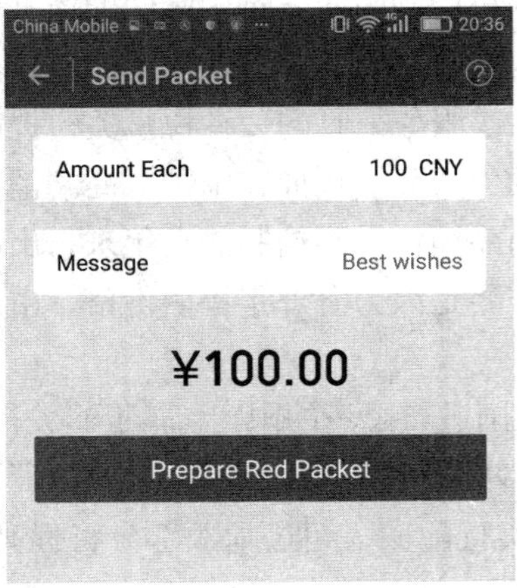

另一个难以复制的功能是公众号，它也是微信的核心功能之一，但由于中西方媒体环境的差异，微信公众号在国内积累的经验同样无法在海外展开。

一方面，微信由于文化阻隔而无法迅速提升海外市场份额；另一方面，微信却无法阻止海外竞争对手学习自己在产品功能上的创新。例如，Facebook Messenger 在 2016 年增加了支付功能，就是积极向微信学习的一个结果。Facebook Messenger 还计划将打车、转账、订餐、机票等功能都集中在一个 APP 里面，建立商务中心的功能。微信的用户对这样的服务非常熟悉。

本章小结

1. 成长是指企业规模的扩大，包括产品、产量、市场以及市场份额的增加和扩大。

2. 企业通过成长以实现规模经济和范围经济。

3. 企业首先要做好控制、记录和评估绩效，然后通过定义发展战略来寻求市场机会。

4. 运用企业内部资源实现业务增长称为内部成长，通过并购、联盟等方式来实现的增长称为外部成长。

5. 企业设计、生产和销售新产品以增加销售额和利润，企业也可以改进原有产品、提高市场渗透和地理扩张来实现内部成长。

6. 合并是将两家以上的企业合并为一家的整合过程，收购是指一家企业买下另一家企业的整合过程。外部成长的方式还包括战略联盟、合资公司和授权。

7. 企业通过国际成长来扩大销售市场、降低生产和服务的成本。

8. 企业进入国际市场的主要方式有出口、许可、特许、合资公司和全球子公司。

9. 关税、配额、反倾销税和文化障碍是妨碍国际成长的外部因素。

关键概念

规模经济　范围经济　控制与机会　内部成长　外部成长　战略联盟　合资公司　许可　国际创业企业　国际成长方式

批判性思考与讨论题

1. 什么是规模经济？什么是范围经济？它们对企业的重要意义是什么？

2. 企业控制系统的主要工具有哪些？

3. 以一家实际企业为例解释创业企业的绩效跟踪。这一工作会有哪些困难？

4. 内部成长和外部成长的区别是什么？

5. 通过产品改进实现新产品开发的优点是什么？

6. 企业如何支持独创新产品的开发？

7. 新产品失败的常见原因有哪些？

8. 什么是市场渗透战略？请举例说明。

9. 内部成长的优点和缺点是什么？

10. 哪些情况下企业会选择外部成长？

11. 为什么创业者要有国际思考的能力？

12. 在哪些行业中，企业必须成为国际创业企业？

13. 促使创业企业国际成长的因素有哪些？

14. 请列出创业企业国际化的主要方法。

15. 为什么近年来战略联盟和合资公司变得流行起来？

16. 合资公司有哪些优势和劣势？

17. 建立独资子公司的优点和缺点是什么？

18. 企业在国际扩张中可能会遇到哪些障碍？

19. 查询最近中国企业在哪些国家遇到反倾销税问题，你对这些企业有什么建议？

报告与分享练习：成长的机会与战略

以小组为单位，找出一个感兴趣的创业企业，从公司公开信息（如网站、年报）和媒体报道中查找资料，回答以下问题并向全班报告你们的发现：

1. 分析企业所在市场是否存在规模经济或范围经济效应。
2. 企业如何看待自己的市场机会？
3. 为利用市场机会，其控制系统有哪些需要加强的地方？
4. 企业有哪些内部成长的机会或做法？是否得到有效的利用？
5. 企业有哪些外部成长的机会或做法？是否得到有效的利用？
6. 企业有哪些国际成长的机会？

结尾案例

小马过河：在成长中迷失

小马过河创立于2008年，以留学备考论坛起家。两名创始人马骏和许建军都是原新东方名师，马骏是新东方SAT项目创始人，许建军曾任新东方集团总裁助理。论坛提供托福、SAT等备考资料和机经预测，吸引了大量流量，然而难以变现。于是小马过河选择做教育培训，提供留学咨询和1对1的VIP课程，包括托福、雅思、SAT、SSAT等，之后创新开办了全日制一对一课程和小班课。小马过河一度做到除新东方之外，在北京从事留学考试一对一培训营收最大的机构。它的用户满意度很高，客单价可达5万元。2013年营收5600万元，利润将近3000万元，在2014年最高峰时，曾达到1.4亿元营收。

彼时小马过河进入了大规模扩张收入、公司高速增长期。产品和服务模式契合用户需求，“即便客单价是同行业其他机构的两三倍，但因为培训效果好，用户口碑和行业口碑都非常好，留学中介机构都愿意把客户推荐给小马过河。”

2013年，小马过河获得学而思联合创始人、珍品网创始人曹允东的1000万天使投资，占15%。2014年5月，原老虎基金中国区总裁陈小红A轮投资500万美金，占6.67%。2015年1月，获得小米顺为基金1000万美元B轮投资，占10%。

小马过河开始了更加积极的扩张之路，对原来的产品及运营模式做出调整。2013年，小马过河开始做SEM，抢百度流量。投入400万元费用，产生了3000万元收益。马骏和许建军看到了SEM的成效，2014年大刀阔斧地投了4000万元。但实际效果是“4000万元投入仅仅带来4000万元营收，得不偿失。”最后不得不叫停。2015年，小马过河开始快速扩张并转向线上产品开发，希望增加用户数量。在百度推广上投入了大量资金，希望规模做起来后，通过导流进而变现。由于获客成本急剧上升，这次转型成为小马过河由盛转衰的拐点。

公司组建了一支上百人的技术团队，开发了一系列APP，并开设多个校区，包括北京西二旗校区、北京国贸校区和上海校区。在扩张高峰时，小马过河员工规模一度达到900人，其中技术人员有200多人，计划开发100个APP。为了集中精力发展在线教育业务，小马过河还关掉了线下门店，裁掉销售团队。将当时盈利的“考神陪读”线下项目暂时停卖，并让销售团队开发低廉的“考神陪练”线上产品，从起先一份破万元的价格逐渐低至 99 元、9 块 9、9 毛钱的价格。尽管用户人数增长很多，但没有能转化为高收费的课程客户。低价导流产品每月收入太少，短期内的营收并不能维持日常运营成本，导致资金链断裂。

许建军说，“大量产品的推出并没有给公司带来正向的现金流。互联网教育过于追求规模，试图用低价来吸引用户。但留学一对一的高端培训行业，用户需求非常明确，短期、应试出分，所以他们需要线下一对一的陪伴学习才能保证效果，这才是核心用户。小马过河低价营销和线上产品并不能转化成核心用户。”

在业内人士看来，小马转型线上、低价引流的做法似乎与其成功经验背道而驰。“在 2010 年左右，一对一模式迅速得到市场认可。小马过河在新东方一对一课程体系的基础上做出的优化和完善，实际上是非常适应用户需求的。”而且多数留学客户其实不差钱。小马过河大肆推广线上产品、低价课程，其实都是在远离用户最核心的需求。

2017 年 3 月 3 日，小马过河创始人许建军在其个人微信公众号宣布公司破产清算。

讨论题：

1. 从组织控制和机会来看，小马过河转型线上有哪些合理性？

2. 小马过河成长战略的错误有哪些？可以有怎样的改进？

开篇案例讨论题

1. 根据案例材料，新通联采用了哪些成长战略？

2. 请对新通联下一步的成长战略提出建议。

附录

特许经营

我将汉堡放在了流水线上。

——雷·克罗克（Ray Kroc，麦当劳创始人）

本章学习目标

- 特许经营的主要特点
- 特许经营作为一种成长战略
- 购买特许经营的利弊
- 购买特许经营需要注意的问题

快捷酒店加盟商与总部间的纠纷往往源自对合作未来的不同预期。

开篇案例

经济型酒店的加盟纠纷

2016年4月6日，如家酒店在大连举办全国加盟招商会，21家沈阳地区如家加盟商来到现场公开异议。[1]

来自沈阳的加盟商李先生有一家店，开在长途客运西站附近。2015年12月底，在这家店150米之外，有一家莫泰直营店开业。虽然分属如家旗下不同品牌，但莫泰与如家定位差别不大。在李先生看来，这直接影响了加盟店的客流量。他还发现，无论客人在如家APP页面还是如家官网页面订房，这家莫泰直营店总是出现在加盟店之前。同时，莫泰直营店还经常会和自己的加盟店打价格战。

如家方面回复说，如家对近距离开店有针对老店的保护政策。例如，遇到近距离开店问题，首选引导业主加盟集团旗下其他品牌等。同时，如家否认直营店存在和加盟店打价格战的情况，APP和预订系统也不区分直营酒店和特许酒店。

加盟商对店长也有不满，“我们的店长都是由如家派下来的，直接对如家负责。他们每月拿5000元左右的工资，但是我们要向如家交纳1万～1.5万元的店长费。”李先生说。另一位加盟商表示，近一两年来店长人员极不稳定，出现缺乏培训、火速提拔的情况。店长大多不能站在公司和加盟商双方利益的角度工作。

如家方面回复，委派店长是为了保障加盟酒店的经营品质。随着加盟业主的不断成熟，对如家经营理念的认同，能在日常经营中很好地贯彻如家的理念，并且能严格执行酒店的运营标准与服务规范，业主可以申请自行管理。

2016年1月4日，如家酒店集团宣布计划把针对加盟商的管理费由6%降至4%，下调方案针对全部加盟业主。还发布“云酒店”新品牌，目前还在签约阶段的云酒店品牌未来在加盟方式上进行创新，加盟可免管理费和中央预订佣金。[2]

2016年5月，华住加盟商提出了与如家加盟商相似的五大质疑。第一是近距离开店问题。一位华住天津加盟商孟先生说，“过去方圆3千米就我一家汉庭，生意还挺好。开业不到一年，又新开了一家汉庭，我们生意一下子垮了20%”。第二，存在有店长、区域经理不尊重加盟商的现象。第三则是加盟协议包含“霸王条款”。第四是关于华住加盟商为了维护自己的权益，发起成立华住酒店集团加盟商全国联合会是否获得华住的认同。第五则是部分加盟商表示希望退出华住酒店集团，而相关合同内有一些因此而产生的连带责任，让加盟者难以接受。

基于加盟商的要求，华住发布了《近距离布点保护政策》和《价格预警及监控机制》。华住表示愿意协助全国加盟商建立自发组织的华住加盟业主委员会。业主委员会可以参与供应商推荐与评选，共同确定年度供应商池；建立内部仲裁机制，选举加盟商代表参与加盟店纠纷的协调与评判。华住还决定自2016年7月1日起取消加盟合同中关于财务咨询监管费用的相关约定，将不同地区每月

[1] http://finance.people.com.cn/n1/2016/0523/c1004-28371097.html.

[2] http://www.bbtnews.com.cn/2016/0413/145229.shtml.

400 元～600 元的财务监管费用一律取消。

"我和部分经营特别困难的加盟商进行了交谈，在沟通中我了解到他们的确有一定的困难，对于确实存在困难的门店，我们会进行相应的帮助。"华住董事长季琦透露。为帮助这些门店共渡难关，华住决定在一定期限内执行经营困难门店扶持政策，对于实际营业收入低于一定标准的加盟商免收加盟管理费。[1]

2016 年，七天连锁酒店、速 8 和格林豪泰连锁酒店也发生了加盟商与总部之间的争议事件。在经济型酒店高速发展的 10 年黄金期之后，连锁经营中的一些问题逐渐暴露出来。通过总部与加盟商之间的博弈，市场期望未来的特许经营变得更加透明和规范。

本章首先对特许经营活动的特殊性进行解释，分析了创业者采用特许经营作为业务成长战略的选择以及在创建特许经营体系中需要注意的问题。接下来从被特许人的角度展开讨论，分析了购买特许经营权的利弊，加盟过程的基本步骤和特许经营合同的要点。

A.1 特许经营和特许经营体系

对于在城市生活的人来说，特许经营并不是一个陌生的商业概念，在商业区和生活区沿街道路上，我们经常可以看到特许经营店铺的招牌，华联超市、来伊份干果、晨光文具、名优创品、谭木匠、东来顺火锅、如家酒店，这些都是特许经营的例子。来自中国连锁经营协会的数据，2015 年中国特许 100 强企业拥有加盟店 10.6 万个，销售规模达 4345 亿元。在零售业，特许经营企业的销售额占 10%。特许经营企业为创业者创造了商业机会，为就业人员提供了岗位，特许经营的产品和服务则满足整个社会的需要。

除了本地企业以外，我们还看到越来越多的国际特许经营企业。许多国际特许经营品牌在海外市场的店铺数量超过本国，例如，麦当劳在海外有 36000 家店，而在美国国内只有 14000 家。美国国际特许经营协会将中国列为特许经营国际扩张市场价值全球第二。

什么是特许经营？

特许经营（franchising）是指将商业流程、产品、服务和知识产权授权（licensing）给投资人从事商品和服务分销的方法，投资人必须在现有商业模式范围内进行经营。**特许人**（franchiser）是商标或商业系统的供给者，**被特许人**（franchisee，也称加盟商）通过支付一次性加盟费和持续的特许经营费获得使用

[1] http://www.yicai.com/news/5017940.html.

特许人品牌和商业系统的权利。被特许人在经营上会受到许多限制，例如不能自行变更供应商或增加新产品，但可以从已经成功的商业模式中获利。被特许人购买的是一种成功配方。特许人提供商业系统和业务专长帮助被特许人成功，而被特许人提供投资、热情和执行。

在一些投资人看来，购买特许权让他们有机会从事经营而又不必从头开始。不过，喜欢按自己主张来做事的创业者可能不大适应特许经营这种方式，因为这类企业的经营权受到很大限制。特许经营强调标准化，特许人会监督所有的经营操作，保持严格的质量标准。尊重特许人产品配方和标准化是被特许人成功的前提。

特许经营作为一种成长战略

已经建立起可靠商业模式的创业者可能会选择特许经营作为成长战略。创建特许经营体系可以帮助创业者利用其他人的资金发展自己的业务，通过加盟费、年费和其他收费项目获得持续的现金收入。发展特许经营体系可能带来巨大的挑战，它意味着创业者不仅要创造顾客价值，还要帮助被特许人获得商业上的成功，否则特许经营将无法持续。成功的特许经营体系需要具备以下条件：

- 独特的商业概念。独特的商业概念为企业带来竞争优势，例如快餐的制作秘方、健身新方法或新型酒店服务。既要能够满足市场需求，得到顾客的认同，同时还要防止竞争对手复制。
- 可复制性。特许经营意味着创业者的品牌和声誉在很大程度依赖于被特许人，其经营模式在体系内部应当是容易复制并且标准化的。例如餐饮特许可能要求创业者建立起覆盖服务区域的中央厨房配送系统，以保持产品的品质。
- 市场计划。市场计划应当包括扩张的速度、区域、对被特许人的服务、人力资源以及详尽的财务分析，并据以支持收费结构。市场计划不仅对创业者很关键，潜在的被特许人也会透过扩张计划来判断投资的前景。
- 尽职调查与准备。在建立特许经营体系前要做好充分的准备，包括版权保护、消费责任和经营关系纠纷，为可能发生的问题做好预案。与依靠内部系统扩张不同，特许经营要求特许人提供充分的经营支持。这需要创业者发展新的能力，从服务顾客扩张到服务被特许人，例如培训、指导和经营监管。
- 法律合规。政府对特许经营活动有专门的法规，创业者必须在律师的支持下保证自己的经营符合各项法规的要求。例如，开展特许经营活动必须按规定进行备案。

建立特许经营体系的主要步骤

与直接管理经营相比，特许经营体系通常要更加复杂。图 A.1 描述了建立特许经营体系的主要步骤。

图 A.1　建立特许经营体系的主要步骤

1. 特许经营商业计划。除了一般商业计划书的内容外，特许经营商业计划应当重点说明特许经营体系发展的合理性。例如在哪些市场上重点发展以及选择这些市场的理由。以经济型酒店为例，在旅游区扩张和在商业区扩张，对服务内容和地点选择的影响可能是完全不同的。

2. 寻求专业建议。来自管理顾问和律师的专业服务有助于评估市场机会和管理风险。

3. 知识产权评估。特许经营的成功在很大程度上取决于能否建立成功的品牌，能否保护好独特的产品、服务内容和商业模式。在授权前应当对知识产权采取商标注册、专利登记等全面的保护。

4. 准备特许经营文件。按法律规定进行备案，准备特许经营合同样本，所有规定披露的信息文件，特许经营操作手册和保密协议。

5. 加盟商募集计划。希望吸引到什么样的加盟商，如何吸引目标加盟商。

6. 加盟商辅导团队和工作制度。工作内容包括营销、培训和服务。在特许经营开展后能够兑现承诺，向被特许人提供必要的支持和监管。例如，向被特许人提供选址和装修方面的支持，提供初期经营的人员支持。

挑选和培养被特许人

在签署特许经营合同之前，信息的不对称是双向的。被特许人可能对特许人不够了解，特许人同样往往也对被特许人不了解。选择和培养合适的被特许人对特许体系的成功至关重要。例如，特别有野心的创业者通常不是被特许人的适当人选。特许体系要求被特许人既要有经营能力又要愿意遵守特许人的规定。表 A.1 列出了一些挑选和培养被特许人的参考原则。

表 A.1

挑选和培养被特许人

挑选被特许人	培养被特许人
• 工作态度和工作伦理	• 经营初期的培训
• 主动性、团队合作和领导力	• 建立有效的沟通关系
• 产业经验或相关经验	• 定期进行补充培训和指导
• 能够接受指导和监督	• 听取被特许人的感受和建议
• 良好的信用记录	• 鼓励参与加盟商协会
• 充足的资本	
• 在市场上能够代表特许人的形象	

A.2　购买特许经营权

特许经营并不是保证赚钱的捷径，每年都会有很多投资人因为加盟特许经营中遇到的问题而蒙受损失。在进行特许经营谈判时，双方存在着信息不对称的问题。例如，被特许人很难知道企业经营的真实成本或可能的风险，这对被特许人显然是不利的。针对这一问题，有一部非常重要的法规《商业特许经营信息披露管理办法》。该办法规定了特许人的信息披露义务，包括所有的成本和其他被特许人的经营情况。尽管如此，仍然有很多创业者在选择特许经营时未能做到详细地了解和分析，在太晚的时候才确定自己并不适合这项投资。图 A.2 列出了购买特许经营权的主要步骤。

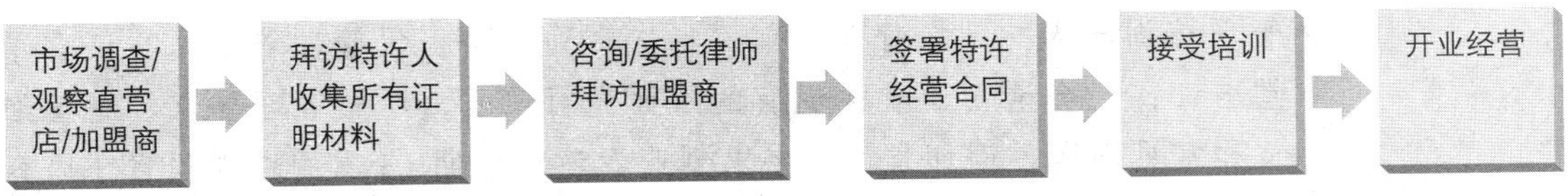

图 A.2　购买特许经营权的主要步骤

加入特许经营的好处

特许经营对参与双方都有好处。理想的特许经营能够在特许人和被特许人之间建立起以共同成功为目标的信任意愿（表 A.2）。成功的特许经营双方总是将对方视为自己亲密的伙伴，知道自己的成功取决于伙伴的成功。

表 A.2

特许经营中的关系

要　素	特许人	被特许人
选址	审核批准，也可能负责选址	申请批准
设计	提供店面设计原型	承担费用、负责施工
员工	提供专业招募经验和培训支持	招募、管理和发展
产品与服务	对产品线拥有决定权	严格遵守特许人的要求
采购	负责质量标准、供应商名录，有可能要求被特许人向特许人购买	必须满足质量标准，从供应商名录中进行采购或向特许人购买
广告和促销	负责全国或全球性广告和促销作业，可能要求被特许人在当地进行最低限度的广告作业	分摊全国广告费用，按要求在当地进行广告和促销作业，当地广告要经过批准
质量控制	设定质量标准，通过培训、检查确保标准的执行	保持质量标准，培训和管理员工实施质量标准
支持	提供商业系统	在特许人支持下开展日常工作

通过特许经营，被特许人可以相对较快地拥有自己的企业，再加上现成的品牌和产品，实现盈亏平衡的速度相对于独立创建企业也会比较乐观。特许人的商业经验也会帮助到被特许人。在一定意义上，被特许人支付费用所要购买的，实际上就是商业经验。通过购买特许权，被特许人可以学习到本行业的知识、专业和经验，并转化为市场上的竞争优势。商业经验是特许人在以往经营过程中总结出来的，并且已经为此支付过成本。这些经验的背后是真实的学习曲线和商业秘密，有助于被特许人少犯错误，对于企业早期成功非常重要。

在购买特许权之前，创业者应当问自己，通过特许经营能够做到哪些我自己做不到的事情？如果回答是否定的，则没有必要购买。购买特许权的好处包括：

- 现成的商业系统。特许经营往往包括完整的商业解决方案，对缺少商业经验的创业者特别有帮助。
- 管理培训与支持。在营业之前，特许人通常会提供管理培训。不仅有课堂培训，还会请创业者在现有的店面进行实习，了解管理要点、经营细节和常见问题。例如肯德基要求创业者参加为期13周的培训项目，内容涵盖值班管理、领导餐厅，还包括汉堡工作站、薯条工作站等各个工作站的学习。
- 品牌支持。可以直接受惠于特许人品牌。用行业专家的说法，“挂上麦当劳的招牌，就等于有了顾客。”
- 产品和服务质量标准化。质量的口碑不是企业自己的主张，而是来自消费者的认同，这需要一个较长的时间。特许人会通过监测保持整个体系的质量标准。
- 全国性的广告和促销支持。尽管费用来自被特许人，但全国性广告和促销产生的效益比单独一家店面的广告更高。
- 财务资源。一些特许人为了鼓励加盟，会向被特许人提供一些财务资源，例如购买设备时的贷款。更多的特许人则帮助被特许人与银行等贷款人建立关系，利用品牌的力量争取有利的财务条件。在特定情况下，也会有直接补贴。例如，2016年经济型酒店集团华住曾经表示要向经营困难的酒店提供直接补贴。

加入特许经营的不利方面

对于许多创业者，特许经营最让人觉得遗憾的就是不得不放弃一部分经营自由。其他的可能问题还包括：

- 缴纳特许经营费，包括加盟费和使用费。几乎所有的特许人都会要求被特许人缴纳加盟费，并且要求以销售收入的一定比例作为使用费。不同品牌和行业之间在具体数额方面可能差异很大，谭木匠的省城店加盟费为3万元，如家以房间数量计，每间3000元（也就是100间房的酒店为30万元），永和豆浆的加盟费为20万元，而肯德基的加盟费则高达200万～800万元。至于使用费，则通常按年缴纳，一般经济型酒店的使用费大约占销售收入的4%～7%。被特许人有时会抱怨，特许人制定的使用费比例正好等于一家店的利润率，在这种情况下，被特许人等于在为特许人打工。因此，被特许人在加盟前应当逐项考察成本，特别注意区分一次性支出和连续性的支出。

- 严格的标准化操作流程。根据特许协议，被特许人通常必须遵守特许人操作手册中所规定的各项规则，包括经营时间、着装要求、经营政策与流程、产品与服务的规格、保密协议等。为了保护品牌形象，当被特许人连续出现不能达到最低经营标准时，特许人有权终止特许协议。有些特许人可能要求缴纳保证金。许多特许人定期通过不打招呼的检查和神秘买手对被特许人的运营进行监控。神秘买手（mystery shopper）受雇于市场调查公司，他们表面上看起来与普通顾客没有什么区别，但实际上是受过专业训练的观察者。他们在消费过后会填写一份详细的报告单，内容包括店内清洁水平、服务的速度、员工表现与态度等。
- 采购方面的限制。为了保证质量，特许人有时会指定供应商或要求向自己进货，如产品、材料或设备等。旗下拥有汉庭等连锁酒店的华住酒店集团设立了一个专门的网站“华住云采购”，所有加盟商只能通过这个网站采购酒店用品。特许人这样做，主要是担心被特许人为了降低成本购买质量不合格的产品。
- 产品线的限制。绝大多数情况下，特许人不允许被特许人销售未经批准的产品。对于特许经营品牌，这样做有利于统一顾客的预期。顾客由此可以相信，在任何地方的品牌店内，他们都可以得到相同的产品和服务。在有些地方可能由于生活习俗的不同而不得不调整产品，但通常是特许方自己发起的。例如麦当劳在中国销售米饭套餐，在法国销售法棍汉堡。
- 市场成熟的影响，如果特许人采取积极的市场扩张策略，被特许人可能会遇到市场成熟的问题。例如，自己开店后没多久隔壁就开了另一家加盟店与你争夺顾客，这恐怕很难让人觉得愉快。在签署协议之前，创业者应当了解是否有获得独家授权区域的机会。例如苗岭竹荪鹅在加盟政策上明确承诺商圈保护，在该区域内不再授权第二家。不过，大品牌的特许人通常不会承诺商圈保护。

加盟前的研究

评估你自己。在考虑加盟之前，首先应当评估自己的心理特质、目标、经验、喜好、厌恶、风险倾向、收入期望、时间、家庭支持以及其他各项相关特性。你当然要弄清投资需要多少钱，但钱并不是唯一需要考虑的因素。至少还需要对以下问题作出回答：

- 你愿意在结构化的公司环境中工作吗？
- 什么样的特许经营符合你期望的生活方式？
- 你愿意销售产品还是服务？
- 你喜欢在大庭广众之下工作吗？
- 你喜欢销售吗？
- 你准备一天工作几个小时？
- 你喜欢和别人一道工作，还是喜欢一个人工作？
- 哪种特许经营与你过去的工作经验有联系？

市场研究。特许经营合同期限通常在 3 年以上，这意味着创业者需要事先对所在市场进行比较周密、深入的分析，对风险与机会做出比较。

- 周边市场成长速度如何？
- 哪些地方成长最快？
- 特许产品或服务市场处于成长还是衰落？
- 竞争激烈吗？
- 潜在顾客有哪些？
- 他们的特点是什么？
- 顾客的收入和教育水平如何？
- 他们通常购买哪些产品和服务？
- 市场上有哪些障碍需要克服？

市场研究需要数据支撑，创业者要通过各种方法收集有关潜在顾客数量以及这些顾客付费购买可能性的资料。也许短期内新店通过促销能够吸引一部分顾客前来消费，但长期来看究竟哪些顾客可能持续消费却更加重要。判断一项业务前景，可以考虑将业务（产品或服务）与当地人口的基本特征和生活形态进行比对，看两者间是否存在一致性。创业者的眼光表现为将当前的市场与整个社会变革的大图景结合起来。例如，洗衣和保洁曾经被认为是相对高消费人群的服务。但在今天，越来越多刚刚工作的年轻人却成为这些服务的消费主体。过去的服务网点布局需要调整，就有可能带来市场机会。今天的投资人有更多的机会了解特许经营企业，行业内部还会定期组织特许经营大会。

访谈加盟商。现有加盟商的意见值得特别重视，创业者应当亲自与加盟商谈话。所选择的加盟商最好有一年以上的加盟经历，既要正面的，也要负面的。特许人是否兑现了承诺？如果过去就知道这些信息，他们还会选择加盟吗？表 A.3 列出了一些可以考虑征询加盟商意见的问题。

表 A.3

向加盟商提问的问题

1. 开业总共花了多少钱？
2. 开业前培训了多长时间？培训有用吗？
3. 特许人是否提供持续的支持？具体有哪些？你对这些支持感到满意吗？
4. 你多长时间会同总部联系一次？沟通风格是怎样的？他们的回复有帮助吗？
5. 总部的营销对你有帮助吗？是否有衡量的标准？
6. 对总部的哪些期望得到满足？哪些期望没有得到满足？
7. 总部采用哪些方式来监督你的经营？
8. 你的工作时间是如何分配的？其中哪些是你比较喜欢的，哪些是不喜欢的？
9. 去年的营业额是多少？今年的营业额是多少？销售上呈现怎样的特点？
10. 你的店赚钱吗？利润率是多少？
11. 你的店损益平衡点是多少？经营多长时间之后才实现赢利？赢利是持续性的吗？
12. 这家店的赢利符合你的预期吗？
13. 加盟商有没有自己的协会？它的职能是什么？
14. 特许人是否召开全体会议？你参加吗？为什么？
15. 特许人是否能够听取加盟商的意见？
16. 你会建议特许人做哪些改进？
17. 你如何采购设备、原料和消耗品？价格合理吗？
18. 你在经营上有多大自由？
19. 在竞争中你是否得到总部的支援？
20. 你支付的加盟费和年费水平如何？你觉得这些钱换回所值吗？
21. 你愿意购买更多区域特许权吗？为什么？
22. 如果有机会修改你的特许经营合同，你最想改哪一项？
23. 在你看来，特许人和加盟商的关系如何？
24. 对于打算加盟的创业者，你有怎样的建议？

特许经营合同

信息披露。根据《商业特许经营管理条例》，特许经营必须订立书面合同。特许人通常会提供标准合同，在签署合同前应当委托一名专业律师帮助你分析合同条款，审读所有文件。律师还应当帮助你分析特许人是否按照法律要求进行了充分的信息披露，以及如何核对这些信息的准确性。根据《商业特许经营信息披露管理办法》，特许人应当在签署合同前 30 天向被特许人提供信息披露，包括特许经营合同样本。以下是在查阅特许人信息披露时需要注意的要点：

- 特许人经营团队的工作经历和资质，备案与商务部特许经营管理办公室的记录是否一致。
- 特许人是否提供了过去几年的经审计的财务报告（至少两年财务摘要）。

- 过去几年中特许人（至少五年）或管理团队是否涉及法律诉讼，特别是被特许人起诉特许人的案件。特许人及其管理团队是否有过违法记录。
- 所有费用名称、金额、用途的列表及费用的缴纳时间、费用返还的条件。
- 所有初始投资项目和金额的列表，包括缴纳给特许人的费用、培训、设备、场地租金、装修与家具、期初存货、执照办理、周转金、开业广告费。
- 特许人在支持方面的义务、选址、广告、IT 系统、定价、培训、财务支持以及对这些义务的具体描述。例如培训的内容、次数，每次的时间长度。
- 区域保护，说明在本区域内未来是否还有可能开设直营店或加盟店。区域保护纠纷是常见的特许经营争议主题。
- 加盟商本人参与经营的要求，一些特许人要求加盟商本人必须介入日常运营。
- 过去三年来特许经营业务扩张或收缩的统计信息列表。现在有多少加盟商，未来的增长计划和政策，终止的加盟商数量，停止续约或转让经营的加盟商数量。如果这些数量变动可疑，就需要进一步分析加盟的风险。
- 现有被特许人的经营状况，实际的投资额、平均销售量、成本、毛利、纯利，这些信息都应当提供来源。
- 特许人和被特许人对消费者投诉的赔偿责任划分。

特许经营的一个特点是在实际运作前存在着比较严重的信息不对称，上述法规的意图是保护被特许人，避免他们受到错误信息的误导。然而，即使特许人提供了法规所要求的信息，被特许人仍然需要自己来核对这些信息的准确性。阅读和分析这些枯燥的文件并不轻松，但为了防止日后在经营中发现不愉快的惊奇，这样的努力是必要的。

了解特许人。签署合同前应当还应当问一些有关经营理念的问题，以确定特许人在实际中是否有与合同精神不一致的表现。例如：

- 特许人对于双方关系持有怎样的想法？过去是如何处理双方冲突的？
- 被特许人最常遇到的困难有哪些？
- 特许人如何解释自己的企业文化？
- 被特许人对特许经营系统的发展有哪些参与？
- 特许人未来的发展计划是什么？有可能对被特许人的利益造成影响吗？
- 特许人曾经终止过哪些被特许人的经营权，原因是什么？
- 有多少被特许人经营失败？原因是什么？

易产生纠纷的条款。随着特许经营产业规模的扩大，特许经营双方间的纠纷也变得越来越多。其中，由于签约双方对合同条款理解不同而造成的诉讼是主要的原因。由于特许经营合同通常是由特许方律师制定的，自然偏重保护特许人的利益。此外，一些知名品牌特许人的合同通常不允许被特许人进行谈判。常见的合同纠纷主要有三个方面：终止、续约、转让和回购。

哪一方有权以及在什么情况下可以终止合同？例如，被特许人在合同订立后多长时间可以单方终止合同？通常，当被特许人破产、未能按时支付合同规定的费用以及经营未达到质量标准时，特许人有权解除合同。

特许人通常保留到期后是否续约的决定权。在被特许人发生未按时支付费用和经营质量不合标准的情况下，特许人有权不予续约。特许人也可能在合同中声明，合同到期后并不承担自动续约的义务。在续约时双方需要签订新的合同。特许人可能会向被特许人提出新的要求，如缴纳续约费、重新装修门面或更新设备，由此产生未能预计到的投资和开支。被特许人可以争取在合同中明确上述条款。

与自主经营企业不同，被特许人通常无权自行转让特许经营。转让需要经过特许人的同意，受让人要履行特许经营签约的所有手续。绝大多数特许人保留优先受让权，被特许人转让时首先应当卖给特许人。

创业行动专题

特许经营中的欺诈信号

有意加盟特许经营的创业者，要警惕市场上可能存在的欺诈，准备、尊重常识和耐心是避免陷阱的最好保护。欺诈的特许人往往表现出一些典型的模式，以下列举了其中的一些，在遇到类似情形时应当特别引起注意，安排深入的调查：

- 声称特许经营合同是标准合同或“不用逐字逐句阅读”，所谓标准合同不符合法规的要求。
- 请你参观一家看上去非常成功的样板店。
- 粗制滥造的特许经营操作手册，甚至没有操作手册。
- 可疑的“成功加盟商”和他们的证词。特别的排场和不必要的奢华往往是诱使被特许人上当的精心设计。
- 特许人卷入大量的诉讼活动。
- 对未来收入和利润的口头承诺。对经营现状只提供口头描述而不愿意提供书面证明。
- 终止率或退出率特别高的特许经营。
- 催促签约，或不愿意让律师介入。例如，“这一地区的特许经营权非常抢手，如果不签就会错过大好机会。”
- 声称提供快速致富的诀窍。对提出的有关经营问题回答时语焉不详。
- 不愿意提供可供参观访谈的加盟商名单。
- 声称本企业拥有特权，不受法规的管辖，因此无须出具你所要求的某些文件。

本章小结

1. 特许经营是指特许人将商业流程、产品、服务和知识产权授权给投资人（被特许人）从事商品和服务分销的方法。

2. 创建特许经营体系可以帮助创业者

利用其他人的资金发展自己的业务。

3. 创业者必须遵循一定的步骤来建立特许经营体系，还要注意被特许人的挑选和培养。

4. 在购买特许经营之前，创业者应当通过谨慎的流程来保护自己和确认特许经营的价值。

5. 加入特许经营有许多好处，也有一些不利的地方，创业者应当根据自己的分析做好权衡取舍。

6. 加盟前的研究包括自我分析、市场研究、加盟商访谈。

7. 特许经营合同必须按照法规要求签署，并特别注意可能在未来引起纠纷的条款。

关键概念

特许经营　特许人　被特许人　特许经营合同

批判性思考与讨论题

1. 什么是特许经营？

2. 特许经营权与其他商业所有权有何不同？

3. 通过建立特许经营体系推动业务成长的优点和缺点有哪些？

4. 请描述特许人应当如何判断适合的被特许人。

5. 开展特许经营的企业有哪些前提要求？

6. 举例说明怎样的企业不适合开展特许经营。

7. 在决定购买特许经营权之前，投资人应当做哪些市场调查？

8. 购买特许经营权最主要的好处和缺点有哪些？

9. 解释特许经营操作手册的重要性。

10. 请评价“特许经营是一桩安全的投资”这句话。

11. 哪些来自特许人的信号应当引起警惕？

12. 调查某一行业中的加盟商，询问他们对特许经营有哪些不满并分析他们的看法。

报告与分享练习：加盟特许经营

以小组为单位，找出一个感兴趣的特许经营企业，从公司公开信息（如网站、年报）和媒体报道中查找资料，回答以下问题并向全班报告你们的发现：

1. 企业对被特许人有哪些要求？

2. 企业的加盟商分布有何特点？

3. 企业所在市场的成长性如何？加盟商发展的速度是否体现了这种成长性？

4. 企业承诺对被特许人提供哪些支持？

5. 总部与加盟商之间是否发生过纠纷或可能在哪些方面产生纠纷？

6. 对于加盟这家企业，你会向潜在加盟商提出怎样的建议？

自测题：潜在加盟商自测

本测试有助于你在决策时排除情感因素，决定是否要加盟特许经营。以下共有12道题目，选项为1～5，1代表完全不同意，5代表完全同意，请记下你的得分。

题　目	打　分
1. 我特别喜欢这项生意。	1 2 3 4 5
2. 这项特许经营能够实现或超过我的收入目标。	1 2 3 4 5
3. 我管理人事的能力足以胜任经营需要。	1 2 3 4 5
4. 我了解这项经营的挑战，并且对自己的能力感到放心。	1 2 3 4 5
5. 我见过特许人的管理层，觉得趣味相投。	1 2 3 4 5
6. 我了解经营的风险并且愿意承担。	1 2 3 4 5
7. 我了解所在地区市场竞争的情况，对潜在市场有信心。	1 2 3 4 5
8. 我的家族和朋友认为这对我是一个好机会。	1 2 3 4 5
9. 我聘请了专业顾问审读特许经营信息披露文件和特许经营协议。	1 2 3 4 5
10. 我按比例拜访了加盟商，他们都给出了积极的反馈。	1 2 3 4 5
11. 我对产业进行了研究，对产业的长期增长潜力有信心。	1 2 3 4 5
12. 我的背景和经验让我成为这项经营的合适人选。	1 2 3 4 5

注：问卷总分60，低于45分说明这家特许经营商可能不大理想，你应当考虑做更加仔细的评估。

开篇案例讨论题

1. 通过媒体调查，找出总部与加盟商排名前三位的常见纠纷是什么？

2. 在你看来，这些纠纷有可能避免吗？

3. 基于上述分析，对于被特许人，你有何建议？对于特许人又有何建议？

常用媒体、工具网站和公众号

功　能	名　称	网　址	公众号
趋势分析	百度指数	http://index.baidu.com	
	搜狗指数	http://zhishu.sogou.com	
问卷调查	Survey　Monke	www.surveymonkey.com	
	问卷星	www.sojump.com	问卷星
	金数据	http://www.jinshuju.net	金数据
设计服务	洛客	http://www.lkker.com	洛客平台服务
	缤喔	http://www.bingowo.com	缤喔 BingoWo
创业媒体	虎嗅网	https://www.huxiu.com/	虎嗅网
	I 黑马	http://www.iheima.com/	I 黑马
	钛媒体	http://www.tmtpost.com/	钛媒体
	36 氪	http://36kr.com/	36 氪